杭州市哲学社会科学规划重点课题

杭州历史文化研究丛书

杭州史前史

周膺 吴晶／著

中国社会科学出版社

图书在版编目（CIP）数据

杭州史前史/周膺、吴晶著. —北京：中国社会科学
出版社，2011.9
ISBN 978-7-5004-9710-3

Ⅰ.①.杭… Ⅱ.①周… ②吴… Ⅲ.①史前文化—杭州市
Ⅳ.①K295.5

中国版本图书馆 CIP 数据核字（2011）第 060835 号

责任编辑　张　林
特约编辑　郑成花
责任校对　周　昊
封面设计　李尘工作室
技术编辑　戴　宽

出版发行　**中国社会科学出版社**
社　　址　北京鼓楼西大街甲 158 号　邮　编　100720
电　　话　010-84029450　（邮购）
网　　址　http://www.csspw.cn
经　　销　新华书店
印　　刷　杭州电子工业学院印刷厂
版　　次　2011 年 9 月第 1 版　印　次　2011 年 9 月第 1 次印刷
开　　本　787×1092　1/16
印　　张　19.375
字　　数　386 千字
定　　价　50.00 元

编辑指导委员会

目　录

绪　言

　　杭州是中国早期文化最为丰富、存在序列最为完整的地区之一。杭州市域的"建德人"是中国东南沿海旧石器时代晚期智人的代表，而跨湖桥文化、河姆渡文化、马家浜文化、崧泽文化和良渚文化更构成中国新石器时代和文明起源阶段的文化区系。良渚文化是中国文明起源阶段龙山时代的文化纲领，良渚遗址是实证中国5000年文明史规模最大、水平最高的大遗址之一，因此杭州的文明发源很大程度上也代表了中国文明的起源。研究杭州文明的发源是中华文明探源工程特别重要的有机部分，具有重大的学术价值。

　　由于"文明起源阶段"与"史前"概念存在冲突，本书将杭州史前史分为两个部分来研究。前期为一般意义上的旧石器和新石器时代即史前时代，后期文明起源阶段为原史时代。1833年法国药学家保罗·图尔纳（Paul Tournal）用"史前"（Pre'historique）一词表示法国南部纳尔榜市（Narbonne）发现的与已经灭绝的动物化石共存的人骨年代，并将其解读为"历史之前的时期"（Période Anté-historique）。[1]1851年英国考古学家丹尼尔·威尔逊（Daniel Wilson）在《苏格兰考古与史前学年鉴》一书中从学科意义上首先使用"史前"（Prehistory）一词。1865年，英国考古学家约翰·鲁伯克（John Lubbock）在《史前时代》一书中将人类历史由传统的现代、中世纪和古代3个阶段的划分，扩充为包括史前在内的4个阶段。"史前史"理论的提出，标志着欧洲史学有了新的深度和广度。史前史指文字产生以前的历史，但对文字的发明和文字的实际利用以及在后世的保留状况却难以作准确判断，所以法国和英国的学者又在史前时代和历史时代之间再划分出一个"原史时代"（Protohistory）。"原史"或"原史时代"直译指"最初的历史"，是没有直接文字记载的史前时代向成熟的历史时代的过渡阶段，即文字最初产生或文字不起关键作用的历史时期。[2]这个时期正是文明发生或起源的时代。由于文字产生的时代和最初的社会文明性征较难被确

[1]Robert Fleming Heizer, Man'Discovery of His Past: Literary Landmarks in Archae-ology, Englewood Cliffs, New Jersey: Prentice-Hall, Inc., 1972, PP.72-83.

[2]陈星灿：《中国史前考古学史研究》（1895—1949年），社会科学文献出版社1997年版，第4页。

定性界定，所以学术界对中外历史史前、原史时间范围的划分没有形成统一的方案或意见。原史时代的时间范围，尤其是上限年代的时间范围，将会随着考古新资料的出现而不断得以修正。中国学术界也一直未就原史时代的划分达成共识，而在学术史上还曾出现过疑古思潮，历史学、考古学界长期使用的"传说时代"一词事实上传递着不可轻信原史时代的历史这样一种学术观念。但近几年来，随着一系列重大考古发现的展开，尤其是龙山时代陶文和商周完善甲骨文、金文完善体制的发现，"传说时代"的不确定性被很大程度消解，使得"走出疑古时代"的自信在学术界有所增强。本书所着力论述的"龙山时代"等概念，就在一定程度上弥补和修正了史前时代和历史时代两分法的学术缺陷。

目前中国研究原史问题的学者总体上将中国原史时代的上限确定在龙山时代。尽管学术界对仰韶文化及以前的刻画符号的文字性征争议较大，但对龙山时代一些遗址出土的陶文却有比较一致的认定，甚至把这一时期称之为"中国的原文字时代"。再结合经济社会的整体发展水平来考察，对中国原史时代的研究确实已可以开拓出广阔的论述空间。但这种研究却未必完全拘泥于已发现的文字材料。良渚文化尚无陶寺类型文字的发现，但其经济社会的整体发展水平却高于陶寺类型，明显地是整个龙山时代的文化纲领。良渚文化不仅发展了规模化稻作农业、极大地扩展了人口规模，而且在发达的原始聚落基础上构建了包含众多部落的早期方国，以社会分层系统为主要表征的社会复杂化程度在当时已相当高。高度繁荣的良渚古城则标志着城乡分化的完成和发达的早期城市的出现。发达而精美的玉器、黑陶等文物系统不仅表征礼制社会的发源，而且表明精神文化已相对于物质文化分立、人类精神有了高度自觉。

良渚文化的形成和发展得缘于积淀十分深厚的史前文化地缘。旧石器时代的晚期智人在天目山区和苕溪流域进行人类生活的早期探索和实践；进入全新世以来，宁绍平原和环太湖平原形成广大而丰饶的湿地平原，宁绍平原的跨湖桥文化、河姆渡文化和环太湖平原的马家浜文化、崧泽文化逐渐摆脱攫取性采集狩猎经济，发展出中国长江流域史前最有代表性的生产性经济稻作农业经济。良渚文化综合了上述史前文化的优秀因子，在原史时代特殊的气候等自然因素的刺激下，发展了当时中国最为繁荣昌盛的农业和手工业经济，创造了今天值得世界性关注的伟大文明。从史前时代和原史时代的史迹可以看到，杭州的早期先民尤其善于继承优秀的文化传统，也特别乐于进行持续不断的发明创造。他们的原创、首创、独创精神是杭州人民也是中华民族最为宝贵的精神财富。杭州的早期先民也十分重视对生态环境的观察和化用，他们用智慧来认识和利用自然因素，对环境进行适度改造，合理安排森林、农田、建筑群，将赖以生活的大地建成优良的生态家园，使人类与动植物群构成良性循环的生态系统。即便像杭州的前身良渚古城这般伟大的制作，也不造作、不武断，而是充分地尊重、接应、导引生态因素，没有势利地成为唯我独尊的统治自然的工具，既成为相对独立的政治权力和社会生活空间，又与自然系统构成良性循环，形如天然佳构。

考古学家俞伟超曾说过这样一句有意思的话："考古的根本目的是改变人的思想。"考古学或原史写作、文明史写作最终要面对古人的思想或精神世界，面对曾经存在过的活生生的人们的心灵。精神或心灵虽是无形的，但它能借助于有形的东西表现出来，考古学家可以从有形的器物中还原出这种无形的东西。所以那些有形的器物可以看作是精神或心灵化石，或者是物化了的精神或心灵。而理解古人的精神或心灵世界，除了对物质遗存作精神还原以外，还是一个考古学家对自身存在的还原和澄明过程。发觉古人的精神帮助我们理解当代精神；同样的，理解人类自身当下的存在又是了解古代精神的钥匙。考古学家总是以自己的经验、喜好偏爱、认识范式或心理结构来思量、考辨自己的研究对象，始终将它们渗入整个研究过程，所以考古又首先是对考古学家自我精神或心灵的考古。精神或心灵考古体现了考古学、历史学的终极目标。

第一章 杭州史前人类生存环境

第一节 杭州原始文化发生的地理基础

一、杭州的地缘特征

杭州市位于浙江省西北部，东临杭州湾，南与绍兴、金华、衢州三市相接，北与湖州、嘉兴两市毗邻，西与安徽省交界。地理坐标界于29°11′N至30°34′N和118°20′E至120°37′E之间，总面积16596km²，其中市区3068km²。由于位处浙西中低山丘陵向浙北平原的过渡地带，与周边地区构成多种地缘关系，因而历史上行政区划变更较多，表现出多样态的地缘关系特征。

春秋时初属越，周敬王二十六年（公元前494年）属吴，周敬王三十年复属越，周显王三十五年（公元前334年）属楚。秦王嬴政二十五年（公元前222年）秦灭楚，于今杭州地域内置钱唐县、余杭县，同属会稽郡。汉初实行王国、县与郡、县（道、邑、侯国）并行制，高祖五年（公元前202年）正月至六年春钱唐县境属楚王国，六年春属荆王国，十二年属吴王国。景帝前元四年（公元前153年）复属会稽郡，隶江都国。武帝元狩二年（公元前121年）江都国除，会稽郡西部都尉治（郡级治安军事机构）从山阴县（今浙江省绍兴市）迁治钱唐县。元封五年（公元前106年）会稽郡隶扬州刺史部。平帝元始四年（4年）改钱唐县为泉亭县，王莽新朝（9—23年）因循。东汉初复钱唐县旧名，光武帝建武六年（30年）并入余杭县。顺帝永建四年（129年）分会稽郡浙江以西为吴郡，以东为会稽郡，余杭县属吴郡。灵帝光和二年（179年）复置钱唐县。三国时钱唐县属吴国，并为吴郡都尉治，隶扬州。两晋时仍属吴郡，隶扬州。南朝宋孝武帝大明三年（459年）以扬州所统六郡为王畿，吴郡属之，钱唐县隶王畿。大明八年罢王畿，吴郡和钱唐县复属扬州。齐武帝永

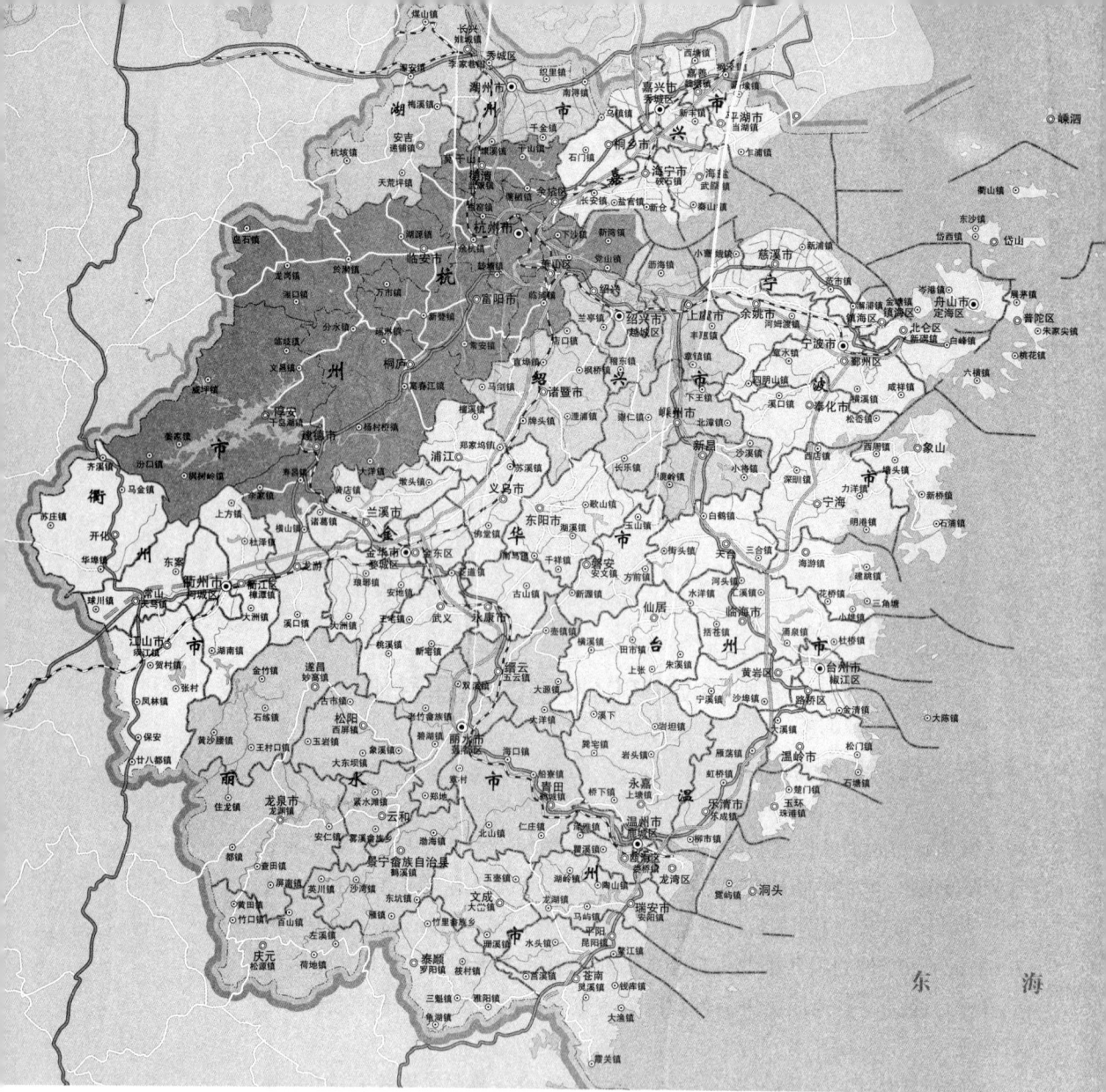

杭州市在浙江省的区位

明四年（486年）唐寓之以钱唐县为中心建立政权，国号吴。梁武帝太清三年（549年）以吴郡置吴州，侯景升钱唐县为临江郡（不久废），隶吴州。陈后主祯明元年（587年）置钱唐郡，郡辖钱唐、富阳、新城、于潜4县，隶吴州。

隋文帝开皇九年（589年）废钱唐郡，并桐庐、新城入钱唐县，割吴郡盐官（今海宁市）、吴兴郡余杭及富阳、于潜共5县置杭州。州治始设余杭县，次年迁钱唐县。开皇十一年依凤凰山筑城。文帝仁寿二年（602年）置杭州总管府，湖州武康县划属杭州。析钱唐县复置桐庐县，次年归属睦州。炀帝大业三年（607年）罢总管府，改杭州为余杭郡，郡治钱唐县，辖钱唐、余杭、富阳、于潜、盐官、武康6县。大业十四年，析钱唐县复置新城县，属余杭郡。唐初罢郡为州，高祖武德四年（621年）改余杭郡置杭州，为避国号讳改钱唐县为钱塘县。另以武康县置安州，后改武州。武德七年盐官并入钱塘县，新城并入富阳县，又于潜置潜州，复置临水县，属潜州。

武德八年，废潜州，临水县并入于潜，于潜县仍属杭州。时杭州辖钱塘、余杭、富阳、于潜4县。太宗贞观元年（627年）分全国为10道，杭州属江南道。贞观四年析钱塘县复置盐官县。高宗永淳元年（682年）析富阳县复置新城县，杭州辖钱塘、富阳、余杭、于潜、盐官、新城6县。武后垂拱二年（686年）析于潜县置紫溪县，垂拱四年析于潜、余杭县置临水县，武周万岁通天元年（696年）析紫溪县置武隆县，杭州辖县增至9个。玄宗开元二十一年（733年）分全国为15道，杭州属江南东道。天宝元年（742年）改诸州为郡，杭州复为余杭郡，郡治钱塘县，辖钱塘、富阳、余杭、于潜、盐官、新城、紫溪、临水、唐山（武隆县更名）9县。肃宗乾元元年（758年）再改余杭郡为杭州。同年，江南东道分置浙江东道、浙江西道，杭州属浙江西道。代宗大历二年（767年）唐山、紫溪并入于潜县，穆宗长庆元年（821年）复置唐山县。昭宗乾宁五年（898年）钱镠自润州移镇海军治于杭州，光化二年（899年）升杭州为都督府。光化三年复改临水县为临安县，桐庐县由睦州划属杭州。唐末杭州辖钱塘、富阳、余杭、于潜、盐官、新城、临安、唐山、桐庐9县。五代后梁开平元年（907年）封钱镠为吴越王，次年升杭州为大都督府。后梁龙德三年（923年）封钱镠为吴越国王，都杭州。龙德二年（922年）分钱塘、盐官两县各半及富春县之长寿、安吉两乡置钱江县，与钱塘县同城设治。州辖钱塘、钱江、盐官、余杭、富春（富阳县改名）、桐庐、于潜、安国（临安县改名）、新登（新城县改名）、金昌（唐山县改名，后又改名唐山、横山、吴昌县）、武康（后梁开平元年从湖州划属杭州）共11县。北宋太宗太平兴国三年（978年）吴越王钱镠纳土归宋，杭州复降为州。同年，从杭州划武康县还属湖州，划桐庐县还属睦州。太平兴国四年改钱江县为仁和县。太宗淳化四年（993年）分全国为10道，杭州属两浙道。次年罢道，并改杭州镇海军节度为宁海军节度。太宗至道三年（997年）设路、州、县三级，分全国为15路，杭州属两浙路，为路治。州辖钱塘、仁和、余杭、富阳（富春县复名）、于潜、新城（新登县复名）、盐官、临安（安国县复名）、昌化（吴昌县改名）9县。南宋高宗建炎三年（1129年）高宗避金兵自扬州南渡至杭州，以州治为行宫，升杭州为临安府，亦称行在所。高宗绍兴二年（1132年）分两浙路为东、西两路，浙西路治临安府。绍兴八年南宋正式定都临安。临安府治所钱塘、仁和两县升赤县（京都），辖余杭、富阳、临安、于潜、新城、盐官、昌化7县为京畿县。元世祖至元十三年（1276年，宋恭帝德祐二年）元军攻占临安府，设两浙都督府，不久改为安抚司。次年改临安府为杭州。至元十五年又改为杭州路，置总管府。至元二十一年，自扬州迁江淮行省治于杭州，次年改称江浙行省，杭州为省治。杭州路治钱塘、仁和县，辖钱塘、仁和、余杭、富阳、临安、新城、于潜、昌化8县和海宁州（由原盐官县改建）。明军于元至正二十六年（1366年）攻占杭州，十一月改杭州路为杭州府。同年十二月置浙江等处行中书省，治杭州府。太祖洪武九年（1376年）改浙江行中书省为浙江承宣布政使司，于省、府之间设道，杭州府隶浙江布政司杭严道，治钱塘、仁和，辖钱塘、仁和、余杭、富阳、临安、于潜、新城、昌化、海宁（洪武二年降海宁州为县）9县。清世祖顺治初承明制，顺治二年（1645年）置浙江巡抚，驻杭州。顺治七年于杭州建旗营，置镇守将军署。圣祖康熙元年（1662年）浙江承宣布政使司改为浙江行省。世宗雍正四年（1726年）置杭嘉湖道于嘉兴，杭州府属之。高宗乾隆十九年（1754年）杭嘉湖道移治杭州，杭州府辖县仍为明朝时9县。乾隆三十八年升海宁县为海宁州。宣统三年（1911年）钱塘、仁和县裁撤，由府直辖，杭州府辖6县1州。

民国元年（1912年）2月废杭州府，以原钱塘、仁和县地并置杭县，直属浙江省，并为省会所在地。民国3年省以下设道，以清杭嘉湖道范围置钱塘道，道尹行政公署驻杭县，辖杭县、海宁、富阳、余杭、临安、于潜、新登、昌化等20县。民国16年废道为省、县二级制，撤销钱塘道，各县直属于省。同年5月划杭县所属城区等地设杭州市。同年10月市下设区，辖城区、西湖、江干、会堡、湖墅、皋塘6区。民国19年杭州市改为13个区（第一区至第十三区），民国23年合并为8个区（第一区至第八区）。民国24年浙江省设行政督察区，杭县属第二行政督察区，专署设嘉兴（后迁德清），杭州市仍为省直辖。民国26年12月24日日本侵略军占领杭州，沦陷期间原8个区改为7个区。民国34年抗日战争结束后，杭州市政府、杭县县政府迁回杭州，杭州市恢复8个区。民国36年杭县改省直属。

1949年5月3日杭州解放，杭州市设为浙江省直辖市，并为浙江省省会。原杭州市第一至第八区依次改为上城、中城、下城、西湖、江干、艮山、笕桥、拱墅区。1950年6月上城、中城、下城3个区撤销。1951年12月杭县划属杭州市。1952年11月杭县又改为省直辖，杭州市复置上城、中城、下城3个区，并增置古荡、上塘两个郊区，共辖上城、中城、下城、西湖、拱墅、江干、笕桥、艮山、上塘、古荡10个。1955年5月撤销古荡区，并入西湖区。1956年撤销艮山、笕桥、上塘三个郊区。1957年4月撤销中城区，所属街道分别划归上城、下城两区，时杭州市共辖上城、下城、江干、拱墅、西湖5个区。同年9月杭县划归杭州市。1958年4月撤销杭县，原杭县的长命乡、瓶窑镇划归余杭县，其他35个镇、乡和余杭县的闲林乡划归杭州市。杭州市增置笕桥、临平、塘栖、三墩、上泗5个郊区，同年12月撤销，在所辖境域和江干、拱墅、西湖3个区的农村建置西湖、古荡、四季青、浙麻、塘河、笕桥、九堡、临平、亭趾、塘栖、东塘、四维、三墩、良渚、留下、上泗16个农村人民公社。1958年底原属宁波专区的萧山县、建德专区的富阳县划归杭州市。1959年2月撤销拱墅区，在原笕桥、临平区的全境和塘栖区部分境域置半山联社，原三墩、上泗、拱墅区的全境和塘栖区部分境域置拱墅联社。1960年1月半山联社与拱墅联社合并改称钱塘人民公社联社，将所辖的笕桥公社划归江干区，又将原拱墅联社中的4个街道和塘河公社划出，恢复拱墅区。同年4至9月上城、下城、江干、西湖、拱墅区分别成立5个城市人民公社。

同年8月桐庐县从金华专区改属杭州市，并撤销富阳县并入桐庐县。临安县从嘉兴专区改属杭州市，同时撤销昌化县（含于潜）并入临安县。1961年3月上城等5个城市人民公社恢复区人民委员会职能，临安县的余杭、仓前等7个公社（原余杭县所辖地）划归钱塘联社，钱塘联社所辖上泗、留下公社划归西湖区。同年4月钱塘联社改制为余杭县。康桥公社划归拱墅区。同年12月析桐庐县原富阳、新登两县地重置富阳县。1963年5月建德、淳安两县由金华专区划属杭州市，杭州市辖上城、下城、江干、拱墅、西湖5区和余杭、萧山、富阳、桐庐、临安、建德、淳安7县。1969年初撤销西湖区，原西湖区南山、北山、西溪街道分别划归上城、下城、拱墅区管辖，以原西湖区7个公社和灵隐街道、拱墅区3个公社、江干区5个公社和笕桥镇建立杭州市郊区。1972年恢复西湖区建制，将原西湖区所辖4个街道和西湖公社分别从杭州市郊区和上城、下城、拱墅区划回，1975年12月又将原属江干区5个公社中的4个和笕桥镇从杭州市郊区划归。1977年撤销杭州市郊区，将原辖古荡、留下、袁浦等10个公社划归西湖区。1978年8月建立半山区。1988年萧山撤县设市（县级市）。1990年2月撤销半山区，并入拱墅区。1992年建德撤县设市（县级市），1994年余杭、富阳撤县设市（县级市）。1996年12月划出萧山市西兴街道、长河镇、浦沿镇设立滨江区。2001年3月12日，余杭、萧山撤市建区。杭州市辖上城、下城、江干、拱墅、西湖、滨江、余杭、萧山8个区和富阳、桐庐、临安、建德、淳安5个县（市）。

严州府地域秦时为会稽、鄣两郡辖境。西汉高祖五年（公元前202年）属楚王国，六年属荆王国，十二年属吴王国。景帝前元三年（公元前154年）分属江都国及会稽郡，武帝元狩二年（公元前121年）属会稽、丹阳2郡。东汉时先属吴、丹阳2郡，献帝建安十三年（208年）析丹阳郡置新都郡，治始新县（今淳安县威坪镇，后移治贺城镇），辖始新、新定（后改遂安）、黟、歙、黎阳、休阳6县，隶扬州。西晋武帝太康元年（280年）改新都郡为新安郡，仍治始新县，辖始新、遂安、黟、歙、海宁（休阳县改名）、黎阳6县，隶扬州。南朝宋时新安郡隶东扬州，齐时隶扬州，梁、陈时复隶东扬州。梁武帝普通二年（521年）寿昌县自吴郡改属新安郡，郡辖始新（郡治）、遂安、寿昌、歙县、黟县、海宁（黎阳并入海宁）6县。隋文帝开皇九年（589年）废新安郡，并遂安、寿昌入始新，改名新安县，属婺州。西部休宁（海宁县改名）、歙、黟3县置歙州。仁寿三年（603年）于新安县置睦州，辖新安、遂安、桐庐3县。炀帝大业三年（607年）改睦州为遂安郡，治所雉山县（新安县改名），辖雉山、遂安、桐庐3县。唐高祖武德四年（621年）复改遂安郡为睦州，又于桐庐县别置严州。睦州辖雉山、遂安2县，严州辖桐庐、建德、分水3县。武德七年废严州，桐庐（建德县分别并入雉山、桐庐两县，分水县并入桐庐县）复入睦州，睦州改称东睦州，武德八年复称睦州，仍治雉山。高宗永淳二年（683年）复置建德县。武周万岁通天二年（697年）州治由雉山县移建德县，属江南道，辖建德、新安（雉山县改名）、桐庐、武盛（如意元年〔692年〕复置分水县，改名武盛）、遂安5县。玄宗天宝元年（742年）改睦州为新定郡，属江南东道。肃宗乾元元年（758年）复改新定郡为睦州，属浙江东道，治建德，辖建德、寿昌、桐庐、分水、还淳（新安县改名，后又改青溪、淳化）、遂安6县。昭宗光化三年（900年）桐庐县划属杭州，北宋太平兴国三年（978年）又自杭州复属睦州。徽宗宣和元年（1119年）升睦州为建德军节度。宣和三年改睦州为严州，属两浙路，治建德，辖建德、寿昌、桐庐、分水、青溪、遂安6县。南宋孝宗咸淳元年（1265年）升严州为建德府，属两浙西路，治建德县，辖建德、寿昌、桐庐、分水、淳安（淳化县改名）、遂安6县。元世祖至元十四年（1277年）改建德府为建德路，属江淮行省，治建德，辖建德、寿昌、桐庐、分水、淳安、遂安6县。元末明初明军取建德路，改为建安府，不久改建德府。明太祖洪武八年（1375年）又改建德府为严州府，属浙江承宣布政使司，治建德，辖建德、寿昌、桐庐、分水、淳安、遂安6县。清承明制，严州府隶属浙江省金衢严道，府治、辖县不变。宣统三年（1911年）十月废府设严州军政分府，属浙江军政府，辖建德、寿昌、桐庐、分水、淳安、遂安6县。民国元年（1912年）10月严州军政分府废。民国3年2月于衢县以金、衢、严3府地置金华道，辖上述6县。民国16年废道，6县直属浙江省。民国20年设第六行政督察区。民国22年第六行政督察区专员办事处设建德，辖建德、寿昌、桐庐、分水、淳安、遂安、昌化、于潜、孝丰、长兴、安吉11县。民国24年9月，在兰溪设第四行政督察区，建德、桐庐、分水属之；在衢县设立第五行政督察区，寿昌、淳安、遂安属之。民国32年5月增设第十一行政督察区，专员公署始设淳安，后移建德，辖建德、寿昌、淳安、桐庐、富阳、浦江6县。民国36年5月底撤销第十一行政督察区，浦江县改属第四行政督察区，余5县直属浙江省。民国37年4月于淳安设第四行政督察区，建德、淳安、寿昌、桐庐、分水、遂安及常山、开化、新登、富阳10县属之。8月辖县减为建德、寿昌、桐庐、分水、淳安6县。1949年5月，于建德设第四专区，辖建德、寿昌、桐庐、分水、淳安、遂安6县。10月改称建德专区，专员公署驻建德，辖县不变。1950年3月建德专区撤销，建德、寿昌、淳安、遂安4县改属金华专区，桐庐、分水两县改属临安专区。1955年3月建德专区复设，专员公署驻建德，辖建德、寿昌、淳安、遂安、桐庐、分水、富阳、新登、于潜、昌化、开化11县。1957年1月为适应新安江水电站建设，分建德县置新安江区，直属建德专署；9月临安、余杭两县由嘉兴专区划入，建德专区辖1区13县。1958年3月新安江区改为镇，直属建德县；11月寿昌县并入建德县，遂安县并入淳安县，分水、新登两县并入桐庐县，于潜县并入昌化县，余杭县并入临安县，富阳县划属杭州市。建德专区辖建德、淳安、桐庐、昌化、临安、开化6县。1959年2月建德专区撤销，建德、淳安、桐庐、开化4县划属金华专区，昌化、临安两县划属嘉兴专区。[1]

萧山建县始见于《汉书·地理志》，称余暨县。建县时间有秦汉两说。明嘉靖三十六年、万历十七年和清康熙十一年、三十二年《萧山县

[1]杭州市地方志编纂委员会：《杭州市志》第一卷，中华书局1995年版，第127—140页。

志》认为秦置，乾隆《萧山县志》、民国《萧山县志稿》、来裕恂《萧山县志稿》、1987年版《萧山县志》则认为汉置。1987年版《萧山县志》载："西汉初至元始二年（2年）间，始建县，名余暨，属会稽郡。"据明嘉靖《萧山县志》和《绍兴市志》，西汉景帝后元三年（公元前154年）已置余暨县，属会稽郡。县名"余暨"来由有三说：一说萧山地处暨浦（即浦阳江）下游，浦阳江经萧山而入海，地域上为暨浦之余，所以称余暨；二谓"暨"有"及"的意思，传余暨为越王无余教化所及，故名余暨；三是"余"为越语，越人称盐为"余"，因当时萧山产盐，又临暨浦，所以称"余暨"。新始建国元年（9年），改余暨为余衍县。东汉光武帝建武年间（25—56年）复称余暨。顺帝永建四年（129年）会稽郡一分为二，钱塘江以西属吴郡，以东属会稽郡。三国吴黄武初年（222年）改余暨为永兴，仍隶会稽郡。东晋明帝太宁二年（324年）改会稽郡为会稽国，永兴县属会稽国。南朝宋武帝永初二年（421年）会稽国复为会稽郡。隋文帝开皇九年（589年）废永兴县，并入会稽县。唐高宗仪凤二年（677年）复设永兴县，隶越州。唐玄宗天宝元年（742年）改名萧山。清文宗咸丰十一年（1861年），太平军占领萧山，为避西王萧朝贵、南王冯云山之名讳，改"萧山"为"菁珊"。至穆宗同治二年（1863年）复称萧山。[1]

自然地域关系或行政地域关系的建立主要与地缘、民族、文化和战争等因素相关。就较为广大的范围来说，杭州在春秋战国之际曾长时期属于楚国。楚国兴起于长江中游，战国时期基本统一中国南方的江汉、江淮地区，囊括今湖北、湖南、安徽、江西、浙江的全部，西部包括四川部分，北部及于陕西、河南、山东，南部到达广东、广西、贵州，是战国七雄中仅次于秦国的疆域广大、民族众多的大国。其有记载的历史超过800年。楚文化则融合了巴濮、南蛮、东夷及吴文化、越文化，覆盖了整个长江中下游，成为中国南方的代表性主流文化，影响遍及南中国。其巫骚神秘主义、浪漫主义和崇尚自然的道家精神，与中原儒家礼教分别是中国南北文化的象征。秦汉政治统一后，南北文化逐渐合流，但楚文化仍在不同层面发挥巨大作用。杭州居于中国南方的长江下游地区，从地缘关系上说易于统合整个中国南方文化。杭州又主要居于长江三角洲南翼最大的水系钱塘江北岸，因此行政关系主要建立在吴文化区域。历史上的钱唐县、余杭县多属吴国（郡、州）区域，杭州设郡、州、府后则常与杭嘉湖平原的一些县共构为行政单位。同时，由于钱塘江的勾连，杭州又与钱塘江上游浙西中金衢盆地的一些山区县共构行政关系。这种关系或许反映了旧石器时代人类由山区进入平原的迁徙特征。另外，杭州又处于钱塘江河口地区，即历史上吴、越两国的交界线，而钱塘江直至新石器时代以来的几千年仍然是一条动线，与宁绍平原的变迁相维系，所以杭州也与宁绍平原的郡、州、府或县建立行政关系。

上述行政关系反映了杭州自远古时代以来形成的多向度的地缘特征。

[1]萧山县志编纂委员会：《萧山县志》，浙江人民出版社1987年版；萧山市志编纂委员会：《萧山市志》，方志出版社2001年版。

11

杭州自小而大分别是钱塘江流域、环太湖流域、长江下游流域、长江流域和南中国自然地理板块、文化地理板块的重要组成部分，最终汇入广大的中国地理文化圈。今天的杭州是中国大地最为繁荣的地区之一，而在中国文明起源阶段，杭州则是中国文明满天星斗之间最为重要的发源地之一。这是本书的论题。

二、杭州的地质机理

杭州地处江南古陆南部边缘、长江三角洲南翼和钱塘江流域，地貌复杂多样。主要地貌单元分为低山丘陵区、山麓沟谷区和滨海平原区，自西向东地貌结构的层次和区域过渡性十分明显，各个地貌层次都有第四系分布。地势西高东低，最高点在浙皖交界的清凉峰，海拔1787m，最低处在东北部余杭的东苕溪平原，海拔2—3m。其中大部分地区属浙西中低山丘陵，内夹大小沟谷，小部分地区属浙北平原，海拔仅3—6m，河网密布，有典型的"江南水乡"特征，是杭嘉湖平原和萧绍平原的组成部分。其中市中心处在浙西中低山丘陵向浙北平原的过渡地带，午潮山、老焦山耸立于西，半山、皋亭山蜿蜒于北，屏风山、五云山绵亘于南，钱塘江奔流于东。吴山和宝石山又夹峙西湖，构成"三面云山一面城""乱峰围绕水平铺"的山、水、城融合体。全市山地丘陵占65.6%，平原占26.4%，江、湖、水库占8.0%，故有"七山一水二分田"之说。

西部、中部和南部浙西中低山丘陵按岩性类型及地貌形态（海拔高程）等可细分为剥蚀岩浆岩低山地貌、侵蚀剥蚀岩浆岩丘陵地貌、侵蚀剥蚀沉积碎屑岩丘陵地貌、侵蚀碳酸盐岩岩溶不发育的丘陵地貌和侵蚀碳酸盐岩岩溶发育的丘陵地貌。主干山脉有南北两支，北支有天目山、白际山以及与之直交的昱岭；南支有千里冈和龙门山，山高沟深，多座山峰海拔在1500m以上。山地和丘陵都有喀斯特发育和带状平原分布，介于南、北两支主干山脉之间为一阔带状的中低山地，即临安—淳安山地。天目山位于杭州市西北部，呈北东—南西走向。西起浙皖边界的龙王山（1587m），东止临安市、余杭区界的窑头山（1094m），长40km，宽20km，多数山峰海拔在1000m以上，其中西天目峰海拔1507m，东天目峰海拔1479m。主脉由早白垩世安山岩、流纹岩、火山碎屑岩、燕山期花岗岩及花岗闪长岩构成，两侧主要为早古生代石灰岩、砂岩和泥质岩构成的丘陵。白际山位于临安市和淳安县西部。其中北段百丈峰（1344m）处在临安市昌化镇西北角，又独自成为一条北东向的山脉，有龙塘山（1586m）等多座山峰海拔在1500m以上，全市最高点清凉峰就耸立于其中。中段起始于临安市昱岭关，大部分在淳安县境内，高度比北段略低，一般海拔约1000m，较高山峰海拔1200—1400m。岩性为震旦纪、寒武纪白云岩、不纯石灰岩，山脊线与区域构造线方向一致。南段越出杭州市境伸入开化县。昱岭位于临安市、桐庐县与淳安县的交界线上，是一条北西向、由震旦纪—奥陶纪石灰岩、志留纪砂岩和燕山期花岗岩构成的山脉。多座山峰海拔在1200m以上，最高峰昱岭山海拔1489m。昱岭关在昱岭西端，为海拔508m的垭口，是杭州市通向皖南山区的要道。龙门山位于富春江与浦阳江之间，绵延萧山区、桐庐县等地。山脉呈北东—南西走向，大部分由燕山期花冈斑岩、中性熔岩、流纹斑岩和火山碎屑岩构成。龙门山海拔1000m以上的山峰有10多座，主峰大头湾山（1246m）坐落在桐庐县。坳沟源头常有沼泽、湿地。临安—淳安山地主体延伸于淳安、建德境内，地处北东—南西向的复式褶皱带。地貌形态多样，有中山、低山，还夹有丘陵、盆地，岩性有泥质岩碎屑岩、碳酸盐岩、侵入岩、火山岩。主脊千里冈中心部位为志留纪、泥盆纪的长石石英砂岩、石英砂砾岩，1000m以上的山峰为数不少。其外的广阔山地一般由单一的碳酸盐岩构成，为侵蚀溶蚀低山组合。淳安—建德—桐庐—富阳断续延伸的石炭纪、二叠纪灰岩构成低山，为十分发育的喀斯特地貌。市区丘陵主要分布在西南部，有高丘和低丘两类。高丘主要由志留纪、泥盆纪长石石英砂岩、石英砂岩、石英砂砾岩等构成，有老焦山、天竺山、午潮山、龙门山、皋亭山、美人峰、西山、五云山、狮峰、北高峰、半山、天马山、二龙头、屏风山等。低丘可分4个亚类：（1）由早白垩世含角砾凝灰岩、熔结凝灰岩等构成的葛岭、挂牌山、宝云山、宝石山、孤山、弥陀山等。葛岭西面栖霞岭有崩坍岩洞5个，即黄龙洞、卧云洞、金鼓洞、蝙蝠洞和紫云洞。（2）由早二叠世硅质页岩、炭质页岩构成的孤立低丘丁家山、夕照山等。（3）由奥陶纪—泥盆纪泥岩、粉砂岩、细砂岩、石英砂岩等构成的留下、中村一带低丘及棋盘山、天喜山、白鹤峰、石人岭、将军山、月桂峰、秦望山、灵峰山、凤凰山、老和山、月轮山、青龙山等。（4）由碳酸盐岩构成的可分两种：由寒武纪、奥陶纪白云质石灰岩、泥质石灰岩构成的望江山、荆山等，由石炭纪、二叠纪的石灰岩和生物碎屑石灰岩构成的玉皇山、翁家山、将台山、九曜山、石龙山、飞来峰、三台山、大慈山、灵山、南屏山、云居山、紫阳山、吴山、玉泉山等。

山麓沟谷区地貌主要可分为冲洪冲积河谷平原、冲（洪）、坡洪积山谷堆积和残积、残坡积堆积等，其形成与第四纪地质作用密切相关。天目山是众多溪流的发源地，又是长江太湖水系与钱塘江水系的分水岭。在溪流长期切割下，常出现相对高差600—700m的峡谷，局部地段可见到宽谷、湿地、沼泽甚至泥炭地。如千亩田沼泽海拔1335m，至今还保存着厚约1.2m、面积约7000m²的泥炭层。旦溪峡谷将白际山北段分为东、西两部分，东部岩性为早白垩世火山岩和侵入岩，西部为震旦纪—奥陶纪不纯石灰岩、泥岩，谷源低洼处均形成较多山间盆地。龙门山部分山地由粉砂岩、泥岩构成，多陡坡深谷，其中位于龙门山中段北侧的七里泷峡谷有"小三峡"之誉。龙门山南段越过兰江后高度变低、宽度变窄，在建德市境内有寿昌盆地、大同盆地嵌入。北段往北东方向延伸高程渐次下降，西侧由火山岩构成低山丘陵直抵钱塘江边，东侧由震旦纪—奥陶纪白云岩、不纯石灰岩和泥岩构成宽谷和丘陵。龙门山越过浦阳江后整体降为丘陵，并成为萧山区和绍兴市两地的自然分界线。山地丘陵中的小块河谷平原见之于天目溪、昌化溪、分水江两岸，其中临安市西天目—绍鲁—于潜—龙冈—昌化—河桥、富阳市渌渚—新登—胥口、萧山区河上—楼塔几片河谷平原面积较大，表层为全新世冲积灰黄色砂砾石、砂、亚砂土层。其次为桐庐县洪积扇和分水江河谷平原，表层为冲积晚更新世砂砾石和全新世灰黄色砂砾石、砂、亚砂土层。淳安县中部也有大片河谷平原，在新安江水库修建后大部分没入水中，仅汾口一带还存在一片狭长平原。河谷平原在钱塘江沿岸尤多发育，形态为自然堤、河漫滩、江心洲、阶地等。桐庐县至富阳市有较长的带状河谷平原，其中桐庐县桐君街道的下杭埠、上洋洲、下洋洲为自然堤，江南镇的孙家、徐家、罗家是河漫滩，富阳市的大小桐洲和外涨沙等是大片小片的江心洲。桐君街道至富阳市场口镇表层均为全新世冲积成因的灰黄色砂砾石、砂、亚砂土，富阳市富春街道附近表层为全新世冲海积灰黄色粉细砂、亚砂土。河流阶地主要分布于新安江、富春江两侧，分为三级。一级在建德市新安江街道、梅城镇，为堆积阶地，由上更新世黏土、砂砾石组成，相对高度5—15m；二级残留于建德市上马乡祝家村、乾潭镇后山村，为基座阶地，由早更新世砂砾石组成，相对高度20—30m；三级在桐庐县江南镇、富阳市场口镇，为侵蚀阶地，由奥陶、志留纪砂泥岩、寒武纪灰岩组成，相对高度40—60m，一般高出江面40m。山前倾斜平原在桐庐县东南分布最广，以3—5°坡度向下游延伸达5km，前缘直抵江边的河谷平原。倾斜平原因表层被水流切割，造成坳沟和垅冈起伏，在坳沟中还发育新的洪积冲积扇。钱塘江的一些支流如渌渚江松溪—渌渚段、寿昌溪、东苕溪也有宽窄不同、长短各异的河谷平原分布，表层均为全新世冲积灰黄色砂砾石、砂、亚砂土层。

滨海平原区地貌主要可分为冲海积平原、冲湖积平原、湖沼积平原和钱塘江河口平原等，主要位于钱塘江、浦阳江、东苕溪附近。滨海冲海积、冲湖积平原分布于钱塘江、富春江两岸及钱塘江河口段，分别称钱塘江平原和富春江下游平原。它们由海水顶托和涌潮影响淤积而成，其中余杭区临平街道以南地面高度达4.5—7.5m。表层为全新世中、晚期冲—海积亚黏土、粉砂层。湖沼积平原分布于滨海平原内侧，分别称东苕溪平原和浦阳江下游平原。由古代湖沼、河流及海相沉积形成，地面高度2—6m，表层为全新世中、晚期冲—湖积亚黏土、黏土层，塘荡密布、河流纵横。东苕溪平原主要位于市区古荡—留下一线以北、武林门—半山一线以西，已完全水网化，河网密度1.42km/km^2。浦阳江下游平原为准水网化平原，由浦阳江、湘湖、白马湖等沉积形成。钱塘江河口地貌比较特殊。沿滨江区西兴—浦沿—富阳市渔山段呈北东流向，地质构造上受球川—萧山区深断裂控制，而九溪—闻堰段北西流向，受孝丰—三门湾大断裂控制等影响，故呈"之"字形。市区段以下属强潮河口，平面呈喇叭状，口门在海盐县澉浦镇一带，宽约21km。以下为杭州湾。杭州湾为独特的三角湾，湾口宽100km。携带较多泥沙的强劲潮流进入口门后，挟沙能力降低，沉积作用加强，由此形成钱塘江河口沙坎。从河床纵剖面看，平湖市乍浦至杭州市区闸口段有显著的隆起，江岸束窄，江底变浅，迫使涌入的潮波变形破裂。在海宁市大尖山至盐官镇一带（对岸为萧山区义蓬镇至赭山）破裂潮波汹涌，形成举世闻名的"钱塘江潮"。

杭州的地质发展经历了前覆冰纪（前震旦纪）陆壳增生并成熟、古生代被动大陆边缘、中—新生代大陆边缘活动三个构造演化阶段。在中元古代为弧间或弧后盆地，神功运动后变成大陆边缘岛弧环境，为堆积钙碱性系列火山岩，基底具有陆壳性质。覆冰纪（新元古Ⅲ纪）时在陆壳拉张作用下西部断陷变为浅海盆地，东部变为浅海台地。台地边缘在市区—淳安县一带有浅滩发育。早、中寒武世市区以北为浅海台地，以南为斜坡和浅海盆地。随着斜坡带的侧向堆积作用，台地边缘不断向南推进，至晚寒武世已抵达桐庐县分水镇到萧山区小石盖一带。早奥陶世斜坡带最为发育，重力滑动、滑塌沉积和碎屑流沉积状广泛见于临安市樟村和板桥、桐庐县分水、富阳市俞家山、萧山区小石盖等地，小石盖还见有钙屑浊积岩。中奥陶世海侵扩大，台地向北退缩到余杭区荆山岭附近。晚奥陶世华夏板块、扬子板块各自向北漂移过程中相互靠拢以至碰撞，盆地南部开始抬升，沉积中心向西迁移。以临安市—马金断裂为界，西北部为浊流盆地，东南部为深水陆棚。早、中志留世板块继续推挤和造山带大量陆源碎屑的快速充填，使盆地深度变浅，盆地位置继续向西北迁移，致使晚志留世市区隆起成为陆地。经过早、中泥盆世的风化剥蚀之后，晚泥盆世转入相对稳定的发展时期。早石炭世建德市以南为陆地，市区附近沦为滨海地带。晚石炭世海侵扩大，市域成为广阔的浅海，其中还有小型生物碎屑浅滩发育。二叠纪东南部凹陷成滞留盆地。早、中三叠纪为浅海盆地。晚三叠纪受印支运动影响形成杭州复向斜等一系列北东向的复式褶皱，从而进入太平洋大陆边缘活动新阶段。侏罗纪为隆起剥蚀环境。早白垩世广泛发生串珠状中心式火山爆发及裂隙式脉状火山喷溢，形成临安市亭子山、天目山、富阳市新登等一系列构造火山盆地。市区葛岭—宝石山小型构造火山盆地出现。中、晚白垩世在昌化—余姚断裂南侧形成断块隆起，北侧形成断陷盆地。第三纪西南部山地丘陵区长期上升遭到风化剥蚀，东北部平原区长期下降接受堆积，尤其是钱塘江河口、杭州湾附近的滨海平原陆源碎屑沉积甚厚。第四纪晚更新世中、晚期海水进退交复，形成岩相变化较大、成因类型复杂的全新世沉积层。

杭州第四系地层齐全、分布广泛。市区丘麓沟谷广泛发育堆积地貌，堆积物由中更新统—全新统组成。中更新统之江组分布于洪积裙、洪积扇、洪积台地中，如古荡—留下、浙江大学玉泉校区—玉泉、六和塔—梵村、茅家埠—双峰—赤山埠以及中村等地的丘陵向平原延伸处。堆积物为棕红、褐红色亚黏土夹碎砾石、砂砾石、黏土。上更新统莲花组分布于洪积扇、坡洪积裙中，如灵山、中村、留下等地，内叠于之江组分布的沟谷中。堆积物上部为棕黄、褐黄色含砾、碎石亚黏土，下部为棕黄、褐黄色砂砾石夹亚黏土。全新统冲积层分布于河漫滩中，如灵隐、九溪、梅家坞、叶埠桥、龙驹坞等山间沟谷及沟口狭长地带。堆积物为灰黄、褐黄色砂砾石，局部夹亚黏土及其透镜体。中更新统溶洞堆积层分布于西湖区留下街道荆山奥陶纪石灰岩溶洞中，为红色黏土层，产最后斑鬣狗、东方剑齿象相似种、中国犀、野猪、假斑鹿、中国鬣狗等化石。[1]市域第四系下更新统汤溪组分布于富春江北岸和新安江两岸，组成相对高度23—30m的二级基座阶地。以冲积成因为主，岩性系棕色、棕黄色砂砾石夹黏土。中更新统之江组分布于山麓地带，组成洪积扇和洪积扇群，以桐庐县富春江镇、江南镇—富阳市场口镇一带为典型。山前地带的之江组常覆盖在汤溪组之上。之江组以洪积成因为主，近河地带过渡为冲—洪积类型，具不明显的二元结构。上部为棕黄色薄层亚黏土，下部为网纹红土夹砾石、碎石，底部为棕红色砂砾石层夹黏土和砂的透镜体。上更新统莲花组分布于河谷平原的深部或河流两岸，以冲积相沉积为主，山前沟谷地带过渡为洪积。冲积层在河流上游组成一级堆积阶地或基座阶地，在河流下游被全新统掩覆，形成埋藏阶地。堆积阶地上部为棕黄、灰黄色亚黏土，含铁锰结核，下部为砂砾层。洪积层分布于山麓地带，与之江组构成的老洪积扇呈镶嵌堆积关系，形成"扇中扇"地貌。上部为棕黄、灰黄亚黏土、亚砂土，含铁锰结核，下部为砂砾石层夹黏土。全新统冲积层分布于河流上游，以河床相砂、砾层为主，上部为灰褐、灰黄色亚砂土、粉细砂，下部为灰黄色砂砾石层或夹中细砂透镜体。洞穴堆积层分布于寿昌镇—市区以西约25km范围，主要在石炭—二叠纪石灰岩层中，高度10—310m，受阶梯地形制约。成因类型有流水、化学、生物等多种，岩性复杂。由高到低，分别属于中更新统、上更新统、全新统。中更新统棕红色含砾黏土和鲜红色砂层结构密实，高出基准面30m，以建德市李家镇新桥村乌龟洞堆积为代表。乌龟洞堆积为棕色黏土，含钙质结构，层厚0.7m，含猕猴、犀牛等化石。西天目山华严洞发育于寒武纪石灰岩中，洞穴堆积为棕红色亚黏土、砂、灰岩角砾，含东方剑齿象、大熊猫普通种、中国犀、红面猴等化石，时代为中更新统晚期至晚更新统早期。上更新统棕黄色粒状钙质黏土和棕黄色砂砾石层结构密实，高度与一级阶地相当，仍以乌龟洞堆积为代表。厚度小于1m，上部为棕黄色灰华胶结的燧石碎屑岩，下部为棕褐色黏土及灰烬层，含晚期智人牙齿及豪猪、犀牛等化石。全新统淡黄色石灰华、钙质黏土、棕色黏土、灰黄色砂砾石、中细砂以及灰岩角砾和石灰华混杂堆积，结构松散，以建德市石屏乡狮子洞堆积物为代表。上部为淡黄色石灰华，厚0.1m，出土春秋战国时期印纹陶片；中部为钙质黏土以及灰岩角砾和石灰华碎片混杂堆积，厚0.2m，含黑鹿和啮齿类化石；下部为棕色黏土，厚

0.1m，出土石器。建德市桑园溶洞、富阳市高山龙洞、余杭区凤凰山溶洞、淳安县龙源洞、临安市天目山华严洞也都有洞穴堆积。[1]

杭州低山丘陵区和山麓沟谷区自然条件优良、安全屏障较好，适宜以采集经济为主要业生的旧石器时代人类生活，因此很早以前就有人类活动。晚期智人在这一带分布广泛，他们在较为适宜的生态环境中发展了智力和体力，并在新石器时代逐渐向滨海平原迁徙，发展生产性经济，构建新的家园，创造伟大的文明。

[1]杭州市地方志编纂委员会：《杭州市志》第1卷，中华书局1995年版，第227—256页；浙江省地质调查院：《杭州城市地质调查报告》，2009年，第79—106页。

三、杭州的水文地理

杭州市的主要河流有钱塘江、东苕溪、京杭大运河等，分属于钱塘江、太湖两大水系。其中京杭大运河为隋朝以来开凿的人工河，但利用了原有的自然水系，部分反映了古水文环境。

钱塘江（旧称浙江）为浙江省最大的河流，也是长江三角洲南翼最大的河流和中国名川之一。钱塘江发源于安徽省休宁县西南皖赣两省交界的怀玉山主峰六股尖（海拔1629.8m）的东坡（一说源出浙、皖、赣边境的莲花尖），开始形成水流的标高为海拔1350m，源头为冯村河。河水由西南向东北流动，沿率水、新安江、桐江、富春江、钱塘江，在河口（海盐县澉浦镇长山东南嘴与慈溪市西三闸的连线处）注入杭州湾，全长605km。钱塘江流域面积48887km^2，其中浙江省境内42265km^2，分布于杭州、衢州、金华、绍兴、丽水等市。钱塘江流经杭州市域的淳安县、建德市、桐庐县、富阳市四县（市）及市区，流域面积13227km^2，约占全市总面积的80%，水域面积约占全市水域面积的84%。

钱塘江古河道从更新世早期开始发育，更新世中晚期形成主干河谷雏形，晚更新世早期主干河谷及其支谷逐步发育成熟，堆积了厚层河床相砂

钱塘江潮

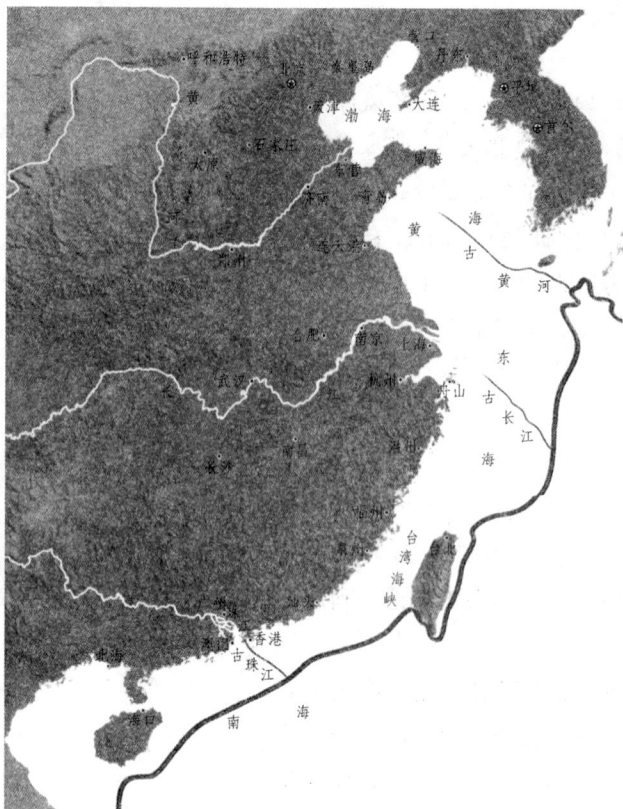

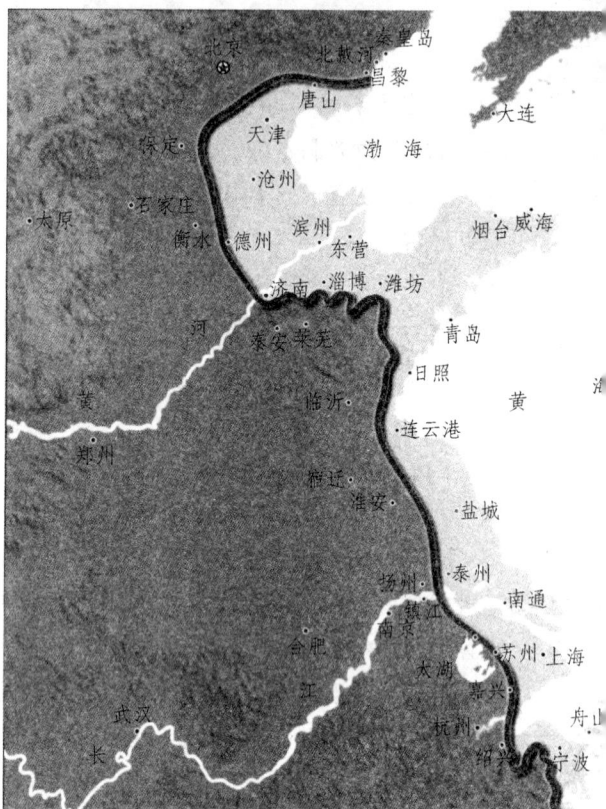

末次冰期海退最盛期（2.0—1.5MaBP）中国海岸线位置（引自陈超群：《古海岸线的秘密："过去水世界"》，载《中国国家地理》2009年第10期）

冰后期海侵最盛期（7.0—5.0kaBP）中国海岸线位置（引自陈超群《古海岸线的秘密："过去水世界"》，载《中国国家地理》2009年第10期）

砾石。晚更新世晚期沿河谷及其两侧充填了河漫滩相粉细砂夹粉质黏土，在古河间地则相应堆积了河湖相粉质黏土、黏土，形成泛洪平原或岸后沼泽等地形地貌。之后发生的海侵，在陆相沉积之上叠覆了厚层海相淤泥质粉质黏土、黏土和河口滨岸相砂质粉土。进入全新世后，杭州湾成为钱塘江与东海的接入口，受海平面升降的影响较大，又有潮汐和古长江的共同作用，使得钱塘江和杭州湾的南北迁移极为频繁。1.0MaBP古钱塘江经杭州市留下街道、彭埠镇、义蓬镇和海盐县澉浦镇、秦山镇呈北东60—80°弧线形进入上海市金山卫镇南的古杭州湾。古钱塘江南岸的萧山区及绍兴市一带发育古湖泊，杭州湾则形成边滩、天然堤及泥质坝。10.0—7.5kaBP海平面上升而西侵，海岸线位于慈溪市范市镇—余姚市马渚镇—上虞市沥海镇—绍兴县钱清镇—杭州市义桥镇、双浦镇、转塘街道以及杭州市乔司镇—海宁市长安镇、海盐县澉浦镇—海宁市周王庙镇—桐乡市屠甸镇—平湖市新丰、新仓镇—上海市胡桥镇一线，钱塘江杭州市区段基本淹没，仅剩留下街道—上塘街道段，于祥符街道入杭州湾。7.5—5.0kaBP气候转冷，海平面下降，杭州湾沿岸大部分处于剥蚀区，部分在潮上带位置，宁围、三墩镇等残存泻湖相堆积，其余则为潮滩。古钱塘江可能沿杭州市双浦镇、西兴街道、海宁市斜桥镇、嘉兴市新篁镇、平湖市黄菇镇方向流入东海。5.0kaBP钱塘江不断发生摆动，至4.0kaBP钱塘江和杭州湾的位置才大体稳定。2.6—2.1kaBP杭州市萧山区—慈溪市—宁波市镇海区一线以南地区出水成陆，萧绍平原和宁奉平原形成。2.1kaBP海平面继续下降，古长江口南移，三角洲向东延伸，又有乍浦—金山深槽流冲刷，使长江对杭嘉湖平原的作用日益减小。由于钱塘江水动力条件复杂，河槽宽而浅，岸坡又由疏松的砂质粉土和粉砂组成，所以极不稳定，因而河床仍然南北摆动，使得杭州湾北岸侵蚀内塌、南岸淤涨北进。1.6kaBP以前，杭州湾北岸在平湖市玉盘山—海盐县澉浦镇一线，乍浦镇以南为一片沃野，西段岸线大致在海宁市尖山、九龙山—杭州市笕桥镇—古荡街道一带，径流、潮流出入于青龙山、赭山之间（称中小门），河槽在萧山区赭山—坎山之间形成"南大门"，其时杭州西湖还与大海相通。此后赭山以北的北大门启开，南大门淤废。自唐宋开始，先后修筑了长达150km的人工堤坝。至明清时北岸相对稳定，南岸则继续接受冲击物而淤涨成陆。由于总体上潮流对北岸强烈冲击不断，冲刷物由潮流带至南岸淤积，所以北塌南淤的总趋势仍然存在。

杭州境内的钱塘江干流在建德市梅城镇以上泛称新安江，自梅城以下分别称桐江、富春江、钱塘江。新安江上游为安徽省境内的率水，至安徽省歙县始称新安江。新安江由街口镇流入浙江省淳安县境内，至建德市梅城镇与兰江汇合后连接桐江。新安江旧名徽港、青溪、歙港，流域面积11047km²，主流长365km，其中杭州市境内的流域面积5718km²，河段长128km。桐江上起梅城镇，下至桐庐县桐君街道，连接富春江，河段长36km。富春江上接桐江，下经富阳市富春街道，至萧山区闻堰镇附近纳浦阳江，连接钱塘江，河段长68km。钱塘江为闻堰镇以下的河段，水流经过杭州市区至海盐县澉浦镇注入杭州湾，河长128km，其中杭州市境内74km。河口呈巨大的喇叭形，杭州湾口南北两岸相距约100km，至钱塘江口缩小到20km，再上至海宁市盐官镇仅为2.5km。河床纵剖面有庞大的沙坎隆起，先以1.5/10000的坡度向上抬起，再以0.6/10000的倒坡下降，使得潮波破裂汹涌。

钱塘江支流主要有武强溪、枫林港、进贤溪、云源港、寿昌溪、兰江、分水江、渌渚江、浦阳江等。武强溪源于安徽休宁县璜尖，流经淳安县中洲镇、汾口镇注入新安江，主流长41km。流域面积420km²，其中淳安县221km²。枫林港源于淳安县、衢县、常山县、开化县交界的千里冈主峰磨心尖，由白马溪、铜山溪两支溪流汇合而成，流经淳安县大墅镇后注入新安江水库。流域面积292km²，主流长48km。进贤溪又名东源港，源于淳安县大岭塔，由富强溪（瑶山溪）和梅川（秋源溪）在临岐大桥以上地段汇合，注入新安江水库。临岐大桥以上的流域面积397km²。云源港源于淳安县严家乡与安徽省歙县交界的搁船尖，水流向南经过严家、王阜等乡在宋村乡注入新安江水库。流域面积249km²，主流长61km。寿昌溪源于建德市李家镇大坑源村，经过大同镇与劳村溪汇合，至航头镇颜公桥纳小江溪、乌龙溪，至寿昌镇宋公桥有童家溪汇入，至黄泥墩与甘溪合并后于罗桐埠注入新安江。流域面积691km²，主流长64km。兰江为钱塘江最大的支流（一说衢江、兰江为钱塘江干流）源于安徽省休宁县青芝埭尖的北坡，上源称马金溪，下接常山港，与江山港汇合后称衢江，沿途接纳乌溪江、芝溪、灵山港等溪流，至兰溪市与金华江汇合后称兰江，自南向北流至建德市大洋镇入杭州市境，在梅城镇与新安江汇合。流域面积19350km²，干流长300km，其中在建德市的流域面积419km²，河段长23.5km。分水江从临安市紫水乡紫溪村上溯有昌化溪、天目溪两支源流。昌化溪为主源，发源于安徽省绩溪县荆州乡之西饭蒸尖，海拔1349m，在新桥乡西舍坞之西流入临安市境内，经过新桥、呼日、鱼跳到龙冈接纳颊口来水，再经过昌化、河桥等镇乡到紫溪汇合天目溪（浮溪）。主流长72km，流域面积1430km²，其中在临安市境内面积1376km²。天目溪发源西天目山，流经临安市绍鲁、于潜、堰口、塔山、紫水等镇乡，主流长57km，流域面积788km²。昌化溪与天目溪汇合后的河段称分水江。分水江在印渚镇贺州村进入桐庐县境内，经过分水、横村镇等沿途接纳后溪、前溪等支流来水，至桐君街道入富春江。分水江干流长165km，流域面积3430km²。渌渚江发源于临安市皇天坪。上游称葛溪，水流经万市桥、三溪口至岩石岭折向东南，流经胥口至元村纳湘溪，至富阳市新登镇双江口与松溪汇合，最后至新浦乡港东村注入富春江。主流长51km，流域面积745km²。壶源江发源于浦江县天岭岩北麓，在瓦檐山东边流入桐庐县新合乡后曲折北流，经引坑、高峰、坑口、雅坊村进入诸暨县境内，尔后又流入富阳市，经场口镇在青江口注入富春江。主流长83km，流域面积848km²，其中在杭州市域境内河长39km，流域面积293km²。浦阳江发源于浦江县花桥乡天岭岩南麓，流经浦江县、诸暨市等至金浦桥进入萧山区境内，经过浦阳、临浦、义桥镇至闻堰镇小砾山附近注入富春江。其古河道在萧山区境内流经浦阳、临浦、所前、新塘镇，至新街镇汇入古钱塘江。浦阳江主流长151km，流域面积3431km²，其中在杭州市境内的河流长度32.5km，流域面积351.7km²。沿途接纳大陈江、开化江、五泄江、枫桥江、凰桐江、永兴河等支流来水。

除浦阳江外，位于宁绍平原的萧山区、滨江区境内主要河流和湖泊还有萧绍运河、西小江、南门江、湘湖、白马湖等。萧绍运河又称浙东运河、杭甬运河，西起滨江区西兴街道，流过萧山区进入绍兴市，经绍兴县钱清镇、柯桥街道、绍兴市区抵达曹娥江，全长78.5km，其中杭州市境内21.6km，河宽30m。萧绍运河与湘湖、西小江、小砾山输水河道相连，北与北塘河交接。西小江原为浦阳江古道，自萧山区临浦镇麻溪坝起流经所前镇、城厢街道、新塘镇、衙前镇等进入绍兴市境内，至钱清镇汇入萧绍运河，全长72.3km，其中杭州市境内33km。南门江起自萧山区城厢街道苏家潭，经小南门与西河相连，往西南至临浦镇白鹿塘村与西小江汇合，全长9.5km，流域面积160km²。南门江分两支，一支由白鹿塘村延伸到临浦镇西北，出峙山闸沟通浦阳江；另一支至义桥镇新坝闸通浦阳江。历史上尚有平水江古河道，流经夹灶、益农等村汇入古钱塘江。湘湖和白马湖为全新世以来形成的湿地。

新安江水库位于钱塘江上游新安江主流上，是杭州市面积最大的水体。建库前，新安江从安徽省屯溪方向进入淳安县盆地，与东来的东溪港、进贤溪及南来的遂安港会合，至港口出铜官峡。在铜官峡上游，新安江曲折奔流于群山之间，由于河床坡降很大，江水落差节节增加，从屯溪到铜官峡200km之间落差即高达100m。库区构造线呈北东向，有马金复背斜轴线、印渚埠—开化等断裂通过，山脊线与区域构造线方向一致。库区地貌多为侵蚀剥蚀低山丘陵、喀斯特丘陵，少部分为河谷平原。库底与库床绝大部分为古生界致密不透水岩层，少部分为半致密或黏结的不透水和微透水岩层，局部有不透水的岩浆岩侵入体。坝址铜官峡全长800m，两岸标高海拔各300m，峡谷河床标高海拔20—22m。

太湖水系主要河流为东苕溪、京杭大运河，水流汇向太湖，最后纳入长江。东苕溪干流长143km，其中流经杭州市西北96km，流域面积2267km²，流域内山地丘陵占83.4%。上游由南、中、北苕溪组成。南苕溪为东苕溪主源，发源于天目山南麓临安市临目乡马尖冈，自西向东流，经横溪镇、锦城街道、青山湖街道和余杭区余杭镇等地后折向北到瓶窑镇，在瓶窑镇接纳中苕溪、北苕溪之水，汇成东苕溪。南苕溪主流长76km，流域面积1420km²。中苕溪发源于临安市高虹镇与安吉县交界之青草湾冈，流经临安市高虹、横畈镇和余杭区径山镇，到瓶窑镇上游下木桥附近流入东苕溪，主流长50km，流域面积247km²。北苕溪发源于安吉县山川乡石门山，经余杭区径山镇、北湖到瓶窑镇龙舌嘴流入东苕溪，主流长45km，流域面积328km²。东苕溪从瓶窑镇起，经过良渚、仁和镇，至德清县城，左有湘溪、余英溪汇入。德清县至湖州市，左有埭溪汇入。主河道原经德清县，在湖州市与西苕溪汇合后入太湖。东苕溪在湖州白雀塘桥以上河长151.4km，流域面积2265km²，其中杭州境内长103.7km，流域面积1604.1km²。京杭大运河又称大运河，北起北京市，南达杭州市，纵贯北京、天津两市和河北、山东、江苏、浙江四省，沟通海河、黄河、淮河、长江、钱塘江五大河流。京杭大运河镇江市至杭州市段称江南运河，在杭州市境内流域面积726.6km²。主要接受余杭区中泰乡、闲林镇、余杭镇等部分径流，经水网调节后通过运河干线分别注入太湖和黄浦江，另还通过海盐县长山闸往南排入杭州湾。枯水时水源由太湖补给。京杭大运河干流南端原起艮山门，与钱塘江沟通后起点为三堡船闸，经艮山门、中山北路桥、江涨桥、大关桥、拱宸桥、义桥、武林头至塘栖，由杭申甲线、杭申乙线出境。杭申甲线为运河古道，由塘栖镇向东经运河镇东边出余杭区境，再经过桐乡市崇福镇、嘉兴市向东北流入江苏省吴江市，在杭州市境内49.2km。杭申乙线由塘栖镇向北经邵家村进入德清县，通往上海及长江沿岸各城市，在杭州市境内39.8km。京杭大运河干流以西的支流主要有沿山河、余杭塘河、西塘河、良渚港、中塘河、东塘河、郁宅港、獐山港等，以东的支流主要有中华桥

[1] 杭州市地方志编纂委员会：《杭州市市志》第1卷，中华书局1995年版，第308—316页；浙江省地质调查院：《杭州城市地质调查报告》，2009年，第106—110、317—318页。

[2] 浙江省地质调查院：《区域地质调查报告：杭州市幅》，2003年；浙江省文物考古研究所、萧山博物馆：《跨湖桥》，文物出版社2004年版，第3—4页。

[3] 锄裹、聂世棠等：《萧山县志》，清康熙十一年（1672年）刊本，台北成文出版有限公司1984年版。

[4] 萧山县志编纂委员会：《萧山县志》附录《湘湖记略》，浙江人民出版社1987年版。

[5] 班固：《汉书》，中华书局2007年版。

港、鸭栏港、横泾港、康桥新河、新河、瓜山桥港、登云桥港等。[1]

钱塘江和东苕溪也在杭州造就三大湿地，即湘湖湿地和西溪湿地、西湖湿地。

现在所说的湘湖位于两列西南、东北走向的山脉之间，东列为石岩山、萧然山，西列为石檀山、东头山、美女山、越王城山，形似一个巨大的长颈葫芦。湘湖是由原始的湘湖湿地演化而来的。更新世末期萧山区东部为潮上带黏土及亚黏土沉积，北部至钱塘江沿岸和城厢街道一带的广大地区分布着一条宽窄不一的沙堤，城厢街道附近还有贝壳堤发育。南部山麓的所前镇一带则见洪积扇堆积，下孙遗址一带为剥蚀区。古钱塘江从滨江区浦沿镇西侧流过，比现在的钱塘江靠东。浦沿、长河、闻堰镇一带发育大片河流边滩沉积。其他地区以及长河镇、西兴街道和跨湖桥遗址一带的大片地区则出现沼泽。末次冰期时萧山区、滨江区基本暴露于地表，由于风化剥蚀作用，形成分布广泛的铁质风化壳。末次冰期结束后，海平面随即抬升，8.0kaBP湘湖地区受潮汐作用影响形成为湿地，西兴街道至浦沿镇以北及西部为潮间带，以南地区则发育为沿岸沙堤，西兴街道及其东北一带还见有砾质堤和贝壳堤，构成古海岸。7.0kaBP又有一个相对的海退期，西兴街道至跨湖桥遗址一带成为一南北向的剥蚀区，城厢街道附近也有小块剥蚀区，浦沿镇至长河镇栟西北部为潮汐活动区，沿山口一直向南延伸。沙堤沿浦沿、长河、西兴、城厢、所前环状分布于剥蚀区和丘陵周边。潮上带仅见于闻堰镇及城厢街道以东地区，贝壳层则见于城厢街道，沼泽地见于跨湖桥遗址西南部。6.3kaBP潮间带波及浦沿、长河、西兴一线西北地区，西兴街道、下孙遗址一带至城厢街道一线东北部为潮上带，其间的广大地区为沙堤。沙堤中的洼地积水形成小片沼泽。3.8kaBP潮间带沉积进一步扩大，由西兴街道至下孙遗址一直到跨湖桥遗址。闻堰镇、城厢街道两地有呈东北向两条潮上带，其他为沙堤。3.0kaBP潮间带向北退缩，潮上带有所扩大，湘湖地区仍受潮水控制，但在长期的水淹状态下逐渐从海相转化为湖相。[2]湘湖湿地在历史时期越来越干涸，逐渐被改造为农田。北宋政和二年（1112年），萧山县令杨时"视山可依，度地可圩，以山为界，筑堤为塘"，筑南、北两堤，废田37002亩（24.67km²），蓄水成湖，灌溉周边九乡146868亩。[3]明嘉靖三十三年（1554年），乡官孙学思为便于湖西孙姓与湖东吴姓两族往来，在湖中狭隘处筑堤并建跨湖桥，由此湘湖分为南北两湖。南为上湘湖，北为下湘湖。[4]湘湖建成后，屡屡发生废湖（复田）与保湖之争。民国以后，湘湖的水利功能逐渐削弱，湖面加速收缩。至2004年杭州市开始实施湘湖保护开发工程时水域面积仅存1406亩，大体为从闻堰镇东汪村至城厢街道西及东汪村至石岩村的两条面宽30—50m、深2—2.5m的河道。2004年杭州市确定10km²保护范围。湘湖最早的古名是"潘水"，出现于商周至汉朝。东汉班固《汉书·地理志》载："余暨，潘水所出，东入海。"[5]清李慈铭对北魏郦道元的《水经·浙江水注》做研考后，在其《越

湘湖湿地

缦堂文集》卷一二中指出："湘湖即汉志之潘水，郦注之西城湖。"[1]唐末
杜光庭《道教灵验记》中《萧山白鹤观石像老君验》一文中有"湘湖"名
称："越州萧山县白鹤观石像老君，观是南朝所置，岁月既深，讲堂久已
隳摧……剧见之后，唯石杌缺前面六七寸及脚，于土中访求不获。有湘湖
老人水上见一物，凌波而去，谓其蛇也……湖去白鹤观四十余里……"[2]刘
敞在北宋庆历年间（1041—1048年）所作《得萧山书，言吏民颇相信，又言
湘湖之奇及生子名湘。戏作此诗》有"清酒肥鱼宴宾客，时时骑马临湘湖"
之句。[3]南宋沈作宾、施宿等纂修《嘉泰会稽志》卷一〇载："湘湖在县二
里，周八十里溉田数千顷，湖生莼丝最美，水利所及者九乡，以牧渔为生业
不可数计。"[4]自南宋起，"湘湖"之名广泛运用于诗文之中，宋元明清写
"湘湖"诗文有几百首（篇）。关于"湘湖"之名缘起，另有元明之际钱宰
《湘阳草堂记》之说："句践之墟有山焉，曰萧山；有水焉，曰湘湖。山
秀而疏、水澄而深，邑人谓境之胜若潇湘然，因以名之。"[5]民国周易藻
《萧山湘湖志》卷一云："湘湖之名不知何所取义，钱宰《湘阴草堂记》
云邑人谓境之胜若潇湘，然因以名之。他书无所考证，姑存其说。"[6]钱宰
可能由"萧（潇）山"联想到"湘湖"（潇、湘为湖南水名），其解释当
属随意，可信度不高。综合以上考据，"湘湖"之名至少在唐代以前已出
现。渔浦湖、落星湖、詹家湖、临浦湖、白马湖等是与湘湖水域相联的湖
泊，都属广义上的湘湖湿地。白马湖古称西陵湖，又称排马湖、石姥湖。
成型于4.0kaBP前，位于越王城山之西北，与湘湖一山之隔，分东、西两
湖，水域面积1720亩，其中东湖720亩，西湖1000亩，水深1—3m，最大蓄
水量3000km³，正常蓄水量1400km³。

　　西溪湿地位于杭州市西部的天目山余脉与杭嘉湖平原的交接区域，在
地质单元上属于三墩凹陷，下伏白垩系杂色砂岩，上覆厚约40—50m的第

[1]李慈铭：《越
缦堂文集》，台北华
文书局1971年版。一
说"潘水"指浦阳江。

[2]杜光庭：《萧
山白鹤观石像老君
验》，载杜光庭《道教
灵验记》卷七，《道
藏》，文物出版社、上
海书店、天津古籍出
版社1988年版。

[3]刘敞：《公是
集》，文渊阁《四库全
书》本，台北商务印
书馆、上海古籍出版
社1987年版。

[4]沈作宾等修、
施宿纂：《嘉泰会稽
志》，中华书局1990
年版。

[5]钱宰：《湘阳草
堂记》，载钱宰《临安
集》卷五，文渊阁《四
库全书》本，台北商务
印书馆、上海古籍出
版社1987年版。

[6]周易藻：《萧
山湘湖志》，周氏铅
印本，民国十六年
（1927年）。

西溪湿地

四系亚砂土和亚黏土。第四系上部25m厚的亚黏土属全新统，全新统上层为5—6m厚的亚黏土夹黏土层，含腐泥和不连续泥炭层，由全新世中晚期钱塘江河口平原堆积、东苕溪等水系在地质回陷区排泄不畅而冲积—湖积—沼积形成。在第四纪地质作用下，西溪湿地逐渐演化为河流纵横、具有生物活性的沼泽平原。"西溪"之名最早约出现于唐代，南宋《方舆胜览》《咸淳临安市志》《梦粱录》等文献始有记载。西溪俗称沿山河、留下河、西溪河，因为是位于杭州城西的城市主干河，旧时也称"杭川"。由于河网港汊繁多，历史上各时期对西溪的指称不一，较难作准确的界定。现在杭州人一般将留下街道至古荡街道的一段称为沿山河或西溪，古荡街道至北山街道松木场八字桥的一段称为沿山河，八字桥至余杭塘河的一段称为西溪河。历史上的西溪有两个源头。一为位于余杭区闲林镇与富阳市受降镇交界的东天目山板照山麓分金岭、鸭坞岭、长岭一带的灵项溪。灵项溪与其他溪流在金竹岭、淡竹岭汇为上埠河，所以古代文献上一般记上埠河为西溪的源头。上埠河自云栖、桦树、里项、石马等地，与午潮山溪水汇合，经小和山流入西湖区留下街道一带。另一为东苕溪。由于水量大大超过上埠河，所以东苕溪原应是西溪的主流，西溪本属东苕溪水系。而东苕溪又原属钱塘江水系，现今市区内仍残剩瓜山东古河道贯通东苕溪和钱塘江。因钱塘江海潮的不断顶托，东苕溪东段部分后来逐渐形成冲击平原，即后来的杭州城区，东苕溪则向北偏流，再加人工改造，最终演为太湖水系。东汉余杭县令陈浑筑横塘（西险大塘）后，上埠河取代东苕溪成为西溪的主流，西溪也由此渐渐成为相对独立的水系。但目前在余杭区中泰乡、余杭镇、闲林镇、五常街道仍剩有东苕溪旧水道构成的水网，其西北与南湖、东苕溪相接，西南接应中泰乡与临安市板桥乡交界的直路溪、铜山溪，经蒋家潭港、梧桐港、闲林港、五常港等向东与上埠河水系相汇。东苕溪的支流余杭塘河则自余杭镇起，过仓前镇、闲林镇、五常街道和蒋村街道北部向东汇入京杭大运河，与西溪及其支流相汇通。所以现在也可以说西溪有上埠河、闲林港、余杭塘河3条主水源。西溪自余杭区闲林镇起，流经西湖区留下街道—蒋村街道—古荡街道—北山街道（松木场、西溪河下）—西溪街道，沿途通过五常港、蒋村港、紫金港、莲花港、冯家港等注水，并与北部的东苕溪支流余杭塘河接通，构成以西溪和余杭塘河为主干河的复杂的水网体系，形成辽阔的湿地平原。所以，严格地说，"西溪"这个概念并不特指某一条具体的河流，而应该指以西溪和东苕溪水网体系为存在基础的西溪湿地。综合唐宋以来的历史文献，作为地名来用的"西溪"，即广义的西溪湿地，比上述范围还要大得多。西溪湿地较早的范围约在600km²以上，东北部至余杭区临平街道、塘栖镇、乔司镇一带，直至钱塘江。至汉唐时期，也在300km²以上。东约至拱墅区湖墅路，西至余杭区余杭镇、中泰乡，南至法华山一线几十里山峰北坡，北至余杭区良渚、瓶窑镇，约含现在的西湖区北山街道、西溪街道、古荡街道、翠苑街道、文新街道、蒋村街道、留下街道、三墩镇、龙坞镇、拱墅区米市巷街道、祥符街道、余杭区五常街道、闲林镇、余杭镇、中泰乡、良渚镇、瓶窑镇、仓前镇等的区域。明洪瞻祖《西溪旧志》称："溪薄余杭区界，自分金岭，挟上埠诸涧流，划原田，穿市镇，而又逆受余杭区南湖之浸，并山三十六里，过朱桥，会于江，注古荡，与湖合。"[1]此类表述只可以在广义的西溪湿地的概念下说通。[2]

杭州西湖以风景优美闻名于世。20世纪初以来许多学者对西湖的成因提出不同的假说，主要有两种：一是西湖处在杭州复向斜轴部北东倾伏端的丁家山组砂页岩分布区，湖盆原是砂页岩被剥蚀后留下的长条状构造盆地，后因黄尖组熔结凝灰岩的填充，盆底显得浅平；二是西湖底部基岩大部分岩性与宝石山—葛岭一致，原始湖盆实则是以六公园为中心的破火山口发展起来的陷落盆地。1950年以后，地质专家通过对西湖湖中三岛和湖滨公园地质钻孔取样分析，认为距今1.5亿年的晚侏罗纪时，以今湖滨公园一带为中心曾发生过一次强烈的火山爆发，宝石山和西湖湖底（大部分）堆积了大量火山岩块，火山口陷落形成马蹄形核心低洼积水，此即西湖雏型。1920年，竺可桢发表《杭州西湖生成的原因》一文，认为西湖是在这种地质构造中形成的泻湖。并认为西湖形成之初面积要比现在大，后由于三面山区的溪流注入，所挟泥沙逐渐填充西湖，湖面随之逐渐缩小，倘若没有历代的不断疏浚，西湖恐怕早已湮废。[3]1924年，章鸿钊发表《杭州西湖成因一解》一文，对竺可桢的观点进行了补充：西湖之成，其始以潮力所向而积成湖堤，其继以海滩变迁而维持湖面，二者为形成西湖之重要

[1]洪瞻祖：《西溪旧志》，载聂心汤《万历钱塘县志》，武林丁氏刊本，清光绪十九年（1893年）。

[2]周膺、吴晶：《西溪湿地保护利用模式研究》，当代中国出版社2008年版，第9—10页。

[3]竺可桢：《杭州西湖生成的原因》，载杭州市地名委员会办公室《杭州市地名志》第八篇《文选》，浙江人民出版社1990年版。

[1]章鸿钊:《杭州西湖成因一解》,载《中国地质学会志》第3卷第1期,1924年。

条件。[1]1979年,地质单位对湖滨钻孔采取的岩样作微体古生物分析后著文认为,根据不同化石的组合,西湖的形成过程可划分为早期泻湖、中期海湾、晚期泻湖3个阶段。随着钱塘江沙坎的发育,西湖终于完全封闭,水体逐渐淡化,形成现在的西湖。竺可桢推断西湖生成于1.2MaBP以前,但其基本成形则在汉代以后。汉代西湖湖面的涨落仍受潮汐控制。20世纪50年代有一种观点认为,西湖所在地原为海湾,海水可直拍灵隐诸山,而其南北各有一海岬,南边为吴山、紫阳山,北边为宝石山,两海岬前端在沿岸流作用下产生湾口沙洲,两个沙洲延伸、交接,其内侧形成与大海隔绝的泻湖,即为原始的西湖,现在的杭州城区就是当时的湾口沙洲。到80年代又有人提出,根据钻孔资料,这个湾口沙洲并不存在,西湖的前身并不是一个典型的泻湖,而是钱塘江挟带泥沙先在今市区鼓楼至杭州市体育馆一线形成边滩,进而形成潮间浅滩、潮上带,最后形成排水洼地,才构成天然湖泊的雏形。后经历代疏浚和治理,转变为人工湖。唐代的西湖面积约10.8km²,宋代缩减至9.3km²,清代7.5km²,新中国成立后仅剩5.66km²。2002年实施西湖综合保护工程后,拓展到6.56km²。西湖流域面积27.25km²,由天然降水和金沙涧、龙泓涧、赤山溪、长桥溪以及环湖零星低丘的来水补给。1986年西湖引水工程建成,又引钱塘江水补给。[2]

杭州的人类活动在旧石器时代主要集中于钱塘江上游流域,新石器时代也有所延续,先民利用流域大通道和山麓谷地进行经济性开发,在自然选择中发展了原始文化。但新石器时代主要转向湘湖湿地、西溪湿地和西湖湿地,因为这三大湿地是自全新世以来杭州形成的最适宜人类生存的地区。在它们之上建立起来的文化或文明,分别成为不同时期的主体性地理文化体。其中新石器时代早期湘湖湿地较发达,跨湖桥文化达到当时的文化高峰;新石器时代晚期或中国文明起源阶段则西溪湿地最发达,创造了中国5000年文明史最重要的实证之一的良渚文化;西湖湿地在历史时期最发达,但新石器时代西湖周边地区也有过诸多人类文明创造活动。

[2]杭州市地方志编纂委员会:《杭州市志》第二卷,中华书局1995年版,第79页。

第二节　杭州原始文化与生态环境的耦合

一、全新世气候和海平面变迁与杭州的聚落演替

晚更新世的玉木冰期造成全球性海退,1.5MaBP海岸线退至东海大陆架边缘水深155m处。此后随着气候转暖,冰川消融,海平面迅速回升。至早全新世初期,即1.0MaBP,海面已上升至目前海面下30—40m。当时长江三角洲覆盖着一层晚更新世末期陆相褐黄色硬黏土层,此硬层构成自西向东倾斜的太湖平原全新世原始地面。其高程在茅山以东江苏省金坛市一带构成3—5m高地。常州市、无锡市一带出露地表,为-1—-2m左右,太湖东部的苏州市、吴江市等地在-2—-5m之间,昆山市在-5m以下,上海市东部

地区为-25m左右。其时，滨海平原北部的长江谷地下切深度达50—60m，南部的钱塘江也达40—50m。长江和钱塘江两岸的大小支谷随之深切，致使长江三角洲南翼成为沟谷切割的滨海台状平原。这时的太湖地区属台状平原的内缘延续部分。东太湖大部分和西太湖部分地表为晚更新世末期2—6m厚的陆相硬土层所覆盖，地势较为平坦。但在太湖西部的南、北各有一条支谷与钱塘江、长江沟通。沟通钱塘江的谷地从太湖中的大雷山、小雷山之间向西北延伸过平台山西北，北抵无锡市，又西经宜兴市、溧阳市折北，经长荡湖至金坛市。同时又有一支向南经湖州市区、繁昌县、德清县至杭州市与钱塘江交汇，深度达15—25m。太湖西部诸水大多经此支谷南流注入钱塘江。北部沟通长江的谷地较浅，从马圩向北经雪堰、前洲、青阳、芙蓉、夏港等镇入长江。太湖西北地区的部分地表径流经此注入长江。[1]9.0—8.0kaBP海平面继续上升到-25—-10m，海侵到达长江三角洲顶部的镇江市一带，海潮通过太湖西部南、北两条支谷入侵西太湖地区。特别是西南部的钱塘江深切支谷因之演变成为从钱塘江口侵入太湖西部的大海湾，称为"太湖海湾"。海湾北部的马圩是海水从南、北两谷地入侵西太湖的交汇点。马圩钻孔揭示，在8.7kaBP的海相地层中，发现毕克卷转虫变种——光滑九字虫组合，证明早全新世初期海水已沿太湖西部南北两个海湾侵入到太湖西北部的马迹山附近，太湖西部的泻湖雏形在这一时段已经出现。此后至7.5kaBP前后，海面继续上升到-7m左右，西部泻湖继续向西扩展，金坛市至溧阳市的茅山东麓洼地、溧阳市至宜兴市北侧的谷地也已处在泻湖环境之中，因此在金坛市和宜兴市的官林、和桥等镇均有这一时段的海侵沉积层发现。而常州市圩墩遗址在地表以下0.40—1.50m之间有四个文化层，其最下的第四层属马家浜文化，此层下伏之生土层为灰色分砂质黏土。经微古生物分析属滨海泻湖潮平沉积，说明圩墩形成于马家浜文化之前，环境也属于海侵泻湖的边缘地区。[2]早全新世初期杭州湾及西侧谷地海水到达较早，分别成为海湾和河口湾，广大的台地区受到大小支流的切割。随着海面的进一步回升，台地中小河沟的下游被浸淹，流水的侵蚀和切割作用减弱，局部地区沉积了一些河漫滩相或沼泽相沉积物。尔后台地区大部分沦为低盐沼泽，为强还原性的弱水动力环境，自生黄铁矿富集，有些地方如双林钻孔和石门钻孔发现这一时期堆积的薄层泥炭。湖州—杭州河口湾和南缘的海湾由于水深较大，水动力相对较强，因而沉积物较粗，多为粉砂或砂质粉砂。在这段时间内，海面上升速度较快，长江和钱塘江河口随之向陆地退缩，沉积物来源除主要靠长江供给外，在南缘的河口区还有钱塘江下运扩散的沉积物，而湖州—杭州河口湾中的沉积物则主要由源于天目山区的河流运来。由于沉积速率不高，沉积厚度小，尚暴露于当时海面以上的古地形格局并无多大改变，只是台地上众多的小河沟渐被填平，所以大部分地区仍继承晚更新世末期的滨海平原地貌形态。

7.0—6.0kaBP的中全新世早期，气候更加湿热，海面继续上升至接近现

[1] 洪雪晴：《太湖的形成和演变过程》，载《海洋地质与第四纪地质》1991年第4期；陶强、严钦尚：《长江三角洲南部洮溇湖地区全新世海侵和沉积环境》，载严钦尚等《长江三角洲现代沉积研究》，华东师范大学出版社1987年版。

[2] 陶强、严钦尚：《长江三角洲南部洮溇湖地区全新世海侵和沉积环境》，载严钦尚等《长江三角洲现代沉积研究》，华东师范大学出版社1987年版。

代海面高程，海侵达到最大范围，并沿沟谷大举入侵太湖地区，导致太湖及其周边地区海浸。同时，由于环太湖平原的江阴、常熟、太仓、嘉定、金山一线滨岸滩脊（沙冈）的塑造，形成从东部包围太湖平原的碟缘高地，奠定了太湖地区碟形洼地中的泻湖地貌。太湖西北部马圩—夏港间的长江支谷通道口被长江滩脊所封堵，入侵太湖地区的海水主要来自东、南两个通道。南部通道在"太湖海湾"的基础上因海面上升而展宽，大量海水经此北侵，由小雷山进入太湖，淹没西太湖大部分地区，形成位于海湾北部两侧的洋溪、马圩4m厚的同期泻湖相沉积。东部通道大致沿今练塘、金泽、芦墟、黎里、平望一带的太浦河流域，经震泽侵入太湖东部地区，导致太湖东部和东太湖地区演变为浅水泻湖。湖内牡蛎丛生，发育良好，形成的牡蛎层厚达0.80m。此时，太湖东南岸的双林、戴山等滨湖地区也同时沦为泻湖的南延部分，南岸的九里桥地区发育为浅水海湾。[1]沿海湾北岸西进的涨潮流作用下，海湾内侧以石质岛屿为基础（岬角）发育了向陆内凹的砂嘴。7.0kaBP以后被浸的丘状台地经过加积填高，原来地势稍高的低盐沼泽和潮坪区在6.0kaBP前转变为潮上带，虽然仍会受到特大高潮侵袭的威胁，但通过人工填土加高即具备人类栖息条件。在太湖东、西两侧大部分沦为泻湖的中全新世早期，周边较为高爽的地区已有先民在此活动，发展马家浜文化。主要遗址如：无锡仙蠡墩、庵基墩、庙墩、施墩，苏州草鞋山、张陵山、龙灯山，昆山绰墩、黄泥山，上海崧泽、福泉山、查山等。杭嘉湖平原则有罗家角、马家浜、谭家湾、彭城等。常州圩墩马家浜文化遗址的发现，则说明太湖西北通道封堵之后，其附近的泻湖经泥沙淤填已转变为陆地。6.0—5.0kaBP的中全新世中期，太湖平原东部紧邻沙冈的东侧又有滨岸滩脊（紫冈）形成，它在加宽、加厚碟缘高地、进一步塑造太湖碟形洼地的同时封堵了先前的一些通道，阻遏了海潮涌入西部的泻湖地区。由于这时气候一度转凉，海面略有下降，碟形洼地中的泻湖面积显著缩小，湖底大部出露成陆地，周边地区则排水不畅，演化为星罗棋布的淡水湖沼群。西部的海湾虽然继续存在，但逐渐萎缩、演变为半封闭的海湾，其两侧的泻湖则演变为半咸水的泻湖。原先太湖北部通道和侵入茅山东麓的泻湖枝杈大多也被泥沙所充填，成为可供先民定居的陆地。因此，形成于这一时段的崧泽文化遗址不但数量显著增多，分布范围也较马家浜文化时期广阔。崧泽文化遗址除堆积于上述马家浜文化遗址上层外，在其他地方也有分布。如：上海冈身以西的寺前村、金山坟、汤庙村、姚家圈、平原村，苏州越城、夷陵山、梅堰、大三堰，常州圩墩、淹城、潘家塘、寺墩、社渚墩，湖州邱城，等等。

5.0—4.0kaBP进入中全新世晚期，长江携带的泥沙不断在太湖平原东部的冈身外侧加积，塑造新的水下边滩的同时形成紧邻于沙冈、紫冈东侧的竹冈，使得太湖地区碟缘高地的冈身海岸基本建造完成。冈身在阻遏海潮入侵太湖地区的同时向东南推进，逐步形成喇叭形的杭州湾，迫使东海潮

[1]洪雪晴：《太湖的形成和演变过程》，载《海洋地质与第四纪地质》1991年第4期。

流传入湾内，并使其急剧变形，因而潮流变急、潮差增大。湍急的潮流在西部的太湖海湾口遭遇天目山余脉杭州的半山、大观山（大官山）阻滞，泥沙淤积成沙嘴，从而封堵了太湖海湾南部出口，太湖西部的苕溪诸水因之改流注入太湖。太湖平原中的潟湖因东、南、北诸口封堵，海潮难以入侵，咸水潟湖基本消亡，使得平原上再次出现较多的淡水湖沼群，从而形成新一轮泥炭层淤积。太湖平原碟形地貌形成之后，海平面幅度不大的波动变化都会通过地表水和地下水控制太湖及其周边地区水位升降和湖泊盛衰变化。中全新世晚期后半段，即4.4kaBP以后，气候再度转凉，海平面至少比现在低0.80m，太湖周边大量湖沼因之趋于萎缩而成陆地，陆地继续扩大。这使得良渚文化遗址有可能广泛分布于东太湖、东北太湖、吴江、青浦、昆山以及苏锡常、杭嘉湖平原。与此同时，西侧的河口湾进一步缩窄，南缘的浅海湾相继淤浅成陆地。杭嘉湖南沿、杭州湾北岸的支谷海湾以及砂嘴后缘的潟湖淤积为潮上带平原，西侧湖州—杭州间的湖海通道逐渐淤浅，太湖随之被封闭，原湖中平台山西北残留的太湖海湾也演变为新月形淡水湖泊。台地稍高处以沉积较细的粉质枯土和黏土质粉砂为主，稍低处发育以粉砂为主的潮坪沉积。西侧的湖海通道水动力一直较强，沉积物以粉砂为主。南缘杭州湾沿岸地带受潮汐和波浪的影响，潮坪沉积发育，多由粉砂或黏质粉砂构成。自全新世太湖平原东部碟缘高地的冈身形成之后，长江和海洋带来的丰富泥沙继续在冈身地带以东地区堆积，造成碟形地貌向海滨方向逐渐抬升。而冈身以西的太湖地区因受冈身阻挡，得不到长江和海洋来沙补给，仅有少量的湖沼和河流沉积，地势相对降低。又由于太湖平原以每年0.5mm的沉降速率下降，经历数千年，湖滨高程仅为2.5—3.5m，而冈身地带高程则达4—6.5m，二者相差2—3m。其结果导致太湖地区碟形洼地的最终形成，洼地中心则成为天然的积水湖盆。[1]

张玉兰根据地质钻孔资料研究得出结论，上海东部地区全新世的植被、气候和环境经历了5个变化阶段：第一阶段主要植被为针阔叶混交林—草地，反映气候温凉略湿，此时海平面开始回升；第二阶段主要植

[1]张修桂：《太湖演变的历史过程》，载《中国历史地理论丛》2009年第1辑；严钦尚、黄山：《杭嘉湖平原全新世沉积环境的演变》，载《地理学报》1987年第1期。

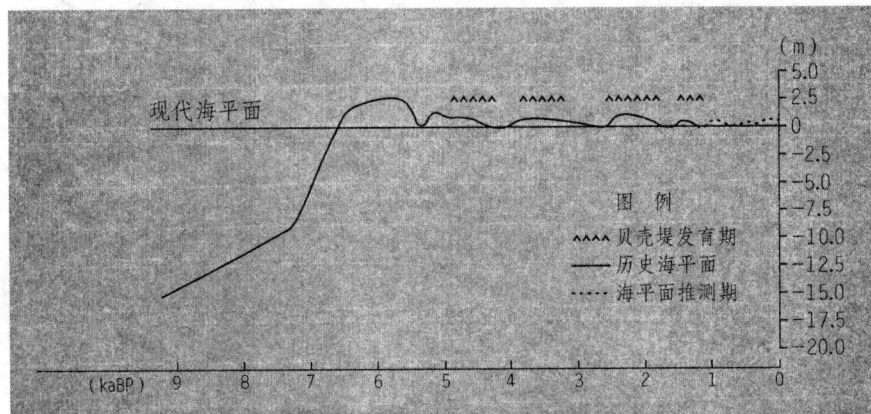

1.0MaBP以来中国相对海平面主要波动趋势（引自陈超群《古海岸线的秘密："过去水世界"》，载《中国国家地理》2009年第10期）

被为含常绿阔叶树的针叶、落叶阔叶混交林，反映气候温和略干，此时海平面继续上升；第三阶段主要植被为常绿栎类、栲属、杨梅等为主的常绿阔叶林，反映气候热暖潮湿，气温可能比目前高2℃左右，此时处于高海平面时期；第四阶段主要植被为栎、松、禾本科为主的针阔叶混交林，反映气候干凉，海平面比前期有所回落；第五阶段主要植被为落叶栎类、常绿栎类、松为主的落叶阔叶、常绿阔叶、针叶混交林—草地，反映气候温暖湿润，海平面与现今相近。气候和植被出现节奏性变化，这种气候波动与全球的气候节奏性变化相吻合，并与海平面变化曲线趋势也相一致。这5个阶段大致与阿克塞尔·布利特（Axel Blytt）和约翰·拉特格·塞南德尔（Johan Rutger Sernander）提出的全新世气候分期前北方期（10.3—9.5kaBP）、北方期（9.5—7.5kaBP）、大西洋期（7.5—5.0kaBP）、亚北方期（5.0—2.7kaBP）、亚大西洋期（2.7kaBP至今）相对应。其中前北方期、北方期约当全新世早期，大西洋期约当全新世中期，亚北方期以来为全新世晚期。[1]蔡永立等对8.5—5.0kaBP以来上海地区的温度和降水量做了数据测算：8.0kaBP达到最高值，年均温度和降雨量分别为18.5℃和1575mm。8.2—6.0kaBP年均温度和降水量高于现今水平。其中7.8—7.3kaBP年均温度和降水量平均高于现今值1.2℃和286mm，7.3—6.0kaBP有所回落，最后又有所回升，并超过现今水平。6.0—4.0kaBP年均温度和降水量都大幅度降低，平均值低于现今水平，并在4.0kaBP左右跌至谷底，分别为13.5℃和827mm。[2]刘静伟等在杭州钱塘江两岸的钻孔资料研究得出的结论大体与之一致。[3]

近年来具有较高精确度测年的古气候记录表明，全新世的气候并不稳定，存在百年—千年尺度的变化。1995年S. R. 奥布莱恩（S. R. O'Brien）等根据格陵兰冰芯中海盐与陆源尘粉的变化，首先指出全新世可能有一系列的冷事件。以后国际学术界开始了一系列相关研究。1997年G. 邦德（G. Bond）等根据北大西洋深海沉积中冰岛火山玻璃和染赤铁矿等浮冰碎屑（IRD）编制了冷事件年表。根据这项研究，全新世共发生8次冷事件。经14C年树轮校正后年代分别11.1、10.3、9.4、8.1、5.9、4.2、2.8、1.4kaBP，变化周期为1.470±0.5kaBP。这些准周期性的降温事件打破了全新世早中期整体上较为湿润的环境。

近年来一系列的古气候研究表明，亚非季风区的降水量变化也同冷事件有关。当北大西洋出现冷事件时，亚非季风降水减少，即出现弱季风事件。2003年阿尼尔·K. 哥帕特（Anil K. Gupta）等对阿曼湾沉积的研究表

北半球全新世新冰期

寒冷期名称	新冰期第1期	新冰期第2期	新冰期第3期	新冰期第4期（小冰期）
实现时间（aBP）	8 200—7 000	5 800—4 900	3 300—2 400	450—430
冷锋时期（aBP）	7 800	5 300	2 800	200

（G. H. Denton & W. Karlen, *Holocene Climatic Variations: Their Pattern and Possible Cause*, QUATERNARY RESEARCH, 3, 1973）

[1]张玉兰：《上海东部地区全新世孢粉组合及古植被和古气候》，载《古地理学报》2006年第1期。

[2]蔡永立等：《孢粉—气候对应分析重建上海西部地区8.5kaBP以来的气候》，载《湖泊科学》2001年第2期；蔡永立等：《上海青浦8.5kaBP以来植被演变与气候波动》，载《生态学报》2001第1期。

[3]刘静伟、赵淑君、程捷、鲍继飞、尹功明：《杭州湾钱塘江两岸全新世以来的古植被及古气候研究》，载《地学前缘》2007年第5期。

明，深海沉积中保存了浮游有孔虫记录，其中有的记录与海水温度有线性关系。而海水温度取决于涌升，涌升的强度则依赖于海表的风力大小，也就是季风强度。因此，可以从过去近万年的有孔虫记录来推测当时季风的强度，确定弱季风事件。用大气环流模式所做的模拟研究表明，温盐环流（THC）减弱、北大西洋变冷可能是亚非季风减弱的原因。因此，冷事件与弱季风事件出现时间的一致可能并不是偶然的。中国是最早注意到全新世气候不稳定性的国家之一。施雅风、孔昭宸主编的《中国全新世大暖期气候与环境》一书明确指出4次冷事件，其出现的时间与邦德等在5年之后发表的北大西洋冷事件的^{14}C年表十分接近。以后中国的诸多学者根据冰芯、泥炭、孢粉、黄土、湖泊、冰川、雪线及考古资料做了大量研究，其中有不少是高分辨率的古气候序列，证明全新世中国弱季风事件年表与北大西洋冷事件有很大的一致性。

　　传统上一般将文化或文明的发展和衰落归因于社会本身，如战争、人口压力、森林毁灭、资源枯竭等。而随着高分辨率气候演化序列的建立、气候事件和考古学文化年代的精确厘定，可以发现考古学文化的更迭往往与一些气候事件在发生时间上表现出较大的一致性。全新世的冷事件以及季风区的弱季风事件是与全新世的基本气候特征背道而驰的。全新世作为间冰期气候温暖湿润，但是不断为冷干气候事件打断。这些冷干事件一般只有几百年，短的也许只有一二百年，但是对人类社会的发展却有很大的影响。如在非洲，8.2kaBP的降温幅度达70℃—80℃，可与本地区末次盛冰期时降温的幅度相比。这次气候突变无论是对当时技术尚原始的农业，还是对尚未掌握充足的技术上的措施来对付气候极端事件的社会来说，都是毁灭性的。因而，它对早期人类活动及其文化具有十分重大的影响。这次降温被称为"全球寒冷事件"（Global Chill），在许多地区标志着全新世最适宜期的开始。在中东地区表现为200年左右的干旱，直接导致黎凡特（Levant）和美索不达米亚（Μεσοποταμία）北部地区的居民放弃了农业定居生活。在中国黄河流域，大约8.0—7.5kaBP之间有三四百年的文化断层，这之前的新石器文化遗址数量也较少，与稍后全新世最适宜期（7.2—6.0kaBP）仰韶文化在北方地区雨后春笋般涌现形成鲜明的对比。而在中国南方，却出现了8.0kaBP的跨湖桥文化和7.0kaBP的河姆渡文化、马家浜文化。说明这次冷事件也可能刺激中国南方农牧业的发展。因为采集、渔猎不再能满足当时人类的生活需要，再加上人口压力的增大，生产性经济体系由此被全面构建起来。5.5kaBP前后的气候变冷对苏美尔文明、埃及文明、印度文明和中国文明的形成和发展起着重要的推动作用。而4.0—3.0kaBP的气候变干正当苏美尔文明阿卡德王国（The Akkadian Kingdom）解体、埃及文明处于混乱的第一中间期（1st Intermediate Period）、印度哈拉帕文明衰落。中国则于公元前2070年左右建立夏朝。愈来愈多的证据表明，人类社会的发展与全新世大约出现于8.0kaBP、

[1]吴文祥、葛全胜:《全新世气候事件及其对古文化发展的影响》,载《华夏考古》2005年第3期;吴文祥、刘东生:《5500aBP气候事件在三大文明古国古文明和古文化演化中的作用》,载《地学前缘》2002第1期;吴文、刘东生:《4000aBP前后降温事件与中华文明的诞生》,载《第四纪研究》2001年第5期;吴文祥、刘东生:《气候转型与早期人类迁徙》,载《海洋地质与第四纪地质》2001年第4期;吴文祥、刘东生:《4000aBP前后东亚季风变迁与中原周围地区新石器文化的衰落》,载《第四纪研究》2004年第3期。

[2]竺可桢:《中国近五千年来气候变迁的初步研究》,载《考古学报》1972年第1期。

6.0kaBP和4.0kaBP前后的3次气候突变有密切联系。[1]

考古研究发现,在良渚文化开始崛起的5.5kaBP前后,世界范围内发生了全新世最为显著的气候变化。如太平洋地区沉寂已久的ENSO(ElNino-Southern Oscillation,厄尔尼诺—南方涛动)气候重新活动,欧洲全新世最适宜期停止活动的阿尔卑斯山冰川开始发育,非洲发生变幅大、影响广、突然出现的"撒哈拉干旱"事件或气候危机,两河流域气候异常。中国天山乌鲁木齐河源冰进,黄土高原古土壤发育中断,内蒙古岱海出现低湖面,北京地区云杉再次繁盛。太湖地区气温比现在低1℃—2℃或3℃—4℃,冷锋时可达5℃—6℃。这次降温事件在考古学上称为仰韶中期寒冷期。与此同时,世界范围内的考古学文化也发生了重要转变。西亚两河流域苏美尔文明诞生,非洲以灌溉为基础的诺姆文明出现,中国龙山文化开始取代仰韶文化。这种变化暗示气候转变与这一时期社会复杂化存在某种联系。在西亚两河流域,干旱事件导致先前比较分散的原始住民向两河流域的三角洲地带聚居,从而为灌溉系统的修建提供了大量的劳动力,并最终促成了苏美尔文明诞生。气候转变在尼罗河流域埃及文明形成过程中的作用可能与西亚地区类似。仰韶文化早中期是中国全新世气候最适宜期。当时中纬度地区陆地上的温度较现代高2℃—3℃以上,东部平均气温较现代高2.5℃。这一时期是中国原始人口增长最快的时期,基本上圈定了中国史前人口的规模及其活动范围。随着5.5kaBP前后的降温,史前中国掀起了新一轮移民浪潮。这次移民与仰韶文化早中期的移民不同。仰韶文化时期的移民一般是扩张或殖民性的,是各宜居地日益增加的过剩人口向人口稀少的边缘地区的疏散,迁徙的方式是和平方式的。而这次迁徙主要表现为从四周向中心地带迁徙,从高地向变干后适合住居的低地迁徙。迁徙的结果是对新资源的开发,是多个社会共同体对同一资源的瓜分。在这种资源重新分配的过程中,社会共同体之间的矛盾和冲突不可避免。

据竺可桢研究,5.0kaBP以来的最初2000年,地球大部分时间的年平均温度高于现在2℃左右。1月温度大约比现在高3℃—5℃。[2]太湖地区多剖面地层学分析和环境考古研究表明,良渚文化存在的5.0—4.0kaBP前后为全新世大暖期气候逐渐向干凉转变的时期。虽然大部分时段仍略比现在暖湿,但这时的气候总体上已不适宜于采集经济,尤其是在冷事件的作用下,而比较适宜于农业和畜牧业生产。这时环太湖流域成陆面积较大,又适宜于先民广域性居住。可以认为,当时的环太湖流域和今天一样,拥有中华大地最佳之生态地理。这一区域地势平坦、雨量丰沛,水资源呈半开放状态,河水、湖水将诸自然环境生态因子有机联系,组成一个上下游既联系又制约的统一的生态系统。特别是在密如蛛网的水网地带,水的运作转化有非常独特的规律,形成世界上独一无二的绝佳之水田作业环境。自然植被非常好的丘陵地带又是天然的安居之地,所形成的早期人类的生活体系与水网平原生产体系相得益彰,也构成最佳循环。

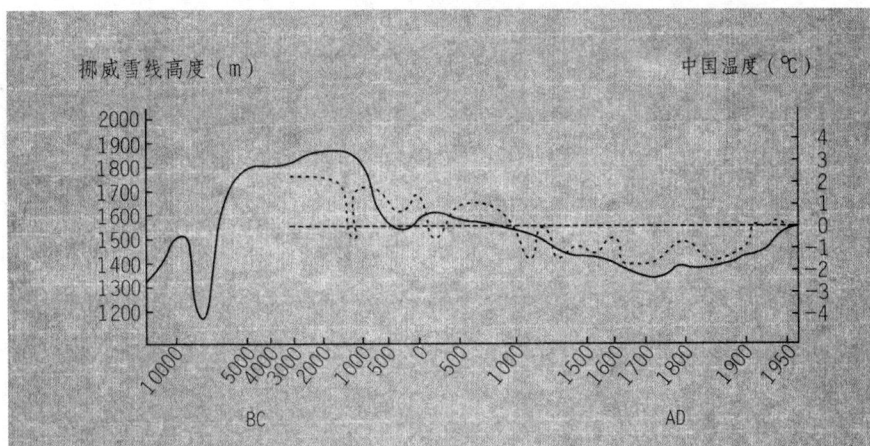

1MaBP以来挪威雪线高度（实线）和5kaBP以来中国温度（虚线）变迁（引自竺可桢《中国近五千年来气候变迁的初步研究》，载《考古学报》1972年第1期）

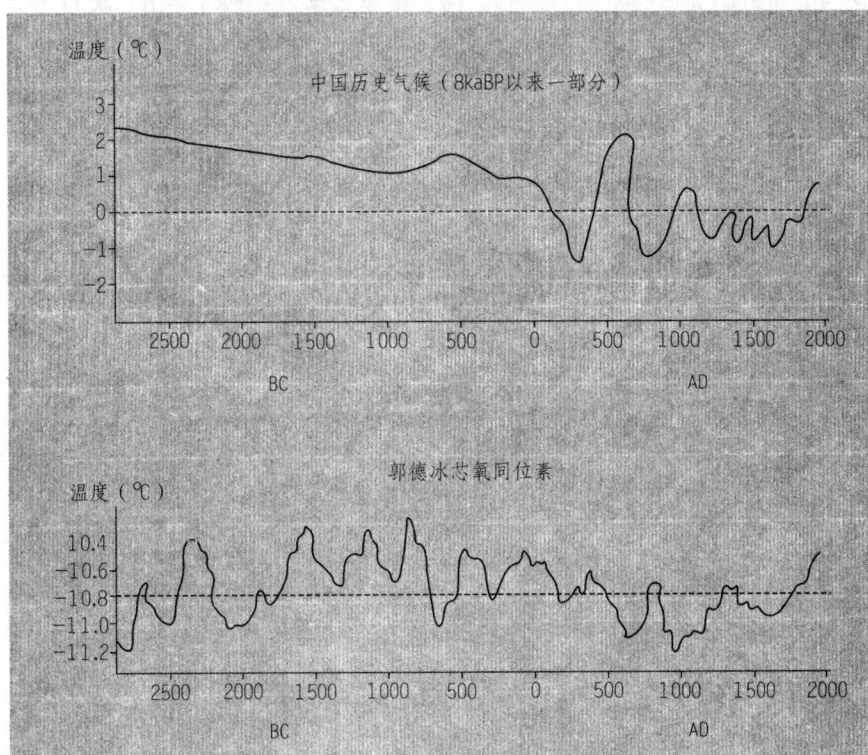

中国历史气候总趋势与敦德冰芯的对照（引自陈超群《古海岸线的秘密："过去水世界"》，载《中国国家地理》2009年第10期）

　　高蒙河《长江下游考古地理》一书选取2002年以前已发现的长江下游新石器时代遗址，按400年尺度对其分布做了定量分析。研究表明，长江下游地区人类聚居点马家浜文化—崧泽文化时期为逐步增长期，其间只有崧泽文化早期略有下降；继崧泽文化晚期后持续增长，4.8kaBP以后开始进入高峰期，4.5kaBP达到最高峰值。高峰期持续了大约1100年，一直到3.7kaBP马桥文化早期。良渚文化遗址大部分分布于环太湖流域，占总数的67.2%；宁镇以西至九江长江两岸地区其次，占16.7%；宁镇地区和里下河地区分别仅占10.3%和5.8%。[1]朔知《良渚文化的初步分析》一文将良渚文

[1]高蒙河：《长江下游考古地理》，复旦大学出版社2005年版。

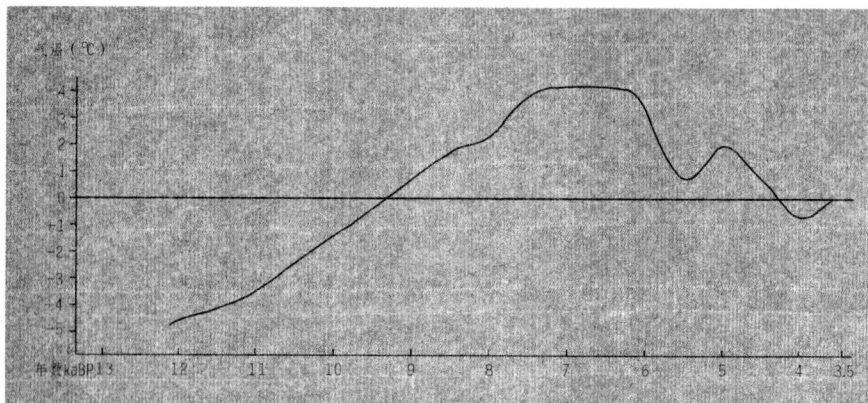

12—3.5KaBP长江下游气温变动（0线为目前气温水平线）（引自吴维棠《从新石器时代文化遗址看杭州湾两岸的全新世古地理》，载《地理学报》1983年第6期）

[1]朔知：《良渚文化的初步分析》，载《考古学报》2000年第4期。

[2]高蒙河：《良渚文化区的人文景观》，载浙江省社会科学院国际良渚文化研究中心编《良渚文化探秘》，人民出版社2006年版。

[3]维尔·戈登·柴尔德：《人类创造了自身》，上海三联书店2008年版，第82—83页。

化的分布范围大体确定为：东到上海，南至钱塘江，西以茅山、天目山为界，北达宁镇地区边缘的长江以南，围绕太湖大致呈三角状。但他认为邻近的宁镇地区、宁绍平原地区等不能归入良渚文化分布范围。[1]事实上，可以将良渚文化的聚落分布划分为两个梯次，一是上述环太湖流域三角状核心区，二是三角状核心区以外发现良渚文化因素的衍生区。就遗址聚散方面来看，崧泽文化晚期基本上环绕太湖散点状分布，并有向太湖东部聚集的趋势。良渚文化早期遗址有两个明显的变化，一是大量汇集于太湖东部形成弧形分布遗址群，二是杭州北部开始形成更为密集的遗址群。中期除太湖东部遗址群分布较稳定以外，有向南移动的趋势，杭州北部的遗址群遗址数量已经大体接近其他地点的总和。晚期遗址总量减少不多，但大规模聚集到太湖南部，沿今钱塘江和杭州湾北岸呈带状分布，太湖东部则急骤减少。到马桥文化时期，杭州北部的遗址数又急骤减少。[2]

二、全新世杭州的农业生态

西方学术界有关农业的起源有多种假说。维尔·戈登·柴尔德（Vere Gordon Childe）将农业起源看作文明和国家起源的先决条件。他采纳莱福尔·庞佩利（Raphael Pumpelly）的绿洲假说，认为冰后期近东地区日趋干旱，植物只在河边及绿洲生长，动物栖息在水源近处，使得渔猎采集者聚居到残存的水源周围。他们创造出栽培植物和驯养动物的方法来维持密度很大的人口，把绿洲改造成宜居之地。[3]阿诺德·约瑟夫·汤因比（Arnold Joseph Toynbee）在他的"挑战与回应"模式中将这一理论进行了进一步细化，认为并不是所有的人均是能应对更新世末期的干旱挑战而进入农业社会的。其中一些渔猎采集人群因无法改变他们的习惯或生活方式而灭绝了，一些人通过改变他们的生活方式而不用改变其习惯成为了牧人，另外一些人则改变了生活方式和习惯。只有最后一种情况下的人才能进入农业社会。罗伯特·约翰·布雷德伍德（Robert John Braidwood）又对汤因比的观点进行深入论证，并且否定绿洲假说，提出核心地带（原生地）假说。他认为近东全新世气候并未发生重大变化，农业和畜牧业产生的决定性因素是人类不断提高的经验和感受。他在对西南亚地区肥沃新月形地带进行调查研究后指出："我认为，没有必要用外部原因把这个问题复杂化。食物生产革命的发生似乎是人类社会不断增强的文化的多样化和专门化的累积的结果。在大约公元前8000年前，肥沃新月形地区周围的山地居民对他们周围环境的认识达到了这样一种程度，以至于使他们开始栽培以前一直是采集的植物，驯养以前一直是猎食的动物……通过文化传播，新的生活方式从这些核心地区，扩散到了世界其他地区。"[1]路易斯·罗伯特·宾福德（Lewis Roberts Binford）认为他的这种解释根本不能算是解释："在此，需要指出的是宿命论——无论是说某种内在的力量左右着生物进化的方向，还是说人类的先天品质决定了文化的进化，都不能算是一种解释。从文化进化过程中观察到的趋向需要有具体的解释，而用人类的先天品质作为这些趋向的原因并不是解释。"[2]

[1]罗伯特·约翰·布雷德伍德：《农业革命》，载中国社会科学院考古研究所编《考古学的历史·理论·实践》，中州古籍出版社1996年版。

[2]路易斯·罗伯特·宾福德：《后更新世的适应》，载中国社会科学院考古研究所编《考古学的历史·理论·实践》，中州古籍出版社1996年版。

20世纪60年代新考古学在美国开始兴起，带来了考古学研究范例的重大转变。农业起源研究从发明发现模式下的过程描述进入了因果模式下的起源动力机制研究，出现了大量影响至今的新假说。一是人口压力说（人口／资源平衡模式）。美国的进程考古学家以一种系统论的观点来研究农业起源的动力机制。他们集中关注亚系统与环境之间的关系，认为社会并非一直处于平衡中而处于一种变化的状态之下，而社会转型的原因来自系统外的压力。他们假设的压力主要是人口压力。宾福德指出，人口压力直接导致了文化向新的生态位转变。造成原来的人口—资源模式失衡的原因有两种：（1）自然环境的变化使可利用的动、植物资源密度降低；（2）人口的增加接近载能。人口超过了载能，旧的平衡模式被打破，为提高生产力而改造和控制环境的做法被优先选择。在更新世末期，人类开始依靠河流中的鱼类、季节性迁移的鸟类等季节性极强的资源作为食物，由此人类开始定居下来。定居导致了人口的增长，在资源不太丰富的地区最先感觉到了人口的压力，这种压力迫使他们采取农业生产方式以提高载能。因此农业的起源不是文化有没有做好准备的问题，而是促进变化的各种条件在以前从未出现过。[3]人口压力理论提出后，很快得到了许多学者的响应，成了解释农业起源的主流理论。二是多种因素理论。肯特·V.弗兰纳里（Kent V. Flannery）对中美洲玉米的起源研究表明，7.0kaBP人口密度很低，没有一个地区的人口增长快速到足以影响附近地区的人口平衡，因此这里的农业起源是不能用人口压力来解释的。贝尼特·伯龙森（Bennett Bronson）认为，从一个早期的渔猎采集群体变成一个栽培者的可能性似乎是由下面4点所控制的：（1）原先已存在的技术知识——对植物繁殖的某些方面的熟悉。（2）对于为了长远的而不是直接的可预期的收获的行为具有足够的理性。（3）一种中等强度的地域限制。这种

[3]路易斯·罗伯特·宾福德：《后更新世的适应》，载中国社会科学院考古研究所编《考古学的历史·理论·实践》，中州古籍出版社1996年版。

[1]Bennett Bronson, *The Earliest Farming: Demography as Cause and Consequence*, in Charles AReed, ed., *Origins of Agriculture*, Hague: Mouton Press, 1977.

[2]Donald O. Henry, *Considering a Universal Cause for Agriculture*, in Donald OHenry, *From Foraging to Agriculture: The Levant at the End of the Ice Age*, Philsdeophy: Universit of Pennsylvam Press, 1989, pp. 228-236.

[3]David Rindos, *Symbiosis, Instability, and the Oringins and Spread of Agriculture: A New Model*, CURRENT ANTHROPOLOGY, 21(6), 1980.

限制可能是积极的，也可能是消极的。（4）一种高度渴望和短缺的植物物种。只要满足了上面这些条件，世界上任何地区均有可能出现农业生产。这一模式将人口压力的影响置于几个因素之一。[1]多纳尔德·O. 亨利（Donald O. Henry）将农业起源的条件细分为必要条件和充分条件。必要条件包括：植物采集、加工、储藏技术的发展与积累，在经济可行性方面潜在物种的出现，植物可能的遗传学和生理学上的变化，等等。充分条件主要是各地区不同的生态环境系统。由于采集者与各地不同生态环境之间的联系是很复杂的，因此不仅农业出现的时间在各地不同，而且由不同的因素如资源的短缺、人口的增长、危机的降低、人类与植物的协同进化等推动。只有满足了充分条件和必要条件后，农业才能出现。[2]三是新进化理论。传统达尔文主义认为人类能有意识地控制环境和自己命运，农业的起源是人类在预先知道其好处后的一种有意识控制的进化过程。新进化理论则认为进化是无意识的，农业起源是无意识的进化过程。大卫·林德斯（David Rindos）将农业的形成过程分为偶然驯化、专门驯化和农业驯化。刚开始的驯化是无意识的，只是人类与植物共生的结果。由于人类的活动扰乱了原先的环境，一种新的栖息地环境被创造出来，植物群对它进行了预先的适应。这些在被人类扰动的环境中生存的植物一方面野生状态下生存的特征减弱，必须依赖于人类才能生存，另一方面产量提高，人类对其依赖性增大。这种互利的共生关系进一步发展导致农业的出现。在农业系统动力机制的建立和维护上，植物可能也扮演了重要角色，植物对农业生态进化的贡献可能与人一样大，因为植物使得人类某些行为具有选择性。从驯化到农业行为是对已存在的行为的一种强化，它不需要外在因素来解释，这种变化是侧重点的变化，是源于一种已存在的经济的转变。然而最终在论及现代植物种植计划与农业发展规划的作用时，林德斯认为主要是为了应对世界性的困扰——食物与资源的短缺。食物短缺的可能性刺激了优化庄稼的繁殖及更高效庄稼系统的发展——这又让人看到了人口压力的影子。[3]四是社会结构变迁说。这一理论将食物生产与农业进行了区分，认为食物生产并不等于农业。食物生产是技术问题，而农业是Commitement（承担义务）问题。最初的生产完全是为了满足生存个体的实用性生产，这种个体单元水平层次上的生产很容易失败，因此需要融入社会关系结构中。这就产生了一种非实用性需求。为满足这种需求的生产可以称为"过剩"生产：承担社会义务的生产。这也是一种互助的支持系统，因为有另外一些社会义务需要这种"过剩"的生产，如结婚、仪式和贸易联盟的财礼。因此，更大的系统存在增加更多需求的可能性。同时个体的权力与个体的财富和再分配能力相关，这也促进了个体扩大生产的欲望，特别是在开始出现分化的社会中。原始社会中的这种扩大的需求及由此带来的社会竞争，如在阶级社会中一样，提供了剩余产品生产的主要动力。从长远的观点来看，它间接导致了生产力的发展。储藏和积聚的能力使原始人对控制食物更加渴望。当食物具有价值时，就有更多的理由来增加数量。[1]五是竞争宴享说。布赖恩·海登（Brian Hayden）认为，在农业发明的初期，栽培和驯化的物种因其数量有限和不稳定，在当时人类的食谱结构上不可能占很大的比重，也有一些可能与充饥无关。只是在食物资源比较充裕的条件下为增添美食种类，使一些有野心的人利用基于经济的竞争宴享来控制劳动力、忠诚和租赁。例如谷物适于酿酒，有些植物纯粹是香料或调味品。一些葫芦科植物的驯化可能是用作宴饮的器皿，而狗除了渔猎外也是一种美食。[2]六是富裕采集文化说。卡尔·O. 索尔（Carl O. Sauer）认为，农业起源于天然条件非常富饶的区域，因为处于资源紧缺的状况下的人处于饥馑状态较多，难以有闲暇去从事缓慢且不确定性甚多的野生谷物驯化工作。[3]张光直认为，中国东南沿海的农业起源是在一种富裕采集文化基础上产生的。他引用索尔的观点指出："在饥荒的阴影下生活的人们，没有办法也没有时间来从事那种缓慢而悠闲的试验步骤，好在相当遥远的未来发展出来一种较好而又不同的食物来源……以选择的方式改进植物以对人类更为有用是只能由饥馑的水平之上有相当大的余地来生活的人们来达到的。"从东南沿海一些早期史前遗址来看，其野生的食物资源相当丰富。因此他认为："从东南海岸已经出土的最早的农业遗址中的遗物看来，我们可以推测在这个区域的最初的向农业生活推动的试验是发生在居住在富有陆生和水生动植物资源的环境中的渔猎、渔捞和采集文化中的。"[4]

上述诸家学说都试图探讨一种农业起源的世界性通则，但每种解释均有例外。如：人口压力说不适宜中美洲，竞争宴享说得不到东南亚考古资料的证实，社会结构变迁说的定居前提不能适用于中美洲、东南亚可能在渔猎采集时期即已开始的栽培。弗兰纳里虽然是人口压力说的鼓吹者，但是他认为这一理论仅适用于西南亚。其他3个重要地区即东南亚、中美洲、安第斯地区农业起源的机制是各不相同的。弗兰克·霍尔（Flank Hole）甚至认为只有进行每个地区的具体解释，才能考虑该地区农业出现的所有因素，否则都是不全面的。[5]但无论哪种假说，都与生态环境相关。大体可以用汤因比的"挑战与回应"说来概括。这里的"挑战"，既包括自然环境对人类生存的挑战，也包括人类对自然环境的挑战、对改善和丰富自身生活资料目标的挑战。杭州史前文化是在自然地理环境变迁幅度很大、气候变化较大改变的条件下发生发展的，因而是对自然环境压力、人口压力的适宜性文化反应。另一方面，至良渚文化时期，社会意识已高度发达，已产生独立于物质文化之外的精神文化和精神意识，人类对自身的生存状况有高度的自觉，因而增强了对自然挑战的能力。

长江下游新石器时代稻作农业的酝酿和发展大致可以分为3个阶段：第一阶段是马家浜文化以前，稻谷开始在野生资源丰富的环境里进行驯化和栽培，但是在人类食物结构中的比例很小，渔猎采集仍然是主要的经济形态。跨湖桥文化、河姆渡文化、马家浜文化遗址均出土比例较高的野生动

[1] Vladimir R. Kabo, *The Origins of Food-peoducing Economy, CURRENT ANTHROPOLOGY,* 26(5), 1985.

[2] 布赖恩·海登：《驯化的模式》，载《农业考古》1994年第1期。

[3] Carl O. Sauer, *Agricultural Origins and Dispersal*, Cambridge: MIT Press, 1952.

[4] 张光直：《中国东南海岸的"富裕的食物采集文化"》，载张光直《中国考古学论文集》，台北联经出版事业公司1995年版。

[5] Joy McCorriston & Flank Hole, *The Ecology of Seasonal Stress and the Origins of Agriculture in the Near East, AMERICAN ANTHROPOLOGIST,* 93(1), 1991.

物遗骸以及比例相对较小的家养动物遗骸。跨湖桥文化稻谷中大约有50%出现有别于野生稻的变异，但是仍然是颗粒小、结实率低的原始栽培稻。河姆渡文化稻谷处于形态变异和分化初期，表现为类籼、类粳及中间类型的原始混合体，马家浜文化稻谷的形态仍不稳定，有偏籼型、偏粳型、亦籼亦粳型、非籼非粳型等多种形态，说明当时对水稻的产量和选种并不非常在意。跨湖桥文化、河姆渡文化、马家浜文化处于耜耕农业阶段，农耕工具种类较少。江苏苏州草鞋山、昆山绰墩等马家浜文化遗址发现完整的水稻田，但稻田面积最大不超过16m²，灌溉系统为水塘和水井两类。第二阶段是崧泽文化时期，稻作遗存分布较普遍，稻谷品种逐渐优化，在人类食物结构中的比例有较大幅度提高。稻谷的颗粒开始增大，形态趋于稳定，说明加大了选种、驯化和栽培的力度。出现了犁耕农具，虽然推广面未必很宽。江苏苏州甪直澄湖崧泽文化晚期稻田遗址显示，当时的稻田已有低田和高田之分，低田的灌溉系统由池塘、水沟、蓄水坑、水口组成，高田灌溉为水井，最大的稻田面积达到100m²以上。此时的稻作农业生产已实行小田块管理。第三阶段是良渚文化时期，由于气候变化和社会复杂化等原因稻作农业被强化，稻作农业进入成熟发展阶段，稻谷取代野生资源成为主要的粮食来源。出土野生动物遗骸大幅度减少，家养动物遗骸却大幅度增加。余杭区临平街道茅山遗址、玉架山遗址发现大面积良渚文化水稻田遗迹，其中玉架山遗址水稻田遗迹面积至少在1万m²以上，茅山遗址约3万m²，估计其水稻田遗迹更大。这一时期犁耕技术得到大面积推广，出土石犁不仅数量多、种类全，有的还极其硕大。石犁是一种连续性翻土工具，可以较大地提高生产效率，也适宜于大面积耕耘；石犁也利于精耕细作，从而提高土地单位产出。另外，良渚文化时期还出现十分系统的成套农具，如：破土器、耘刀、铲、带把刀、半月形刀、镰、锄、靴形刀等石制农具，耜、鹤嘴锄、杵、臼等骨制、木制或陶制农具。有的如被称作"耘田器""千篰"的用途尚难以确定，但可以肯定为较先进的农具。马桥文化时期稻作农业的强化机制减弱，似倒退到以渔猎采集为主的经济形态。出土野生动物遗骸增加，家养动物遗骸减少。

从目前的考古证据来看，长江下游的稻作农业起源比较符合竞争宴享说。跨湖桥文化、河姆渡文化、马家浜文化时期的稻谷可能主要不是用来果腹和解决饥馑问题的，因为当时在人类食谱中的比例几乎微不足道。根据海登的解释，谷物在史前期用于酿酒要比果腹更重要，酒类在富裕社会中的宗教仪式和劳力调遣中发挥着重要作用。但到崧泽文化末期和良渚文化时期，人口压力增大，社会结构进一步复杂化，社会等级分化加剧，资源的积累、消耗和分配以及大规模劳力的调遣成为社会运行的重要基础。从玉器的大量生产和消耗以及大型土墩祭坛等工程的营造可窥视到当时社会运行系统的规模。这种大型的复杂社会对基本生活资料和剩余产品的需求都远远超过自给自足的部落社会，而酒类也可能成为社会祭祀活动不可或缺的消费品，于是强化粮食生产自然成为经济发展的动力。

三、全新世杭州的人地关系

自然环境的变迁与人类文化进程之间的关系存在很多同步性，而且在不少情况下与其说是偶然或暗合，还不如说是互为因果。其中气候变迁、海面波动、水患生成、地形地貌改变等，特别是气候突变事件，对史前文化的兴衰有着间接甚至直接的影响。例如，5.5kaBP前后，中国大部分地区的社会进程中开始出现重大转折：主要地区的考古学文化开始由仰韶时代向龙山时代过渡；社会内部贫富和等级阶层分化明显；社群之间也出现分化，中心聚落和一般村落的差别明显，贵族墓葬和大型宗教祭祀设施增多；文化交流模式由互动型和扇状放射形转为四周向中心交流的辐辏型；人口普遍增长、迁徙日益频繁；手工业从农业中分离出来，日用器物功能细化、种类增多并出现区域化特征，非实用器物不断创新；资源获取方式存在多种手段，范围从生物系统扩增到玉、铜矿藏系统；战争逐渐成为经常性的社会现象；以城址为代表的文明因素出现；社会开始形成复杂化结构。

为详细考察长江下游气候环境变迁与文化发展之间的互动机制，高蒙河《长江下游文明化初期的人地关系：多学科交叉的实践与探索》一文将马家浜文化至马桥文化约4000年划分为12个发展阶段，即马家浜文化、崧泽文化、良渚文化和马桥文化早、中、晚期3期，提供了400—200年尺度的高分辨率描述序列：7.0—6.0kaBP，长江下游具有温湿气候和相对稳定的海平面等优越的自然环境，崧泽文化以前的文化开始初步但却稳定的发展，依赖自然界生物的经济活动比较多，获取生存资源的行为为初级开发型模式，人口压力不大。6.0—5.2kaBP，气候波动和海平面升高，并在5.5kaBP前后出现低温事件以及大面积湿地，人类活动空间分布呈散点状，遗址较少且重合型较多，人口增幅不大，个别时段出现负增长。其中崧泽文化早期文化发展缓慢甚至出现停滞乃至倒退现象，文化间歇期特征明显。5.2—4.2kaBP，出现较优越的稻作农业环境，良渚文化先民因此将获取生存资源的方式由依赖自然生物的初级开发型转为大量栽培植物和蓄养家畜的生产型，生产型比例首次超过初级开发型，人口跳跃性增长，遗址数量呈几何级数超常增长且空间分布密集。此时资源需求比重加大，产品技术含量提高，器物生产进一步专业化、标准化，功能明确的日用器物和非实用礼器分化显著，一次性使用的随葬性器物大增。聚落防卫系统的构筑受到重视，出现早期城市和国家。以血缘关系为纽带的向心式家庭开始解体，离心式家庭不断增多。聚落内部出现贫富差别，阶层性分化明显，社会结构复杂化。需要投入大量人工的大型礼制性建筑发展迅速，聚落之间的中心聚落和高等级"玉殓葬"多建筑在经过人工修整的台墩上，一般聚落的低等级小墓多分布在自然山丘或平原上。4.0kaBP前后，气温进一步降低，并出现洪涝灾害，而诸多社会矛盾也激化，使得文化迅速衰亡。随后的马桥文化虽然出现了铜器和原始瓷器等新技术产品，但社会发展缓慢，获取生存资源的行为折回到初级开发型模式。由此可以看到，尽管这里地表结构极不稳定，但地势等"硬环境"对社会历史进程的制约远不如气候和水患等"环境"突出，特别是崧泽文化中期起直至良渚文化晚期的气候变异波动期间表现得尤为明显。长江下游新石器文化可持续发展期和非持续发展期之间的分界线，大致可以划定在5.3kaBP，这与前述中国社会历史进程发生重大转折的时间相近。此时聚落演化存在3种模式：断裂型的进化模式为主，跳跃型的异化模式为辅，连续型的进化模式极少，文化发展的总体特征是非连续性进化。其中东部以太湖为中心的三角洲平原文化多呈"连续"中的"断裂"模式，相对比较稳定，向外辐射的能力强。杭州的地理文化发展也是如此。而西部苏皖丘陵平原和江北里下河湖沼淤积区是中原、江汉和三角洲文化区之间交流的通道，文化面貌经常变异，呈"断裂"中的"连续"模式。总体而言，长江下游新石器文化发展初期人地关系相对协调，社会历史进程基本上呈直线进化的可持续发展模式，但在经历了长期的繁荣发展以后出现人地关系紧张，从而造成聚落解体、农业倒退、人口急剧减少的结局，社会历史进程变为非持续发展的折线演化模式。如下图所示。

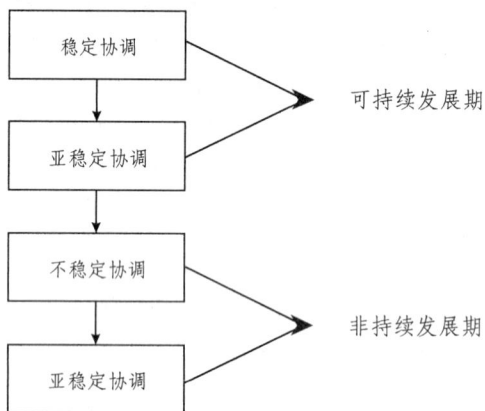

良渚文化晚期即4.0kaBP前后中原地区以外的各文化圈普遍出现了文化发展的断链相，这是否与大幅度降温事件相密合还需要实证，但可以肯定的是长江下游的人地关系演化轨迹与中原有较大差异。中原地区是连续发展模式，长江下游则是断续演变模式。也就是说，长江下游地区在史前文化和文明起源过程中扮演过不同于中原地区的重要角色，并有独特的发展模式，在"多元一体"的中国文化或文明格局中具有一般性过程和特殊性规律的双重特征。因此，张光直的"连续性发展模式"说只是就中国文明的整体而言的，并不能、也难以涵盖每一个具体阶段或局部地区。换言之，犹如文化关系的"多元一体"结构一样，"断续相伴"才可能是中国文明化历史进程的基本模式。[1]

[1]高蒙河：《长江下游文明化初期的人地关系：多学科交叉的实践与探索》，载《复旦学报》2005年第2期。

传统史学研究基本上以"人与人"的关系为主线展开，而相对忽视"人与自然"的关系。在生态环境日益恶化、生态压力不断增大的当今时代，学术界开始十分重视"人与自然"即人地关系的研究。有关人地关系的研究不仅仅着眼于当前和未来，也包括对过去时代的研究。比如：过去时代人类如何适应环境而发展，人类活动在何等程度上影响和改变气候和环境，等等。弗农·吉尔·卡特（Vernon Gill Carter）和汤姆·戴尔（Tom Dale）在《表土与人类文明》一书中指出："除了很少例外情况，文明人从未能在一个地区内持续文明达30—60代人以上（即800—2000年）。""他们的文明在一个相当优越的环境中经过几个世纪的成长与进步之后就迅速地衰落、覆灭下去，不得不转向新的土地。""文明之所以会在孕育了这些文明的故乡衰落，主要是由于人们糟蹋或者毁坏了帮助人类发展文明的环境。"他们在对史学家们通常所持的造成文明衰落的诸如战争破坏、气候变化、道德败坏、政治腐败、经济失调、种族退化和无能的领导等原因进行剖析后认为，这些原因都不是文明衰亡的根本原因。"绝大多数地区文明衰落的基本原因是文明赖以生存的自然资源遭到破坏。"为此，他们惊呼："今天，一切民族都必须储存自己的资源并且根据自己的资源计划自身的未来；保护自然资源已经变成当务之急，绝非仅只是一种理想的目标。"[1]中国考古学家苏秉琦一生研究得出的重要结论之一是："旧石器时代几百万年，人与自然关系是协调的，这是渔猎文化的优势。距今1万年以来，从文明产生的基础——农业的出现，刀耕火种，毁林种田，直到人类文明发展到今天取得巨大成就，是以地球濒临毁灭之灾为代价的。中国是文明古国，人口众多，破坏自然较早也较严重。而人类在破坏自然以取得进步的同时，也能改造自然，使之更适于人类的生存，重建人类与自然的协调关系。中国拥有这方面的完整材料，我们也有能力用考古学材料来回答这一问题，这将有利于世界各国重建人类与自然的协调关系。"[2]虽然不能确定人类对自然环境的扰动或破坏是否是原始文化或早期文明毁灭的根本原因，但可以肯定的是人地关系的失调是导致人类社会危机的重要原因。

在长达数百万年的旧石器时代，人类所面临的首要问题是生存问题。生产力水平的低下，决定了当时的人类只能依赖采集和渔猎维生，其生存、繁衍受到自然界强有力的支配。显然，"人与自然"的关系在当时的社会生活中具有主导性作用，而"人与人"的关系则往往处在次要地位。并且，"人与人"的关系还表现为对"人与自然"关系的适应，原始宗教和原始艺术的产生即其反映。进入农业文明时代以后，虽然生产力水平仍比较低下，但是由于新石器、青铜器、铁器等的发明，人类开始了改造大自然的过程。据农史专家考证，在4.0kaBP左右，旧大陆几乎所有宜耕土地都已得到开垦。

农业文明的兴衰更替是土地承载力与生态／环境稳定性矛盾运动的结

[1]弗农·吉尔·卡特、汤姆·戴尔：《表土与人类文明》，中国环境科学出版社1987年版，第4—16页。

[2]苏秉琦：《中国文明起源新探》，生活·读书·新知三联书店1999年版，第181页。

[1] 弗农·吉尔·卡特、汤姆·戴尔：《表土与人类文明》，中国环境科学出版社1987年版，第5页。

果。《表土与人类文明》一书梳理出农业文明的五大特征：一是文明在时间上的兴衰交替——兴起→发展→持续→衰落（或毁灭）→休养生息→兴起（再生）；二是文明在空间上的转移和扩散——由于文明对肥沃土地的依赖和自然力（水土流失）的指向，文明的转移扩散在早期多循高地→低地以及（河流）上游→中游→下游的路线进行；三是文明在持续时间内的波动（短时间尺度）；四是文明持续时间的衰减；五是文明程度与持续时间的反向关联——"文明越是灿烂，它持续存在的时间就越短"。[1]根据农业文明的历史，还可引申出以下5点结论：第一，文明在时间上是非持续的，如文明在长时间尺度上兴衰交替，在短时间尺度上波动转移；第二，土地严重退化和生态／环境的稳定性随文明趋向可逆退化点（在少数情况下趋向不可逆退化点）而下降，这是文明衰落（毁灭）和波动的根本原因；第三，土地的休养生息是文明复兴（再生）、延续的必要条件和关键因素；第四，土地承载力不足以支持的人口增长推动了文明的转移和扩散，而文明以及人口转移扩散的结果是低稳定性人类系统扩大，高稳定性自然平衡系统相应缩小，进而全球生态／环境稳定性下降；第五，生态／环境稳定性、土地退化程度与人类对自然利用的规模、强度和持续时间反向关联。灿烂文明持续时间较短，与为维持这一文明所必需的对自然大规模、高强度的利用密切相关。即使在工业革命数百年后的今天，这种反向关联导致的结果还在左右着当代文明的空间格局——长期、过度利用自己环境的古代文明与当代发展中国家相对应，而发达国家则多生成于环境利用历史较短的地区。[2]

[2] 原华荣：《环境寿命与文明兴衰》，载《西北人口》1997年第3期。

只要一定消费水平的人口或一定规模、强度的人类活动不超越土地的承载能力，便意味着人口与其所在环境处于平衡状态。生态／环境稳定性既可处于稳定域，也可处于超临界域或其中的重度不稳定域或极度不稳定域；相应的，人口与环境的平衡既可以是稳定的，也可以是非稳定乃至危机或高危机态的。当生态／环境稳定性处于重度、极度不稳定域，人口与环境处于危机、高危机平衡时，便存在稳定性约束发挥作用而导致系统崩溃的可能。人口与环境平衡持续的中断既是偶然的，又是必然和难以避免的。导致这种必然性的原因有三：其一是土地承载力与生态／环境稳定性的反向运动。土地承载力在技术推动下不断由前一最大值向后一最大值挺进，与之反向关联的生态／环境稳定性则跨越临界进入非稳定的超临界域，并不停地向可逆或不可逆退化点逼近。其二是土地承载力作为非均衡系统所具有的不确定性。任何非均衡系统都会自发地（自组织）到达临界，而"蝴蝶效应"（对初始条件的敏感性依赖）[3]、"迷宫效应"（游戏的规则是，每走一步迷宫的墙都会自动重新组合一次）[4]和"网络效应"（连通性使世界变得很小——"小世界"，不显著的影响会迅速传遍整个网络并被放大，乃至使系统"雪崩"）则使临界态具有极大的不确定性。"只要地球高兴，随时都会开始颤动。"[5]所以，想做出精确的预测是十分

[3] E.N.洛伦兹：《混沌的本质》，气象出版社1997年版，第6—13、203—204页。
[4] 詹姆斯·格莱克：《混沌：开创新科学》，上海译文出版社1990年版，第26、65—67页。
[5] 马克·布查纳：《临界：为什么世界比我们想象的要简单》，吉林人民出版社2001年版，第42、229—233页。

困难乃至不可能的。人类因此也就无法得知，在何时把人口数量、人类活动规模和土地生产力控制在何种程度，才能避免对土地资源生产力造成不可逆的负面影响，或保证系统功能的正常发挥，以维持人口与环境平衡的稳定和持续。其三，人类生产的长周期性使得人类不可能随时调整人口数量或人类活动规模，以避免对土地生产能力造成不可逆负面影响——即使人类是"全知的摩西"，也只能眼睁睁地看着系统崩溃——如果它要发生的话。在环境（气候、水文）相对稳定的背景下，土地资源生产力的退化既是不可逆的——生态系统自我调适、修复功能的永久性丧失，如土地的荒漠化，也是可逆的——假性不可逆，即生产力严重退化的土地在人类扰动减弱或停止后，生产力经一定时期（几十年乃至上百年）自行恢复。人口与环境平衡持续性的中断，既可因土地资源生产力或生态／环境稳定性不可逆退化，也可因其可逆退化。与不可逆退化对应的是土地承载力运动的终极性图景，与可逆退化对应的则是土地承载力运动的阶段性图景。在阶段性图景中，土地资源生产力因过度利用而退化和经休养生息而恢复是土地承载力阶段性运动的基础。土地承载力、人口与环境的平衡在文明衰落前是持续的，而在生态／环境关系进入重度不稳定域并逼近可逆退化点时，人口、人类活动规模扩大，或生态／环境稳定性的下行波动，或这些因素（实际因子还有政治、战争、疾疫等）的共同作用，便会导致土地承载力系统崩溃，相应地人口规模和人类活动会大量减少，从而减轻人口对环境的压力。在此后的一个时期内，土地得到休养生息，生态／环境稳定性得到恢复。然后土地承载力在技术推动下重新开始增长，生态／环境稳定性相应地从恢复点开始新一轮下降，人口与环境的平衡再由稳定平衡／低位均衡（小规模人口与低土地承载力）向危机平衡／高位均衡（大规模人口与高土地承载力）趋进。如此往复循环，形成人口与环境由稳定平衡→危机平衡→间断→稳定平衡的循环。[1]

上述长江下游或杭州史前文化呈现出来的可持续发展期和非持续发展期，反映的是人口与环境的"间断平衡"关系。随着崧泽文化末期农业生产率的大幅度提高，5.3kaBP生态／环境关系进入超临界域；而经历良渚文化的高度繁荣期，人口压力空前增大，大约在4.0kaBP前后生态／环境关系进入重度不稳定域，终于导致文明的衰亡。

第三节　中国文明在杭州崛起的时空条件

一、长江水动力响应与空间环境

地球上几乎每一条处于30°N附近中温带地区的大河都是一方文明的母亲河，大河交汇的地带更成为古今文明汇融的沃土。西亚的两河流域——幼发拉底河和底格里斯河流域被认为是人类文明最重要的发源地之一，这

[1]原华荣、周仲高、黄洪琳：《土地承载力的规定和人口与环境的间断平衡》，载《浙江大学学报》（人文社会科学版）2007年第5期。

里不但为辉煌的苏美尔、巴比伦、亚述等文明提供了肥沃的土壤，古埃及文明、印度文明以及后来的希腊文明、欧洲文明无不受到其影响和滋养。在探索中国文明形成的研究中，学者们也逐渐认识到两河时空的重要性。严文明曾比较详尽地探讨过中国江河文明——即长江、黄河两大母亲河在中国文明形成和发展过程中的相反相成的作用。

中温带地区大河流域之所以往往能成为文明的摇篮，主要有3个原因：一是强大的水动力作用构建了地势平坦、适合人类居住的平原；二是气候湿润、光热充足，又有上游高山积雪融化所导致的河水定期泛滥提供的充沛水源和肥沃土壤，因而适宜于发展农业经济和长期定居；三是对外交通便利，经济文化交流充分，易于综合和熔炼新文化或新文明体。

长江是中国第一大河，径流丰沛，年输沙量仅次于黄河，其泛滥是造成环太湖流域、钱塘江下游流域成陆最为直接的动力因。现今的长江河口是由喇叭状河口湾演变而来的，由喇叭状河口湾形成现今长江河口的过程同时也是长江三角洲的形成发育过程。长江三角洲地区喇叭状河口湾湾顶大致在镇江、扬州一带。全新世7.0kaBP海侵后，这一巨大河口湾逐渐被充填并淤积而转变为三角洲。同时，长江河口不断东进并在科里奥利力（Coriolis Force）作用下逐渐南偏，直至形成现今的长江河口。科里奥利力在地理学上又称地转偏向力，是地球在自转中出现的惯性力之一。地球北（南）半球上的物体沿经线运动时，由于受到科里奥利力的作用，方向不断向右（左）偏移。科里奥利力不仅是作用于河流水体的主要作用力之一，也是作用于海洋、湖泊水体的主要作用力之一。

长江

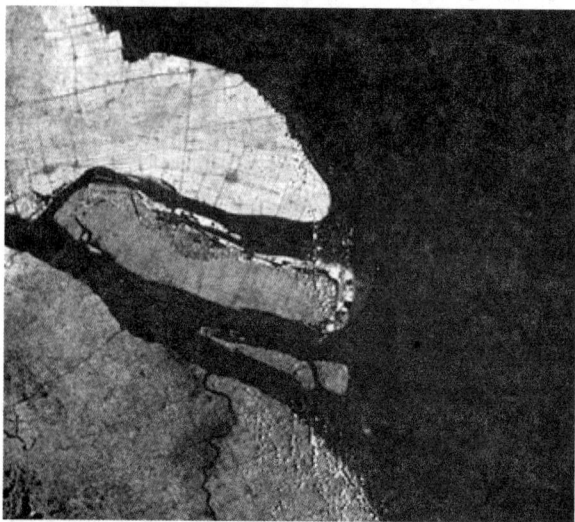
长江口

长江河口的水动力有径流、波浪、潮汐、潮流以及海流等，其中径流和潮流是最主要的水动力，潮汐为中等强度正规半日潮。

丰沛的长江径流带入河口的大量泥沙为三角洲的发育和形成提供了必要的物质基础，波浪则是三角洲形成发育过程中的主要破坏力，海流也参与了三角洲的沉积作用过程，将长江来沙带往他处。东海进入黄海的前进潮波与其碰到山东半岛后所产生的反射波相叠加，形成大致以古长江河口湾中轴线与其口门处两岸连线的交点为顶点、同潮时线向海凸起的独特的潮波区。当时的潮波区比现在的规模大。在涨潮半潮面时刻，外海涨潮流向长江河口湾湾口汇聚，与湾顶向湾口运动的落潮流相遇于口门处；落潮潮面时刻，外海落潮流从河口湾口门以与涨潮流相反的方向向海辐散，湾内的涨潮流却由口门向湾顶运动，与外海落潮流的运动方向相背，而在涨、落潮半潮面时刻河口湾周围海域涨、落潮流的流速分别达最大。因此，以古长江河口湾中轴线与其口门处两岸连线的交点为顶点、同潮时线向海凸起的独特潮波区具驻波波腹性质，是一规模巨大的独特驻波波腹区，腹点大致为古长江河口湾中轴线与其口门处两岸连线的交点，驻潮波的波节为山东半岛南侧的无潮点。总体上，古长江河口湾湾口的腹点是外海涨、落潮流辐聚、辐散的顶点，特别是长江河口湾中轴线以北的潮流辐聚、辐散运动的态势与现今南黄海相似，但由于受古河口湾轮廓的负衬托效应，涨、落潮流辐聚、辐散的程度显得不如现今南黄海的强。在涨、落潮半潮面时刻，古河口湾口门处之所以会出现潮流相向或相背运动现象，是因为河口湾中的潮流被底摩擦阻滞，位相与陆架上的潮流不再保持一致。当陆架上为涨潮流时河口湾中还继续为落潮流，而当陆架上转变为落潮流时河口湾中的潮流却尚未涨完。所有运动着的泥沙具有相同的净输运方向，即都由南东、东方向由外海主要向古长江河口湾内净输运。只有一小部分泥沙向苏北岸外呈北东—南西向的宽带状空白区净输运。所有粒径的泥沙，不论悬移输运还是推移输运，基本上都在古长江河口湾内及其周围海区尤其是湾外北东方向的海区以及湾南岸与钱塘江河口湾北岸之间的岸外海区发生淤积，而在河口湾外的东、东南方向海区发生冲刷。泥沙如此输运、淤积的直接结果是导致古长江河口湾的不断充填、长江口不断东进，并在科里奥利力作用下逐渐南偏。由于古长江河口湾南岸与钱塘江河口湾北岸之间的岸外海域也发生淤积，该段海岸不断向东海推进，使杭州湾不断扩大，致使钱塘江河口湾也在不断扩大。[1]全新世杭州的成陆状况和生态环境改善，是长江与钱塘江水动力作用的后果。

顾明光《钱塘江北岸晚第四纪沉积与古环境演变》一文依据钱塘江北岸地质钻孔岩心孢粉分析，结合[14]C测年、有孔虫化石鉴定以及沉积物岩性岩相等资料，将3.12MaBP以来钱塘江北岸的植被、气候和古环境演变划分为5个阶段。其中各阶段又包含若干次一级的气候颤动。第一阶段（3.12—2.01MaBP）相当于晚更新世末次冰期的间冰阶。植被类型为落叶阔叶、针叶混交林，有孔虫化石稀少，反映气候温暖较湿。可能属河口滨岸相沉积环境。一度受海水影响，但较微弱。据区域资料分析，这次小规模海侵属

[1]朱玉荣：《潮流在长江三角洲形成发育过程中所起作用的探讨》，载《海洋通报》，999年第2期。

晚更新世晚期发生的"杭州海侵"。第二阶段（2.01—1.04MaBP）植被类型为稀疏的针叶、落叶阔叶混交林，未见有孔虫化石，反映凉冷干燥的气候特征。总体显示为低海面时期的陆相贫瘠沉积环境。第三阶段（10.4—7.5kaBP）为全新世早期升温期。植被组合演变为针叶、常绿落叶阔叶混交林，有孔虫丰度较高，但属种单一，反映气候温湿。海平面逐渐上升。第四阶段（7.5—2.5kaBP）是晚第四纪以来植被最繁茂的时期。植被组合仍为针叶、常绿落叶阔叶混交林，但喜暖湿的亚热带成分得到了全面发展，有孔虫化石异常丰富且分异度高，反映气候温热潮湿。此时处于高海平面时期。因此相当于本区的全新世大暖期或气候适宜期。第三、四阶段总体为滨海—浅海湾沉积环境，海侵规模逐步扩大。此次海侵对应于全新世早、中期的"富阳海侵"。[1]

[1] 顾明光：《钱塘江北岸晚第四纪沉积与古环境演变》，载《中国地质》2009年第2期。

根据现代基因学说研究得出的结论，人类发源于非洲。4.0—3.0kaBP，由非洲而来的晚亚洲人中的一支沿海岸线到达中国东南部，形成百越民族。从地理上来推理，这一支晚亚洲人在长江下游流域应当先生活于南部山区，包括浙江南部山区。其中钱塘江上游、苕溪上游、浙西南、浙西中丘陵山谷都是其分布区。在长江对钱塘江流域、苕溪流域未形成动力改变之势以前，他们主要活动于山麓河谷之间，部分达于宁绍平原。而在长江三角洲和环太湖平原形成以后，早期人类开始有了北移倾向，实现旧石器文化向新石器文化的转变。又由于长江文明轴的作用，地缘文化进一步与域外文化发生广域交往，从而丰富和提升了原有地域文化的内涵。杭州在良渚文化时期巧借各种机缘，形成了长江大河文明的第一个高峰。

二、文化因素的时间性积累

全世界各种主要文明体的兴起大约都在7.0—5.0kaBP之间，都以冰后期（全新世）开头三五千年的新石器文化发展为基础。在这一时期，各地的原始业均从采集渔猎转向农耕，培育了基本农作物。从逻辑关系上看，文明的发源是其必然成果。杭州在经历了跨湖桥文化、马家浜文化、崧泽文化的先后更迭以后，成为当时世界上稻作农业最发达的地区之一，社会综合发展水平因之而有全新的提升，形成了向文明进化的必然之势。

与旧石器时代相比，尽管新石器时代初期考古学文化遗址的数量和规模并没有呈现出骤增的现象，但在这时，无论是石器、陶器的制造水平还是农业的发源，都显示生产技术甚至生产方式有了重大突破。虽然仍然没有完全摆脱采集渔猎的生产方式，但是原始栽培农业的引入很大程度上改变了人类的饮食结构和饮食习惯，提高了生产效率，降低了生存危机。贾德·戴蒙德（Jared Diamond）认为，尽管人类利用野生植物和动物的历史很长，但是在更新世末期渔猎行为已发生变化，因为此时气候的不可预测性增加。猎人首选的大猎物种属减少，人类可以定居的地方扩大，为了减少不可预测气候事件带来的危险，他们扩大了饮食范围，转而寻求一些更小的猎物，并且增加了植物饮食。植物饮食需要更多的准备过程，例如研磨、过滤和浸泡，刚刚出现的农业生活方式不得不同已经建立起来的渔猎系统作斗争。一旦驯化过程开始，其优势即体现出来，开始了从渔猎生活方式向农业生活方式的转变。[1]

8.0—7.0kaBP是中国新石器文化尤其是农业发展的重要阶段，这期间的冷事件刺激了农业的发展。此后进入全新世最适宜期（7.2—6.0kaBP），气候趋于稳定，更有利于农业的发展。当时河南裴李岗文化、河北磁山文化、陕西—甘肃大地湾文化、山东后李文化以及内蒙古兴隆洼文化等大文化中心并存于中国北方辽阔地域内。裴李岗文化层中发现垦殖的石铲、收割的石镰以及石磨盘、石磨棒等农作物加工工具，并且发现了炭化了的谷物。大地湾文化遗存中发现了黍及油菜籽等农作物。磁山文化发现189个储存粮食的窖穴，窖穴中的粮食经鉴定为当时北方的典型作物粟。南方的稻作农业也得到了较快发展。较为典型的文化遗存有湖北城背溪文化、湖南石门皂市下层文化以及杭州跨湖桥文化、杭嘉湖平原马家浜文化、宁绍平原河姆渡文化。水稻分布界限向北推进到了淮河上游以及陕南的汉水流域。当时南方文化的发展除了受到气候因素控制之外，也受其自身内部运行机制控制。随时间推移，受环境大背景的约束相对减小。此时的居住形式与穴居或者洞居时代有了很大不同，与多水的环境相适应发展起了干栏式建筑，从而得以较好躲避洪水侵袭，有了长期定居的可能。有了比较稳固的定居生活，对农业生产技术的进一步探索也就在情理之中。

但5.5kaBP前后全球太阳辐射减少，全新世大暖期结束，气候突变事件相当频繁，对农业发展带来较大负面影响。尽管这个时期北方的彩陶文化很发达，黄河流域的仰韶文化、山东的大汶口文化、辽河流域的红山文化都有比较发达的彩陶，并出现大型庙宇和宫殿，但农业发展不快。文化遗址大大减少很大程度上说明文化萎缩不前，近乎泛滥的、具有较强的视觉冲击力的宗教痕迹和遗物并不能代表文化发展的高度，反倒反映了其脆弱性和短命的一面。[2]红山文化在6.0—5.0kaBP持续，5.5kaBP达到最盛，此后便走向衰落。尽管南方也发生了较为普遍的文化更替现象，但是农业却呈现继续发展的势头。气候适度干凉，湖泊相对缩小，反倒有利于垦殖，对稻作农业的发展有利。

此后又有一个相对较好的气候适宜期，使得中国新石器文化进入黄金时代，即龙山时代。这时无论是遗址数量、文化分布范围还是生产技术都达到空前水平，出现了中国文明起源阶段各地域文化竞相斗艳的局面。而其中良渚文化由于在中国南方文化持续繁荣的背景下延续发展，体现出更高级的发展形态。其技术水平、经济规模、聚落规模、社会复杂化程度、礼制和精神样态等均达到当时的最高水平。诸多专家由地层、土壤、孢粉、化石、古湖泊、古海岸等资料对良渚文化时期环太湖流域的气候进行

[1]Peter B. de Menocal, *Cultural Responses to Climate Change During The Late Holocene*, SCIENCE, 292(5519), 2001.

[2]许宏：《连续中的断裂：关于中国早期文明与早期国家》，载《文物》2001年第2期。

深入研究，认为当时气候、地理、生物构成适度循环。栎属、栗属、枫香属、胡桃属、桑属、桦属、山毛榉属、漆树属、榆属、柳属、麻黄属、青檀属、鼠李属、榛属、枫杨属、蔷薇科等落叶阔叶树种与青冈栎属、栲属、冬青属、松属等常绿阔叶和针叶树种相夹杂的木本植物历历在目；藜属、蒿属、蓼属、禾本科、豆科、齿形科、伞形科、十字花科、毛茛科、菊科、百合科等陆生草本植物较多，香蒲属、眼子菜属、狐尾藻属等水生或湿生草本植物和水龙骨属、瘤足蕨属、凤尾蕨属、海金沙属、水龙骨科等低等蕨类植物也相当繁盛。这些植物广延达于宁镇地区即南京、镇江一带之丘陵，南京附近甚至有山龙眼，而宁波海岸可以看到热带红树。中期木本和草本植物仍非常繁盛，植被与前期类似。但木本植物中青冈栎属、栲属等常绿阔叶树种增加，冬青属逐渐绝灭，草本植物中禾本科大幅度增加，蕨类植物有所减少。由于海面开始上升，受海水顶托，杭州湾北岸泥沙堆积，地势渐变高，而此时太湖地区地面继续沉降，致使由南向北流向的河流溯源侵蚀加快，导致良渚遗址一带的溪流向北偏流，东苕溪发生第一次大改道。平原河流的游荡造成众多牛轭湖，还将大量有机物布施于大地。适宜的气温再加上优良的湖沼环境，使水稻种植条件进一步改良，也更有利于渔猎等生产，推动着良渚文化向鼎盛期发展。中国最早的文明在此也就呼之欲出。

良渚文化晚期木本植物主要有松属、栎属、胡桃属、柏科、蔷薇科等，常绿阔叶的青冈栎属、栲属减少。陆生草本植物也减少，水生或湿生草本植物仅存少量的香蒲属。低等蕨类植物稀少但种类较多，主要有铁线蕨属、凤尾蕨属、海金沙属、水龙骨科等。植物孢粉组合中，松13.5%，柏9.1%，菊科花粉大量增加，环纹藻非常繁盛，表明气候较大幅度变冷。浙江杭州良渚、江苏溧阳沙河、金坛五叶和镇江茶观山等地的沉积相色黄、质黏、含铁锰结核、缺乏有机质、沉积节理发育等特征，又反映气候比较干燥。虽然海面下降，但太湖仍在沉降，周边地区的水系袭夺现象依然存在，良渚遗址一带的水系发生第二次、第三次改道。但海面进一步下降后河流比降减小，加之生态环境的破坏，致使洪水泛滥的机率增加，处于水旱灾害丛生的气候异常期，水稻已无法种植。其中洪积层、埋藏遗址及遗址地层中文化间歇层等发育皆反映洪水泛滥事件的存在。这是良渚文化未能持续演化为中国文明主体重要的外部原因。[1]

三、多因素互动

20世纪以来国家起源和复杂社会研究得以深入，与柴尔德和朱利安·H. 斯图尔特（Julian H. Steward）有关。柴尔德采纳了马克思主义的社会进化理论，从社会政治演变的途径来阐释文明和国家起源的机制，他的自发理论在20世纪上半叶极其流行。而斯图尔特从文化与环境的关系来分

[1]张立、刘树人：《浙江余杭市瓶窑、良渚地区遗址的遥感地学分析》，载《考古》2002年第2期；史威、马春梅、朱诚、王富葆、李世杰：《太湖地区多剖面地层学分析与良渚期环境事件》，载《地理研究》2008年第5期；王富葆、李昌民等：《太湖流域良渚文化时期的自然环境》，陈杰、吴建民：《太湖地区良渚文化时期的古环境》，载徐湖平主编《东方文明之光：良渚文化发现60周年纪念文集》，海南国际新闻出版中心，1996年版。

析社会的演变，并倡导了居址或聚落考古学的研究方法，从人类栖居形态的特点来研究社会和政治结构的演变。

柴尔德把农业起源称为人类的第一次革命，而把城市和国家的出现称为第二次革命。柴尔德视文明和国家的起源是富饶地区剩余产品积累的产物，因为公共资本的积累促进了贸易，从而可以供养从事贸易的商人、专职工匠和官吏，并建立军队来保护贸易和商人。这种社会分化导致贵族阶层和官僚制度的形成。[1]在1950年发表的《城市革命》一文中，柴尔德进一步提出了城市起源的十条标准：（1）在有限区域内集中了较多的人口；（2）手工业专门化；（3）剩余产品由中央权力机构控制；（4）存在公共祭祀建筑；（5）社会等级差异明显；（6）采用文字；（7）科学研究发轫；（8）自然主义艺术出现；（9）存在对外贸易；（10）栖居方式不再依血缘关系而定。[2]这10条标准在20世纪50年代被学术界广泛引用。斯图尔特将社会看作是一种对环境的适应系统，其中技术、经济、社会结构、宗教等以独特的功能关系维系着社会并保证群体的生存。这种复杂社会在许多方面不同于简单社会，其中资源和土地的利用越来越反映外部经济结构而非内部生存目的。国家和帝国这类超级社会可以超越下层社会生存的范围，把它们组织在较大的政治社会单位以内。各个地域社会适应于各自的环境，但是为整个复杂社会的存在提供不同的资源、粮食和劳力。[3]

20世纪50—70年代，欧美学术界又出现了几种影响较大的早期国家起源理论，这些理论分别强调某个社会变量是国家起源的主因。它们是卡尔·A.威特福格尔（Karl A. Witffogel）的灌溉说、罗伯特·罗纳德·卡内罗（Robert Leonard Carneiro）的战争说、米切尔·J.哈纳（Michael J. Harner）和唐·E.杜蒙德（Don E. Dumond）等人的人口压力说等。威特福格尔指出，一些早期国家形成于干旱和半干旱地区。其中依赖小型灌溉系统的农业部落认识到，放弃单独的灌溉系统，而将各部落的系统合并成一个统一的体制，可以更为有效地计划和管理水源。这种合并导致国家起源。[4]卡内罗的战争说以秘鲁河谷的考古学研究为依据，认为受到地理和社会限制的农业聚落之间会因为人口增长和耕地短缺发生冲突，进而发展到频繁的兼并战争。为了有利于攻防，一些关系密切的部落开始合并，社会群体的规模增大而数量减少，从而形成酋邦这样的部落联盟。然而，战争并没有到此结束，而是直到一个区域被最强大的酋邦统一为止，国家由此形成。[5]哈纳认为，人口压力是社会演化的一个决定因素。由于农业导致大规模定居，促进了人口的几何级数增长。当人口密度增加，就会使土地和资源短缺而价值提升。对资源和土地的争夺会促进社会的区域和跨区域合作，使社会结构的血缘关系向超家庭的社会关系发展，从而在社会内部产生一种世袭体制来强化对土地和资源的继承，并形成集中的军事和政治结构。当竞争进一步增长，社会的等级分化和政治联合会发展为非常复杂的形式。[6]杜蒙德认为，人口密度的增长是文明和国家起源的先决条件，尽管

[1]维尔·戈登·柴尔德：《人类创造了自身》，上海三联书店2008年版。

[2]Vere Gordon Childe, The Urban Revolution, TOWN PANNING REVIEW, 21(1),1950.

[3]Julian H. Steward, Cultural Ecology, in: David LSills, ed., International Encyclopedia of the Social Sciences, New Yor: Macmillan and Free Press, 1968.

[4]Karl A.Witfogel, Oriental Despotism, New Haven: Yale University Press, 1957.

[5]Robert Leonard Carneiro, A Theory of the Origin of the State, SCIENCE, 169(3947), 1970.

[6]Michael J.Harner, Population Pressure and the Social Evolution of agriculturalists, SOUTHWESTERN JOURNAL OF ANTHROPOLOGY, 26(1), 1970.

[1]Don E.Dumond, *Population growth and Political Centralization*, in B. Spooner, ed., *Population Growth: Anthropological Implications*, Cambridge: Massachusetts Institute of Technology Press, 1972.

[2]Mark H.Cohen, *The Ecological Basis of New World State Formation: General and Local Model Building*, in Grant D.Jones & Robert RKautz, eds., *The Transition to Statehood in the New World*, Cambridge: Cambridge University Press, 1981.

[3]Jeanne E.Arnold, *Labor and the Rise of Complex Hunter-gatherers*, JOURNAL OF ANTHROPOLOGICAL ARCHAEOLOGY, 12, 1993.

不是唯一的原因。人口规模和密度的增长造成对基本生产资源的压力，而这种压力在内部一般通过首领的协调来加以化解，于是再分配体制的形成会促使土地和其他资源私人拥有和世袭体制的发展。处于拥有分配权力的人物达到一定的数量时，社会就发生了等级分化。[1]人口压力的理论后来进一步为马克·H. 科恩（Mark H. Cohen）所发挥。他认为，早期国家和政府形成的一个主要作用就是调节人口与土地之间失调的矛盾。当人口增长接近农耕土地的载能时，人类社会就会发展出国家机构来应付这种危机。所以，国家的一个重要功能是调节人口和土地平衡失调的一种社会机制。[2]

在文明起源动因的探讨中，再分配机制的发展被认为是社会进化的主要动力。珍妮·E. 阿诺德（Jeanne E. Arnold）对再分配机制促进社会复杂化的作用进行分析。他提出，原始的平等社会是一种互惠机制，但是日趋严重的人口和资源平衡失调所激发的社会扰动，会使互惠形式向再分配的形式转变。再分配的作用是在供求不平等的情况下合理分配资源以避免冲突。这种再分配在私下无法解决时，就会求助于某种社会机制。这会促使一些首领运用权力来操纵劳动力和资源，从而导致不平等现象的发展和社会等级的分化。平均主义社会的成员并不乐意接受强制性的控制和驱策，只有当外界压力严峻，如食物短缺和环境恶化，外来威胁增大，使人们意识到除了听从首领的摆布之外别无选择，社会成员才会被迫放弃社会流动性和经济主动权以换取社会生存保障。再分配机制复杂化的政治表现就是首领权力的增强、社会管辖制度的产生和社会不平等的加剧。[3]社会规模的增大和再分配机制的复杂化促进了管理体制的复杂化。而在统治机制尚不完善的原始社会里，宗教是首领唯一可以用来对社会实施控制的手段。农业酋邦一般都是神权型的，酋长是神的代表。为了体现这种超自然的权力，酋邦社会会投入大量人力和资源来营造大型祭祀建筑和陵墓，举行大规模宗教活动。这种活动有助于体现和巩固酋长的神圣地位，从而以一种明确的空间关系来规范不同社会成员的行为、地位和特权，并实现整个社会由共同信仰维系成一体的稳固性。

由于强调单一变量的理论存在许多缺陷，比如有些地区的文明和早期国家起源与灌溉无关，而有些战争频繁的部落社会并没有能向国家演化，因此，罗伯特·M. 亚当斯（Robert M. Adams）在总结各种理论的基础上提出了一种多变量反馈和互动的综合理论。肯特·V. 弗兰纳利（Kent V. Flanner）则提出了一种更为复杂的国家起源系统理论，即多变量理论。这一理论认为，一个社会由多个亚系统，如农业、技术、宗教、信仰等组成，每个亚系统都有一个控制阀。当各亚系统均在其控制阀范围内变化时，整个系统保持一种稳定。一旦由于某种内外部压力导致某一亚系统超控制发展，就会引起整个系统的破坏和重组，促使系统制订新的规则，导致更高的集中化，即国家的出现。这一理论将过去从社会人类学和生态学角度研究文明起源的多个理论结合到一个系统中，解决了过去各种理论面对复杂的社会变化过程而过于简单化的问题，是当今英美学术界有关文明和国家起源颇为流行的理论。由于这种研究方法涉及许多变量的复杂作用过程，所以必须开展多角度、更细致的基础研究和多学科合作研究。[1]

柴尔德所说的城市革命的10条标准，在良渚文化时期的杭州已基本达到。自崧泽文化晚期以来，杭州的人口大幅度增加。当时西湖沿线尚不具备大规模聚集人口的生存条件，而以良渚遗址为核心的广大的东西轴线，即从东苕溪上游直至余杭区临平街道一线，则高密度分布人口，出现了众多不同规模的聚落。此时在整个环太湖流域，这一带的人口密度是最高的，在整个中国也是遗址和人口分布密度最高的。从出土文物来看，其中的许多资源和人工产品并非完全产自本地，而有一个较为广泛的交流空间。在中国新石器时代晚期或龙山时代晚期，良渚文化已必然性地需要以早期国家的社会机制来控制人口和土地利用失调。事实上，为了实现这种调节，当时的宗教因素已发展得十分强烈，而早期科学思想、生产技术也空前发展。另外，通过军事手段来实现这种调节也是经常性的选择，这从良渚文化遗址出土极多的兵器可以得到佐证。因此可以说，良渚文化在多因素或多变量反馈和互动作用下，已经构建为中国最早的文明体之一。

湿地农业和旱地农业这两种不同模式的农业经济类型对中国南北文明的发展有不同的作用和影响。虽然农业起源的时间在黄河流域和长江中下游地区几乎同样悠久，但是两地文明演化的轨迹明显有别。假定从新石器时代晚期开始黄河流域和长江流域人口密度大致相当，并以相同的速度增长，中原地区的土地载能和农业经济所能承受的人口压力肯定不及长江中下游地区。可以想象，中原地区的早期国家若要维持生存和发展必然导致频繁的战争。因为，随着国家和社会等级制的复杂化，贵族或统治阶层为了维持奢华的生活方式，以及供养大批官员、工匠和军队，需要越来越多的剩余产品，缓解供求矛盾的唯一途径就是攻城略地。这种为争夺资源、土地、劳动力而发生的冲突和战争，成为早期国家机能向更加复杂结构演变的动力。对于早期国家来说，国家机器即是战争机器，国家的强大和发展以及文明的演化完全建立在武力之上。后来的春秋战国以至秦汉王朝，都反映了这样的社会发展轨迹。相反，南方稻作农业的土地载能要比北方旱作农业高出许多倍，部落、酋邦和早期国家之间因人口与土地矛盾所引发的利益冲突和战争相对来说不会像中原地区那样频繁，因此相比于北方来说，刺激社会机制以及国家和军事机构复杂化的动力也就相对较弱。这很可能是良渚文化以后长江下游地区社会结构复杂化水平与中原地区相比差距明显的原因，它使得此后文明中心向中原地区转移。

[1]陈淳：《文明与国家起源研究的理论问题》，载《东南文化》2002年第3期；徐良高：《他山之石，可以攻玉：英美学术界"文明起源"研究及其启示》，载中国社会科学院考古研究所、中国社会科学院古代文明研究中心《古代文明研究》（第1辑），文物出版社2005年版。

第二章 杭州史前文化谱系与主体地理文化

第一节 杭州的旧石器文化与最早的人类活动

一、杭州原始地理文化的初创及其系脉

中国旧石器时代考古研究已经历80年历史，发现地点不少于1000处。考古调查出现过两个高潮。其一以20世纪30年代以周口店考古为代表，其二是20世纪80年代以来出现的广泛性考古发现。20世纪80年代以来发现的地点占发现总数的80%，其中标志性地点长江中、下游和淮河流域又占60%，湖南、安徽等省分别超过300处和100处，珠江、闽江流域、北方地区和西藏的阿里地区也有新发现。中国旧石器工业基本框架由此大体厘清。[1]

中国东南沿海或浙江的旧石器文化考古主要是从杭州开始的。浙江的洞穴遗址调查工作始于20世纪30年代，王恭睦开了先河。1929年，王恭睦对江山市大陈岭乡早田坂村的龙嘴洞进行考古发掘，发掘深度20m，获得猪、鹿、熊、豪猪、犀牛、象等数百件哺乳动物化石。龙嘴洞古动物化石积层为第四纪晚更新世剑齿象—大熊猫群动物沉积，距今已有六七万年。1957年，裴文中、邱中郎对杭州洞穴堆积物中第四纪哺乳类化石展开调查，在西湖区留下镇采集了一批哺乳动物化石。[2]1962年10月至1963年6月，浙江省地质局区域地质测量队的黄正维、孟子江、王雪瑜、叶士泓、朱佩璋等人对浙江石炭纪、二叠纪灰岩区喀斯特地貌调查时，在建德市、衢州市衢江区（原衢县）等地考察了100多个洞穴，发现一个含哺乳动物化石的地点，并对其中的乌龟洞、昂畈村后洞、骆洞、葱洞3号洞4个洞做了发掘。除获得丰富的哺乳类化石外，还在乌龟洞发现古人类牙齿化石一枚。但这次发现的人类牙齿化石后来遗失。[3]2000年5月王海明等对葱洞附

[1]张森水：《近20年来中国旧石器考古学的进展与思考》，载《第四纪研究》2002年第1期。

[2]裴文中、邱中郎：《浙江杭州留下洞穴哺乳动物化石》，载《古脊椎动物学报》1957年第1期。

[3]黄正维、孟子江：《浙江哺乳动物化石新产地》，载《古脊椎动物与古人类》1964年第1期。

[1]王海明：《浙江洞穴遗址的考古学观察与思考》，载邓涛、王原主编《第八届中国古脊椎动物学学术年会论文集》，海洋出版社2001年版。

近的观音洞进行考察，认为该洞在更新世末期可能有人类活动，其第八至第十三层堆积是人类和自然共同作用的产物。[1]1974年，张森水、韩德芬等人在对浙江古人类化石地点进行调查的过程中又在乌龟洞发现一枚人类牙齿化石和若干动物化石。并将所发现的古人类定名为"建德人"。

张森水、韩德芬等人在这次调查中还进一步考察了建德市豪猪洞、昂畈村后洞、樟村洞、白毛洞等和余杭区凤凰山化石地点。豪猪洞在建德市洋溪街道新宅村，洞穴发育于二叠纪灰岩之中。含化石的地层为紫红色黏土，其中发现陆龟科、猕猴、熊、豪猪、水牛、猪、鹿、麂等8种哺乳动物化石。化石层下为浅紫色薄层状粉砂。昂畈村后洞在建德市莲花镇昂畈村，距豪猪洞约1km。为一敞口洞，在其支洞紫红黏土层中找到熊、羊、鹿等3种化石。樟村洞在莲花镇樟村，位于昂畈村后洞北1km处，为系列洞穴和裂隙，均填充黄红色黏土。其中一处堆积中发现疑似用火痕迹和猕猴、豪猪、水牛、猪、鹿、麂等6种哺乳动物化石。此外，还在乌龟洞东北2km处的白毛洞发现猕猴、熊、猪、鹿、麂等哺乳动物的单个臼齿化石多枚。又在衢江区上方镇的骆洞采得一些零星化石，种属未超过前述各地点。凤凰山化石地点在余杭镇东3km的凤凰山东坡。凤凰山为二叠纪深灰色厚层灰岩，山的周围出露沿节理面溶蚀的一连串洞穴和袋形裂隙，其间多填入黄红色、杏黄色或紫红色黏土。洞穴原貌已不清楚，估计堆积物高出当地河水面约10—15m。曾先后做过两次发掘，堆积物厚约10m，自上而下可分为3层。第一层紫红色黏土，垂直节理发育，厚约2.5m，未发现化石。第二层黄红色黏土，中夹燧石碎屑层，厚约4m，发现大量化石，但保存状态不好。第三层杏黄色黏土层，厚约3.5m，顶部偶见化石，中下部未见。除发现一些龟甲片外，还发现猕猴、豪猪、黑鼠、拟步氏田鼠、板齿鼠、仓鼠、蝙蝠、麝鹿、猪獾、最后鬣狗、虎、熊、中国犀、水牛、野猪、鹿、赤鹿等17种哺乳动物化石。[2]

[2]韩德芬、张森水：《建德发现的一枚人的犬齿化石及浙江第四纪哺乳动物新资料》，载《古脊椎动物与人类》1978年第4期。

为了进一步探索古人类在浙江境内的活动踪迹，2002年10月12日至11月17日，中国科学院古脊椎动物与古人类研究所和浙江省文物考古研究所组成"中国晚更新世现代人起源与环境因素研究专项：浙江旧石器考古调查"课题组，在西苕溪流域进行考古调查，先后发现多处旧石器文化地点和大量旧石器。这次调查只涉及苕溪流域不大的一个局部，却发现密集度非常高的遗址或文化地点，说明苕溪流域在旧石器时代已普遍存在人类聚落。2004年5月26日至6月1日，中国科学院古脊椎动物与古人类研究所、浙江省文物考古研究所和临安市文物馆联合组成的考古调查组，在临安市进行旧石器时代文化考古调查，发现大量类似石制品。可以推断，与其连为一体的杭州境内的东苕溪流域或天目山区同样存在相同状况。

浙江的旧石器时代考古调查主要集中在杭州及其相关区域，这与杭州的特殊地理条件相关。建德人的被动型发现说明杭州旧石器时代埋藏自然分布在中国东南沿海的出现有一定概率，而对苕溪流域和天目山区的主动型发掘则说明考古学界对杭州及其相关区域旧石器文化分布的主观性判断具有准确性。据张森水所说，建德一带的考古调查已构成一条熟路，而他曾多次去的与浙北邻近的安徽省宁国市、宣城市一带考察，同样也是他个人工作的一条熟路。自1987年宁国市英雄岭首次发现旧石器以来，已找到旧石器地点数十处。浙江省安吉、长兴县与那个地区没有地理阻隔，地貌环境也相似，所以发现旧石器的可能性极大。[1]由此可以推断，钱塘江流域、苕溪流域和天目山区是中国东南沿海地区旧石器文化的发源地。从时空关系来看，钱塘江上游、苕溪中上游流域很早便有晚期智人活动，并且出现许多定居点或聚落。晚更新世后期则向钱塘江和苕溪下游流域移动，至全新世早期发展为新石器聚落，为中国文明的发育发展奠定了基础。

　　由于目前的考古发现资料仍相对缺失，考古研究也不够系统深入，所以对杭州或浙江旧石器文化的清晰描述还存在困难。据现有考古资料推测，浙西山区、金衢盆地北缘、浙北平原南缘以及上述天目山区的洞穴、河湖阶地应当存在系统的旧石器文化分布，可以做深入系统的考古调查来进一步验证。建德市乌龟洞及其周边地区是很有必要继续进行发掘调查的地区。保护乌龟洞、上马坎遗址等考古地点，在新的条件下选择适当地点再进行考古发掘，开展系统的埋藏学研究，探讨中国东南沿海地区古人类活动方式，仍有许多工作要做。

二、建德人与杭州的晚期智人

　　乌龟洞位于建德市李家镇新桥村。1962—1963年间发掘区自上而下的堆积物为：（1）棕色黏土，横向过渡为含钙质结核的黏土。钙质结核大多呈姜状，厚0.7m。含有猕猴、犀牛、巨貘、水牛、黑鹿、猪、熊、犬科、豪猪、啮齿类等动物化石。（2）棕褐色黏土及灰烬层，成松散小团粒状。含有人类牙齿和介壳化石。（3）棕黄色石灰华胶结燧石碎屑物，厚0.3m。含介壳。据分析，其中的第四纪哺乳类动物化石种类基本与华南山洞中常见的种类相同，属于剑齿象—大熊猫动物群。该堆积层位于下部，地质年代为更新世中晚期。上部含人牙、灰烬层为晚更新世或全新世堆积层。[2]

　　1974年发现的人类牙齿标本为右上犬齿。齿冠高11.6mm，远中近中径8.2mm，唇舌径9.5mm。除齿冠远端外侧缺一小块外，其他部分保存完好。齿冠内侧缘已经磨失。齿冠唇面有条状浅槽的痕迹，可能被啮齿类动物啃咬过。齿根保存不全，被啮齿类动物咬掉了一部分，根尖缺失，而呈一斜面。其粗壮程度大于柳江人牙齿标本，柳江人牙齿被鉴定属男性个体，据此推论建德人牙齿化石属于男性个体。而其齿尖磨耗程度比柳江人稍弱，所以可能属30岁左右的青年个体。与北京人相比有明显的进步性，而与柳江人和山顶洞人十分相似，但比柳江人、山顶洞人和现代人同类牙齿的平均值都要略大一些。[3]

[1]张森水：《索史有缘品白茶：浙江旧石器考古散记（上）》，载《化石》2006年第2期。

[2]黄正维、孟子江：《浙江哺乳动物化石新产地》，载《古脊椎动物与古人类》1964年第1期。

[3]韩德芬、张森水：《建德发现的一枚人的犬齿化石及浙江第四纪哺乳动物新资料》，载《古脊椎动物与人类》1978年第4期。

几种人犬齿化石比较表（单位：mm）

名称　　数据	建德人	柳江人		山顶洞人101号		现代人
	右上犬齿	右上犬齿	左上犬齿	右上犬齿	左上犬齿	犬齿
唇舌径	9.5	9.1	9.0	8.3	8.6	8.2
近中远中径	8.2	8.3	7.9	7.9	7.8	7.9

由于经过多次挖掘，乌龟洞内大部分地域已被翻掘，地层次序遭破坏，1974年的发掘只得在边缘未动过的地方进行。其中发现较多的哺乳动物化石以及数百件无人工痕迹的燧石碎屑。人牙化石由一儿童采集自旁边小支洞，同时采集到的还有犀牛、牛骨等化石。考古人员随即对支洞进行考古发掘。发掘表明，该支洞堆积简单，大部分裸露紫红色黏土，堆积物中仅发现猕猴、最后鬣狗、猪獾、大熊猫、中国犀、水牛、羊、鹿（可能有大小两种）、麂、猪、剑齿象等11种哺乳动物和龟、鳖等爬行动物化石。[1]

乌龟洞发现的哺乳动物属剑齿象—大熊猫动物群中的大多数种类目前仍存在于当地，少数如大熊猫在当地不存在，剑齿象、中国犀和最后鬣狗3个种已灭绝。该动物组合反映当时气温比现在高。张森水等人根据人牙化石形态及其出土层位和古生物资料，将乌龟洞含人牙化石层的年代定为晚更新世的后一阶段，绝对年代不超过5.0MaBP。[2]但北京大学考古学系年代学实验室对上层（即紫红色黏土层）中出土的牛牙做的两个铀系年代测定，年代为10.0MaBP（$230Th10.8^{+0.9}_{-0.8}$ MaBP或9.7 ± 0.8MaBP；$231Pa9.1^{+3.1}_{-1.9}$MaBP或$9.7^{+4.2}_{-2.2}$MaBP）。[3]张森水认为这个数据明显偏早，因为与人牙化石层的上下层哺乳动物组合对比不符，所以他建议不用这一测年结果。[4]由于测定材料、方法和技术水平存在差异，建德人的年代尚不十分确定，但可将其界定为晚期智人。

从发现建德人化石的支洞和主洞的堆积看，均不存在与人类活动相关的文化遗存或遗迹，如用火遗迹、生产工具等，故不能把该洞穴看作人类居住遗址。所有化石，包括人牙化石在内，都可能是自然力（包括动物）的作用由洞外搬运至洞内的，或是流水（包括泥石流）搬运的结果。在洞穴中出土的动物化石不一定是当时的古人捕杀或食用的残余。

晚期智人的化石地点在中国已发现近40处，其中最有代表性的有北京周口店山顶洞人、广西柳江人、四川资阳人等。建德人则是东南沿海的代表。晚期智人比早期智人的前部牙齿和面部减小，眉脊减弱，颅高增大，脑量和身高都已增大到现代人的变异范围；但也保留着一些原始特征：头骨显得较为粗壮，肌脊较发达，眉脊和矢状脊较显著，头骨、肢骨的骨壁较厚，肢骨的髓腔较细，等等。[5]乌龟洞遗址发现的建德人化石是杭州、也是浙江境内首次发现的旧石器时代人类化石。这一发现提供了智人化石在中国分布的新资料，在考古学上有十分重大的意义。而乌龟洞遗址众多种类哺乳动物化石的发现，为研究全球气候变迁、人类早期生存环境提供了重要材料。

[1]吴新智、黄慰文、祁国琴：《中国古人类遗址》，上海科技教育出版社1999年版，第202—203页。

[2]张森水：《遗憾与快慰：忆建德人牙发现始末》，载杭州市政协文史委员会编《文物之邦显辉煌》，浙江人民出版社2000年版。

[3]陈铁梅：《我国旧石器考古年代学的进展与评述》，载《考古年报》1988年第3期。

[4]吴新智、黄慰文、祁国琴：《中国古人类遗址》，上海科技教育出版社1999年版，第203页；张森水：《遗憾与快慰：忆建德人牙发现始末》，载杭州市政协文史委员会编《文物之邦显辉煌》，浙江人民出版社2000年版。

[5]王幼平：《旧石器时代考古》，文史出版社2000年版，第248—249页。

2000年5月，桐庐县印渚镇延村钟乳岩石洞穴发现古人类不完整下颌骨和前额骨各1件、头骨印模1件，另有100多件哺乳动物化石。经中国科学院古脊椎动物与古人类研究所鉴定，头盖骨为古人类化石。其所代表的人类被命名为"桐庐人"。该洞穴由石灰岩皱褶裂隙发育而成，洞口大部分已被山间溪流堆积倒灌填满，现山谷谷底已高于洞口。洞内堆积分上下两层，动物化石全出自下层，经鉴定有大熊猫、野猪、犀牛、赤鹿等10余种。除赤鹿为绝灭种外，均为现生种。没有发现剑齿象化石。桐庐人头盖骨发现于洞内堆积的表面，石化程度不高，人牙散落，珐琅质保存很好。头盖骨周围发现板灰遗迹。现场没有发现有人类加工痕迹的石制品和骨制品，原来认定的"骨器"加工痕其实是啮齿类动物啃咬痕，在周边其他洞穴均可找到。经南京师范大学铀系法年代测试，包裹头盖骨的钟乳石样品大致年代2.0—1.0MaBP。由于碳酸岩在头盖骨表层，顺头盖骨形状发育，头盖骨年代应早于新生碳酸盐年代。后据阿尔法能谱法和质谱法铀系年代测定，碳酸岩外模具细密的纹层至少有5.0kaBP的生长期。若据包裹体和化石间无显量碎屑充填物，二者间应无重要的时间间隔，头盖骨化石的年代不应小于此值。但综合考虑所有证据，其年代在10.0—5.0kaBP间的可能性更大。[1]而王海明认为，从头盖骨化石下还保存板灰的情况推测，其年代应该不会太远，因为5.0—4.0kaBP的墓葬一般已没有板灰，大多表现为腐植酸含量很高的细腻的灰土，历史时期的墓葬如汉墓一般保留板灰，所以2.0—1.0MaBP的年代推断也缺乏科学依据。[2]桐庐人是否属旧石器时代尚需作进一步研究。

三、苕溪与杭州最早的人类聚落

2002年，中国科学院古脊椎动物与古人类研究所和浙江省文物考古研究所在西苕溪流域的联合调查共发现旧石器文化地点31处，采集和发掘旧石器时代石制品333件，但未见哺乳动物化石和古人类化石伴出。安吉县的西苕溪中游二级阶地发现旧石器时代文化地点13处，其中3处中更新世网纹红土层中发现石制品。发现石制品186件，出自地层45件，脱层141件。此后又陆续发现大量石制品。其中较多的是以砾石为坯材的粗大石核，还有砍砸器、石球和少量刮削器。2004年10月至2005年9月发掘的溪龙乡溪龙村村西的上马坎遗址旧石器分布地点比较密集，不仅在网纹红土层和稀网纹红土层中发现出自地层的石制品400余件，还在层位较高的晚更新世后期地层（相当于旧石器时代晚期）中找到石制品，并发现固定的旧石器制作场所，说明古人类在此间活动频繁而且延续时间长，应是一处活动复杂、占据时间较长的中心居址。该遗址是浙江境内发现的第一个有确切地层的旧石器遗存点，被誉为"浙江旧石器考古第一点"。长兴县发现旧石器时代文化地点18处，其中有中更新世网纹红土层、晚更新世早期稀网纹紫红色黏土层。发现石制品147件，出自地层3件，脱层144件。[3]此后同样有许多

[1]石丽、金幸生、程海、沈冠军：《浙江桐庐人类头骨的铀系年代》，载《人类学学报》2002年第4期。

[2]王海明：《浙江洞穴遗址的考古学观察与思考》，载邓涛、王原主编《第八届中国古脊椎动物学学术年会论文集》，海洋出版社2001年载。

[3]张森水等：《改写浙江无旧石器时代文化遗物地点的历史》，载《中国文物报》2002年12月11日。

[1]浙江省文物考古研究所、长兴县文物保护管理所：《七里亭与银锭岗》，科学出版社2009年版。

新的发现。2005年9月至2006年5月，长兴县七里亭遗址发现700多件打制石器，中国科学院地质与地球物理研究所对红土剖面古地磁年代测定表明，其上、中两个文化层年代99—12.6MaBP。下文化层的年代更久远，至少100MaBP。该遗址被认为是中国东南沿海地区最早的旧石器文化遗存，也是中国旧石器时代早期遗址中为数不多的超过100万年的遗址之一。[1]

2007年10月至2010年1月，浙江省文物考古研究所和长兴县博物馆对位于长兴县小浦镇光耀村石头山的合溪洞旧石器时代洞穴遗址进行考古发掘，在5个地点发现遗物。张森水判断其年代早于山顶洞人生活的时期。其中2号地点的堆积已遭完全破坏，现场留有许多被遗弃的洞穴堆积，筛选后发现大量动物化石、少量石制品和骨制品。5号地点为裂隙堆积，仅发现数个动物化石。发掘重点为1、3、4号地点，均为洞穴堆积。1号地点是合溪洞遗址的主要部分，残留洞穴宽约10m、深约11m，面积约100m²，堆积厚度达8m以上，分6个文化层。其中第二层为红褐色黏土层，出土物多为动物化石、骨制品。第三层为红色黏土堆积夹少量石灰岩角砾，第四层为红褐色黏土夹石灰岩角砾层，第五层为褐色黏土夹石灰岩角砾层，第六层为褐色黏土砾石层。第三层至第五层出土大量动物化石及碎骨、石制品和骨制品，第六层出土大量石制品。其中出土的动物化石主要有头骨、颌骨、肩胛骨、牙齿、四肢骨等，数量近10万件。如此之巨的数量说明它们是人类活动的残留物。3号地点的残存面积不足10m²，堆积厚度约140cm，为夹沙砾的黄褐色黏土层，出土动物化石和一些石制品、骨制品。4号地点紧靠1号地点北侧，可能是1号地点的支洞，残存堆积范围也仅剩约10m²，分上下两层。上层堆积为黄褐色黏土，含少量石灰岩角砾、石英砂岩和砂岩的砾石，出土动物化石和少量石制品，并有人牙化石；下层堆积为深黄褐色黏土，石灰岩角砾、石英砂岩和砂岩的砾石比上层略多，出土动物化石、部分石制品及少量骨制品。经初步鉴定，合溪洞遗址的动物骨骼基本构成为：兔形目的兔科，啮齿目的竹鼠、仓鼠、田鼠，食肉目的貉、猪獾、普通水獭、棕熊、最后斑鬣狗，奇蹄目的中国犀、华南巨貘，偶蹄目的野猪、水鹿、獐、鹿、水牛，均为晚更新世动物种属。这些骨骼上清晰保留着人类敲骨取髓、烧烤吃肉、肢解切割的痕迹。出土石制品1000余件，包括石核450余件、石片190余件、断块30余件、刮削器300余件、砍砸器80余件、尖状器30件、石锤数件。石制品岩性有砂岩、石英砂岩、石英岩、燧石等多种。4号地点出土的人牙化石保存完整，石化程度较轻，为成年人下颌左侧中门齿或侧门齿，是浙江发现的首颗出自明确地层的晚期智人牙齿化石。[2]2007年5月25日至8月25日，在小浦镇光耀村牛头岗以东约100m的银锭岗西坡发现银锭岗遗址。发掘面积近600m²，发现石制品300余件。地层可划分成两个大文化层：上层厚约100cm，下层厚度超过600cm，未见底。下文化层出露的网纹红土堆积与安吉上马坎遗址相似，因此可将其定为中更新世；上文化层则属于晚更新世，其中第二文化层可能进入了晚更

[2]徐新民、梁奕建：《浙江长兴合溪洞旧石器时代遗址：浙江首次发现有人类文化遗物的洞穴堆积发现浙江首颗出自明确地层的晚期智人牙齿化石》，载中国文物信息网2010年3月26日。

新世晚期。上文化层共出土石制品295件，岩性以石英砂岩、燧石质、砂岩为主，类型包括石核、石片、断块、断片、碎屑、石锤、石砧、石器等（石器以刮削器、砍砸器为主）。其中断块和碎屑最多，岩性以燧石质和硅质岩为主，也有少量砂岩和石英砂岩，应该是打制石器时的副产品。其次是石片和石核。在79件石片中，有13件砸击石片、2件砸击石核，还有5件以砸击石片为毛坯修理而成的刮削器，3种砸击制品占到石制品总量的6.8%。锤击石核台面大部分为自然形成，打击台面只占小部分。按台面多寡计，有单台面29件、双台面18件、多台面10件。2件砸击石核的原材料为燧石，且两端均有砸痕。而锤击石片的台面性质也以自然为主，打击台面占了近1/3，台面形态多样，长型石片多于宽型石片，背脊多数有打击纵脊。砸击石片的岩性以燧石为主，少量为硅质岩，形态多梯形，可分为一端和两端砸击石片两种，数量几乎相等，绝大多数两面均有砸痕。29件石器以刮削器、砍砸器为主，尖状器只有1件。23件刮削器采用复向、向背面、向破裂面等方式锤击修理，有单刃、双刃、多刃3种。其中5件以砸击石片为毛坯修理而成的修疤比多为浅深，刃口多在70°以下；5件砍砸器均为单刃，采用向破裂面等方式进行锤击修理，修疤比以中深为主，刃口较钝，刃角多数在85°以上。此外，在上文化层中发现13个拼合组，其中2个组合分别由4件和7件标本拼合，其余均为2件拼合，且绝大多数是石核与石片的拼合。因发掘面积的限制，下文化层仅出土6件石制品（石核3件、石片1件、断块1件、尖状器1件），其中1件双台面石核与石片能相互拼合。银锭岗遗址的工业类型仍属中国南方主工业传统。但其却有相对丰富的燧石质制品和片状毛坯占到刮削器毛坯的一半的特点。2004年在附近地区采集到大量燧石质石制品，说明燧石质石器的生产和使用在西苕溪流域不是孤例。生产石片的锤击法和砸击法共存是其另一个特点。这两个有别于南方砾石工业传统特征的特点，可能是旧石器晚期西苕溪流域石制品组合的地方特色，也可能是南北文化交流的结果。但依据两种方法所生产石片的比例为4∶1来看，锤击法还是占据了主导地位。这种技术在浙江省旧石器遗址中尚属首次发现。[1]

2004年中国科学院古脊椎动物与古人类研究所、浙江省文物考古研究所和临安市文物馆于临安市的旧石器文化考古调查，先在玲珑街道东山窑场附近的地层中发现一块石英石石器，经考证为古人类准备用于打造石器的原料，至少1.2MaBP。后又在玲珑街道、于潜镇、太湖源镇5个取土工地发现打制的石核、石片、砍砸器、石球、刮削器、手镐22件。这些打制石器具有旧石器时代打制石器的典型特征，如在于潜镇昔口村发现的砍砸器有明显的打制加工痕迹以及使用过的磨损痕迹。这批旧石器最近的形成期在1.2MaBP，最悠久的有数万年历史。太湖源镇杨岭发现的石核受酸性土壤的侵蚀而形成网纹土层特征，发现者判断年代可达10.0MaBP。[2]

上述调查成果填补了浙江无旧石器发现的空白，并查明浙江旧石器有

[1]浙江省文物考古研究所、长兴县文物保护管理所：《七里亭与银锭岗》，科学出版社2009年版。

[2]寿芳：《1.2万年前临安就有人：临安首次发现旧石器时期古人类活动遗存》，载《钱江晚报》2004年6月4日；寿芳：《临安发现1.2万年前旧石器时期古人类活动遗存》，载《浙江日报》2004年6月4日。

如下主要特征：一是年代早、分布点多；二是可发掘面广、规模较大；三是类型多、品种齐全；四是体量大，与北方石器不同。石制品原料主要是石英砂岩和砂岩，其次是如花岗岩和凝灰岩等的火成岩类，还有少量石英岩、变质泥岩、硅化灰岩和燧石等。大多数石制品个体粗大，长度超过80mm，小于50mm的极少。脱层石制品种类繁多，石核最多，分单台面、双台面和多台面3种，石片较少。重型的石器远多于轻型，砍砸器、石球和镐为常见类型，手斧和手镐也有发现。轻型的仅刮削器一类，可再分为单刃和两刃等亚型。一些较大型的刮削器修理较细、刃缘较齐，具有砍砸器向刮削器过渡的特点，以梯形居多，无典型的长石片。常见的刃角超过70°，可做割切挖掘之用。坯材多为整块砾石或石核，片状器极少。总体上加工粗糙，器形不规则，刃缘曲折，修疤多深宽型，刃口钝者较多。石器修理多用锤击法，但锤击方式多样，有向背面（含向砾石的凸面）、向破裂面（含向砾石的平面）、向平面（砾石两面都较平、分不出凸面者，数量极少）、错向加工、交互打击和复向加工等方式。合溪洞遗址3号地点发现的石片中数件有碰砧法加工特征，这种剥片技术的使用在浙江地区属首次发现。

旧石器时代考古研究表明，中国旧石器工业的基本框架是小型石片石器工业和砾石工业北南方主工业二元结构与多种区域性工业类型并存。中华民族多元一体、多元一统向心结构的形成从旧石器时代已经肇始。苕溪流域发现的石制品工业属南方旧石器主工业，其分布西北连安徽、西接江西、西南邻福建、北界江苏，与安徽和江苏的关系尤为密切，表明中国南方旧石器主工业的分布范围比以往所认识的要广。浙江发现的旧石器形体要比北方大1—2倍，这与人类的生产方式有关。北方古人类以动物为主食，石制工具主要用于解剖动物尸体，所以形体较小；而南方植被丰富，古人类在取得植物类食物时要挖、刨、砍，所以石制工具相对较大。但安吉县发现的1件残长石片和1件单端刃刮削器则又似乎是南方绝无仅有的，后者常见于北方。如果不是北方交流的产物，有可能如湖北省荆州市鸡公山遗址那样存在上、下不同的工业类型文化层。[1]

根据上述考古发现，可以部分还原或再现浙江古人类的生产生活状况。在更新世中、晚期，西苕溪、东苕溪中游古河道附近植物繁茂、食物资源充足，是当时人类获得食物和居住的理想地带。古人类抵御自然灾害的能力很弱，他们以山林为食物采集地，而以靠近山坡的二级河流的河谷阶地为生活聚居地。他们日出而作，日落而息。清晨制造工具，上午、下午采集（围捕）食物，太阳没有下山就回到洞穴休息。因为当时还没有形成保存工具的概念，除了加工难度较大的工具外，简单一点的都在当天打制。根据加工难易的不同，打制时间在1—2小时不等。有时也会直接使用锋利的石片。由于生产力水平极其低下，需要多人合作才能完成猎食活动。古人类不像现代人那样实行分餐制，而是如动物一样在劳作中时刻进食。

[1] 张森水、徐新民、邱宏亮、王恩霖、罗志刚：《浙江安吉上马坎遗址石制品研究》，载《人类学学报》2004年第1期；张森水等：《改写浙江无旧石器时代文化遗物地点的历史》，载《中国文物报》2002年12月11日；张森水、高星、徐新民：《浙江旧石器调查报告》，载《人类学学报》2003年第2期；张森水：《索史有缘品白茶：浙江旧石器考古散记（上）》，载《化石》2006年第2期；张森水：《求真无垠识紫笋：浙江旧石器考古散记（中）》，载《化石》2006年第3期；张森水：《茗香回味论假真：浙江旧石器考古散记（下）》，载《化石》2006年第4期。

四、杭州最早的先民可能的人种族谱

查尔斯·罗伯特·达尔文（Charles Robert Darwin）曾在1871年出版的《人类起源与性的选择》一书中推测，非洲是人类的摇篮。20世纪80年代末以来，有关人类演化研究中的一个重要命题——现代人类的起源又受到了特别关注。里贝卡·卡恩（Rebecca Cann）、马克·斯通金（Mark Stoneking）和阿兰·威尔逊（Allan Wilson）对祖先来自非洲、欧洲、亚洲、中东的现代人以及巴布亚新几内亚和澳大利亚土著共147名妇女生产后婴儿的胎盘细胞中提取的线粒体DNA进行研究，1987年在《自然》上发表《线粒体DNA与人类进化》（*Mitochondrial DNA and Human Evolution*）一文，提出著名的"夏娃假说"或"非洲起源说"，认为现代人类单一起源并来自非洲。大约20.0MaBP最早的现代人在非洲出现，大约13.0MaBP他们的后代走出非洲，并迁徙到欧洲、亚洲，取代了当地的古人类。罗伯特·沃尔特（Robert Walter）发表了一项研究成果，认为非洲大陆在末次冰期出现的大范围干旱，使现代人迁徙到了沿海地区。20世纪80年代末以来，来自线粒体DNA、常染色体、X染色体及Y染色体的遗传学证据都支持这一假说。近年来，一批中国遗传学家对中国或东亚地区现代人群的基因研究也支持这样的观点。1998年和1999年，褚嘉佑和金力等在《美国科学院学报》（PNAS）上先后发表论文《中国人群的遗传关系》《从21号染色体单倍型分布识别史前人类的迁徙》，在中国科学术界首先提出现代亚洲人可能起源于非洲。2001年，柯越海等在《科学》上发表论文《东亚现代人的非洲起源：12 000个Y染色体的故事》，又为这种"非洲起源说"进一

人类来自非洲

[1]Chu Jia You, ed., *Genetic Relationship of Populations in China*, *PROCNATL ACADSCIUSA*, 95, 1998;Ke Yuehai, ed., *African Origin of Modern Humans in East Asia: A Tale of 12 000 Y Chromosomes*, *SCIENCE*, 292(5519), 2001.

步提出论据。褚嘉佑等的论文应用"微卫星"标记（STR）来研究基因，而柯越海等的论文是以父系遗传Y染色体标记来做研究的。他们的研究表明，亚洲地区不存在从100.0MaBP的直立人到现代人类的连续进化序列，北京人不是中国人的直系祖先。生活于东亚的直立人和早期智人因末次冰期恶劣的气候而绝灭，取而代之的是从非洲不远万里迁徙而来的现代人种。"非洲移民"可能首先定居在气候较为温暖的东南亚地区，而后随着冰川的逐渐消融开始向北扩张。[1]然而，许多考古学家和古生物学家对非洲起源假说表示质疑，他们认为亚洲与非洲一样存在着从直立人—晚期智人—现代人的进化演变历程，主张多地区起源假说。其理由主要有两个：一是认为现代人群并非完全遵守严格意义上的独立起源说，而可假定100.0MaBP人类走出非洲后各大洲及各地区内人群之间的交流没有间断，现代人是"河网状不断推进附带少量杂交而来的"。但遗传学研究表明，东亚、欧洲、大洋洲的现代人群中并没有发现大量比5.0MaBP更古老的突变型存在。二是东亚地区尤其是中国发现大量人类化石和考古学遗物，但从化石的形态学分析来看，10.0—4.0MaBP的现代人起源的关键时期却出现了化石断层，即所有属于古人类的化石都有10.0MaBP以上的历史，而晚期智人的化石都晚于4.0MaBP。也就是说，迄今没有发现10.0—4.0MaBP的人类化石这一直接证据可支持当地起源说。[2]

[2]金力、褚嘉佑主编：《中华民族遗传多样性研究》，上海科学技术出版社2006年版，第232—235页。

金力和李辉2008年发表在《科学美国人》（中文版）上的论文《重建东亚人类的族谱》指出，非洲迁徙而来的亚洲人分为早亚洲人和晚亚洲人两支。海岸线显然是一条容易通行的快捷方式，早亚洲人就是沿着海岸线向东方扩散开来的。最早的沿着印度洋海岸顺时针方向的迁徙，可能始于

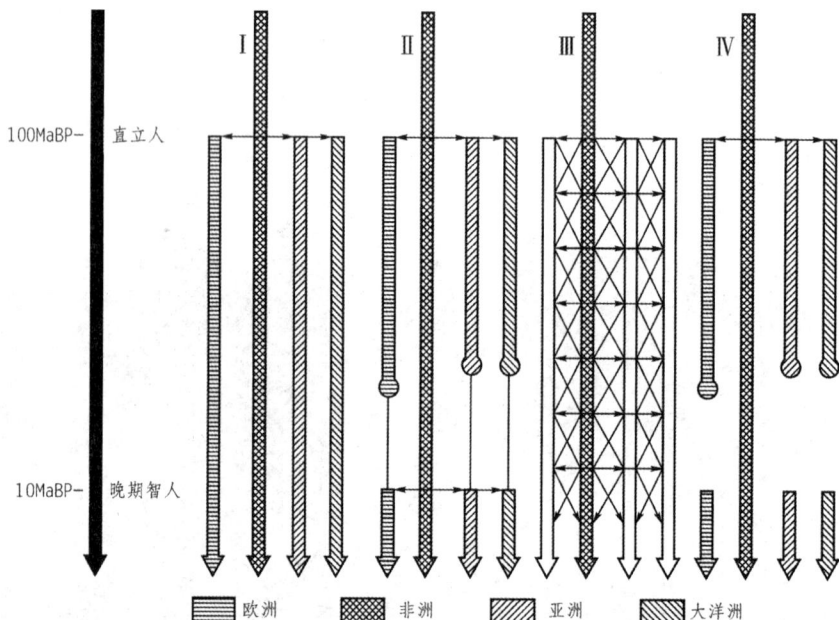

关于现代人类起源的几种假说（其中Ⅰ、Ⅳ分别代表多地起源说和非洲起源说）（引自金力、褚嘉佑主编《中华民族遗传多样性研究》，上海科学技术出版社2006年版）

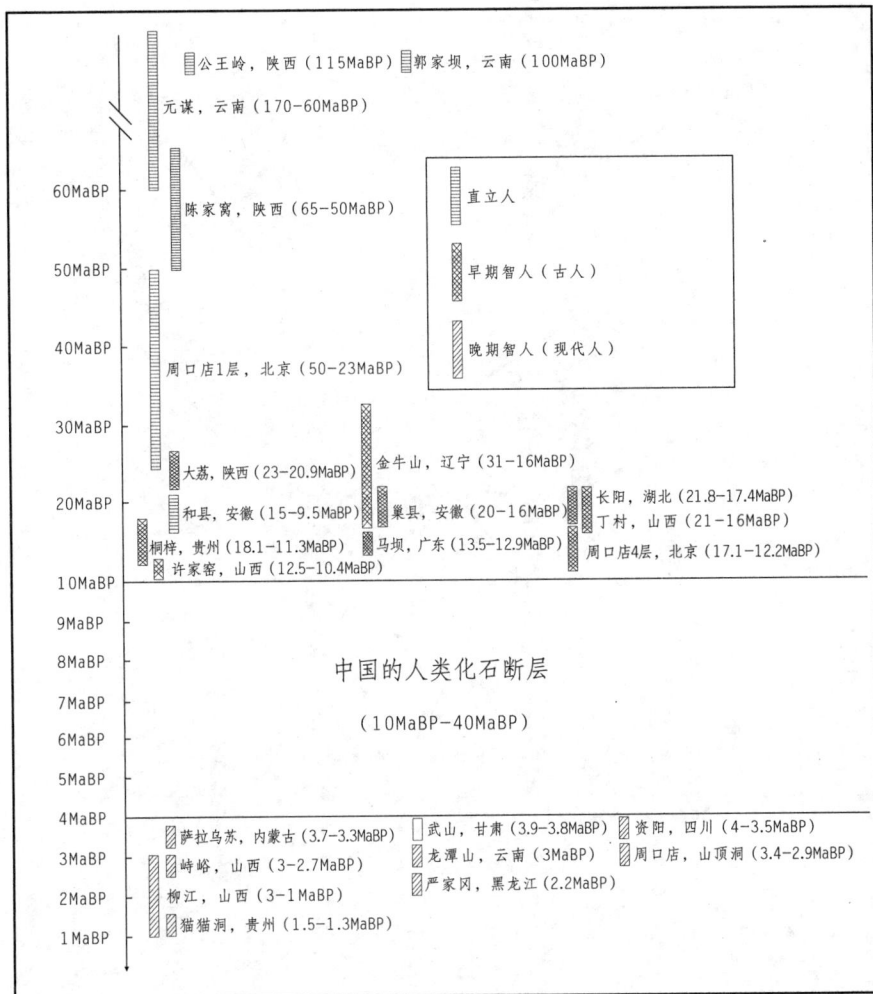

东亚地区发现的人类化石年代分布显示出的化石断层（引自金力、褚嘉佑主编《中华民族遗传多样性研究》，上海科学技术出版社2006年版）

10多万年前的南非。晚亚洲人构成了现代东亚和太平洋地区人群的主体，在Y染色体类型上主要为O型。晚亚洲人可能是追逐猎物从内陆来到远东的，大约三四万年前才到达东南亚地区，并在2.0MaBP的冰河盛期才进入中国，由南往北分布。在这个过程中，他们可能与早亚洲人争夺生存空间。最终由于技术和体力略占优势，在大部分地区胜出，早亚洲人只留下很少的比例融合入各地的人群中，或只有极少的局部留存。

晚亚洲人进入中国以后，迅速扩散开来。由于他们常迷失在东南亚的丛林、山岭和谷地，受地理瓶颈制约而相互之间渐渐失去联系，人群的遗传结构和体质特征开始出现变异，从而分化成各个民族。可以用"九州岛"来说明当时人群散居与迁徙的区域。今天广为流传的九州岛是《尚书》所说的冀州、兖州、青州、徐州、扬州、荆州、豫州、梁州、雍州，但是兖州、青州、徐州都在山东一带，与其他六州不成比例。最均匀的分法是把兖、青、徐三州合并，加上北方的幽州和并州，这样的九州岛兼顾了虞夏时代地理区域和风土人情的差异。最初九州岛的文化都有相对独立

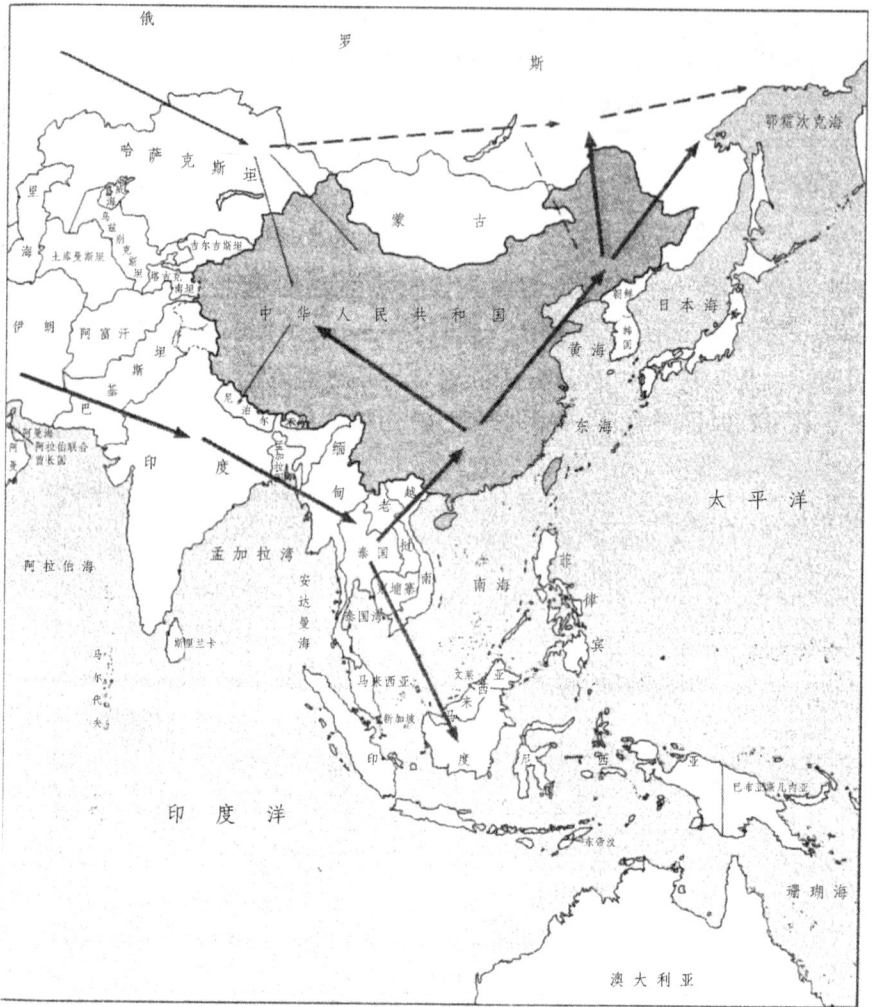

亚洲现代人祖先由非洲迁移到东亚的可能线路（引自金力、褚嘉佑主编《中华民族遗传多样性研究》，上海科学技术出版社2006年版）

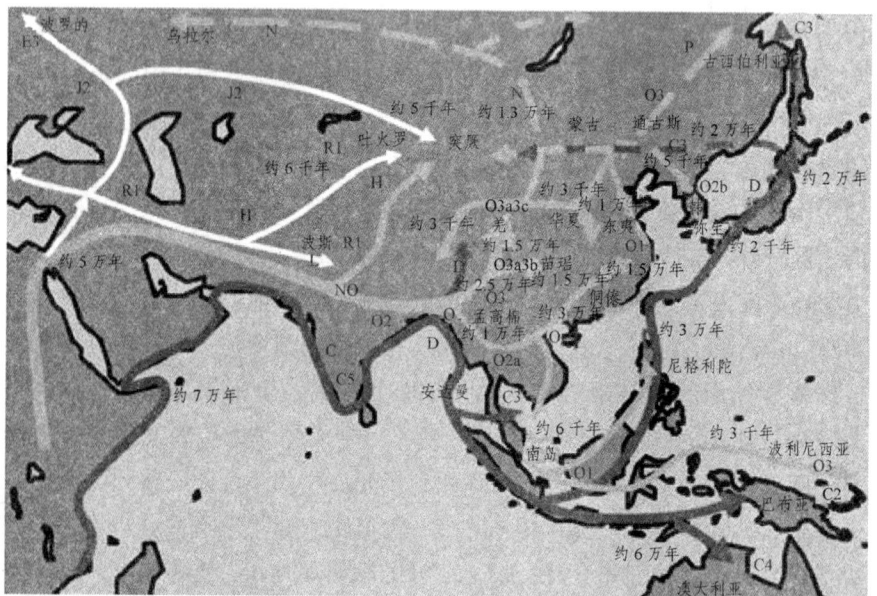

亚洲现代人迁徙地图（李辉供图）

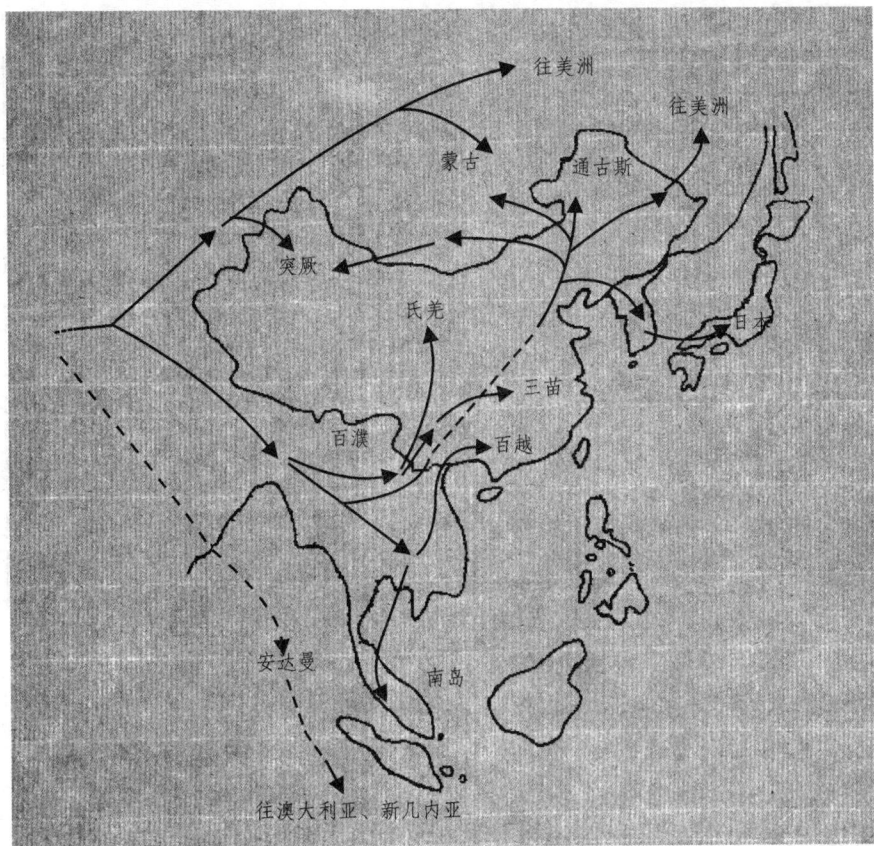

亚洲现代人祖先在东亚的地理分化（引自李辉《东亚人的遗传系统初识》，载《国立国父纪念馆馆刊》（台北）2002年第10期）

的起源，并长期保持各自的特色。

国际Y染色体命名委员会把全世界的Y染色体分为从A到R的若干大的类型，中国人所带的主要是O型、D型。其中D型比较古老，是棕色人种留下的基因；O型分为O1、O2和O3三种，O1型从越南、广西方向进入中国，沿着海岸线往东北走，形成了百越民族。2.0MaBP，O3型中分化出了O3a3b型的一支，即是苗瑶语族的祖先。而属O3型的其他人继续向北走，成为汉、羌、藏等人的共同祖先。金力等人的论文指出，晚亚洲人分两路走。往南往东的一路，绕过老挝的崇山峻岭进入越南，在北部湾地区形成了侗傣语系祖先。这一支先人的Y染色体出现了O型的亚型，即O1和O2。O1型是带有M119位点突变的那支。后来他们又从越南、广西方向进入中国，沿着海岸线往东北走，形成了百越民族。今天的黎族、侗族、水族、仫佬族、仡佬族、高山族、壮族、傣族等都是其直系后代。这些民族在语言上、文化上有很强的一致性，所以也统称越人。这支带O1基因的人群后来又继续向东北走，其中有一支1.0MaBP时到达山东的胶东半岛，形成东夷人。晚亚洲人的另一支沿云贵高原的西侧向北走，他们主要是携带O3-M122型染色体的人。2.0MaBP时这支人群中分化出了O3a3b型的一支，即苗、瑶语族的祖先。这支人后来往东去，到达湖北湖南一带。而其他带O3基因的人继续向

九州新石器文化遗址及族群Y染色体类型对照表

州名	区 域	族 群	代表文化	Y染色体类型
梁州	秦岭以南至云贵南	孟高棉族群向藏缅族群过渡的人群	李家村文化	O2, O3
雍州	陕甘青藏	藏缅族群的古羌人	仰韶文化	O3a5
荆州	湖广	苗瑶族群	大溪文化	O3a4
扬州	北越至苏南	百越族	大岔坑文化、良渚文化	O1, O2
青兖徐州	苏北和山东	东夷族	青莲岗文化、大汶口文化、龙山文化	未知
豫州	河南	华夏族、青州的夷族、荆州的蛮族	裴李岗文化	O3
冀州	河北	豫州、青州向幽州过渡区域	磁山文化	O1
幽州	燕山以北	通古斯族群、古西伯利亚族群	红山文化	O1, O2, O3
并州	山西与蒙古部分地区	匈奴、突厥、乌拉尔族群	陶寺龙山文化、细石器文化	O3a5, N

（引自金力、李辉《重建东亚人类的族谱》，载《科学美国人》2008年第8期）

北走，他们是汉、羌、藏等人的共同祖先。8.0—6.0kaBP，有一支人又从这个O3的队伍中分化出来了，从甘肃一带进入了河套平原。这支人身上出现M117基因位点突变，他们开始种植粟。这支人就是今天汉族的祖先。而若干没有进入河套的羌人部落，3.0kaBP时又调头向南、向西，与在藏的土著居民融合，形成了今天的藏族。当时在中国大地上，汉族的祖先，即带O3的华夏族，只在河南的裴李岗文化中占有一席之地，其他文化，如在长江中游的大溪文化、在环太湖流域的良渚文化、在辽河流域的红山文化，根据对文化遗址中古尸的古DNA的测定，分别属于苗瑶族群、百越族、通古斯和古西伯利亚族群。当时的百越族和苗、瑶族群占据着南中国的大片土地，而华夏族只是河南甘肃一带一支不大的人群。[1]

汉族成为今天世界上的第一大民族，是最近几千年的事。这个过程有历史记载，而近几年在中国人基因图谱上的发现，又与这些记载一一开始衔接。金力、褚嘉佑主编的《中华民族遗传多样性研究》一书论及中国的北方汉族、南方汉族、北方少数民族和南方少数民族间的平均遗传距离。这种遗传距离在北方汉族人群间最小，其次是南方汉族人群间的，再次是北方汉人与北方少数民族间、南方汉族与南方少数民族间的。而北方汉族与南方汉族间的遗传距离明显高于以上的距离，南方少数民族与北方少数民族间是遗传距离最大的。然而，在中国汉族中，无论北方人还是南方人，他们的Y染色体都以O3型为主，而且绝大部分是O3a3c。[2]

文波等发表于《自然》的论文《遗传学证实汉文化的扩散源于人口扩张》一文，通过对汉族群体的Y染色体和线粒体DNA多态性分析，证实北方汉族向南扩散的格局符合人口扩张模式，而且在扩张过程中男性占主导地位。经典遗传标记和微卫星位点研究显示，南方汉族和北方汉族的地理分界线大致是长江。这两个亚群之间的方言和习俗差异很显著，这看似支持

[1]金力、李辉：《重建东亚人类的族谱》，载《科学美国人》2008年第8期。

[2]金力、褚嘉佑主编：《中华民族遗传多样性研究》，上海科学技术出版社2006年版，第157页。

文化传播模式，即北方汉族向南扩张主要是文化传播和同化的结果，然而
两个亚群之间有着许多共同的Y染色体和线粒体DNA类型，而历史记载的
汉族移民史也与汉族的文化传播模式假说相矛盾。通过遗传学研究对这两种
假说进行检验，可以证实上述的扩散中的确发生了大规模的人群迁徙，即符
合人口扩张模式。研究选取的样本来自中国28个地区汉族群体的Y染色体非
重组区（NRY）和线粒体DNA遗传多态，这些样本覆盖了中国大部分省。

　　父系方面，南方汉族与北方汉族的Y染色体单倍群频率分布非常相

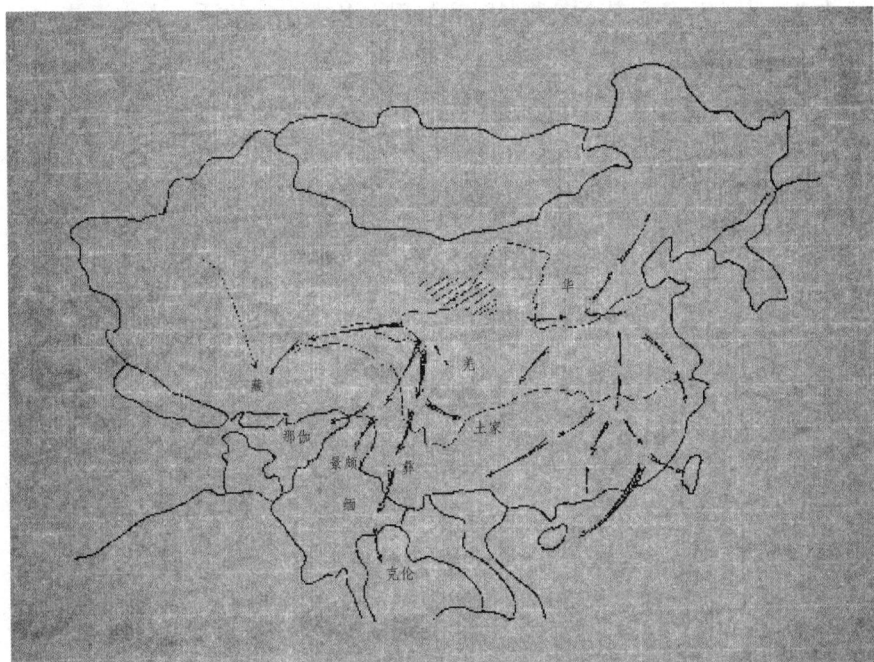

羌、华族系的分化和迁徙（李辉供图）

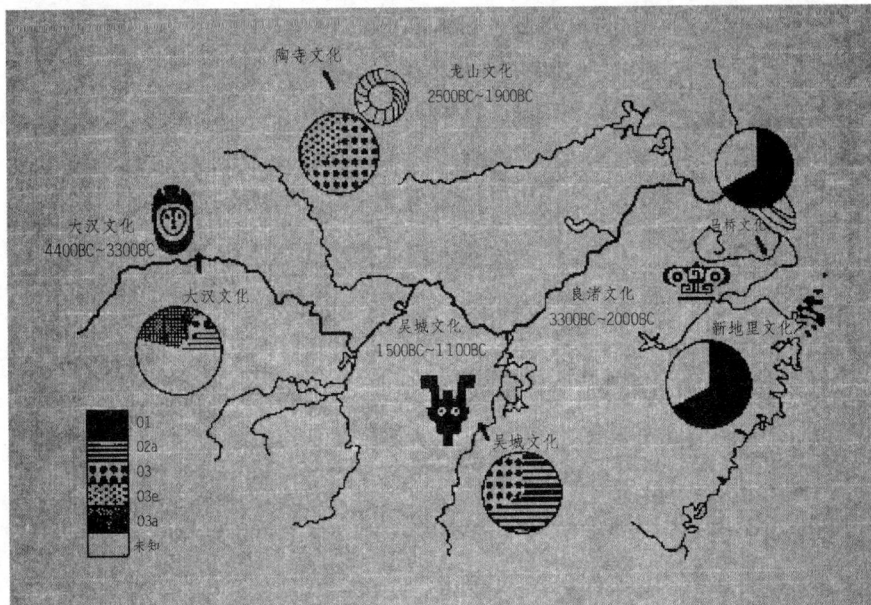

中国考古遗址位置及Y染色体SNP单倍型类群分布图（Li Hui, Huang Ying, eds., *Y Chromosomes of Prehistoric People Along the Yangtze River, HUMAN GENETICS*, 122（3-4），2007）

近，尤其是具有M122—C突变的单倍群（O3—M122和O3e—M134）普遍存在于汉族群体中（北方汉族在37%—71%之间，平均53.8%；南方汉族在35%—74%之间，平均54.2%）。南方原住民族中普遍出现的单倍群M119—C（O1）和M95—T（O2a）在南方汉族中的频率（3%—42%，平均19%）高于北方汉族（1%—10%，平均5%）。而且，南方原住民族中普遍存在的单倍群O1b—M110、O2a1—M88和O3d—M7，在南方汉族中低频存在（平均4%），而北方汉族中却没观察到。如果假定起始于2000多年前的汉文化扩散之前南方原住民族的Y类型频率与现在基本一致的话，南方汉族中南方原住民族的成分应该是不多的。分子方差分析（AMOVA）进一步显示北方汉族和南方汉族的Y染色体单倍群频率分布没有显著差异（Fst=0.006，P>0.05），说明南方汉族在父系上与北方汉族非常相似。

母系方面，北方汉族与南方汉族的线粒体DNA单倍群分布非常不同。一方面，东亚北部的主要单倍群（A，C，D，G，M8a，Y，Z）在北方汉族中的频率（49%—64%，平均55%）比在南方汉族中（19%—52%，平均36%）高得多。另一方面，南方原住民族的主要单倍群（B，F，R9a，R9b，N9a）在南方汉族中的频率（36%—72%，平均55%）要比在北方汉族中的频率（18%—42%，平均33%）高得多。线粒体DNA类型的分布在南北汉族之间有极显著差异（Fst=0.006，P<10—5）。虽然南北汉族之间线粒体DNA和Y染色体的Fst值相近，但线粒体DNA的南北差异Fst值占群体间总方差的56%，而Y染色体仅仅占18%。

用汉族群体的单倍群频率数据所做的主成分（PC）分析与以上结果相一致。对NRY分析发现，几乎所有的汉族群体都聚在图示中a的右上方。北方汉族和南方原住民族在第二主成分上分离，南方汉族的第二主成分值处于北方汉族和南方原住民族之间，但是更接近于北方汉族（北方汉族0.58±0.01，南方汉族0.46±0.03，南方原住民族-0.32±0.05），这表明南方汉族在父系上与北方汉族相近，受到南方原住民族的影响很小。就线粒体DNA而言，北方汉族和南方原住民族仍然被第二主成分分开（图中b），南方汉族也在两者之间但稍微接近南方原住民族（北方汉族0.56±0.02，南方汉族0.09±0.06，南方原住民族-0.23±0.04），表明南方汉族的女性基因库比男性基因库有更多的混合成分。就Y染色体而言，所有的南方汉族都包含很高比例的北方汉族混合比率，说明南方汉族男性基因库的主要贡献成分来自北方汉族；相反，南方汉族的线粒体基因库中北方汉族和南方原住民族的贡献比例几乎相等。总体上北方汉族对南方汉族的遗传贡献父系比母系高得多，有很强的性别偏向。

由此可以提出两项证据支持汉文化扩散的人口扩张假说。首先，几乎所有的汉族群体的Y染色体单倍群分布都极为相似，Y染色体主成分分析也把几乎所有的汉族群体都集合成一个紧密的聚类。其次，北方汉族对南方汉族的遗传贡献无论父系方面还是母系方面都是可观的，在线粒体DNA分

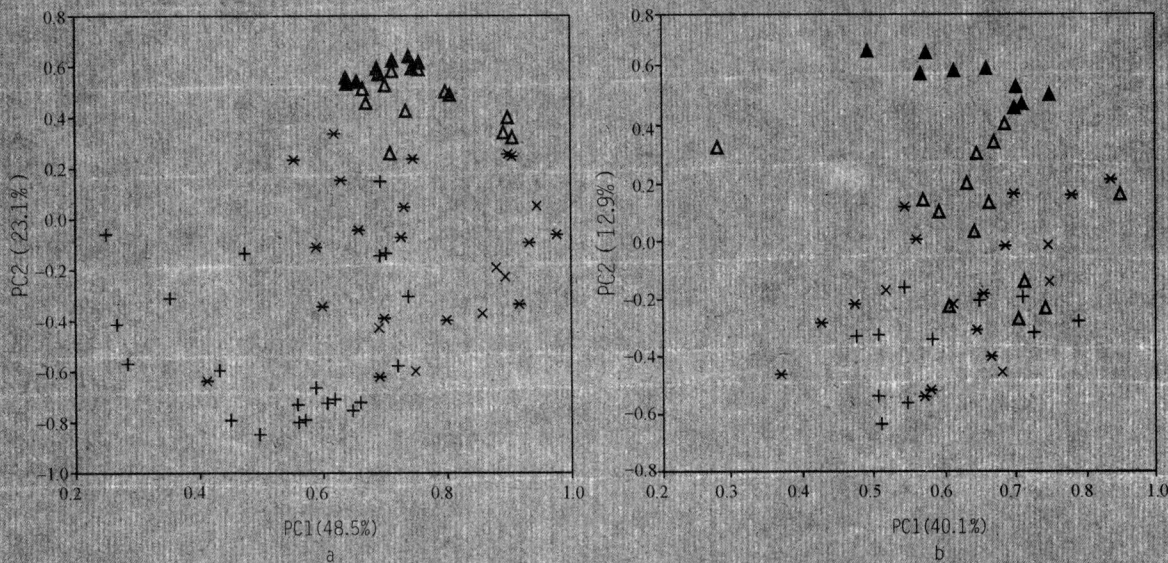

a为Y染色体单倍群散点图，b为线粒体单倍群散点图。
群体标记：▲北方汉族，△南主汉族，+侗台语民族，×南亚语民族，＊苗瑶语民族。

汉族群体单倍群频率数据主成分（PC）分析（Wen Bo, Li Hui,ets., *Genetic Evidence Supports Demic Diffusion of Han Culture*, *NATURE*, 431, September, 2004）

布上也存在地理梯度。北方汉族对南方汉族的遗传贡献在父系（Y染色体）上远大于母系（线粒体DNA），表明这一扩张过程中汉族男性处于主导地位；换个角度看，在汉族和南方原住民的融合过程中有相对较多的当地女性融入南方汉族中。这种性别偏向的混合格局也同样存在于藏缅语人群中。

　　按照上述基因学说，对建德人或苕溪流域古人类进入杭州或浙江有两种不同的判断。若年代为10.0MaBP以上，他们可能是本地古人或早亚洲人。若为5.0MaBP以下，则可能是由非洲迁徙而来的晚亚洲人。吴新智反对夏娃假说或取代说，持连续进化、附带杂交的观点。吴新智指出，根据现有考古发现，人类应该有六七百万年的历史。而200.0MaBP以上的人类化石在非洲以外没有发现过，所以有人类起源于非洲的共识。但人类并不一定在20.0—10.0MaBP或5.0MaBP的近期走出非洲取代各地的人类，而是多地区同时连续进化。中国发现的人类头骨、牙齿化石与非洲或欧洲发现的就不同。中国发现的十几颗上门牙化石都是铲形的，现代中国人的上门牙90%以上都是铲形的，而欧洲现在的白种人绝大多数都不是铲形的，其背面的两边是平的，不隆起。非洲的黑种人约10%是铲形的，澳大利亚土著人约1/4是这样的。但中国人种在连续进化的同时与境外有少量的杂交，所以叫附带杂交。比如眼眶，中国大部分人类化石的眼眶都是长方形的，而马坝人的眼眶明显是圆的。这种基因在中国找不到根源，而在欧洲就比较多。柳江人头骨的枕部有点像女性梳了一个发髻，四川、云南各有一个出土头骨也有这样的构造。它们的时代都比较晚，中国再早的头骨都没有这种构造。而欧洲10.0—3.5MaBP之间具有这种构造的头骨占到9/10，所以这种基因可能是从欧洲传过来的。中国还有个别头骨的鼻梁是比较翘的，这在中国也找不到根源，可能是从欧洲或非洲传过来的。石器进化可以为连续进化、附带杂交说提供旁证。最早的人类打制石器约出现于260.0—250.0MaBP，称第一模式，又称奥杜韦技术（Oldowan Technology），以石核制品（如砍砸器）为特征，发源于非洲，随着直立人的扩散传播到欧洲与亚洲，为东西方文化所共同拥有。170—150MaBP非洲出现了第二模式，又称阿舍利技术（Acheulean Technology），约60MaBP传到欧洲，特征是大型两面器，特别是手斧。约15MaBP欧洲出现第三模式，又称莫斯特技术（Mousterian Technology），修理石核技术或勒瓦娄哇技术（Levallois Technology）和盘状石核技术有了很大发展，典型器物是比较精致的刮削器和尖状器。约3.5MaBP欧洲出现第四模式，又称旧石器时代晚期技术，前期为索累特技术（Solutrean Technology），后期为马格德林技术（Magdalenian Technology），以石叶为特征。第五模式则是中石器时代技术（Mesolithic Age Technology），以细石器为特征，出现于2.0—1.0MaBP。西方旧石器文化经历了上述所有5种模式的全部发展过程，而东亚旧石器文化一直以砍砸器为主，第一模式始终占主导地位，并延续到旧石器时代晚期。中国已发现的最早的第一模式石器170.0MaBP，但直到30.0MaBP模式才多起来，其中第三模式相对多一些，只有极个别为第二模式。这表明中国旧石器是连续发展的，与人类连续进化、附带杂交的模式相吻合。石器文化传统的不一致反映中国人的进化与非洲或欧洲有所不同。[1]杭州及周边地区旧石器时代人类的基因和石器模式研究目前都还是缺环，所以对杭州最早的先民可能的人种族谱还很难做准确的界定。但本书总体上持夏娃假说，认为杭州最早的先民是约5.0MaBP自非洲迁徙而来的晚亚洲人。也就是说，以建德人为代表的杭州早期人类来自非洲。因为目前还没有一种理论研究结论比前述基因研究所得出的结论有更充分的论据。

环太湖流域的新石器时代先民是以建德人为代表的晚期智人的后裔。虽然没有考古证据，但可以推测，包括建德人在内的中国南方早期先民在旧石器时代一起在北移，并与北方先民进行文化交流和血缘交融。前述苕溪流域发现的一件残长石片和一件单端刃刮削器接近北方主工业的石制品，可能是文化交流的结果。到新石器时代，这种交流与交融进一步加强。2008年3月至9月，上海博物馆考古研究部、复旦大学文物与博物馆系、上海大学文学院历史系和上海大学艺术研究院美术考古研究中心两次对上海松江广富林遗址进行大规模发掘，发现广富林文化房址、竹木建筑、墓葬和水稻田等遗迹，进一步确认了广富林文化的独立存在。广富林文化形成于良渚文化晚期，过去被较为简单地归为良渚文化，现在发现是4.0kaBP以鲁、豫、皖地区龙山文化王油坊类型为主体建立的南下移民文化。这次发掘还出土大量规格较高的周代文物，其中包括1件上海地区迄今发现最早的青铜器。[2]但从环太湖流域的整体考古状况来看，当时的融合还是非常有限的。大规模的融合是在历史时期。据文献记载，由于受北方战乱和饥荒的影响，北方汉人在历史上不断南迁。其中有3次大规模移民浪

[1]Chinkyfeng:《中科院吴新智院士漫谈现代人起源》，http://tech.qq.com/a/20070516/000133.htm。

[2]广富林考古队:《2008年度上海松江广富林遗址发掘取得重大成果》，载《中国文物报》2009年1月2日。

潮。第一次发生于西晋时期（265—316年），迁徙人口约90万（大约为当时南方人口的1/6）；第二次发生于唐代（618—907年），规模比第一次大得多；第三次发生于南宋（1127—1279年），迁徙人口近500万。在2000多年间，除了这3次大潮，各个时期几乎都有小规模的南迁。所以，上述遗传研究是与历史记载相吻合的。大量的北方移民改变了中国南方的遗传构成，而汉族人口扩张的同时也带动了汉文化的扩散。除了大规模的人群迁徙，北方汉族、南方汉族和南方原住民族之间的基因交流造成的族群混合，也在很大程度上改变了中国人群的遗传结构。[1]

[1]Wen Bo, Li Hui, eds., *Genetic Evidence Supports Demic Diffusion of Han Culture, NATURE*, 431(7006), 2004.

第二节 杭州新石器文化谱系

一、杭州早期的北系新石器文化

杭州的行政区域跨钱塘江两岸，兼具南北两种各具特征的文化因素。学术界一般以杭嘉湖平原和宁绍平原为地理分布来讨论杭州湾南北两岸的史前文化。杭州湾北岸的杭嘉湖地区由杭嘉湖平原及天目山中、北部支脉两个地理单元组成。在新石器时代，杭州湾两岸的文化主体均转向水网平原地区，主要表现为水网平原型文化。杭嘉湖水网平原是浙江省最大的平原，面积约6450km²，位于太湖平原的南侧，与东部的上海、北部的苏锡

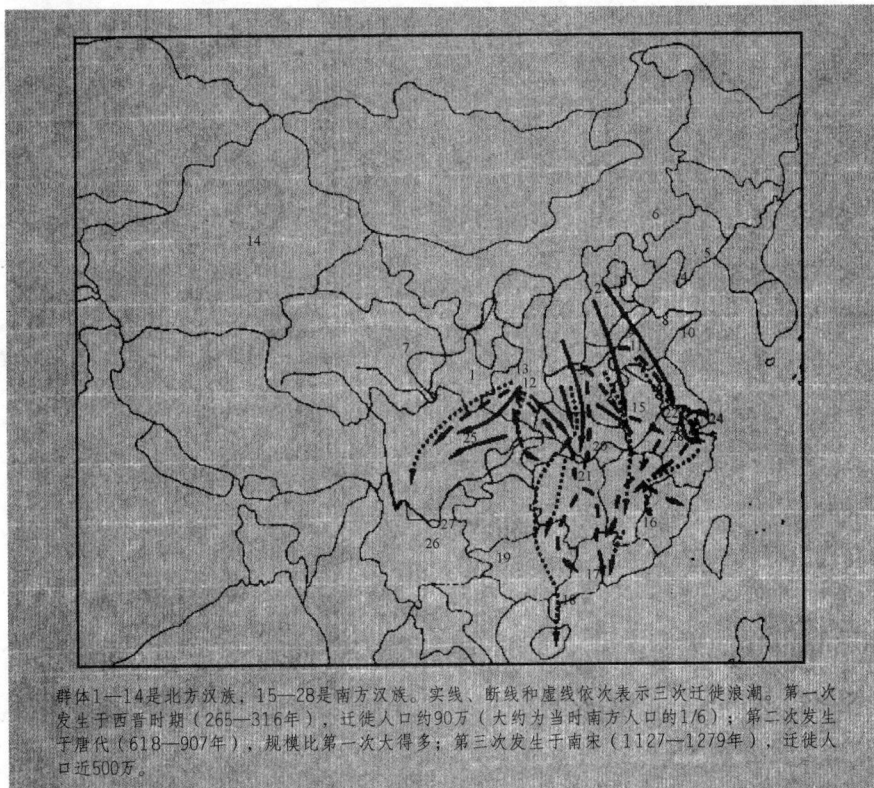

群体1—14是北方汉族，15—28是南方汉族。实线、断线和虚线依次表示三次迁徙浪潮。第一次发生于西晋时期（265—316年），迁徙人口约90万（大约为当时南方人口的1/6）；第二次发生于唐代（618—907年），规模比第一次大得多；第三次发生于南宋（1127—1279年），迁徙人口近500万。

中国历史上自北而南的三次人口迁徙浪潮（Wen Bo, Li Hui, ets., *Genetic Evidence Supports Demic Diffusion of Han Culture, NATURE*, 431, September, 2004）

常等平原一起共同构成北抵长江、南达钱塘江、以太湖为中心的环太湖平原。除少数突出的孤立山冈外，杭嘉湖水网平原绝大多数区域属于典型的平原地貌。微生境和资源条件是决定或制约史前经济形态和生存方式形成的重要原因，不同的经济形态和生存方式又决定地域人地关系和社会发展轨迹。杭嘉湖平原比较开阔的地理条件、相对单调和分布不平衡的野生资源使这个地区的群体面临较大的人口压力，使他们倾向于更多地依赖农业生产。而这里平坦的地貌也恰恰适合于稻作，而且还便于人群集结发展密集劳力型经济，刺激人口和聚落的快速增长，从而加剧社会复杂化进程。

嘉兴市的马家浜遗址于1959年发掘，1977年夏鼐将这类文化命名为"马家浜文化"。马家浜文化维系年代较长，绝对年代约7.0—6.0kaBP，以大面积稻作农业作为定居生活基础，渔猎、畜牧和采集为其补充。大量使用磨制石斧、石锛、石刀、骨耜、骨镞等生产工具，出现有孔石斧（钺）。分化出夹砂和泥质两大陶系，并以红陶和表红胎黑的泥质陶为特色，代表器型有腰沿釜、炉箅（长方形横条陶烧火架）、喇叭形圈足豆、牛鼻形耳罐、圆锥形鼎足等。已使用玉器，以玦为主，璜少见。盛行俯身葬，随葬品少而简单。[1]比较重要的马家浜文化遗址除马家浜遗址外，还包括浙江嘉兴吴家浜、湖州邱城、桐乡罗家角、余杭吴家埠、江苏常州圩墩、潘家塘、吴江袁家埭、广福村、苏州草鞋山、越城、张家港东山村、许庄、上海青浦崧泽、福泉山等，遍及环太湖流域。姚仲源认为邱城遗址在许多方面与马家浜文化有较大区别，可能代表西部丘陵地区的一种地方类型，也可能代表不同于东部的文化类型，他提出马家浜文化本身可能存在若干亚文化类型的观点。[2]后来陈晶与张照根进行了系统的分区研究。陈晶根据典型器物比较，提出以罗家角遗址和草鞋山—圩墩遗址为代表的、以太湖为界的南北两种类型。[3]吴家埠遗址发掘后，王明达和牟永抗提出浙江地区应增加吴家埠类型。[4]随着新材料的积累，特别是张家港东山村、吴江广福村等遗址的发现，张照根依据各遗址典型陶器分析，结合生产工具、房址和葬俗等因素，将马家浜文化分为苏南沿江地区的东山村类型、太湖流域腹地的草鞋山类型和浙北地区的罗家角类型3种类型。3种类型各有分布区域，并且直至良渚文化时期均有不同的地域传统。[5]

东山村类型遗址主要有张家港东山村、许庄、常州圩墩、潘家塘等，分布在苏南沿长江地段，行政区域包括镇江东部、常州、无锡、张家港等地。东山村类型受西部皖南薛家岗文化、宁镇地区北阴阳营文化及两地早期原始文化影响较大。马家浜文化盛行以釜、罐、豆为主要组合的红陶文化，东山村类型则受西部鼎、豆、罐组合的灰黑陶文化影响较大，晚期更加明显。其中的罐形鼎不是从釜直接发展而来的，与流行的马家浜文化釜形鼎有显著区别，而与西部地区的罐形鼎相一致。晚期出现并逐步增多的小口长颈凿形足带把鬶、束腰把豆以及少量束腰形壶，胎质较薄、器形规整，大多为黑皮陶，与之相同或相近的器物在同时期或更早的薛家岗文化

[1] 牟永抗：《试论河姆渡文化》，载中国考古学会编《中国考古学会第一次年会论文集》，文物出版社1980年版；吴汝祚：《马家浜文化的社会生产问题的探讨》，载《农业考古》1999年第3期。

[2] 姚仲源：《二论马家浜文化》，载中国考古学会编《中国考古学会第二次年会论文集》，文物出版社1982年版。

[3] 陈晶：《马家浜文化两个类型的分析》，载中国考古学会编《中国考古学会第三次年会论文集》，文物出版社1984年版。

[4] 浙江省文物考古研究所：《余杭吴家埠新石器时代遗址》，载浙江省文物考古研究所编《浙江省文物考古研究所学刊》，科学出版社1993年版。

[5] 张照根：《关于马家浜文化的类型问题》，载《农业考古》1999年第3期。

遗存中可以找到。带把鼎、罐形豆等器形显然受北阴阳营文化影响。草鞋山类型主要遗址有苏州草鞋山、越城、吴江袁家埭、广福村、昆山少卿山、上海崧泽、福泉山、湖州邱城、嘉兴马家浜等。由于位于太湖流域腹地，夹在西北部东山村类型与东南部罗家角类型之间，受到两方面的影响，是一种中间类型。如侈口鼓腹釜、罐形鼎等器物受东山村类型的影响，而三足平底鬶、双牛鼻耳罐则受罗家角类型影响。罗家角类型遗址发现较少，以罗家角和吴家埠为代表，器形很有特点。陶系以夹砂夹蚌陶为主，另有少量夹炭陶、泥质陶。采用泥条盘筑法制作，有些大的器物如釜分段拼接。器形主要有釜、罐、盆、盘、钵、盉、豆、鼎、匜、壶、碗等，以圜底器、平底器为主，有少量圈足器和三足器。多腰沿、耳、鋬、把手等附件。器表以素面为主，普遍施红衣，小镂孔和捺窝亦较常见。有的在显眼部位刻画米点纹、斜线纹、弦纹、三叶纹和戳印圆圈纹，有的釜腹拍印绳纹。釜分为带脊釜、筒形腰沿釜和弧腹腰沿釜三大类。带脊釜筒形深弧腹束颈，腹外壁有突脊一周，其作用与腰沿相同。口、颈及突脊戳印圆圈纹或刻画其他纹饰，腹部以下常拍印绳纹。筒形腰沿釜器形较大，斜腹，腰沿及鋬皆上翘，腰沿较宽，圜底近平，有的器表施红衣。弧腹腰沿釜弧肩球腹，器形较小，腰沿呈多角形，少数外壁拍印绳纹。罐多附双牛鼻耳。盉多为夹砂灰红陶，器形较小，器壁较薄，小口弧腹，流、嘴与把手呈直角方向按置，有实足和平底两类。实足的多在口侧设流，并有扁舌形和扁锥形两种。平底的敛口较小，近椭圆形腹，宽扁形把手上翘。钵分敛口和筒形两种，敛口的常附三矮足，筒形的常附宽把。豆多矮圈足，其中灰白薄胎的居多，上有细密的捺印纹，图案繁复，近似饕餮纹，制作精细。盘主要有平沿和口附鋬手两种，平沿的较小，附鋬手的口大底小。盆多深腹，有的折成双腹式，腹部常附鋬和耳。罗家角类型受河姆渡文化影响较深。[1]

[1]张照根：《关于马家浜文化的类型问题》，载《农业考古》1999年第3期。

　　崧泽文化是以1957年发掘的上海青浦崧泽遗址中层文化为代表的新石器文化，分布于马家浜文化分布区，曾被归于马家浜文化的一个阶段。20世纪80年代以后逐渐被认定为一种相对独立的考古学文化，1982年定名崧泽文化。崧泽文化6—5.3kaBP，前承马家浜文化，后启良渚文化，是环太湖流域新石器文化向高峰发展的一个重要环节。马家浜文化虽然开始水稻栽培，并驯养狗、猪和水牛，但渔猎生产还占有相当大的比重。崧泽文化则以稻作农业为主要生业，兼营养猪等畜养业，进入比较完全的农业社会。崧泽文化陶质主要为夹砂红褐陶、泥质红陶、灰陶和黑衣陶等，以夹砂红褐陶比例最高。夹砂陶一般用稻草屑或介壳末作羼和料，胎质疏松，大多表面有小孔，色泽表里一致。泥质灰陶质地细腻，分深灰和灰白两种，烧成火候较高，色较纯。泥质黑衣陶有深灰和橙黄两种，器表黑衣容易脱落。制胎以手制轮修为主，模制为辅，大型器多上下两半合成，接缝处以附加堆纹加固。晚期出现少量轮制陶器。器表以素面为主，纹饰主要有附加堆纹、弦纹、压划纹、瓦楞纹、绳纹、镂孔和彩绘等。附加堆纹常见于罐的肩、腹部，多呈锯齿形。压划纹施于罐和壶的肩、腹部，多为各种形式的编织纹。以鼎作为主要炊器，少见釜、甑。无盉，而有鬶、瓶及澄滤器等新器形。玉器以璜为主，玦少见或不见。葬式以仰身直肢葬为主，头向东或南。南河浜遗址发掘92座墓葬，其中早期的随葬物少，不见冥器，晚期则普遍出现冥器或祭器，并且出现以玉璜、玉镯以及圆形、梯形、舌形、三角形等小件玉挂饰为组合的特征明显的玉器系统，反映社会财富的积累和社会复杂化程度提高。

崧泽文化也大体可以分为3种类型，即沿江地区的徐家湾类型、太湖东部地区的崧泽类型和太湖东南及南部地区的南河浜类型，大致与马家浜文化的3种类型及其地域相对应。徐家湾类型包括沿江地区的张家港徐家湾、东山村、许庄、妙桥、西张、蔡墩、凤凰山、海安青墩、江阴南楼等遗址。出土陶器以鼎、豆、壶、罐、三足盘、杯为主要组合，此外还有鬶、钵、盂、盆、尊等。其中扁锛形足三足盘、带盖三足罐、高圈足豆、盂、筒形杯为特有的器形。豆把一般粗而高；鬶为侈口束腰深腹形，不同于崧泽类型的敛口弧腹罐形；鼎多为盆型，不见圆腹罐形。扁锛形足三足盘、带盖三足罐等器形受徐海地区同时期大汶口文化的影响，在崧泽文化其他类型中较少见。崧泽类型包括上海青浦崧泽、福泉山、寺前村、金山坟、松江姚家圈、汤庙村、机山、江苏昆山绰墩、苏州草鞋山、张陵山、越城、西山俞家渡、徐巷、澄湖古井群、郭新河、常州新岗、好墩、乌墩、潘家塘、寺墩、姬山、常熟钱底巷、吴江龙南、同里、袁家棣、立新、昆山少卿山等遗址。基本陶器组合是釜、鼎、豆、罐、壶、杯、盆、钵、甑、粗把豆、盂等，另有澄滤器、三足器等。其中深腹鼎、盆型鼎、弦纹壶、折沿折腹豆、折腹豆为其他类型所没有。该类型遗址数量最多，发展水平较高，与马家浜文化草鞋山类型的承袭关系比较明显。南河浜类型包括嘉兴双桥、南河浜、雀幕桥、大坟、桐乡普安桥、海盐仙坛庙、王坟、龙潭港、海宁达泽庙、余杭吴家埠、庙前、湖州邱城、毗山、塔地、安吉窑墩等遗址。以釜、鼎、豆、罐、壶、杯、澄滤器为主要陶器组合，另还有夹砂缸、釜支子等器物。鱼鳍形鼎足贯穿始终，与其他类型主要出现在晚期不同，因而为其显著特征。绳纹盘口釜、罐和带绳纹的器盖不见于其他类型，似为河姆渡文化传播的结果。陶龟、塔形壶、鹰首壶等祭祀法器也为其他类型所不见。

杭州的马家浜文化、崧泽文化遗址留存较多，尤其是水网平原地带的遗址浸泡于潜水面以下，保存相当完整，文化信息丰富，各文化的相递关系较清楚。杭州西南部的新石器时代山地河谷型原始地理文化遗址在淳安县、建德市、桐庐县、临安市都有发现，其遗存与之也可串联。

杭州的马家浜文化遗址主要有余杭区吴家埠、庙前片、南湖、小古城等。

吴家埠遗址位于余杭区瓶窑镇，在良渚遗址区域内。1973年出土玉璧、玉饰件和石钺等，1981年3月11日至6月26日进行第一次发掘，同年10月4日至12月5日进行第二次发掘。发掘范围约2万m²，存有自马家浜文化起历时3000年的4个文化层。第一层是典型的良渚文化层。为黄褐色斑土，土质较硬，深0.6—0.9m，含有陶器和石质斧、锛、凿、镞、耘田器、耘冠、纺轮，以及砺石、石球、小件玉器等。发现墓葬4座。第二层是良渚文化早期和崧泽文化晚期文化层。为灰褐色斑土，土质较第一层稍松，深1.2—1.4m。出土石器有斧、锛、凿、纺轮、砺石、石球等。陶器以夹砂灰陶、泥质灰陶为主，也有相当数量的黑陶，器形有扁凿形足鼎、鱼鳍形足折腹鼎、豆、短颈球腹壶、罐、盆、盘、钵、杯、过滤器、网坠、纺轮等。发现墓葬7座，灰坑1个。第三层是马家浜文化晚期文化层。为灰褐色土，土质松软，深1.35—1.45m，出土石器有斧、锛、凿和砺石等，陶器以夹砂红陶为主，夹砂黑陶、外红里黑陶占一定比例，也有少量泥质红陶和灰陶，器形有釜、圆锥形双目式足鼎、矮圈足器、盆、盘、钵、罐、侧把盉、器盖、支座和纺轮等。发现墓葬9座，灰坑3个。第四层是马家浜文化早期文化层。为深灰褐色土，夹杂黄斑土，土质松湿，深1.65—2.45m，局部有较多腐植质、兽骨、鱼骨等。出土石器磨制较粗，有斧、锛、凿、砺石等。少量出土骨匕、骨镞。陶器以夹砂红陶为主，夹砂黑陶也占一定比例，无泥质陶，多夹蚌现象，器形有腰沿釜、喇叭形圈足豆、牛鼻耳罐、袋足鬶、盆、盘、钵、器盖、支座、纺轮等。发现墓葬8座，灰坑14个，大小柱洞150余个，以及长方形房屋基址。

庙前片遗址位于良渚镇西北荀山东南侧的良渚遗址内，包括庙前、马家坟、荀山东坡、金霸坟、茅庵里等遗址。基本组成为良渚文化遗存，有少量马家浜文化、崧泽文化遗存。庙前遗址东Ⅰ区的第四、五层、东Ⅱ区的T5第七层和西区的第四至七层为马家浜文化层。陶器以夹砂陶占绝对多数，另有少量泥质陶。器表盛行施红色陶衣，较流行装饰各种附件如牛鼻耳、桥形耳、鸡冠状小錾、把、腰沿等。可辨器形以鼎、豆、罐、釜、钵等数量较多，也有盆、簋形器、甑、盉、支座、纺轮、匜等。石器有斧、锛、凿、刀、砺石等，玉器有玦、环等。荀山东坡遗址遗存以崧泽文化晚期为主，出土器物主要有瓦形足鼎、豆、罐、壶、杯、石斧、石纺轮、石镞等。[1]

南湖遗址位于余杭区余杭镇，时间跨度自马家浜文化起约3000年。遗址范围约为3万m²，叠于0.5m厚的湖底淤泥下0.5—1m深的黄砂层以下。由于泥砂混杂，难以分辨文化层。出土马家浜文化时期的腰沿釜、牛鼻耳罐和崧泽文化时期的凿形足陶鼎、腹部加堆纹罐等器物。大多为良渚文化时期的黑陶器，有鱼鳍形和T字形足鼎、高圈足豆、双鼻壶、圈足罐、单孔石钺、石锛等。其中许多器物保存完好，如现收藏于良渚博物院的非常珍贵的完好无损的刻符陶罐即出之该遗址。

[1]浙江省文物考古研究所：《庙前》，文物出版社2005年版，第19—32、327—329页。

小古城遗址位于北苕溪中下游的余杭区径山镇俞家堰村。遗址西北为侵蚀后的山体余脉，东为北苕溪支流，南为北苕溪，至今仍保存有相当完整的古城址面貌，风景极其优美。古城内外分3层，中间的内城为方形，东西长约450m、南北宽约400m。内城西、北两面有明显的人工筑壕痕迹，壕宽约25m，现已淤积为田。东、南两面由于河流冲积影响而看不出壕宽，但从垂直转角和平直的边界推断，曾经有壕存在。外城包括妙山在内，妙山西北坡筑有一段弧形坝，坝宽25—40m、高约5m。城北有一土墙痕迹，东西长约450m、南北宽约5m，较坝低矮。子城位于东南角，呈方形，高出地面约5m。顶较平，东西长约250m、南北宽约150m。四周有土墙痕迹，宽约15m。子城北、西面挖有约50m宽的护城河，从水系发育状况看，此河最初是北苕溪的一段牛轭湖。小古城遗址文化层十分丰富，存有上自马家浜文化下至春秋战国时期的文化层，以马桥文化为主。子城的文化层主要属新石器时代。出土石器主要有钺、镞、镰、半月形双孔刀、犁、矛、戈、凹槽形锛等，陶器有夹砂釜、双目式锥形足鼎、鱼鳍形足鼎、黑陶豆、陶罐，以及绳纹、锥刺纹、云雷纹、曲折纹、回字纹、米字纹、麻布纹等几何形印纹硬陶器。遗址东面200m处池塘内还挖出木桩等遗物，坑壁的文化层依稀可辨。

除上述遗址外，在余杭区临平街道、仁和镇等地尚有大量类似遗存发现。这些遗址证明杭州水网平原地区新石器时代文化至少7.0kaPB以前即有独立的发展系统，在良渚文化时期进一步吸收外地的优秀文化因子，增加了文化容量，并一直相沿发展影响后续文化。

杭州西南山地河谷型新石器文化的总体特征近于水网平原型文化，但遗址规模大大小于平原地带，说明当时文化重心在平原地区。由于发现的遗址较零散，完整性也较差，所以文化面貌还很难廓清，但其有一个相对独立的地理文化接续这一事实则是明朗的。其中的一部分已构成较确定的文化发展链线索。自西南向东北主要的遗存分布有：淳安县五龙岛遗址、进贤遗址，建德市六山岩遗址、青龙头遗址、久山湖遗址，桐庐县大麦凸遗址、陈龙山遗址，富阳市毛竹山遗址、鸡山遗址、大王厼遗存、晖山遗存、黄泥山遗址、秋丰遗存、平山遗存，临安市观音山遗址，等等。

上述遗存有的文化层位较清晰。位于建德市航头镇溪沿村的六山岩遗址面积约1500m²，存有大量新石器时代遗存，1982年仅在一个2m×2m的探方里便出土石器和陶片200余件。大体可分为两个文化层。第一层出土的泥质黑陶片可辨器形有罐、壶、盘、盆、豆、钵和纺轮，夹砂黑陶片可辨器形为釜，红色夹砂陶片大多为鱼鳍形、扁尖形、凿形鼎足；石器有镞、钺、网坠、有孔小刀、斧、砺石。第二层出土泥质灰陶片可辨器形有罐和豆，夹砂红陶片大多为鱼鳍形、扁凿形、扁尖形、扁平形鼎足，另有少量白陶片、夹砂黑陶片和黑衣陶片；石器有镞、锛、管、砺石。青龙头遗址位于寿昌镇东门外一小山坡上，采集文物有夹砂红陶、夹砂灰陶、泥质灰陶和印纹硬陶等陶片，以及网坠、锛、镞、斧等石器，文化内涵与六山岩遗址类似。现已淹没于千岛湖湖底的淳安县五龙岛遗址面积约2000m²，出土斧、钺、凿、镰、镞、网坠等石器20件，出土陶片数量较多，可辨器形有釜、鼎、罐、杯、壶、盂、盏等，胎质以夹砂红陶、夹砂黑胎红陶、泥质黑陶、泥质灰陶居多，并有较多大小不一的鱼鳍形、扁凿形、T字形鼎足和陶纺轮。另有玉玦1件。桐庐县横村镇大麦凸遗址发现玉璧、玉钺、石钵、石斧、石铲、网坠以及印纹陶片、鼎足等70余件。临安市锦城街道观音山遗址面积约2万m²，文化层北部厚约0.8m、东南部约0.45m。出土陶片大多为夹砂红陶，少量为泥质灰陶，可辨器形有罐、鼎等。鼎足呈鱼鳍形、钻形，饰弦纹、绳纹。另有石镞等石器残件。上述文化形态均近于马家浜文化、崧泽文化、良渚文化。同样已淹没于千岛湖湖底的淳安县汪宅乡进贤村进贤高祭台遗址面积约180m²，分上下两个文化层，出土大体相同的斧、锛、凿、镞、砺石等石器。下层出土夹砂陶鼎、罐和泥质黑陶罐、壶、豆等，黑陶全为轮制，表面有黑色陶衣，圈足上有弦纹和各种镂孔纹饰，为良渚文化特征。

除文化层位关系较清楚的遗址外，其他文化层位尚不明朗的遗址也值得重视。位于建德市大同镇久山湖村后山的久山湖遗址面积约1500m²，采集文物有黑陶和灰陶豆、碗、盂等陶器，以及有孔斧、穿孔斧、穿孔铲、锛、镞、网坠等石器，另有一件玉簪。桐庐县江南镇陈龙山遗址发现采集石器7件和一些陶片。总面积7.5万m²的富阳市高桥镇高桥村毛竹山遗址多次出土石斧、石刀、石镞和同时期的陶器等。场口镇的鸡山遗址高出地面约20m、南北长约150m、东西宽约100m，出土石斧、石刀、石钺等。灵桥镇大王弁村高出地面约30m的塘山石器采集点发现石斧1件。富春街道晖山村西山发现石斧1件。位于高桥镇观前村的黄泥山遗址相继发现石斧、石镞各1件，以及印纹陶片若干。秋丰村山坡石器采集点采集石镞和贝雕鱼各1件。场口镇华家村高出地面约40m的平山石器采集点发现石铲2件、石杵2件。

二、杭州早期的南系新石器文化

宁绍平原位于浙江省的东北部、钱塘江口杭州湾南岸，西起钱塘江，东、北濒海，南接四明山、会稽山北麓，东西长南北窄，面积4824km²。地貌系统包括侵蚀剥蚀丘陵、冲击平原、湖积平原、三角洲平原、海积平原等。地形非常狭窄，较窄处仅10km。其中杭州的萧山区为其西部的一部分。而萧山区同时还是浦阳江流域的一部分，与浙中丘陵盆地相连。宁绍平原总体不规整甚至破碎，被一些低山余脉和入海溪流斜向分隔成相对独立的几小块，地势也不平坦，明显存在两种区域特征，即地域的相对封闭性和资源的相对丰富性。相对封闭的环境较适合狩猎采集群和早期农耕社会以较小和相对隔绝的单位生存，而野生资源相对丰富多样则使土地载能相对较高、人口压力较小，群体之间合作和依赖程度也就相对较弱，发展大规模密集劳力型农耕经济的优越性和必要性不明显，社会凝聚和复杂化的动力相对缺乏。这一带稻作农业发源很早，但丰富的野生资源使其在以后的漫长时期并没有得到强化，并且还显示出一种退化趋势。宁绍平原生产性经济占据主导地位出现的时间可能也不如学术界估计的这么早。在宁绍平原发育发展的跨湖桥文化、河姆渡文化具有明显的地域特征，但前后缺乏连续性，其中跨湖桥文化较早衰落中断。

跨湖桥文化是杭州早期南系新石器文化的典型代表，也是杭州或浙江发现的最早的新石器文化，年代约为8.0—7.0kaBP。其中跨湖桥遗址经历1990年、2001年和2002年3次考古发掘，出土大量陶器、石器、木（竹）器、骨角器，发现灰坑、黄土台、残存墙体等建筑遗迹，尤其是发现了独木舟及相关木作加工遗迹。下孙遗址于2003—2004年发掘，发现红烧土、石头遗迹、灰坑及柱洞等遗迹现象。2001年、2004年、2005—2006年3次发掘的浙江省浦江县上山遗址上层发现跨湖桥文化层（同时发现河姆渡—马家浜文化遗存），2005年发掘的浙江省嵊州市小黄山遗址从早到晚3个阶段的文化因素分别相似于上山文化、跨湖桥文化、跨湖桥文化和河姆渡文化。但跨湖桥文化与河姆渡文化、马家浜文化以及上山文化均没有明显的承继关系。跨湖桥文化是以湘湖湿地及其周围地区为重要分布区、面向海洋、最后为海洋所颠覆的考古学文化，面貌非常独特，器物组合、制陶技术、彩陶风格等皆不同于浙江境内任何一支已知的考古学文化，很难将其排列进已知的文化序列中去。

杭州境内虽未发现完全意义上的河姆渡文化遗址，但钱塘江两岸的新石器文化均受到过河姆渡文化的影响。1999年发掘的位于诸暨市次坞镇楼家桥村的楼家桥遗址，南距跨湖桥遗址23km，早期年代约6.5kaBP，跨新石器时代至商周时期。早期遗物以陶器为主，另有少量石锛、玉管、骨锥、骨凿、象牙小罐等。陶系以夹炭红衣陶、夹炭黑衣陶为主，夹砂红陶次之。器形主要有圆柱足（部分跟部外侧贴有突脊）鼎、隔档深腹缸、深腹钵式豆、有脊釜、双耳罐、扁圜把钵、腰沿釜、圈足盆等。纹饰流行堆贴和刻画纹，堆帖以环圈为多。也见细泥条塑贴的网格纹，一般与刻画纹相结合。刻画纹以水波纹、弦纹最为常见，绳纹仅见于有脊釜的底腹，数量较少。另外还多见近似蜥蜴的堆塑纹样。早期地层中还保存有干兰式和塔式建筑基础和木桩、带卯眼的木构件等遗迹，并发现亚洲象、犀牛等动物遗骨。中期陶器继承了早期特点。夹砂陶数量增多，泥质红陶也有一定的比例。器形主要有侈口凹沿釜、泥质红陶喇叭形圈足豆、腰沿釜、多角沿盘、异形鬶等。鼎足跟部的突脊演变成锯齿状，发展成颇有特色的扉棱足鼎，并成为该阶段的主要炊具。隔档深腹缸数量增多。这两类器物是楼家桥遗址最典型的陶器。纹饰仍以堆纹、刻纹为主，环形堆纹往往与动物的头部造型相结合，较有特色。绳纹减少。石质生产工具大增，有锛、穿孔斧、凿、刀等。装饰品有玉玦、玉环等。遗迹有灰坑、柱洞、石器工场等。楼家桥遗址早、中期内含河姆渡文化因素，但具有明显的地方特色。萧山区舜湖里遗址位于楼家桥遗址东北方约2km处，内涵同楼家桥遗址。乌龟山遗址位于跨湖桥遗址南约15km处，出土大量陶片、木片、鱼鳍形鼎足等，下层发现河姆渡文化典型的夹炭绳纹有脊釜，年代约6.5—6.0kaBP。金鸡山遗址位于跨湖桥遗址南10km处，出土相当于河姆渡遗址二层的鼎、豆类陶器，年代约6.0—5.8kaBP。新坝遗址最早年代6.0kaBP，文化面貌与马家浜文化、河姆渡文化有一定相似性。

河姆渡遗址位于余姚市河姆渡镇河姆渡村，南隔姚江接四明山北麓。夏鼐最初将河姆渡遗址第三、四文化层命名为河姆渡文化，地域限于姚江流域附近。另一种观点则将河姆渡遗址第一至四文化层都归为河姆渡文化，分布范围包括整个宁绍、舟山地区，甚至囊括整个浙南地区。河姆渡文化由此被分为早（河姆渡遗址第三、四文化层）、晚（河姆渡遗址第一、二文化层）两期，但早、晚两期之间衔接不紧密，似有着某种缺环。这说明河姆渡文化早、晚两期既有连续性又有发展上的阶段性。河姆渡文化早期的年代有13个^{14}C测定值，最早的6945±190aBP，最晚的5950±120aBP，大致范围为7.0—5.9kaBP。河姆渡遗址第二文化层年代有5840±130、5640±130和5660±130aBP3个^{14}C测定值，但第一文化层只有一个^{14}C测定值4700±90aBP，经年轮较正为5260±92aBP。考虑到第一文化层仅10—15cm厚而且文化遗物可以与崧泽文化对比，所以第一文化层唯一的年代数据还是有代表性的，可作为最晚的代表，因此取河姆渡文化晚期的年代为5.8—5.2kaBP。河姆渡文化早、晚两期的年代与环太湖流域的马家浜文化、崧泽文化大致相对应。

2003—2004年发掘的位于余姚市三七市镇相番村的田螺山遗址，是一个埋藏于地下1m深处的完整古村落遗址，面积约3万m^2，时间跨度在1500年以上。普遍发现叠压在文化层上、下的淤泥层全新世海相沉积，表明河姆渡文化在沿海地区形成和发展的特殊性，也找到了6.0kaBP前后海平面快速上升、自然和人文环境突变的新证据，并为解释河姆渡文化早、晚期遗存存在较大差异找到了重要的切入点。跨湖桥遗址的多个^{14}C测定值显示其文化遗存在7.0kaBP以前，但这些数据和河姆渡遗址^{14}C测定值有矛盾，导致跨湖桥文化消失或毁灭的海平面上升过程却与河姆渡文化在沿海地区出现和繁盛的过程同步。全新世海平面上升虽然是波动式的，但在宁绍地区这样一个小区域内应该是同步的，所以跨湖桥遗址和田螺山遗址的年代上限应该基本一致。田螺山遗址第八层出土物两个^{14}C测定值均在8—7.5kaBP，这在一定程度上支持了河姆渡文化早期与跨湖桥文化平行发展的观点。[1]根据这种推测，河姆渡文化应该分为早、中、晚三期，与跨湖桥文化并行的为早期，前述两期则应为中、晚期。

杭州的南系新石器文化虽然缺乏内在的连续性，但与整个宁绍平原和浦阳江流域考古资料相联系，其年代序列比北系新石器文化更长也更完

[1]浙江省文物考古研究所、余姚市文物保护管理所、河姆渡遗址博物馆：《浙江余姚田螺山新石器时代遗址2004年发掘简报》，载《文物》2007年第11期。

整，即自11.0—9.0kaBP的上山文化直到5.3—4.0kaBP左右的良渚文化。

三、杭州南北两系新石器文化互动与在晚期的融汇

杭州湾南北两系新石器文化呈现出大体一致的阶段性，都可以划分为早、中、晚三期。文化面貌在各阶段发生变异，与气候环境变化相关，也与两地间的文化互动有关。文化内涵显示，两地文化经历了"相似—趋异—渗透—趋同"的发展轨迹。

早期为南系的上山文化、河姆渡文化早期（田螺山遗址）、跨湖桥文化期和北系的前马家浜文化期。上山文化、跨湖桥文化大致以9.0kaBP为界分为前后两期。前马家浜文化未发现系统的遗址群，文化面貌和文化来源尚不清楚。上山文化遗址未在杭州发现，但学术界认为其与跨湖桥文化相关联。上山文化是目前发现的长江下游流域最早的新石器文化。上山遗址位于跨湖桥遗址南约100km，其以敞口盆为典型器的夹炭红衣陶器群和以石片及石磨盘、石磨棒、石球等砾石石器为特征的石质工具不同于长江下游地区以往发现的其他新石器文化，代表了一种更为原始的农业萌芽期的新石器文化类型。尤其值得注意的是，陶片坯土中普遍含有颖壳，几乎达到百分之百，这种现象说明当时使用的稻谷数量很多。稻谷小穗轴有两种类型：一种是与现代野生稻相似的野生稻类型，另一种是与现代粳稻相似的栽培类型。陶片中还有一颗较为完整的来自于栽培稻的稻谷印痕，长度7.73mm，宽度2.86mm，长宽比为2.7：1，比现在长江下游普遍栽培的稻米要大得多，可能是热带粳稻或旱稻。陶片中所见颖壳形态也是比较完整的，反映出当时可能有一套干燥、脱粒、加工的技术。跨湖桥文化和河姆渡文化水稻可能受上山文化古稻传播的影响。[1]上山遗址陶器器形比华南地区其他遗址更丰富，但总体上比较单调，与跨湖桥遗址陶器差别较大。不过夹炭陶却具有共性。另外，以成排柱洞为特征的木构建筑形式与河姆渡文化似有继承关系。这种建筑形式到河姆渡文化时期发展到高峰。上山遗址具有旷野性特征，小黄山遗址与上山遗址特征相近。两遗址都位于向杭州湾汇聚的两条河流的上游河谷地带，是浙西南山区向浙东北平原过渡地带的新石器文化类型，为研究中国早期定居生活方式提供了十分独特的例证。[2]2009年年底至2010年年初，在金华市婺城区罗埠镇山下周新村北面发现山下周遗址，年代9.0kaBP左右，相当于上山文化晚期。已出土数百件陶器、石器等器物。在1.4m深的探沟中有4个文化层，其中第三层发现红衣夹炭陶残片，第四文化层发现石磨棒、穿孔器、大口陶盆、平底陶盘残片等器物，它们与上山遗址、小黄山遗址器物有较多共同点。其中平底陶盘接近上山晚期，而器形有所区别。穿孔器直径仅5cm左右，较为少见。大口陶盆十分独特，有别于其他文化器形。山下周遗址第二层还发现相当于良渚文化阶段的遗存。婺城区汤溪镇下伊村北面台地上、山下周遗址西侧约1000m处又发现青阳山

[1]黄琦、蒋乐平：《上山遗址与上山文化：中国第四届环境考古学大会暨上山遗址学术研讨会上专家谈"上山文化"》，载《中国文物报》2006年12月29日。

[2]浙江省文物考古研究所、浦江县博物馆：《浙江浦江县上山遗址发掘简报》，载《考古》2007年第9期。

遗址，包含商周时期、良渚文化时期、上山文化时期3个阶段的遗存，以良渚文化钱山漾类型遗存为主。山东滕县北辛遗址是目前所发现的东部地区最早的新石器时代遗址之一，所由确立的北辛文化被认为是大汶口文化的母体文化。北辛文化分布在鲁中南及苏北一带，在山东地区诸多前大汶口文化遗存中属偏南的一支。由于其年代上限早于罗家角遗址和河姆渡遗址，所以对马家浜文化和河姆渡文化可能有一定影响。跨湖桥文化与河姆渡文化和马家浜文化的早期遗存在一些主要特征上表现出明显的共性，例如夹炭陶、炊器上的绳纹装饰、陶釜与支座的配合使用、无三足器、骨耜、木质榫卯构件、稻谷遗存等。其中形制自成一体的釜、数量众多的圈足器、富有特色的彩陶和黑光陶等则体现出跨湖桥文化的鲜明个性。跨湖桥文化向东至少到达曹娥江流域，而河姆渡早期文化则向西推进到了浦阳江流域，两文化的分布范围有交叠。夹炭陶和绳纹装饰在南方地区分布较广，但在宁绍地区延续时间长，是一种较稳定的的文化传统。釜与釜支座的共同使用和双耳罐、敛口盆等器形的近似，骨耜、骨哨、骨匕、骨镞、木锥、木铲柄等骨木器的类似，相同的以榫卯结构为核心的木构建筑技术，成熟的耜耕农业和丰富的渔猎经济、家猪的驯养、橡子坑代表的采集业，水上交通工具的使用，等等，是跨湖桥文化和河姆渡文化十分显著的特征。[1]跨湖桥文化与马家浜文化早期的分布区同样十分邻近。马家浜文化以桐乡市罗家角遗址为代表。罗家角遗址第四文化层的河姆渡文化因素很明显，之所以将其归入马家浜文化，并视为马家浜文化的源头，可能考虑了分区因素，存在将钱塘江南北割裂的认识倾向。罗家角遗址早期更多地反映了南系文化因素。因此跨湖桥遗址与罗家角遗址的比较是同河姆渡遗址比较的一种延伸。跨湖桥遗址出土骨耜的插装安柄方法同于罗家角遗址出土物的方法。虽然外红内黑的陶器特征在河姆渡文化中同样存在，但这种特征最早是作为马家浜文化的陶器特征来总结的。在跨湖桥遗址中，这种外红内黑的陶器有更普遍的发现，如豆、钵、盆、盘等。虽然陶质有别（河姆渡文化、马家浜文化多为泥质陶），但文化的共性还是值得关注的。马家浜文化中的另一种因素以腰沿釜及炊器的非绳纹特征为代表，这一特征后来成为马家浜文化的主流因素，可称为北方因素。这方面跨湖桥文化与之缺少联系，表明跨湖桥文化是比河姆渡文化更为纯粹的南系文化。[2]如果将跨湖桥文化、河姆渡早期文化和马家浜早期文化视为3个年代上存在交叠的文化，那么三者彼此之间应该存在形制相似的若干种陶器的交集。虽然这种交集事实上仅存在于河姆渡文化早期与马家浜文化早期之间，但跨湖桥文化与马家浜早期文化以及河姆渡早期文化之间的共通特征主要表现为文化基因的密切关系，而非个别细枝末节的相似。跨湖桥文化包含着河姆渡文化早期和马家浜文化早期几乎所有的基本元素。跨湖桥文化可能处在杭州湾地区史前文化发展进程中的十字路口，其文化元素在宁绍平原和杭嘉湖平原不同的重组和衍变最终导致文化系统的分裂。因此，马家浜文化和河姆渡文化在纵向关系上

[1]浙江省文物考古研究所、萧山博物馆：《跨湖桥》，文物出版社2004年版，第330页。

[2]蒋乐平：《浙江史前文化演进的形态与轨迹》，载《南方文物》1996年第4期。

[1]刘恒武:《论宁绍与杭嘉湖地区新石器时代文化起源及其流变》,载《宁波大学学报》(人文科学版)2007年第3期。

是同根同源的两个文化系统。但两文化诸如夹炭绳纹有脊釜一类个别器物形制的近似,说明应该还有横向交流作用力的渗入。[1]

中期可分两个阶段。第一阶段为南系河姆渡文化中期(河姆渡遗址第三、四文化层)和北系马家浜文化早中期。河姆渡遗址第三、四文化层与罗家角遗址的埋藏环境相似,文化遗存相当完整。河姆渡文化这时的经济形态是以栽培水稻为主的湿地农业系统,当时已饲养猪、狗、水牛等家畜,采集和狩猎在经济生活中仍占相当大的比重,是张光直所说的"富裕的食物采集文化"。罗家角遗址既出土相当数量的籼稻和粳稻,也发现丰富的动植物遗存,出土骨骼重达1000kg以上。河姆渡文化已普遍使用带榫卯结构的干兰式木构建筑,罗家角遗址也发现相当数量的木构件。尽管有人推测已是地面建筑,但营建水平总体上与河姆渡文化中期相当。河姆渡文化中期使用相当多骨角农具,其中骨耜是最基本和最有特征的,在第三文化层出土170余件。石器数量和种类都较少,加工方法较原始。器形仅斧、锛和凿3类,一般仅在刃部加磨,可能用于木作。砺石相当多,可能与骨器加工有关。木器很有特色,主要种类有木桨、木铲、木胎漆碗等。陶系以夹炭黑陶为主,夹砂黑陶不多。器形主要有釜、罐、盆、盘、钵、釜支架,还有带管状嘴的盉形器、豆等。其中最具特征、最有代表性的是釜,它们的数量也最多。主要器形有有肩有脊的敛口釜和敞口釜,肩脊为其显著特征。纹饰以绳纹和刻画纹为主,其中釜自早而晚始终以绳纹为主。刻画纹有几何形和动植物形两种图案。罗家角遗址发现的角质农具虽与河姆渡文化有较大差异,但也显发达。主要器形是四不象角制的器柄和梅花鹿角制作的勾勒器,也有少量骨耜。石器发现不多,主要有斧刀之类。但从第三文化层开始数量明显增多,种类有斧、锛、刀、凿等,大多磨制光滑。砺石的数量也不少。第二文化层出现对钻的穿孔石斧,磨制较精。从上述情况看,马家浜文化早期与河姆渡文化中期的发展水平是大体相当的。罗家角遗址陶器以夹砂灰红陶为主,但与河姆渡文化中期一样存在夹炭陶,这与两者均有丰富的稻谷、稻杆和叶等有机质存在有关,同时也说明两者制陶工艺水平方面的同步性。主要器形是釜、罐、盆、钵、盉等,也以釜为最多。釜可分为带脊釜、筒腹腰沿釜和弧腹腰沿釜3种。纹饰主要有米点纹、斜线纹、弦纹、三叶纹、网纹和戳印圆圈纹等。筒腹腰沿釜在浙北苏南的马家浜文化诸遗址中都有发现,是马家浜文化陶釜的基本形和典型器。弧腹腰沿釜则较多见于罗家角遗址,其他遗址中少见,是罗家角遗址最具特征的代表性器物。带脊釜也仅见于罗家角遗址,主要出自第四文化层,第三文化层明显减少,第二、第一文化层已是孑遗。从形态上看,各层肩脊釜的形态基本相同,难觅其演变发展的轨迹。相反,河姆渡遗址的带肩脊釜的发展脉络十分清楚,即由肩脊明显到不明显再发展成暗脊。这或许说明带脊釜不是马家浜文化的固有因素。但带脊釜在两支文化早期都是主要器形,器形特征十分相似,又说明它们之间很早就可能存在比较密切的交往。河姆渡遗址第四文化层出土的罐形带嘴器可能与马家浜文化常见的平底盉有某种联系，这种罐形带嘴器是目前所见的平底盉的最早形态。总体上看，时间越早，两种文化的陶器相似程度越高，表明南北两岸的文化具有共祖性。[1]第二阶段为南系河姆渡文化晚期和北系马家浜文化晚期、崧泽文化期。这一时期骨器、木器、建筑物等易腐器物很少发现，主要遗物是陶器和石器。木器为河姆渡文化晚期的重要生产工具，除木耜外还有木桨、木杵、木锤、点种棒和木锛柄等。河姆渡遗址第二文化层还发现木构水井。慈湖遗址下层出土木轭。但其体式远较现在的牛轭小，用何种畜力牵引尚需探讨。石器的数量明显增多，制作规整，通体磨光。河姆渡遗址第一文化层出现穿孔石斧。湖州邱城遗址中层和松江汤庙村遗址崧泽文化层发现石质三角形犁形器，草鞋山遗址还发现加工粮食的陶杵。如果木轭和石质三角形犁形器能证明当时已开始犁耕的话，说明耕作技术在这时已有了飞跃。河姆渡遗址第二文化层骨耜已趋消失，并被木耜取代。陶器则第二文化层与第三文化层有相当大的差别，夹炭陶虽继续存在，但数量已明显减少，夹砂灰红陶数量已占多数，红色陶衣为显著特征。器形有多角沿釜、敞口翻沿釜、钵形釜、束腰釜、釜形鼎、袋足盉（异形鬶）、垂囊盉、平底盉、带把三足盉、喇叭豆、牛鼻耳罐、折腹圈足盆、猪嘴形釜支座等，并发现腰沿釜，肩脊釜消失。釜仍然是主要炊器，以敞口折沿或翻沿沿面内弧凹的釜为典型。新出现的釜则可分为3种类型。第一类是河姆渡文化原创的典型器，如多角沿釜、敞口翻沿釜等。第二类如钵形釜、束腰釜等有河姆渡文化和马家浜文化双重因素。钵形釜筒腹造型与马家浜文化筒腹腰沿釜相似，釜身上的绳纹和脊则袭河姆渡文化传统。束腰釜与马家浜文化筒腹腰沿釜相类似，只是仍然保留河姆渡文化肩脊遗风。第三类则是马家浜文化、崧泽文化作风，如第二文化层水井出土的腰沿釜。崧泽文化与马家浜文化有继承发展关系，如圜底器、平底器、圈足器等相类似，但圈足器明显增多。陶器主要组合变为鼎、豆、罐、壶。鼎逐渐取代了釜，形制主要有釜形鼎和盆形鼎。河姆渡文化鼎的数量开始增加。名山后遗址出土鼎的造型与马家浜文化或崧泽文化鼎相类似。第二文化层出现的袋足盉也是由马家浜文化或崧泽文化三实足盉移植而来的。河姆渡遗址第二文化层出现栽柱式地面建筑，柱洞垫木板或红烧土块、黏土和碎陶片作基础。马家浜遗址上层和邱城遗址下层建筑遗迹，也是先挖洞后垫板再立柱。河姆渡遗址第一文化层的葬式与崧泽文化一样，为仰身直肢葬。对比上述南北两系文化的特征，可以看到，它们之间存在文化交流，但相对于早期来说差异增大。[2]

晚期也可分为两个阶段，即良渚文化和马桥文化时期。良渚文化使北系文化进入发展高峰，其典型特征是大型犁耕农业、干兰居式、精致化的玉器体系、精致化的鼎、豆、壶（罐）黑陶体系、精细化的石器体系以及仰身直肢葬式等。琮、钺、璧、璜等玉器大量出现。陶器以砂质黑陶、泥

[1]王海明：《河姆渡文化与马家浜文化关系简论》，载《东南文化》1991年第6期；浙江省文物管理委员会、浙江省博物馆：《河姆渡遗址第一期发掘报告》，载《考古学报》1978年第1期；河姆渡遗址考古队：《浙江河姆渡遗址第二期发掘的主要收获》，载《文物》1980年第5期；姚仲源：《二论马家浜文化》，载中国考古学会编《中国考古学会第二次年会论文集》，文物出版社1982年版；浙江省文物考古研究所：《桐乡县罗家角遗址发掘报告》，载《浙江省文物考古研究所学刊》，文物出版社1981年版。

[2]王海明：《河姆渡文化与马家浜文化关系简论》，载《东南文化》1991年第6期；刘恒武：《论宁绍与杭嘉湖地区新石器时代文化起源及其流变》，载《宁波大学学报》（人文科学版）2007年第3期。

质灰胎黑皮陶为多，鱼鳍足鼎、"T"字足盆形鼎、圈足镂空豆、竹节把豆、贯耳壶、球腹罐、大圈足盘等为代表器物。石器有有段石锛、石钺、穿孔石刀、石镰、石凿、石镞等。宁波市慈湖遗址上文化层、奉化市名山后遗址第二至七文化层以及萧山区的后河姆渡文化遗址均基本呈现为良渚文化面貌，说明南系文化已完全被北系文化所取代。马桥文化时期的境况与之也完全相同。

杭州的新石器时代晚期遗址以良渚遗址为代表。良渚遗址不仅是良渚文化最典型的代表，而且还包含自马家浜文化以来的各种新石器文化因素。除良渚遗址以外，杭州的新石器时代晚期其他重要遗址主要有北系桐庐县方家洲遗址、西湖区老和山遗址、拱墅区水田畈遗址、江干区皋城遗址、余杭区玉架山遗址、灯笼山遗址、茅山遗址、陶春桥遗址和南系萧山区蜀山遗址、金山遗址、茅草山遗址、傅家山遗址和眠犬山遗址等。此时南北两遗址的文化面貌基本一致。

位于浙江省桐庐县瑶琳镇潘联村的方家洲遗址2010年开始进行两次发掘，揭露面积900m²，实际发掘面积600m²。遗址为一长约300m的近南北向长条形三角洲台地，文化层堆积厚度20—140cm，时间6000—5600aBP，相当于马家浜文化晚期至崧泽文化早中期。分为两个阶段，第一阶段以夹砂陶釜、外红里黑泥质陶豆、支座、罐等陶器为代表，第二阶段以铲形足鼎、夹砂鱼鳍形鼎足、夹砂柱形鼎（盉）足、凸棱形豆柄和刻槽盆等陶器为代表。发现红烧土（灶）遗迹、石堆、灰坑、墓葬、房址等遗迹，并清理出土大量与玉石器制造有关的遗物遗迹。遗物主要与玉石器制造相关，如砾石原料、半成品和残件、磨石和砺石、石砧和石锤、研磨器以及海量的废弃石片等，标本逾2万件。石器以锛为主，另有石砧、磨石、斧、钺、刀等。锛均弧背，材质主要是泥岩和页岩。另有大量石英砂岩多面体棱状石砧、磨石等，其中40余件灰褐色细石英砂岩研磨器最具特色。仿玉器也为石英岩材质，种类有玦、管、璜、片坠等，以玦和管为主。以琢打为主的石英岩仿玉器制造与这一阶段已开始的以解玉砂为介质的切割、修治透闪石玉器制造形成鲜明对比。[1]

[1]方向明：《浙江桐庐方家洲：新石器时代玉石器制造场遗址》，《中国文物报》，2012年1月6日。

位于西湖区西湖西北部的老和山遗址海拔在50—75m之间。1935年浙江省立西湖博物馆和吴越史地研究会即在此进行考古发掘，出土石器和陶片。1953年，浙江大学建设新校舍时又有新的发现。遗址分两区，北区约1万m²，南区约1.5万m²。文化层共分4层。北区第一层为表土层，厚约0.3m，土色黄中带黑，含有极少的红陶片。第二层为扰土层，平均厚约0.7m，土色黄褐，出土少量石斧、石锛、石凿、陶鼎足、陶器口沿和把手等。第三层厚约1m，土色黄灰，出土圆柱形斧、带孔斧、锛、凿、刀、镞等较多石器，陶器有鼎足、豆把、器鼻、把手、粗红陶片、细泥灰陶片等。第四层厚约0.5m，出土斧、锛、凿、刀、钺、镞、纺轮、网坠、杵等石器和粗砂红陶、粗砂灰陶、细泥红陶、细泥灰陶、细泥黑陶等陶器，并有玉、石做的装饰品。老和山遗址主要文化层属良渚文化早期，有较多的马家浜文化、崧泽文化特征。西湖周围的黄家山、凤凰山、九曜山、葛岭和西湖内均有类似零星遗物出土。

位于杭州北部拱墅区的水田畈遗址分4个文化层。第一层为扰土层，土色灰黄，下部为乱土，平均厚约0.5m，出土少量下层文化层遗物外，还有近代的陶瓷片、瓦砾。第二层为淤土层，土色灰白，平均厚约0.15m，遗物很少，是扰土层和下层文化层的自然分界线。第三层为上文化层，土色灰黑，平均厚约0.4m。出土印纹陶、釉陶、硬陶、夹砂陶、黑陶、灰陶等陶器和斧、凿、镞、刀、砺石等石器。另有玉器、竹编、铜器残片、植物种子、木梳等，以及灰坑、水井、墓葬等遗迹。第四层因土色不同分甲乙两层。甲层黄褐色，厚约0.5m；乙层灰黑色，约0.15m。两层遗物相同，陶器有夹砂陶、灰陶、黑陶、红衣陶及彩绘陶等质地，石器有犁、斧、刀、镞、纺轮、网坠、砺石等，木器有盆、杵、尖状器、桨形器等。其中发现4把桨形器。另有芝麻、稻谷、瓜子、桃核、酸枣、葫芦等植物种子，以及由柱洞、火坑、水沟等组成的建筑居址。水田畈遗址的堆积层时间跨度较大，下限约至战国末期，早的在新石器时代晚期，与钱山漾下层文化层极相类似，主要属良渚文化晚期类型。

位于江干区丁桥镇的皋城遗址已被破坏，现存面积约1000m²。文化层距地表1m，厚0.1—0.5m。采集石器有锛、凿、刀、犁等，陶质有夹砂红陶等，主要属良渚文化。

位于临平街道的玉架山遗址2004年开始发掘，调查勘探面积总计约1km²，发现由6个相邻的环壕围沟组成的大型良渚文化聚落遗址，总面积约15万m²。已发掘面积近1.9万m²。2008年10月至2010年1月发现编号为环壕Ⅰ的环壕遗迹，后又在其北部和东部发现环壕Ⅱ、环壕Ⅲ、环壕Ⅳ和环壕Ⅴ。2008年发掘的位于环壕Ⅰ西部的灯笼山遗址经过进一步探掘也发现环壕，统一编号为环壕Ⅵ。周边约1km²范围未发现其他遗址分布，因此可以判断这6个环壕应构成一个完整的聚落。环壕Ⅰ总体呈方形，东北转角略成"T"字形，往北延伸与环壕Ⅲ相接，面积2万余m²，发掘面积约1万m²。壕沟宽3.35—15.2m、深0.60—1.25m。环壕内有墓葬267座，房屋遗迹8座，出土陶、石、玉器等各类遗物约2700件（组）。又发现2处用石渣铺垫的"砂土层"遗迹。"砂土遗迹Ⅰ"位于环壕Ⅰ内土台中部，面积约1000m²，局部被破坏，发现少量排列不规则的柱坑遗迹，具有公共广场或祭祀性质。墓地主要分布在"砂土遗迹Ⅰ"的南、北两大区域。"砂土遗迹Ⅱ"位于环壕Ⅰ内土台的东南部，面积约80m²，埋设有1件陶缸，其周边也分布较多墓葬，仅发现一座墓葬打破它。环壕Ⅱ发掘面积2300m²，清理墓葬44座。环壕Ⅲ面积近1万m²，发掘面积约3000m²，已清理墓葬40座、房屋2座。另出土橹，反映壕沟具有水上交通功能。也发现一处铺垫砂土的广场遗迹。环壕Ⅳ面积7000余m²，发掘面积300m²。环壕Ⅴ大部分被破坏，仅

东南角尚存3000余m²，发掘面积1300余m²，清理墓葬28座，出土随葬品近400件（组）。环壕Ⅵ（灯笼山遗址）面积近5000m²，发掘面积近1100m²，清理墓葬18座，出土玉琮、玉璜、石钺以及双鼻陶壶、圈足陶盆、陶纺轮等遗物近200件（组）。这些环壕的平面形状大致为圆角方形，略呈正南北方向。判断以开挖环壕的土将环壕内部填高，形成可供居住和建墓的土台。环壕兼具安全防护、交通和取水功能。其中每个环壕都是相对独立的聚落单元，多个环壕单元又组成一个更大的聚落。其中环壕Ⅱ至环壕Ⅵ对环壕Ⅰ形成了环抱之势，环壕Ⅰ在相对位置、规模、墓葬等级及其数量等方面都反映出聚落中心的特征。玉架山遗址外围还发现水稻田遗迹，主要为分布在环壕外围和部分叠压在环壕上的黑土和灰黑土堆积，其中植物硅酸体含量较高。钻探表明，面积至少在1万m²以上。这种聚落模式不仅是良渚文化考古的首次发现，也是长江流域史前和文明起源阶段考古学文化的新发现。严文明指出，以前发现的聚落在范围和结构上不够明确，玉架山聚落遗址结构清晰，是一个完整的聚落群。其中每个环壕的墓葬又涵盖良渚文化各个时期，并且有高低不同的等级，显示相应的聚落已经有了社会分化，也说明当时的社会结构非常稳定。[1]因此，

玉架山遗址、环壕相对位置和环壕Ⅰ、环壕Ⅱ

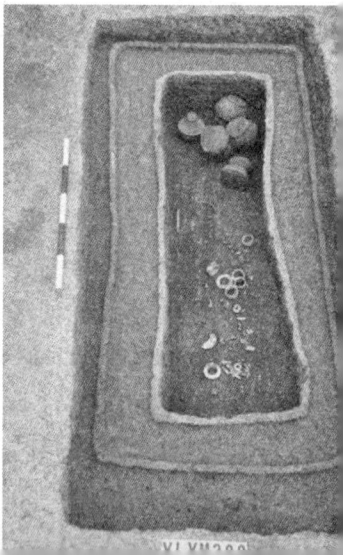

[1] 胡彦斐、陆文华、周铭、徐晖：《"玉架山遗址具有唯一性"：众多考古学家研讨玉架山遗址考古工作》，《城乡导报》，2012年4月6日。

200号墓

玉架山遗址玉器

玉架山遗址具有唯一性，对研究良渚文化时期或中国文明起源阶段的社会发展水平具有重要价值。

玉架山遗址共清理墓葬397座、灰坑21座，建筑遗迹10处，出土陶、石、玉器等各类文物4000多件。它在所有良渚文化遗址中发现墓葬最多，墓葬年代为良渚文化早期偏晚阶段至晚期，以晚期为多。墓葬均为长方形竖穴土坑墓，头向以朝南为主。人骨架保存较差，可分辨的多为仰身直肢葬，个别为二次葬。少数墓葬清理出葬具痕迹，个别墓葬在棺上或棺椁之间放置陶、石、玉器等遗物。出土陶、石、玉器等均为典型良渚文化器物，其中玉器所占比例约为60%，主要为琮、璧、钺、三叉形器、璜、冠状梳背、镯及锥形器、管珠等。其他还有环、鱼、带钩、端饰、纺轮和坠饰等。陶器种类有鼎、豆、罐、缸、尊、盘、盆、篓、双鼻壶、纺轮等，其中鼎、豆、罐（或尊）为基本组合。石器主要为石钺，有少量石镞和网坠等。另外还出土少量漆木器、野猪獠牙和鲨鱼牙齿。墓葬随葬品数量多寡不一，少的仅一二件，多的达100多件（组）。环壕Ⅰ不仅面积大，而且分布的墓葬数量最多、规格最高。其土台中心发现约20座规格较高的墓葬。其中149号墓出土琮、三叉形器、冠状梳背、纺轮、成组锥形器等玉器以及朱漆柄石钺和陶缸等遗物，是遗址内已知最高等级的男性墓葬。200号墓等级最高，遗物约110件（组），且更为丰富、精美，是继瑶山遗址后浙北地区已知的等级最高的良渚文化早期女性显贵者大墓。出土平顶透雕刻纹冠状梳背、琮式镯、龙首纹锥形器、匕形器和成对的箸形器等器物，丰富了良渚文化早期的玉器资料。16号墓出土的刻符玉璧是田野考古中首次发现的良渚文化刻符玉璧，也是浙江省田野考古出土的直径最大的良渚文化玉璧。其直径24.7cm，刻画有两个符号，一个位于正面，另一个位于侧边缘。

玉架山遗址位处杭州东北部，西距杭州北部的良渚古城约20km²。南部是首次发现良渚文化水稻田遗址的茅山遗址，西南部是发现较高等级墓葬的横山遗址。在遗址周边约20km²范围内经调查和发掘的良渚文化遗址已有20多处，表明临平山西北部的余杭区临平街道、星桥街道、塘栖镇存在着一个规模和等级仅次于良渚古城的最大的良渚文化中心聚落。玉架山遗址被评为2011年度中国十大考古新发现。[1]

2009年7月至2010年1月初步发掘的位于余杭区临平街道的良渚文化中晚期聚落遗址茅山遗址分为坡上居住生活区和坡下水稻田遗迹区两部分。坡上居住生活区的文化层堆积由早到晚分别为马家浜文化晚期—崧泽文化

[1]楼航、刘斌、丁品、陆文宝、方忠华：《余杭玉架山遗址发现由六个相邻环壕组成的良渚文化完整聚落》，http://www.zjww.gov.cn/news/2012-02-24/472842258.shtml。

早期、良渚文化中晚期和广富林文化时期等3个阶段。这一居住生活区为经过特别营建的墓地区和居住区，第一期考古发掘已清理良渚文化墓葬43座、建筑遗迹3处、灰坑30余座、水井2口、河沟1条。墓地区位于发掘区西部，有墓葬29座，系利用茅山南坡中部高凸地势堆土而成。清理的墓坑均为长方形竖穴，人骨已朽，部分有葬具痕迹。随葬品中陶器的基本组合为鼎、豆、罐。随葬玉器有璧、三叉形器、冠状器、璜、镯、锥形器、坠、管、珠、串饰等。根据性别不同还随葬石钺或陶纺轮。出土不少石犁残件，其中1件三件套组合大石犁比较完整，器形少见。居住区位于发掘区的东部和中部，发现建筑遗迹。柱坑和石块按一定规律排列，总体上围成一长方形。柱坑底部垫有石块，附近也散布墓葬，已清理14座。

位于余杭区径山镇北苕溪两岸的陶春桥遗址范围约7000m²。1978年疏浚北苕溪时发现大量夹砂陶、印纹陶、原始碎瓷片以及不少石器、青铜器，年代自马桥文化至春秋战国时期。

位于萧山区河庄镇的蜀山遗址第三文化层为良渚文化遗存，第一、二文化层为商周时期遗存。第三文化层出土物以夹砂陶为主，其中的鱼鳍形足鼎、黑皮陶豆、贯耳壶、形制奇特的滤器为典型的良渚文化器形。另有骨器、石器出土。并伴有一墓葬。位于所前镇的金山遗址存有自良渚文化时期至清代4000余年间的文化遗存。其中有良渚文化时期的房屋基址1处、墓葬1座。房屋基址位于约20m高的金山东坡，内附红烧土，残存的10个柱洞分布于东北部，其中8个构成较规整的直角。出土陶器以鱼鳍形、"T"字形鼎足为主要特征，以鼎、罐、盆、豆为基本组合。石器有镰、刀、有段锛、钺、犁、镞、纺轮、砺石等多种。位于进化镇的茅草山遗址在茅草山脚、浦阳江边，文化层堆积厚达1m，出土器物以夹砂红陶、泥质灰陶为主，器形有鼎、豆、杯等，还有锛、镞、有孔斧、刀、纺轮等石器，属于良渚文化晚期。位于义桥镇的傅家山遗址和眠犬山遗址也发现不少锛、斧、凿、镞等石器。

杭州前河姆渡文化或前马家浜文化时期的文化来源尚不十分明朗。尽管跨湖桥文化与上山文化有一定关系，但有人认为它有北方来源。本书认为跨湖桥文化主要是一种土著文化，但不排除与北方文化的交流。目前学术界对河姆渡文化与跨湖桥文化的关系尚无比较确定的认识，但比较公认河姆渡文化作为浙江土著文化更具有代表性。在前河姆渡文化或前马家浜文化时期，前河姆渡文化和北方文化对马家浜文化影响较大。在河姆渡文化时期，马家浜文化、崧泽文化对河姆渡文化分布区影响较大，良渚文化时期则钱塘江北系文化基本取代了南系文化。

据马家浜文化夹砂、素面非绳纹红陶文化组合特征，可以拟想出大汶口—北阴阳营—马家浜文化分布区。它在地理范围上基本上与所谓的青莲岗文化的大概念相重合。青莲岗文化的旧概念已被摒弃，但这一区域确实是一个十分典型的非绳纹陶炊器分布区。黄河中上游、长城以北和东南沿海南段的新石器文化陶炊器均以绳纹为重要装饰特征，而海岱、宁镇、太湖一带却是非绳纹陶分布区。北辛遗址是目前所发现的东部地区最早的新石器文化遗址之一，所由确立的北辛文化被认为是大汶口文化的母体文化。北辛文化的分布在鲁中南及苏北一带，在山东地区诸多前大汶口文化遗存中属偏南的一支。其年代上限早于罗家角遗址和河姆渡遗址，对东南沿海新石器文化存在影响关系。鲁北后李文化一期也是一种前大汶口文化类型，含有极少量的绳纹，可见与黄河中游、北方地区有更多的联系，但其中大量出现的深腹罐形釜却与马家浜文化的筒腹腰沿釜颇为相似。相比之下，苏南地区的与之更接近，杭嘉湖地区腰沿发达的筒形却不够典型。这一现象表明黄河流域新石器文化由北而南传播发生变异，而这种变异是受到前河姆渡文化、河姆渡文化直接或间接干预的结果。宁绍平原是浙江的腹地，在与北方更活跃的文化类型的碰撞中处于殿后位置，因此土著文化表现得更完整、更顽强。也许正是有这样的条件作保障，才有前河姆渡文化和河姆渡文化进一步独立发展的机会。骨（牙）雕刻、漆器等工艺成就以及表现于骨、牙、陶器的精神层面的纹饰，是前河姆渡文化和河姆渡文化的特征。前河姆渡文化的北部触角在罗家角遗址形成的初期阶段尚滞留在杭嘉湖平原中部，夹炭绳纹有脊釜、干兰建筑、骨耜等的存在是其证据。不过已发生变异，如干兰建筑的榫卯加工技术更为先进，说明其石器更先进。石器对骨器的率先取代是马家浜文化的特征之一，这在河姆渡遗址和罗家角遗址中石器的不同比例上得到显示。浙江的地域性原始文化随时间的推进向南收缩。太湖—钱塘江地区新石器时代陶色具有由黑—红—黑的变化趋势，这一变化趋势在时间、空间的分布上具有规律性。早期的黑陶是在低火候、缺氧条件下烧制的夹炭陶和部分夹砂陶，中期的红黄褐陶是在较高温度条件下氧化焰还原的产物，晚期的黑皮陶属于技术水平更进一步发展的产物。这一过程不仅需要技术做依托，也受到文化传统的干预。早期的黑陶以河姆渡文化最为典型，向北的分布逐渐淡化，罗家角遗址第四文化层夹炭、夹砂黑陶只占30%左右，再稍晚并偏北的草鞋山遗址不见夹炭陶，但色泽尚有偏黑倾向。[1]罗家角遗址晚期地层中黑陶比例减少，同时期的草鞋山遗址相应的文化层不见黑陶，而河姆渡遗址第三文化层黑陶仍占优势地位。这一地区黑—红更叠表现为愈往北愈提前。由此可见，以夹炭陶、绳纹、有脊釜、干兰建筑、骨耜等特征为代表的考古学文化是这里的一种更为原始的文化类型，但在时间延续上表现为南长北消的分布特点。河姆渡文化区的文化势力或影响范围7.0kaBP之后向南退缩，似有一种十分强劲的文化势力与之抗衡。它们的碰撞、较量产生能量交换，结果是孕育了一种新的文化类型。由此大体可以做出这样的结论：7.0kaBP前后以夹砂红陶制作传统为特征的黄河流域新石器文化向南传播，与分布在太湖流域南域、宁绍平原的夹炭黑陶文化接触，以文化上的综合优势以及表现在火候和坚固方面的制陶技术，终于在这一原夹炭黑陶分布区立足

[1]南京博物院：《江苏吴县草鞋山遗址》，载《文物资料丛刊》（第3辑），文物出版社1980年版。

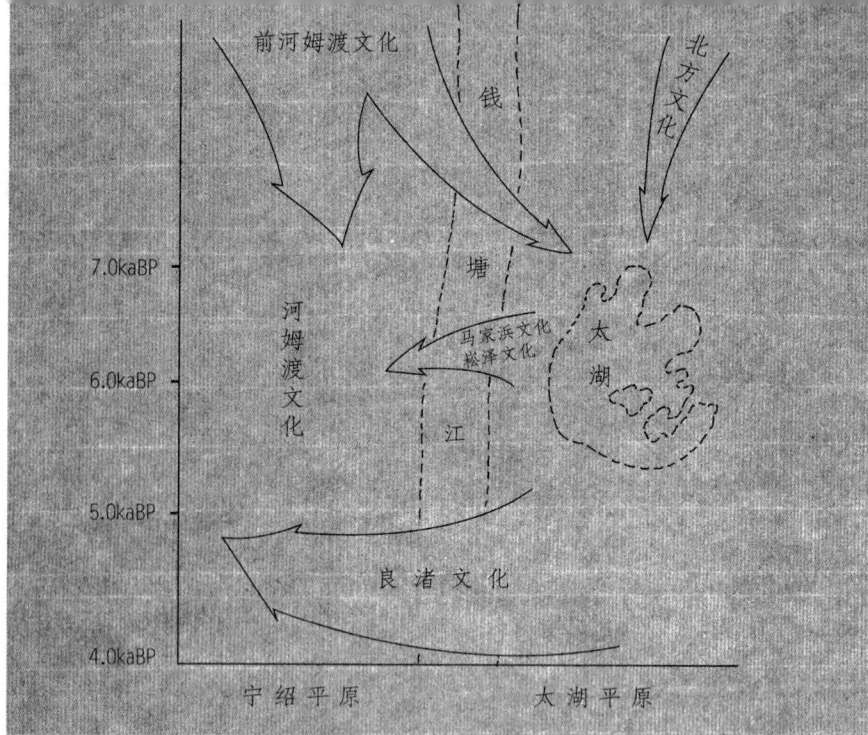

钱塘江南北两系文化交融关系图

生根。这一经两种文化交汇、碰撞而催生的新的文化实体虽不可能是文化的简单抄搬，但这种兼容并蓄式的来历特征带来开放式的、因而也是更有活力的文化潜势，为这一地区后来的文化发展开辟了更为广阔的前景。不过，尽管杭嘉湖地区接纳了北方物质文化的侵入，但作为文化接受者的当地居民构成可能具有更多的南部血统。如上文基因分析所说，马家浜文化的创造者可能是随环境恶化而被迫向浙北、苏南疏散的南系宁绍平原先民，马家浜文化则在较明显的北方物质文化外观下掩藏着十分浓厚的地域文化心理特征。

宁绍地区新石器文化序列中也显示马家浜文化、崧泽文化、良渚文化的递变影子，但这一地区新石器文化始终保存着传统的文化特征，如绳纹釜，这给河姆渡文化后续文化的定性带来困难，如良渚文化在该地区的确立问题。良渚文化基本陶器群在宁绍地区诸新石器文化晚期遗址中反复出现，是一个确定不移的事实。从强调共性、强调文化融合的角度看，以良渚文化命名不成问题，但这种共性、融合的强调，体现了以钱塘江以北地区作为文化主体的思维方式。从历史文化重心论的观点看，这种认识可谓抓住了矛盾的主要方面，但宁绍地区新石器文化所表现出来的个性特征并不是无足轻重的孤立现象。浙南连同闽、粤、赣绳纹釜的使用范围构成一个十分广阔的文化区域，这一区域在后来又成为几何印纹陶的发生区和百越民族分布区。因此，有理由将新石器时代晚期宁绍地区所处的与北方文化的对峙位置与后来该地区作为百越文化的"龙头"——越国的建立联系起来。这样，钱塘江南系河姆渡文化体系中绳纹釜的顽强遗留便成了一种有意味的文化符号，可能为后来吴文化、越文化在浙江地区的南北对峙埋下伏笔。[1]

[1]蒋乐平：《浙江史前文化演进的形态与轨迹》，载《南方文物》1996年第4期；蒋乐平：《礼器"鼎"渊源探索》，载《南方文物》1992年第3期。

第三章　跨湖桥文化与杭州新石器时代
早期主体地理文化

第一节　跨湖桥文化遗存

一、湘湖湿地与跨湖桥文化的形成

晚更新世时湘湖湿地发生两次规模较大的海侵，致使其中部与北部再度沦为大海，原来起伏不平的地形逐渐为海相沉积物填平。全新世以来，

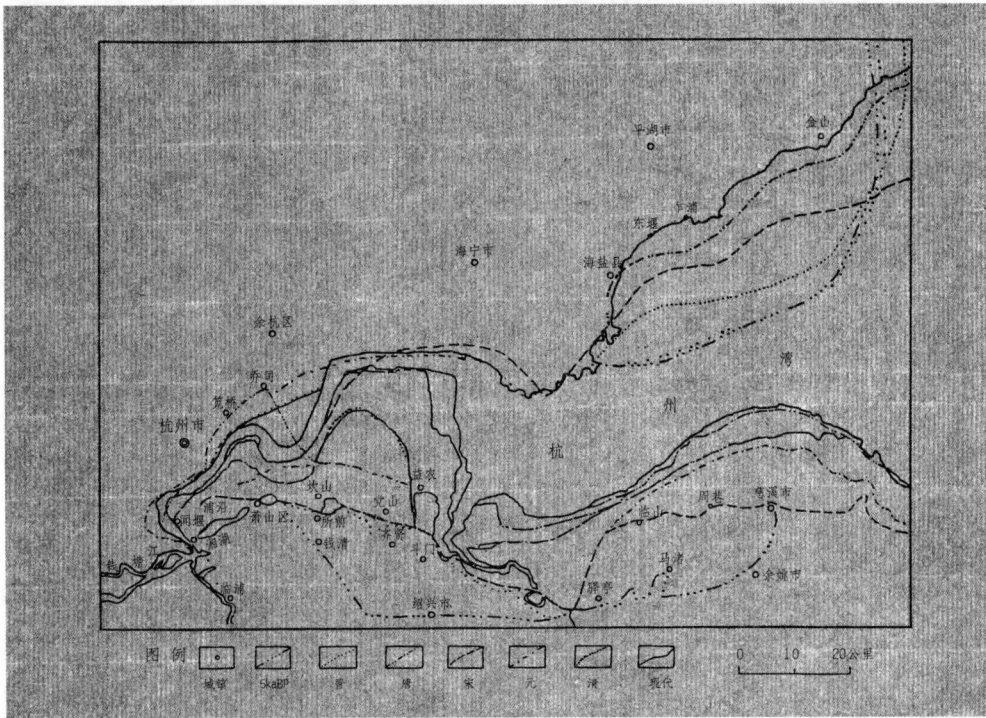

历史记载钱塘江及杭州湾演化变迁（引自浙江省文物考古研究所、萧山博物馆《跨湖桥》，文物出版社2004年版）

図例: Ba 沙坝 | əOB 贝壳层 | Ez 潮上 | B 沼泽 | RC 古河道
MB 边滩 | D 洪积扇 | ⊠ 剥蚀区 | ▲ 遗址 | 等高线
◉ 县(区) | ◎ 乡(镇) | 河流

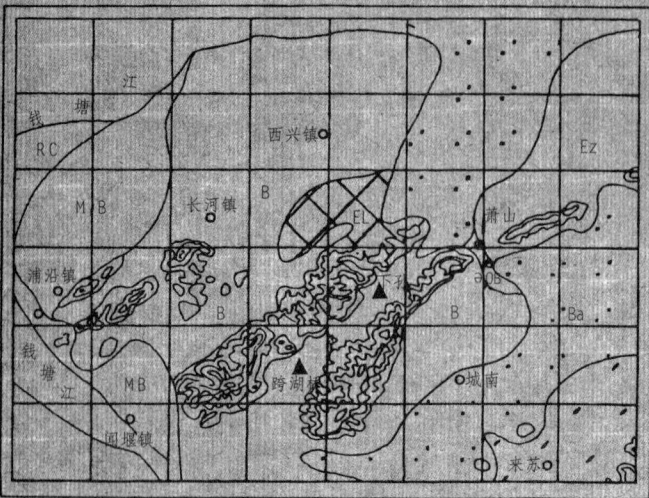

1.约1.0MaBP（未经树轮校正）

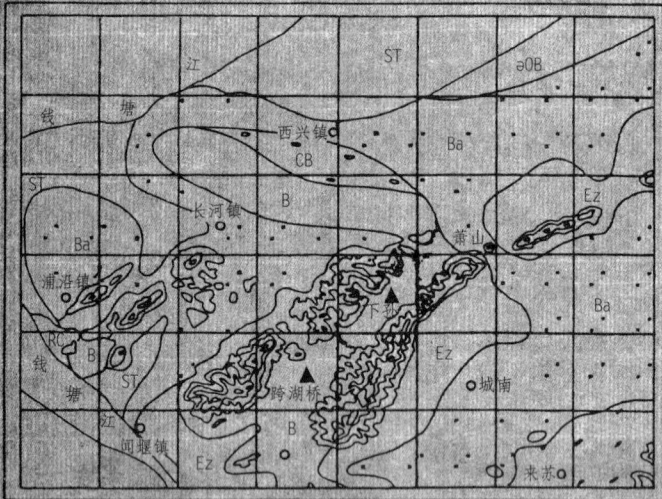

図例: ST 潮间 | Ba 沙坝 | əOB 贝壳层 | Ez 潮上 | B 沼泽
RC 古河道 | CB 砾质坝 | D 洪积扇 | 等高线 | ▲ 遗址
◉ 县(区) | ◎ 乡(镇) | 河流

0　2　4km

2.约8.0kaBP（未经树轮校正）

湘湖地区更新世末期至全新世岩相古地理（引自浙江省文物考古研究所、萧山博物馆《跨湖桥》，文物出版社2004年版）

在海平面升降、潮汐和古长江的共同作用下，钱塘江（口）的南北摆动极为频繁。由于特定的的地貌和水动力作用，杭州湾南北两岸呈现南淤北塌、北退南进的地理演化趋势，并导致受侵蚀的北岸潮滩宽度变小、组成物变粗，而淤涨堆积的南岸潮滩宽度变大、堆积物变细。位于钱塘江南岸的湘湖湿地在这种条件下开始形成。跨湖桥文化诞生于全新世的低水位期，其遗存于6.3kaBP后因海侵不断增大而湮废。

据地质调查，湘湖湿地的地层序列可分为晚更新世宁波组、全新世河姆渡组和全新世镇海组3个连续阶段。第十八至第二十六层为晚更新世地层，顶界面的铁质风化壳向西、北逐渐抬升，其中在跨湖桥遗址中心位置与文化层直接叠压。第十二至第十七层呈沼泽相，厚约2.32m，说明这一阶段为水域。上部的跨湖桥文化层（第十一层）主要岩性为黑褐色亚黏土，见有大量人类活动遗迹。从两个测年数据看，属于晚期文化层，为湖沼干涸后的边缘性堆积。第十层为潮间带、潮上带为主导的堆积，由海平面上升的地下水排泄受阻为其成因。此后基本上为海（潮）水淹没区，间或出现海退（第八层），但时间很短。从剖面顶界的堆积特征看，这里受海水控制的时间下限迟至3.0kaBP。[1]

据地质孢粉分析资料所恢复的植被组合显示，湘湖湿地一带全新世早、中期可以分为6个植被发展阶段：（1）暖温带至北亚热带阔叶针叶混交林阶段。这一阶段植物由复苏而进入发展阶段。总体气候特征是温润，植被以亚热带植物为主体。常见植物有落叶栎、栗、枫杨、栲、槭等，以栎、槭等为主。热带植物可见稠、杨梅、枫杨等。温带植物榆、桑等也常出现，且含量较高。喜冷类常见桦、榛、鹅耳枥，以及少量桤木、白刺等。喜冷的松在10%以下，云杉、冷杉普遍见到，其他针叶植物多为喜暖或喜温种类。草本植物中的水生及耐旱分子虽出现频繁，但含量不高。林相为丘陵和低洼地阔叶针叶林混生，下为蕨类、草本植物丛，水边则被水生植物占据，共同组成木本、草本二层式全新世早期植被景观。（2）暖温带—南亚热带干旱—较干旱较稀疏林—草丛阶段。气候较上一阶段高，以亚热带为主，只在晚期出现暖温带—亚热带气候。普遍干旱或较干旱，湿度低。植物与前一阶段最大的不同是木本植物含量降到55%左右，草本植物明显增加，一般在20%以上，蕨类含量也有不同程度增加。木本植物减少，喜热植物种类增多，常见枫香、冬青、杨梅以及稠、紫树等。亚热带树种较多，仍以栎、栗、枫、杨、胡桃、漆、朴、栲为常见。喜温植物以槭为主，常见的有榆、椴、柳、桑等，还可见到桦、榛、鹅耳枥等喜冷分子。针叶植物中的松含量较高，常见的有柏科、罗汉松等。喜冷的云杉、冷杉出现频繁，但含量不高。草本植物含量增加，一般在8%左右，最高达10%以上。蕨类含量15%—23%，均为常见分子。总体植被景观为丘陵和平地乔木林，组成较稀疏。其下蕨类植物丛生，组成高低两层式结构。低洼地区被耐旱草本藜科植物占领，构成小的草甸或草丛区。（3）偏干亚热带—暖温带—亚热带过渡阔叶针叶混交林发展阶段。由乔木组合分析可知气温高于上一阶段，基本气候特征为亚热带气候，早期略干，晚期潮湿。为跨湖桥文化存在阶段。重要特征之一是木本植物含量增加，达到64%—73%。阔叶乔木中以栎、槭为主体，亚热带植物枫杨、胡桃、漆、栲、栗等常见。喜热植物分异度较高，见有枫香、森、木兰、化香、水青冈、昆兰、紫树等，喜热的榆、白刺、脊榆等也可见到。还可见到灌木杜鹃。针

[1]浙江省文物考古研究所、萧山博物馆：《跨湖桥》，文物出版社2004年版，第15—19页。

叶林仍以松为主，云杉、冷杉也可见。跨湖桥遗址发现树木10科18个种。最多的是松科，其中马尾松占33.2%、黄山松占15.9%。其次为壳斗科，其中麻栎占13.8%、白栎占11.7%，还有槲栎、青冈属等。樟也较多，占9.8%。另外，榆科占5.9%，有榉、糙叶树、朴和黑榆等。比例较小的有柏、杉、山桃、杨桐、楸、酸枣、枫香等。早期草木植物含量有所下降，约为15%。以禾本科为主，可见蒿、藜科植物等。跨湖桥文化层草木植物却达到25%，以香蒲、禾本科为主，可能与人类种植裟有关。植被景观为亚热带和热带乔木为主组分的茂密森林，丘陵上还有适应温凉气候的榆、榛、松、云杉、冷杉等高大树木构成的树林。林下以杜鹃为主的灌木丛，再下则为蕨类植物。平原区水中有大量香蒲和栽培稻，岸边有其他杂草以及垂柳。（4）偏干亚热带森林—沼泽植被发展阶段。总体气候特征为偏干的北亚热带气候。调查样品显示，木本植物花粉急剧减少，多数含量在50%以下，最低仅29%。而草本植物花粉含量较高，一般在40%以上，最高达60%。木本乔木以亚热带种类为主体，以栎为主，常见栗、枫杨、朴、栲等。热带植物除椆、夹桃木、枫香常见外，还有少量木兰、冬青、水青冈、紫树等。喜温乔木以槭为主，常见有榆、椴、柳、桑等，喜凉乔木常见有桦、榛、鹅耳枥，还可见桤木、榛等。针叶植物中常见松、云杉、冷杉、罗汉松、铁杉、银杏等。草本植物以香蒲为主，一般在10%以上，最高达40%。常见水生植物有眼子菜、黑三棱等。耐旱草本菊科、蒿、藜科植物也常见，后者有时高达10%。蕨类孢粉含量10%—20%。据此可以推测当时的古地貌仍为丘陵和沼泽。丘陵上生长有高大的乔木，组成森林。林下蕨类植物茂盛。林间沼泽以香蒲为代表的水生植物繁茂，岸边生长有垂柳。（5）暖温带与亚热带过渡带—中亚热带略干—干旱阔叶针叶混交林—草丛、沼泽发展阶段。总体气候特征为北亚热带偏干气候。晚期温度波动，有时可见暖温带—亚热带过渡气候。湿度一般为略干—较干，但有时也出现干旱性气候，尤其是在早期和晚期。乔木以栎、栗、栲为主，喜热植物有紫树、椆、水青冈等，喜温、凉乔木有槭、榆、桑、榛、柳等。蓝本植物达32%，其中藜科达12%。香蒲及禾本科均接近于6%，表明沼泽可能已消失。草本植物中的耐旱分子增加。（6）湿润北亚热带—北亚热带—暖温带过渡带落叶常绿混交林—草丛发展阶段。总体气候特征为北亚热带和暖温带过渡带气候。早期乔木以栗、常绿栎、槭等为主，次为水青冈、落叶栎、胡桃、榆、鹅耳枥等。针叶植物除松外，云杉达3%以上。草本植物占22%，草丛仍然存在。其中藜科含量6%，有下降趋势。晚期乔木常绿栎含量显著增高，耐寒植物消失。草本植物比重高达26%，其中禾本科22%，次为香蒲，耐旱分子消失。由于禾本科可能与人类活动有关，所以虽然含量很高，但未必构成草丛植被。

反映气候变化较为敏感的氧化物指标有不同价态铁、$CaCO_3$、Al_2O_3等的含量及其比值。选择Fe_2O_3、FeO、FeO/Fe_2O_3、$CaCO_3$、Al_2O_3等5种氧化

岩石地层	深度(m)	垂向分带	样品编号	主要化学指标平均值 (%)					推算的古年平均气温（℃）
				Fe$_2$O$_3$	FeO	FeO/Fe$_2$O$_3$	CaCO$_3$	Al$_2$O$_3$	
镇海组	0.05~0.45	A	1-1~2-5	2.53	2.27	0.91	4.24	13.73	13.9
	0.45~0.73	B	2-6~4-2	1.79	2.08	1.18	4.13	13.04	10.6
	0.73~0.95	C	5-1~5-11	2.53	2.57	1.04	4.41	15.09	12.0
	0.95~1.10	D	6-1~6-3	2.20	2.35	1.07	4.74	14.05	11.4
	1.10~1.50	E	7-1~7-8	2.84	2.91	1.05	4.25	15.86	11.9
	1.50~1.99	F	8-1~10-6	3.17	2.09	0.70	2.22	14.75	19.0
河姆渡组	1.99~2.25	G	11-1~11-5	2.52	2.86	1.32	0.85	15.91	11.9
	2.25~2.45	H	11-6~12-2	3.50	2.64	0.79	1.00	16.59	16.7
	2.45~2.71	I	12-3~12-7	2.57	2.10	0.90	1.13	17.64	15.7
	2.71~3.18	J	13-1~14-1	3.37	1.89	0.57	1.58	16.66	22.3
	3.18~3.63	K	14-2~14-10	3.33	1.99	0.60	1.71	16.26	20.4
	3.63~4.03	L	14-11~15-6	3.11	2.09	0.68	1.73	16.22	18.9
	4.03~4.68	M	16-1~17-7	3.77	1.96	0.53	1.15	17.28	24.2

（引自浙江省文物考古研究所、萧山博物馆《跨湖桥》，文物出版社2004年版）

物地球化学指标，结合层序地层学、孢粉学的研究成果，可将湘湖湿地剖面全新世沉积物划分为13个地球化学垂向分带。其分析结果与上述孢粉资料研究结论较为一致。其中与前5个植被发展阶段对应的古气候温度分别为L带、K+J带、G+H+I带、E+F带和A+B+C+D带。古气温年平均值如下：L带18.9℃，约比现今高1.0℃—2.0℃；K带20.4℃，约比现今高3.0℃—4.0℃；J带22.3℃，约比现今高5.0℃—6℃；I带15.7℃，约比现今低1.0℃—2.0℃；H带16.7℃，与现今相近；G带11.9℃，约比现今低5.0℃；F带19.0℃，约比现今高2.0℃；E带11.9℃，约比现今低5.0℃；D带11.4℃，约比现今低5.0℃—6.0℃。其中H带和G带为跨湖桥文化分布层，说明跨湖桥文化早期气温与现今相近，而晚期气温较现今低许多。G带的早、中期发生过一次大幅度降温事件，最低气温降到6.0℃—7.0℃，即约比现今低10.0℃，此时正值跨湖桥文化鼎盛期。这次冷事件对人类活动有较大影响。此后气温急剧上升，直到接近现今。[1]

　　湘湖湿地一带由丘陵逐渐向湿地过渡的生态地貌是许多动物的理想生境，因此全新世早、中期这里的动物群分布也呈现出多层次特点。湖沼地带的生态过渡性尤为显著，生物种类也最为丰富。开阔的水域和繁盛的沼泽灌丛不仅是大量淡水软体动物、鱼类、爬行类动物和鸟类的栖息地，也是众多小型哺乳类动物的觅食场所。蟹等十足目栖于较远的河口半咸水域，乌鳢和鲤多见于水草丛生的浅水区，龟和扬子鳄活跃在蓬蒿杂乱的潮湿地带，雁、鸭、天鹅、鹤、鸨等水禽栖息在水域附近的沼泽草地或草原，部分雕类出没于湿地或附近林地草原，豹猫、貉、獾等小型哺乳动物则性喜在水滨觅食，犀牛和麋鹿也经常在沼泽附近悠游。人类捕猎的主要

[1]浙江省文物考古研究所、萧山博物馆：《跨湖桥》，文物出版社2004年版，第233—237页。

大中型哺乳动物中的鹿生活在森林边缘和丘陵草原，还常到盐碱地舔食盐碱，而苏门羚则出没在丘陵森林中。遗址生态遗留物的历时性特点显示，黏土沉积诊断性材料均为高比例的海相盐水硅藻和港湾型非孢粉微生物，主要为潮间带真菌孢子、海生腰鞭毛虫囊。虽然这些海相沉积存在盐沼草本植物的孢粉，但大部分孢粉组合来自淡水植物群落，显示其存在于一种港湾而非十分开阔的海滨环境。陈淳等发表于《自然》的《沿海湖沼火与水的控制造就华东最早的水稻栽培》一文指出，^{14}C测定数据表明，8722—7863aBP沉积物中的微生物化石指示了一种淡水环境，没有海水的影响。大量的水生真菌、大型植物和水藻又指示存在宽阔的湖塘。而后又逐渐变为多芦苇的沼泽湿地。草类和淡水沼泽草本植物孢粉的增加表明水体逐渐变浅、芦苇湿地扩大。大量出现的草本植物分解产生的真菌尾梗霉属进一步证明这种湿地环境的存在。这一湿地环境导致茂密灌木丛生成。先是桦树和柳树，然后是桤树。硅藻证据显示这时有微弱的海水影响。约从7.7kaBP开始人类活动显著影响环境，显示为桤树孢粉、沼泽林地非孢粉微生物和水生植物孢粉种类的急剧减少。与此形成鲜明对照的是，炭屑增加了10倍。这一时期开始出现水稻孢粉，还有杂草和人猪共寄的寄生虫——鞭虫卵。这种人类活动对环境的明显改造过程持续了大约100年，直至被一次海侵所打断，表现为含盐黏土的沉积、林地的复苏和与人类活动相关的微生物的减少。[1]

[1]Y.Zong, Z.Chen, J.BInnes, C.Chen, Z.Wang & H.Wang, *Fire and Flood Management of Coastal Swamp Enabled First Rice Paddy Cultivation in East China*, NATURE, 449(7161), 2007.

跨湖桥遗址发现的动物包括鱼类、爬行类、鸟类和哺乳类等34种，出土动物骨骼共计5125块，总体保存完好。其中1292块过于破碎，缺乏明显的特征和形状，无法鉴定所属种属或者部位，只能归入大型哺乳动物、中型哺乳动物或小型哺乳动物。这类动物骨骼约占全部动物骨骼总数的25.2%。从各类动物的可鉴定标本看，早期爬行动物数量相当多，达到43.9%，但中期则没有超过13.0%，晚期为20.1%。相反，哺乳动物早期仅39.1%，中期接近70.0%，晚期70.0%以上。其他动物除鸟类到晚期明显减少以外，没有太大变化。动物数量和比例的变化可能与人类捕食动物的干预相关。从哺乳动物可鉴定标本和最小个体数的统计情况来看，年代越晚猪的数量越少，鹿科动物则越多，狗在早、中期增多，晚期略减少。水牛的可鉴定标本从早期到晚期逐渐增多，而最小个体数早、中期增多，晚期略有减少。爬行类动物中的扬子鳄为亚热带动物，栖息在湖沼、河漫滩以及丘陵山涧滩地。鸟类中的雁类、天鹅、丹顶鹤等鸭科动物均是水域鸟类，多为候鸟。哺乳动物中的貉生活于河谷、草原和靠近水域的树林里，獾类栖息于森林、山坡的灌丛及水域旁，熊类多栖息于混交林或阔叶林中，野猪多栖息于灌木丛或较低湿的草地和阔叶林中，麋鹿喜温暖湿润的沼泽地带，梅花鹿栖息于混交林、丘陵草原和森林边缘，水牛栖息于阔叶林、竹阔叶混交林或稀疏草地中，苏门羚栖息于高山岩崖或山坡森林中。犀属热带动物。这些在生态特征上具有典型意义的动物的存在，说明跨湖桥遗址一带有较大范围

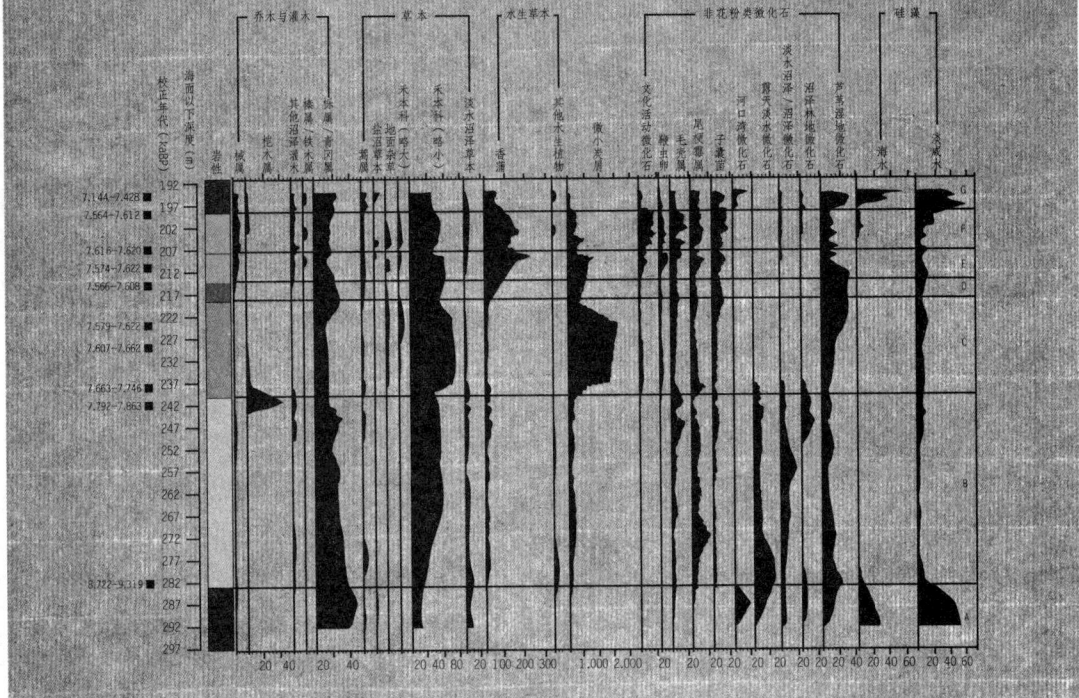

跨湖桥遗址古生态遗留物综合统计（引自陈淳、潘艳、魏敏《再读跨湖桥》，载《东方博物》第27辑），浙江大学出版社2008年版。

的水域及沼泽带，植被包括森林、灌木丛和草地，气温一度也较高。

　　跨湖桥遗址出土的骨骼许多属家畜遗骸。其中狗标本齿列的平均值早期为65.98mm，中期为65.10mm，晚期为67.48mm，略有增大，但变化微小。其尺寸明显小于中国发现的最早的家犬贾湖遗址出土的狗齿列平均值72.70mm，说明在1000多年间家犬的齿列明显缩小。跨湖桥遗址从早到晚各期狗在各种动物中的比重不断提高，到中晚期达到10%以上，这种现象在中国新石器遗址中比较少见。可鉴定标本和最小个体数统计表明，跨湖桥遗址出土的家猪骨骼占全部哺乳动物的骨骼比例早期20%以上，中期10%以上，晚期10%以下。说明当时尽管已掌握了家猪饲养技术，但家猪饲养并没有成为人类获取肉食的主导性方式。跨湖桥文化先民获取肉食仍以渔猎为主。目前发现的中国最早的家猪在河北省武安市磁山遗址，其年代7.5kaBP左右，跨湖桥遗址的发现物在年代上与之相当或更早，是迄今中国南方发现的最早的家猪标本之一，提供了中国家猪起源的新证据。[1]

　　通过上述以植物孢粉为中心、结合树林遗存和土壤微化石的分析可知，湘湖湿地在8.0kaBP前后相对优良的生态环境为跨湖桥文化的发生发展提供了地缘条件。浙江省地质调查院的全新世湘湖地区瞬时岩相古地理图显示，跨湖桥文化的诞生期恰好处在一个短暂的海退水位下降期，即约9.0—8.0kaBP间。此时湿地中出现一块不大的剥蚀区，气候及植被环境非常适合人类生存。然后再度沦为沼泽区，最后为潮上带、潮间带所控制。[2]这又说明跨湖桥遗址一带为沼泽、沙洲包围的天然局限性。这一不利条件弱化了文化体抵抗自然灾变的能力，也限制了文化的繁殖、扩张和对外交流。从年代上看，跨湖桥遗址废湮之时，正是河姆渡文化繁盛之时。它们在相似的海拔高程，又同在杭州湾地区，这显然是一种矛盾现象。卷转虫海侵7.0—

[1]浙江省文物考古研究所、萧山博物馆：《跨湖桥》，文物出版社2004年版，第263—270页。

[2]浙江省地质调查院：《区域地质调查报告：杭州市幅》，2003年。

6.0kaBP达到高峰，与跨湖桥遗址毁弃时间吻合。但与河姆渡遗址联系起来考虑，只能将海侵的顶峰期（杭嘉湖平原、宁绍平原成为连成一片的浅海）限定在7.0kaBP左右的百年之内。或许这也可以解释为"钱塘江潮"特殊作用的结果。

二、跨湖桥文化地理分布

跨湖桥遗址位于杭州市萧山区城厢街道湘湖村，钱塘江、浦阳江从西南流来，在遗址西北侧拐了个"U"字形弯，绕过遗址流向东北，注入杭州湾。湘湖在北宋成为人工湖后，水利功能加强，历代官府"禁田"十分严厉。由于湘湖夹在两列山系之间，沿山作线状分布的村落受湖、山的双向挤迫，造成江南水乡少见的无田可耕的困局，当地农民由此选择制砖瓦为谋生方式。湘湖黏土细腻而具有韧性，是制作砖瓦的优质原料，所以明代开始就有人挖湘湖黏土设窑制砖瓦。至清代，这一带的定山、汪家堰、跨湖桥、湖里孙、窑里吴诸村居民均以制砖瓦为业。20世纪50年代末的"大跃进"时期，跨湖桥北建立国有企业杭州砖瓦厂，生产规模空前扩大，取土向纵深开掘。1970年又在跨湖桥南冷饭滩设萧山城厢砖瓦厂，是为跨湖桥遗址区。

最早发现跨湖桥文化遗物的是良渚遗址的发现者何天行。何天行发表于1955年第4期《考古通讯》的《萧山湖岸发现新石器时代陶片》一文记载："萧山城西近湖山麓的地方，在从盛家港后到沿山的路旁，一直到瓦窑相近，发现不少新石器时代陶片……湖岸近处、山麓的畦地中发见几何纹陶片，沿着山坡近湖边处随地可以捡到灰色压纹陶片、灰方格纹陶片、细麻布纹陶片、几何纹压纹陶片、方格粗纹陶片、直纹深灰陶片等。所发现的以灰色的几何纹陶片为最多。在发现这些陶片的地方，发现了一片黑陶陶片，经风化已腐蚀。沿着山麓所发现的则有一种螺旋纹陶片。这些陶片的时代，或以为在汉代，但从发现的地点与同地所得的陶片考察，恐在殷代之前。因此，这些陶片的时代很早……因为发现黑陶陶片，有些陶片的时代，大约当新石器时代晚期。从这些在萧山所发现的陶片研究，几何纹陶片的时代亦当是很早的。萧山所发现的陶片状况，与在余姚湖边山麓所发现陶片的状况很相同。有发现几何纹陶片的地方，也发现新石器时代陶片（在柴岭下亦发现）和不少一直到中古时代以后的青瓷片。"[1]20世纪60年代，杭州砖瓦厂厂医陈中缄也注意到出土遗物。2001年其后人向萧山博物馆捐献所收藏的几十件骨器、石器，可以确证此事。

1990年5月30日，萧山市文物管理委员会获得浙江省广播电视大学萧山分校学生郑苗发现文物的线索，即于第二天在萧山城厢砖瓦厂取土工地发现跨湖桥遗址。10月至12月进行第一次考古发掘，共布5m×5m探方13个，总面积330m²。出土文物113件，并发现灰坑、房址、灰沟、柱洞以及一些特殊的建筑遗迹。国家海洋局第二海洋研究所对4个木质标本的^{14}C年代数

[1]何天行:《萧山湖岸发现新石器时代陶片》，载周膺、何宝康编校《良渚文化与中国早期文化研究：何天行学术文集》，天津社会科学院出版社2008年版。

跨湖桥遗址2001年、2002年发掘区

据测定表明，其年代为8.0kaBP。但由于对遗址的文化内涵和性质尚缺乏深入的认识，年代测定数据受到争议，对遗址也没有给予必要的重视，从而使得考古发掘持续10年没有再进行，遗址因此而遭到毁灭性破坏。其中第一次发掘区已完全消失，所剩仅一小块遗址堆积。2001年5月至7月间对这一小块堆积进行第二次考古发掘，开始阶段共布10m×10m探方5个，后又布7m×10m探方2个，发掘面积近400m²。这次发掘取得了一大批可复原陶器和石器、木器、骨角器、人工栽培水稻、动物遗骨等。北京大学考古文博学院对6个标本进行¹⁴C年代数据测定，经树轮校正，证明年代8.0—7.0kaBP。此次发掘被评为"2001年度全国十大考古新发现"。2002年10月全12月又进行第三次发掘，共布10m×10m探方4个、7.8m×7m探方1个，发掘面积约350m²。不仅出土大量陶器、石器、木器、骨角器，还发现独木舟及相关遗迹。

跨湖桥遗址第三次发掘期间，杭州铁路分局杭州工务段职工倪杭强提供了下孙遗址的线索。该遗址位于跨湖桥遗址北约2km城厢街道下孙村已停产的萧山湘湖砖瓦厂（后改为萧山砖瓦厂）厂区。2003年12月至2004年1月进行考古发掘，共布10m×10m探方8个，发掘面积550m²。发现大量陶器、石器以及灰坑、柱洞、红烧土、硅藻化石等，确认其文化性质与跨湖桥遗址有密切联系。

由于毁坏极为严重，对跨湖桥遗址分布范围的判断主要只能以1990年、2001年、2002年发掘区的文化内涵和堆积特征为根据，参考20世纪70年代开始参与"破坏"过程的萧山城厢砖瓦厂老工人的回忆。遗址东部边缘的地质勘探与民国16年（1927年）绘制的湘湖图可引以为补充说明。1990年发掘区、2001年和2002年发掘区、地质勘探点构成三角形分布。其中1990年发掘区不复存在，发掘位置凭记忆确定。从堆积内涵看，其堆积

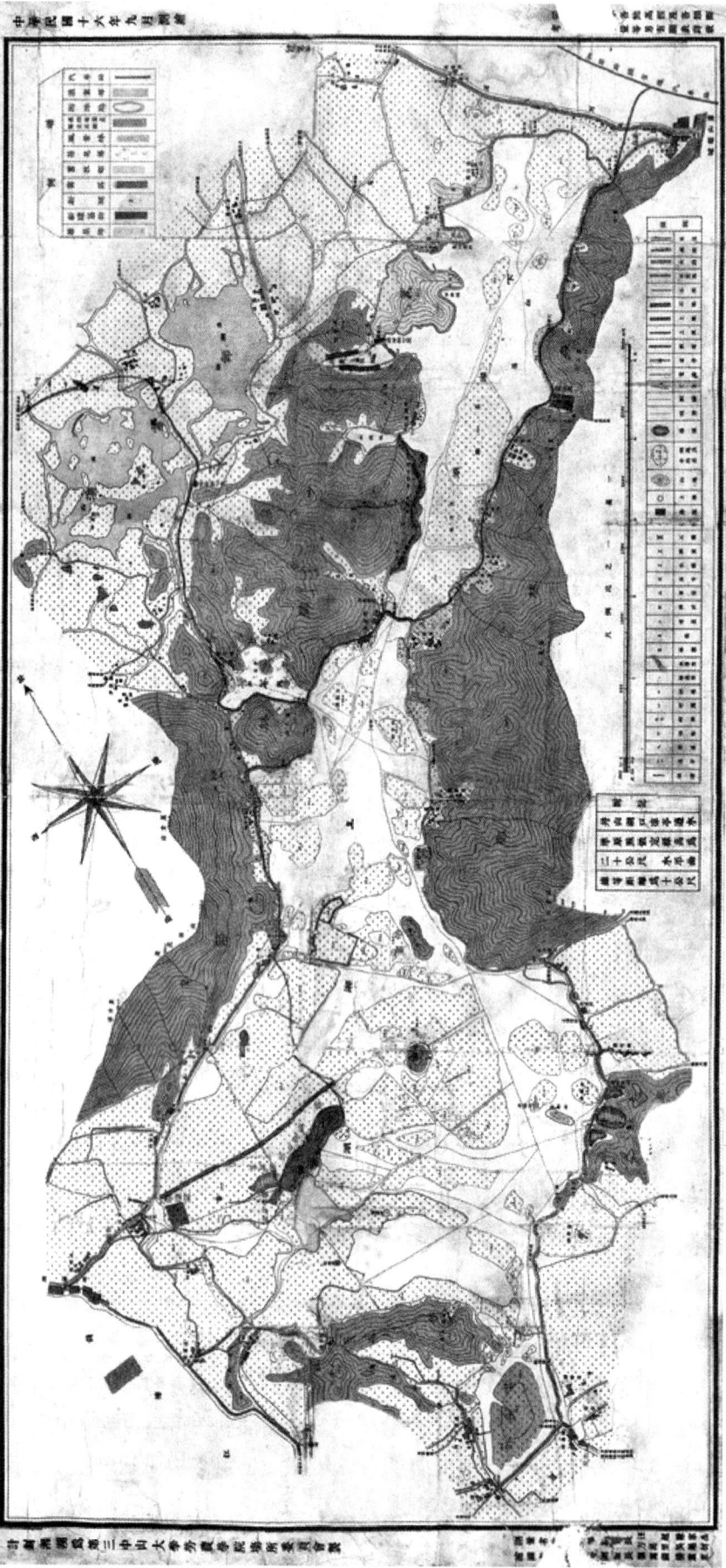

民国16年（1927年）第三中山大学劳农学院场所委员会绘《湘湖建设计划图》

据《湘湖建设计划图》重新绘制的《民国16年湘湖图》

深厚、遗迹丰富，为遗址中心区。2001年和2002年发掘区堆积较薄，并由西、北向东、南呈明显的坡降而趋于消失，遗迹稀少。地质勘探点在2001年发掘区东南35m，中间区域由砖瓦厂取土坑剖面可以看到稀薄的文化层联系。据老工人回忆，2001年和2002年发掘区以西约170m，亦即萧山城厢砖瓦厂取土坑的西部，发现过南北向石子铺的"路"，并发现由4根大木柱构成的方形"房址"。2002年发掘区西北60—80m处发现许多石器、鹿角等遗物。遗址位于民国16年（1927年）绘制的湘湖图的湖边浅滩冷饭滩附近。由于遗址中心地层堆积厚达数米，这种小范围的地貌特征可能与遗址有一定关系。

综合以上线索，可以对跨湖桥遗址的分布做一个基本推断：遗址中心区在1990年发掘区与记忆中的"石子路""木头房址"分布区，也就是《民国16年湘湖图》中的冷饭滩一带。回忆中的"鹿角""石器"分布区缺少遗迹方面的内容，不属于遗址中心。虽然从这里到跨湖桥之间也发现不少"石器"等遗物，但考虑到跨湖桥以北也发现过骨、石器，这一带可能存在两个遗址。这一判断牵涉到遗址的聚落性结构，目前缺乏深入探讨的条件。由现有的资料分析，有理由将萧山城厢砖瓦厂的取土区看作一个相对独立的遗址单元。取土坑的西、西南、西北缘的暴露剖面上未见遗址分布。2001年和2002年发掘区至记忆中的"石子路"分布区的最大宽距以200m计，2001年发掘区与记忆中的"鹿角""石器"分布区的直线距离约150m，以这两个数据为基准，可以判断跨湖桥遗址的面积超过3万m^2。

遗址分布区海拔约4m，西北近丘陵，北侧为寨岭庵（海拔122.0m），西侧为狮子山（海拔83.6m）。虽然遗址破坏严重，但可以从萧山城厢砖瓦厂取土坑提供的地层剖面、考古发掘揭示的遗址堆积走向、地质勘探这3个方面对遗址的生成环境做以下几点基本判断：第一，遗址坐落在从西北山麓向东南延伸的第四纪黄土层上，层表为全新世暴露于地表的铁质风化壳。第二，遗址东部边缘与西部山脚相距350m，之间的坡度落差仅5m左右，因此遗址所在位置的地貌比较平缓。地貌的具体形态也并非表现为均衡的坡降，中间局部有低冈小丘。第三，取土坑西北边缘的剖面上未发现遗址堆积，因此可以判断距遗址有一定距离。与浙江地区7.0kaBP以后形成的山前新石器文化遗址相比，跨湖桥遗址离山体相对较远。第四，1990年发掘区的文化层厚度达3.0m，遗址大部分直接叠压在含铁锰质结核的黄土层之上。2001年和2002年发掘区的文化层堆积在1.2m以下，大部分叠压在湖相淤泥上，说明遗址东南边缘滨临水域。第五，2001年和2002年发掘区东侧30m处有一块保留湘湖湖底原始地貌的耕地，海拔为3.8m。以此为参照，2001年和2002年发掘区依托的生土面海拔-1.2—-0.9m。北侧最高，直接叠压在黄土层上，其他位置均叠压在湖相沉积之上。

下孙遗址在下湘湖地界，与南北山系的直线距离均在180m左右。所在位置恰好是一条废弃河道的河床，为原湘湖遗留，改造后继续通航。河床保留了原湘湖湖底地貌，海拔约4.1m。遗址分布范围不详，钻探表明约在5000m²范围内发现零星炭屑与陶片，可能为遗址的残留范围。[1]

从跨湖桥遗址和下孙遗址丰富的出土物以及湘湖周边地区多采集文物的情况来看，跨湖桥文化在杭州市萧山区、滨江区一带当有更广泛的分布。上山遗址、小黄山遗址上层的跨湖桥文化特征又将浙中山区的新石器时代早期文化与跨湖桥文化联系在一起，据此又可以推断跨湖桥文化有更广泛的分布。跨湖桥文化表现出令人惊叹的成熟性和发展高度，其渊源和去向也不明朗，在学术上很难做出解释。杭州湾两岸全新世以来伴随海平面上升而堆积起来的沿海平原以及丘陵地区都是可探索的范围。

考古学文化是考古学研究中的专门术语，用以表示考古遗存中所观察到的共同体，专指考古发现中观察到的属于同一时代、分布于共同地区、并且具有共同特征的一群遗存。例如在考古工作中，发现某几种特定类型的器物经常在一定地区的某一类型的居址或墓葬中共同出土，这种有着特定组合关系的遗存即可以称为一种"文化"。1959年夏鼐依据国际学术惯例提出考古学文化命名三原则，其大意为：第一，文化类型特征明显。类型品不一定是最重要的，但文化内涵必须很明确。例如陶器，必须是用某种质料以某种制法制成的某种（或某几种）形式的和某种（或某几种）纹饰的，不能只是空泛的灰陶或彩陶分类。第二，必须有一群的特征。至少在两个不同的地点出现，有一定的分布范围。第三，对文化内涵有充分认识。对同类遗存中至少有一处遗址做过比较全面深入的发掘研究，充分认识其特征以及构成元素。[2]

跨湖桥遗址的年代早于河姆渡遗址，文化面貌独树一帜，不同于中国东南沿海地区原有的其他考古学文化，遗址内涵丰富、特征明确、整体性强。除跨湖桥遗址外，还在附近地区发现下孙遗址。对照考古学文化的概念，可以认为，跨湖桥遗址与下孙遗址所代表的文化内涵具备了考古学文化确立的基本条件，所以2004年12月17日被命名为"跨湖桥文化"。跨湖桥文化是一种存在于8.0—7.0kaBP，以湘湖及其周围地区为重要分布区，面向海洋、最后为海洋所颠覆的考古学文化。跨湖桥文化对中国东南沿海地区新石器文化的研究具有十分重要的意义。第一，打破了原有的河姆渡文化、马家浜文化两分体系，建立起长江下游流域区域文化的多元格局；第二，改变了习惯的文化体或文明体直线演进的认识模式，使人们认识到考古学文化作为一种完整的生命体可能遭到毁灭性破坏；第三，为长江流域新石器文化研究中的整体观念的形成提供了一个新的坐标，并以一种特殊的方式将中国东南沿海新石器文化传统与海洋文化的关系作为问题提出来。

[1]浙江省文物考古研究所、萧山博物馆：《跨湖桥》，文物出版社2004年版，第11—15、278页。

[2]夏鼐：《关于考古学上文化的定名问题》，载《考古》1959年第4期。

对跨湖桥文化的年代和分期主要依据^{14}C测定数据、热释光测定数据和层位学、类型学方法来确定。跨湖桥遗址文化堆积分为9层，下孙遗址文化堆积分为5层（其中第二、第五层又各分两个亚层）。国家海洋局第二海洋研究所、北京大学考古文博学院科技考古与文物保护实验室、中国社会科学院考古研究所考古科技实验研究中心对跨湖桥遗址1990年、2001年和2002年3次发掘的14个采样标本进行^{14}C数据测定，国家地震局地壳应力研究所对跨湖桥遗址全新世—更新世地层综合柱状剖面进行包括文化层在内的前后地层关系进行^{14}C数据测定，上海博物馆文物保护与考古科学实验室（文化部文物保护技术上海检测站）针对跨湖桥遗址2002年发掘的独木舟年代研究而采集的3个陶片标本进行热释光数据测定，中国社会科学院考古研究所考古科技实验研究中心对下孙遗址2个标本进行^{14}C数据测定。跨湖桥遗址标本的^{14}C测定数据7595±242—6180±90aBP，树轮校正数据6700（68.2%）6050aBP和7100（95.4%）5900aBP—5260（68.2%）4990aBP和5320（92.7%）4900aBP、4890（2.7%）4850aBP，热释光测定数据8100±800—7900±800aBP，地质勘探^{14}C测定数据6370±230—6120±240aBP。下孙遗址标本^{14}C测定数据6919±46—6886±65aBP，树轮校正数据5840（10.3%）5820aBP和5810（57.9%）5730aBP—5840（66.5%）5710aBP和5680（1.7%）5670aBP。跨湖桥遗址所在的湘湖一带没有石灰岩矿带分布，附近也没有泥炭沉积，可以排除测定的干扰因素。^{14}C测年数据中，国家海洋局第二海洋研究所的3个偏早，可能属于设备性误差。测年数据分布总体上符合逻辑。

根据以上年代测定，可将跨湖桥遗址的形成分为3个阶段：第一阶段，包括T302第九层、H22在内的1990年发掘区的早期地层及2001年和2002年发掘区的湖Ⅳ层至湖Ⅰ层及独木舟遗迹。当时的生活中心区是1990年发掘区一带，遗址东侧（即2001年和2002年发掘区）尚是一片水域，但已出现干涸的趋势。先民的活动区域迫近湖边，并习惯向湖边清扫和倾倒垃圾。这一阶段晚期，原湖边二三十米范围内大都已经干涸。除与水位下降有关外，与生活垃圾的填塞也有密切关系。与独木舟相关的湖Ⅰ、Ⅱ层分布区应该是独木舟通行水道。这一阶段的8个^{14}C测定数据，标本HL91002偏早，BK200165偏晚，其他基本落在7.1—6.8kaBP之间。树轮校正后，以95.4%置信度为标准综合考察，年代定在8.2—7.5kaBP（树轮校正后）。第二阶段，包括建筑B在内的1990年发掘区及2001年和2002年发掘区的第八、第九层堆积。这时遗址范围已经向东部扩展，湖边独木舟被淹埋。3个^{14}C测定数据落在6.8—6.4kaBP之间。树轮校正后，以95.4%置信度为标准综合考察，年代定在7.9—7.3kaBP。第三阶段，包括T304第二层代表的1990年发掘区及2001年和2002年发掘区的第七至第四层，以及地质勘探点的文化层堆积。遗址堆积区向东南方向继续扩大。从T0512第七层下的烧土面遗迹看，原边缘湖区完全成陆，生活区域向东扩展。但总体看来，这里的生活遗迹稀少，仍为生活边缘区。出土陶器的修复率高，与生活垃圾的集中倾倒有关。标本HL91023的¹⁴C测定数据偏早，2001年发掘区的3个数据和国家地震局地壳应力研究所的2个数据均在6.4—6.1kaBP之间。树轮校正后，以95.4%置信度为标准综合考察，年代定在7.6—6.9kaBP。

跨湖桥遗址出土文物的变化主要体现在陶器上。尽管其陶器及组合关系从早期到晚期未发生大的变化，但在小的变化中仍可以看出文化发展的阶段性。跨湖桥遗址陶器的代表性器形是釜、罐、钵、圈足盘和豆。按照浙江省文物考古研究所、萧山博物馆编著的考古报告《跨湖桥》分类如下：釜分A、B、C、D、E、F、G、H、I9型18亚型28式，其中除E型外其他几型从早期到晚期都存在；罐分A、B、C、D、E、F、G、H、I9型13亚型16式，其中C、Ea、F、H型从早期到晚期都存在；钵分A、B、C、D、E、F、G7型9亚型10式，除Bb型分二型在各层交叉分布外，其他型式从早期到晚期均匀分布；圈足盘和豆由于结构分为上下两部分，易残破，故出土物较多残器，可分为A、B型圈足盘、A型豆、A型圈足盘圈足、A型豆柄2式、A型（圈）足盘、B型豆柄2式，与釜、罐、钵不同的是它们的早期型式多未向晚期延续。这5种陶器均在第九和第七两层发生变异。下孙遗址陶器外观比跨湖桥遗址陶器差，陶衣褪色严重，不见彩陶，可能与保存环境有关，不能完全归于文化差异。但在陶器比例方面，下孙遗址出土的陶釜比例高出跨湖桥遗址22%，而跨湖桥遗址十分显目的罐、钵和圈足器在下孙遗址中极少发现。跨湖桥遗址典型器G型罐、放射状刻画纹圈足器、筒腹圜底钵及纺轮形器均不见于下孙遗址。相反，下孙遗址的平底器数量较多。

根据遗址演变特点及陶器的类型学研究，结合¹⁴C测定数据分析推断，可以将跨湖桥文化分为3期：第一期，包括跨湖桥遗址1990年发掘区第九至第七层及2001年和2002年发掘区湖Ⅳ至湖Ⅰ层，年代8.2—7.8kaBP。典型陶器为：AaⅠ、AbⅠ、AdⅠ、EaⅠ、EbⅠ釜，AaⅠ、BⅠ罐，BbⅠ钵，AⅠ、BaⅠ圈足盘，AⅠ豆，AⅠ豆柄。第二期，包括跨湖桥遗址1990年发掘区第六至第三层及2001年和2002年发掘区第九、第八层，年代7.7—7.3kaBP。典型陶器为：AaⅡ、AbⅡ、AdⅡ、EaⅡ、EbⅡ釜，AaⅡ、Ab、Ac、BⅡ罐，A、BaⅡ、Bb圈足盘，AⅡ豆，AⅡ豆柄。第三期，包括跨湖桥遗址2001年和2002年发掘区第七至第四层，年代7.2—7.0kaBP。典型陶器为：AaⅢ、AbⅢ、AdⅢ釜，AaⅢ、G型罐，BbⅡ钵，AⅢ、BaⅢ圈足盘，AⅢ豆，AⅢ豆柄。下孙遗址的年代测定数据相当于跨湖桥遗址早期，但从陶器器形及遗址的堆积特征综合考察，将其年代定在跨湖桥遗址稍晚较为恰当。理由主要有3条：一是两遗址位置、海拔均相近，又显然因为同一次海侵而毁弃，年代下限应该是一致的；二是下孙遗址地层堆积薄，分布密集的灰坑几无打破关系，可见是共存的遗迹，因此遗址延续的时间不会长；三是虽然跨湖桥遗址陶器演变比较迟缓，最富有特征的陶器如G型罐、Bb型圈足等未见于下孙遗址，但与跨湖桥遗址相比，下孙遗址的A、B型罐和A型盘在型式上均接近跨湖桥遗址的偏晚型。[1]刘晓庆《跨湖桥文化的分

[1]浙江省文物考古研究所、萧山博物馆：《跨湖桥》，文物出版社2004年版，第218—228、317—318页。

[1]刘晓庆:《跨湖桥文化的分期与相关问题研究》,吉林大学硕士学位论文,2008年。

期与相关问题研究》一文提出,跨湖桥文化3期陶器特征变化不是很明显,有很多器型都贯穿始终,所以可以简单划为早、晚两期。可将上述前两期归为早期,第三期归为晚期。早晚两期陶器特征变化较为明显的是:卵形陶釜由较尖圜底变为较为平缓,也更为瘦长;双耳罐早期器身一般较高,多为平底或圜底,晚期则器身较矮的圜底型占了主流;圈足盘施有放射线和镂孔组合的多出现于早期,晚期很少见。[1]

　　总体来看,跨湖桥文化在1000年间的早、晚各期文化面貌变化不大。这是跨湖桥文化与河姆渡文化、马家浜文化等相比较表现出的较为独特的现象。陈淳等《沿海湖沼火与水的控制造就华东最早的水稻栽培》对跨湖桥遗址的^{14}C加速器质谱(^{14}C-AMS)测年数据为7700—7550aBP,年代跨度不足200年,与考古发掘数据8.0—7.0kaBP年代跨度1000年有较大差异。所以他们认为,跨湖桥文化面貌前后差异不大或许也与测年误差有关——跨湖桥遗址陶器特征总体上比较统一,可能没有千年之久的演变历史;下孙遗址的2个测年数据也缺乏7.5—7.0kaBP这一段,而这两个遗址被同一次海侵所淹,年代下限应该是一致的。因此,跨湖桥文化的年代存在压缩的可能性。[2]

第二节　跨湖桥文化的特征

一、跨湖桥文化的聚落形态

[2]蒋乐平:《跨湖桥遗址"解读"的若干问题》,载《中国文物报》2008年1月18日;刘晓庆:《跨湖桥文化的分期与相关问题研究》,吉林大学硕士学位论文,2008年。

　　汉语"聚落"一词大约出现于秦汉时期。《史记·五帝本纪》云:"一年而所居成聚,二年成邑,三年成都。"《汉书·沟洫志》则云:"或久无害,稍筑室宅,遂成聚落。"由此可知,中国古代所说的聚落是指有别于邑、都的乡村自然居聚点。"聚"指一定规模聚集而居的行为方式,"落"是乡村聚居组织的基本细胞——住屋或家户。当代人类学、考古学上的"聚落"(Settlement)则指在一定地域内具有一定人口规模、并有相对独立的文化心理(如共同的语言、文字、历史、生活方式、风俗习惯等)的聚居点,包括城市、集镇和乡村等。聚落形态(Settlement Patterns)和聚落考古(Settlement Arehaeology)是当代考古学常用的概念。路易斯·亨利·摩尔根(Lewis Henry Morga)便对印第安人聚落居址的研究有很大的兴趣。柴尔德则强调器物功能分析的重要性,并呼吁从聚落内部动力来研究社会和文化的演变。格雷厄姆·克拉克(Grahame Clark)倡导交叉学科的综合研究,强调考古学应当尽可能了解人类的生活环境、经济形态和社会信仰。罗伯特·约翰·布雷德伍德(Robert John Braidwood)自1948年开始对伊拉克北部的扎尔莫(Jarmo)遗址进行发掘,理查德·麦克尼什(Richard Mcleish)自1960年起对墨西哥南部的特奥蒂瓦坎(Teotihuacan)河谷开展调查和发掘,这两例实践从区域性遗址的综合研究来探索近东或中美洲农业起源问题，开了考古学战略性研究的先河。斯图尔特提出了文化生态学理论，在考古学研究中引入了生态环境这一重要变量。斯图尔特认为，人类文化是地球生态网络的一部分，其中人类并不以自己的体质适应与自然界相互作用，而是以自己超机体的文化因素与之作用。这种文化因素会影响整个生态网络，也受制于这一网络。但是他也强调，文化生态学并非是"生态决定论"，只是越是原始的文化越是受制于生态环境。[1]沃尔特·W. 泰勒（Walter W. Taylor）在1948年发表的博士论文《考古学之研究》中发出从文化系统的功能结构来研究物质遗存的呼吁，将考古学文化看作是史前人类技术、经济、人口和社会结构与生态环境相互作用的动力系统。布里安·M. 法根（Brian M. Fagan）高度评价斯图尔特与泰勒将20世纪的考古学引到了一个根本转折点的门槛上。[2]戈登·R. 威利（Gordon R. Willey）最早尝试用聚落考古学的方法来研究社会演变。他于1953年出版的《秘鲁维鲁河谷史前的聚落形态》一书分析了维鲁河谷数千年间的遗址分布和形态变化，并把聚落形态结构的变化与经济、人口以及社会结构的变化联系起来。这一研究方法逐渐形成了一个新的考古学分支学科——聚落考古学。

威利给聚落形态所下的定义是："人类将他们自己在他们所居住的地面上处理起来的方式。它包括房屋，包括房屋的安排方式，并且包括其他与社团生活有关的建筑物的性质与处理方式。这些聚落反映自然环境、建造者所实用的技术水平，以及这个文化所保持的各种社会交接与控制的制度。因为聚落形态有一大部分是由广泛保有的文化需要所直接形成的，它们提供了考古学文化功能性解释的一个战略性的出发点。"[3]布鲁斯·G. 崔格尔（Bruce G. Trigger）将聚落考古学定义为"用考古学的材料对社会关系的研究"。[4]张光直则从另一个角度表述为"在社会关系的框架之内

[1]Julian H. Steward, *Theory of Culture Change: The Methodology of Multilinear Evolution*, Urbana: Illinois University Press, 1963.

[2]Brian M.Fagan, *Archaeology in the Beginning*, New York: Harper Collins Publishers, 1991.

[3]Gordon R.Willey, *Prehistoric Settlement Patterns in the Viru Valley, Peru, Bureau of American Ethnology, BULLETIN*, 155, Washington: Smithsonian Institution, 1953.

[4]Bruce G.Trigger, *Settlement Archaeology: Its Goals and Promise, AMERICAN ANTIQUITY*, 32(2), 1976.

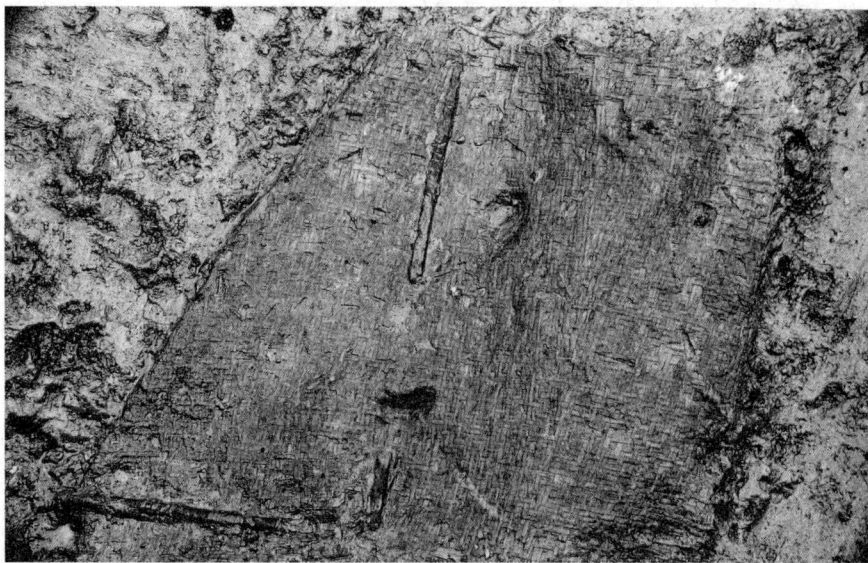

跨湖桥遗址编织物

来做考古资料的研究"。"这套方法包括下面几个步骤：1. 聚落单位的整理；2. 同时各聚落单位的连接；3. 各聚落单位在时间上连续成串；4. 聚落资料与其他资料关系的研究。"[1]国内外许多学者对聚落考古学还有各种不同的表述，而其基本意思大体都是：聚落考古学是一种社会考古学的研究方法，同时也是一种环境考古学的研究方法，研究人人关系和人地关系。

[1]张光直：《考古学专题六讲》，文物出版社1986年版，第86页。

从考古学文化的角度看，聚落考古学一般包括以下4个方面的内容：单一聚落的个案研究，同一考古学文化同时期聚落的分布以及相互关系研究，同一考古学文化不同时期或不同时期不同考古学文化聚落的相互关系研究，同一时期不同考古学文化聚落的相互关系和时空演变研究，聚落与生态环境关系研究。从聚落层次上看，聚落考古学可分为微观聚落形态研究和宏观聚落形态研究。从聚落时空上看，聚落考古学研究包括共时性研究和历时性研究。以上4个方面又是相互包含的。从考古学文化角度研究明显包含有微观和宏观层次，也包含着历时和共时的探讨；同样，微观和宏观或历时和共时方面的聚落形态研究又是以其所属的考古学文化为研究载体和研究基础的。

微观聚落形态研究一般是指对单体聚落的位置、布局和功能分区的研究。一个聚落对应着一个实际存在过的人类群体，既包括一般的村落，也包括超大规模的古代都城。也就是说，单个的聚落依其规模是可以划分不同等级的，不同的等级反映了其"存在过的人类群体"的势力的大小，所以，聚落可被看作政治实体的存在形式。聚落位置是先民建造聚落时对地形、地貌及周围自然资源的选择，从中可以分析当时的人与自然环境的关系。同时，聚落位置的选择还受人文条件的制约，而对这些人文条件的分析往往可以探讨该聚落政治实体聚合的内在机制，即它的社会组织和结构。单体聚落布局和功能分区的研究包含两个层次的内容，一是该聚落的整体布局和功能分区，二是聚落内各种遗迹尤其是重要遗迹的形态分析。前者主要探讨是否有城址、宫殿区、作坊区、储藏区、墓葬区（墓地）或公共活动广场等，以及它们的形态和它们之间的关系。后者主要探讨具体的遗迹，如房址的规模差别、排列方式、内部结构等。宏观聚落形态研究主要是对聚落之间关系和聚落群之间关系的研究，明显包含两个层次，即聚落之间的关系与聚落群之间关系的研究。前者研究同时期不同聚落的性质、规模和相互关系。这些同时期共存的聚落如有一定的关系，就有可能会组成一个聚合实体，即一种形式的聚落群。后者研究同时期不同聚落群的性质、规模和相互间的关系。同样的，这些共存的聚落群若有一定的内在关系，会组成一个规模更大的聚合实体，占有较大的地理区域。

共时性聚落可以在时间尺度上进行不同的划分。如考古学文化的分期和年代研究能够达到相当高的精度，则可以对每一个聚落遗址的所历年代做较为准确的判断，进而在横向比较的基础上确定不同时间尺度上共时聚落的数量及分布状况。根据不同的时段划分，特定区域内的聚落遗址数量及其分布状况就会有所不同。将上述内容绘于地形图上，便可在不同时段上分析和研究区域内聚落的相互关系及其所反映的社会组织结构和各种需要研究的问题。[1]聚落形态的历时性研究是一种对变迁的研究——一个遗址、一个地区和一种文化乃至整个世界范围内的聚落形态本身的变迁。这种聚落形态历时变化有两种情况，一是一种文化取代另一种文化，二是连续发展的文化内部变化。[2]

目前对聚落遗址的分类，至少在理论上已经开始出现了课题目标逐步细化的趋势，以往那些被忽略了的类项或层次不断得以补充，从而提高了聚落问题考察在人地关系研究体系中的重要性。重建区域性地理环境涉及许多自然地理环境要素，如地貌环境、资源环境、动物群环境、植被环境、土壤环境、气候环境、水文环境、灾害环境等。考古地理学十分关注人类行为和环境之间的关系，认为聚落既是人作用于环境的综合载体，还是人适应于环境的物化形式。考古地理学对聚落遗址分类采用多种类项或层次：

属性特征——迁徙点、村落、似城聚落、都城等；

层位特征——地表遗址、单层位遗址、层位叠压遗址等；

地貌特征——山地型、平原型、山麓型、临水型、洞穴型、河谷阶地型等；

功能特征——居住型、政治型、防御型、农耕型、营地型、祭祀型、埋葬型、贸易型等；

分布特征——点状、带状、片状、区域状等；

成因特征——定居型、开发型、嵌入型、迁徙型（生业迁徙型、季节性变化的移动迁徙型、军旅迁徙型）等；

等级特征——中心、次中心等；

规模特征——依面积或人口而定；

形态特征——依形状而定；

构造特征——竖穴、平地、洞穴和岩阴、干兰、高台及其附属设施如储藏坑（粮食、水果、贝类等）、仓库和陷阱等；

生业特征——陶器制作、石器制作、制盐、渔捞、狩猎、半农半渔猎、采集等。

就微观聚落方面来说，由于遗址破坏程度较大，跨湖桥遗址和下孙遗址的整体布局和功能分区已很难进行分析和描述，所剩遗迹只可以说明部分情况。跨湖桥遗址聚落原本应该有一种整体布局和功能分区，比较明确的有居住区、墓葬区、造船作坊区和食物储藏区。下孙遗址则可能是制陶作坊区。两个聚落可能组成一个聚合实体。

跨湖桥遗址1990年发掘区发现有灰坑、房址、墓葬、灰沟、柱洞及一些特殊建筑遗迹。其中第七至第九层主要遗迹有房址F4、灰坑H24、H17

[1]栾丰实：《关于聚落考古学研究中的共时性问题》，载《考古》2002年第5期。

[2]高江涛：《聚落形态考古与中国文明起源》，山东大学全国博士生学术论坛论文，2005年。

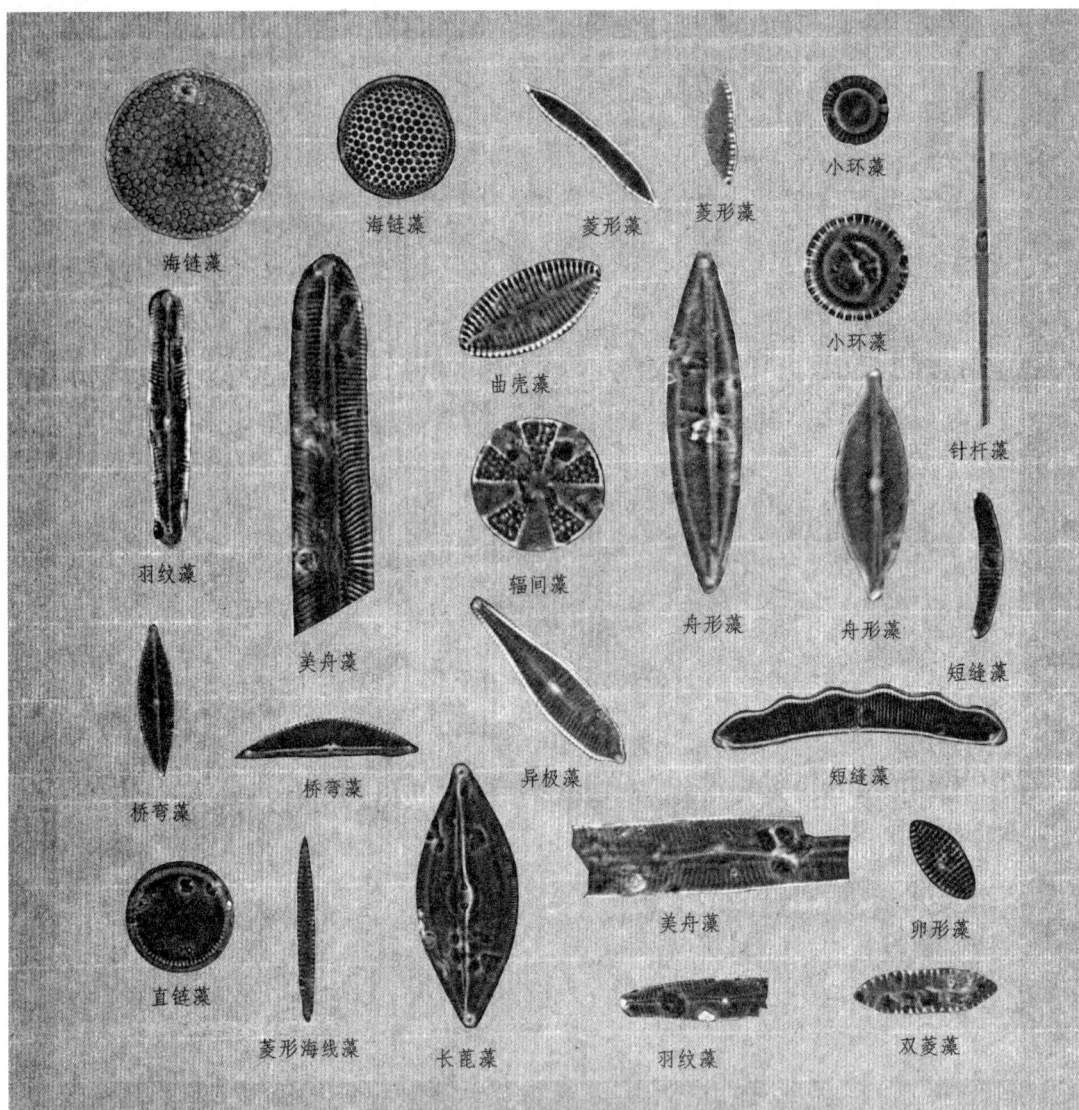

跨湖桥遗址地层中的硅藻显微照片

及少量未编号灰坑。F4位于探方T303，营建于第七层面上，仅残存南部一角。残存墙体高约30—40cm，宽约35cm。墙体土色灰白，质地纯净紧密。墙体中间以约30cm间距埋设木桩，木桩残长13—64cm不等。H17位于T303东南部，开口于第六层下。平面呈近正方形，袋状，底略平。坑边长约65cm，底部边长约70cm，深50cm。坑口架设"井"字形木构件，木构件分两层，交叉叠压。坑内保存有丰富的橡子以及一些木构件。H24开口于第七层下，坑口呈圆形，圜底。直径约100cm，深约50cm。坑底有一层沙，填土主要为淤泥和橡子，陶片很少，另有一些木构件。T202柱坑Z1—Z5均挖圆柱形坑后再埋设木柱。木柱截面呈圆形，柱坑深20—30cm不等。H22也有丰富的橡子。第五层下和第三层下的主要遗迹有房址F2、墓葬M1、沟G1以及H16、H18、H11、H12、H13、H14等。F2叠压于第五层下，位于T302的西北部，遗迹向北和向西可能延伸至T202和T301，以成排的木桩和柱坑为边界范围。仅揭露T202和T302部分。堆积为含有红烧土颗粒的土层，分为三层。M1位于T402，开口于第三层下，墓主为小孩，头骨受压破碎，骶骨以下被扰动，不见骨骸。第二层下主要遗迹有房址F1、建筑C以及鹅卵石面、灰坑等。另外，建筑B位于发掘区中部偏北（T202东部、T203全部、T303北部、T204西北部）、开口于第二层下并叠压第七层，建筑A位于T404和T303。建筑B平面形状呈椭圆形，为多层次堆积形成的黄土台，被揭露部分的长、宽均约10.0m，高约1.6m。其中T203范围的堆积分为19个小层。建筑A平面近正方形，长约5.7m，宽约4.7m，有灰白色、红色烧结面以及鹅卵石等。

跨湖桥遗址2001年和2002年发掘区主要是以独木舟为核心的遗迹。第九层C层下出现大面积湖泊相沉积区。土质以灰黏土为主，有机质及文化遗物明显由西北向东南减少。从T0613东北角经T0513东北角到T0512西北角有一条长约27m的弧线形堤状堆积。堆积内涵以碎木、炭灰、橡子壳及陶片等生活杂物为主，含土量偏少。这一位置恰好处于生土面迅速下降、湖相沉积出现的边界线上。堤状物可能是当时集中倾倒的垃圾堆积，近于现今农村的景况。因为水的作用，这种堆积表现为离岸越近包含生活杂物的堆积越深厚稠密、离岸越远则越疏薄的特征。由此可以判断，在聚落形成的早期，这里大部分属于近岸水域，但由于生活垃圾堆积等多方面原因，水域已趋萎缩。到了第九层，已干涸或向东南方向退却，聚落分布相应扩大。独木舟的存在并不是一种孤立现象，而与所处环境、湖泊之间存在着一种相互关联、密不可分的共存关系。独木舟的具体位置在T0512、T0513内，呈西南—东北向摆放，基本上与上述堤状物同向。从层位关系判断，独木舟废弃阶段水域已经干涸，但未完全成陆。湖Ⅰ、湖Ⅱ层分布局促，当为水域的收缩形态，可能是通向大水域的通道，水涨而满，水落而枯。独木舟由一些桩木固定在分布区位置上，其周边发现木桨、木料、砺石、石锛、锛柄以及席状编织物等，综合判断可能为与独木舟有关的木作加工现场。独木舟也可能为戈船，即现今的边架艇。[1]独木舟的一边或两边绑扎木架可构成单架艇或双架艇。[2]

下孙遗址的主要遗迹分为红烧土和块石、灰坑和柱洞两大遗迹群集。红烧土和块石遗迹集中分布在发掘区东部，叠压在部分灰坑之上。红烧土和块石又有相对的集中区，红烧土主要分布在东侧的T1204、T1205范围内，块石主要分布在中部的T1104、T1105范围内。块石为沙岩质矿石，与遗址中发现的斧、锛类石器的原料不同，可能用于提取制陶铁矿物颜料。有的光滑鹅卵石则可能是制陶用修整工具。灰坑和柱洞遗迹集中分布在西部，尤以T1003、T1004、T1103、T1104西部分布最为密集。其中灰坑量大，并普遍有层理状分布的草木灰，可能用于贮放陶器。由此可以推测，下孙遗址可能是与制陶相关的作坊性遗址。下孙遗址的动物遗骨表明其中许多物种与海洋有密切关系，如长牡蛎、近江牡蛎、团聚

[1]凌纯声：《中国远古与太平印度两洋的帆筏戈船方舟和楼船的研究》，中央研究院民族学研究所专刊之十六，1970年。

[2]浙江省文物考古研究所、萧山博物馆：《跨湖桥》，文物出版社2004年版，第25—52页。

跨湖桥遗址石制、骨制工具

牡蛎、中国绿螂、缢蛏、船蛆、薄壳星藤壶等。其中长牡蛎、近江牡蛎、团聚牡蛎为在遗址废弃前渔捞而得，证明遗址的近海特征。中国绿螂、缢蛏、船蛆、薄壳星藤壶为遗址废弃后直接生长出来，反映遗址被海水淹没的状况。[1]

由于跨湖桥文化遗址仅发现两个，上山遗址和小黄山遗址的跨湖桥文化因素尚不能完全确定为跨湖桥文化层，所以对跨湖桥文化的宏观共时性聚落研究尚缺乏基本素材。又由于跨湖桥遗址破坏巨大，下孙遗址则从形

[1]浙江省文物考古研究所、萧山博物馆：《跨湖桥》，文物出版社2004年版，第283—297、312—319页。

成到废弃的时间相对短暂、文化层较薄，所以对单个遗址的聚落形态研究也存在困难。根据现有考古资料可以确定跨湖桥文化聚落具有如下一些基本特征：（1）跨湖桥文化聚落遗址数量大大少于河姆渡文化、马家浜文化、崧泽文化遗址和良渚文化聚落。跨湖桥遗址面积约3万m²，下孙遗址面积约5000m²，所以总体规模也较小。（2）跨湖桥遗址和下孙遗址距周边丘陵相对较远，说明其聚落较靠近湖沼，与江南地区普遍较靠近坡地的情况有所不同。（3）跨湖桥遗址和下孙遗址均为居住型聚落遗址，基本没有或很少有政治型、防御型、农耕型、营地型、祭祀型、埋葬型、贸易型聚落的特征。（4）跨湖桥遗址和下孙遗址均为定居型聚落遗址，而非开发型、嵌入型、迁徙型聚落遗址。（5）跨湖桥遗址的中心聚落特征不明显，下孙遗址则有明显的次等性，可能是某个中心聚落的特殊功能区，比如某种经济行为的作业区或作坊。[1]（6）跨湖桥文化存在土墙式地面起建式建筑遗物和干兰式建筑遗迹，与河姆渡文化早期仅有干兰式建筑有所不同。（7）跨湖桥文化具有明显的陶器制作、石器制作、制盐和渔猎采集与稻作农业和畜牧业相结合的生业模式。

[1]王心喜：《跨湖桥文化的命名及年代学的讨论》，载《杭州师范学院学报》（社会科学版），2006年第1期。

跨湖桥文化可以被看作是全新世初人类在资源富裕环境中的一种特殊适应，它与世界上很多富裕狩猎采集社会的发展有许多类似之处，表现为发展层次较高的社会结构和技术水准。跨湖桥文化的地理环境优越、气候宜人。每年的亚热带季风带来丰沛的降雨，处于中国东南沿海的湘湖湿地又有自然资源最为丰富的生境，土地载能非常高，这为定居的渔猎采集社会提供了可供多种选择而不易枯竭的资源库，使跨湖桥文化先民能成功应对食物资源的季节性波动。跨湖桥文化先民的生计以渔猎采集为主，小规模尝试水稻栽培和家畜饲养。宾福德将狩猎采集群的行为分为两类：一类称为"集食者"（Collector），他们的居址相对固定，外出觅食并储藏食物，主要采取将资源移向人群的策略；另一类"寻食者"（Forager）无固定居址，随觅食地点移动，不储藏食物，策略是将人群移向资源，其聚落为迁徙型聚落。[2]根据宾福德的概念，可将跨湖桥先民定义为"集食—栽培者"（Collector-cultivator）。他们在有野生动植物资源保证的同时，饲养狗和猪等，并可能为酿制群体宴饮活动所需的酒类而利用并栽培水稻。由一个独立农业村落维生系统来推理，其聚落居民可能达到500人。

[2]Lewis Roberts Binford, *Willow Smoke and Dogs' Tails: Hunter-Gatherer Settlement Systems and Archaeological Site Formation, AMERICAN ANTIQUITY*, 45(1), 1980.

人口的稳定增长必然导致社会结构复杂化，一些农业社会中常见的矛盾和关系也会出现。剩余产品的积累可能在某些成员之间产生了细微的贫富差别，那些地位较高或比较富裕的成员会采取"夸富宴"的方式来表现自己的地位和财富，从而确立自己在社会中的地位，社会的凝聚力由此得以增强。跨湖桥文化陶容器的高技术水平和精致程度是经济强化和社会复杂化的明显表征，这种发展层次在华北以旱地农业为基础的社会中往往要到很晚的时期才能够出现。人群的聚居也会使各种祭祀仪式和宗教活动成为日常生活的一部分，这种活动也常常表现为集会、宴饮和献祭。跨湖桥文化中的许多精致陶器显然不是为家庭日用所制作的，其生产加工所需的时间、劳动力和技能，应该是具备一定余暇时间和经验积累的熟练陶工才能提供的。不过，总体上说跨湖桥文化似乎仍处于原始的平等社会，因为出土的装饰品和其他奢侈品极少。较晚的崧泽文化出现了相当多的个人玉饰件，而其墓葬所体现的社会成员身份和等级也没有明显差异，由此可以推理，跨湖桥文化社会复杂化程度并不会很高。根据埃尔曼·R.塞维斯（Elman R. Service）提出的社会发展四阶段理论[1]，跨湖桥文化所处的社会发展阶段应该属于部落层次，表现为一种超家庭聚合的社会结构。跨湖桥文化遗址因海平面上升而被废弃，先民的去向是个谜。由此又可以看到，依赖富裕自然资源的复杂社会是很不稳定的，一旦支持社会聚集的环境和资源消失，其文化也会随之消失。

[1]Elman R. Service, *Primitive Social Organization*, New York: Random House, 1962.

二、跨湖桥文化的经济性征

物质流、能量流和食物流循环是聚落生态系统稳定的基本条件，所以人类生存与自然环境息息相关，尤其是依赖野生资源的原始社会。斯图尔特在讨论文化生态学时提出，要了解过去的文化，必须从考察"文化核心"（Culture Core）入手。斯图尔特认为，"文化核心"是"与生存活动和经济安排最紧密相关的特征组合"，主要指技术与生存方式。在此基础上，社会结构和政治、宗教等更复杂的方面才能被理解。[2]跨湖桥文化的基本生业形态为集食—栽培经济。当时的采集和渔猎经济仍占据主要地位，但稻作农业和家畜业已成为重要补充。与生业经济以及居住、穿着相关的手工业也同时发展为较为独立的产业部类。

[2]Julian H.Steward, *Theory of Culture Change: The Methodology of Multilinear Evolution*, Urbana: University of Illinois Press, 1963, pp.36-39.

跨湖桥文化存在于一种生态群落层次丰富、多样性和互补性强、生物链结构稳定的港汊滨水环境中，土地载能较高，而且资源本身也不易因过度开发而快速耗竭，即使某种主食物种短缺也不会影响基本食物供应，有其他多种食物可供选择，因此可以说跨湖桥文化先民基本上衣食无忧。跨湖桥文化遗址出土壳斗科坚果麻栎、白栎、栓皮栎和核桃、睡莲科芡实、菱科菱角、蔷薇科梅、桃、漆树科南酸枣等多种可供食用的野生果物。尽管当时这些野生植物资源丰富，

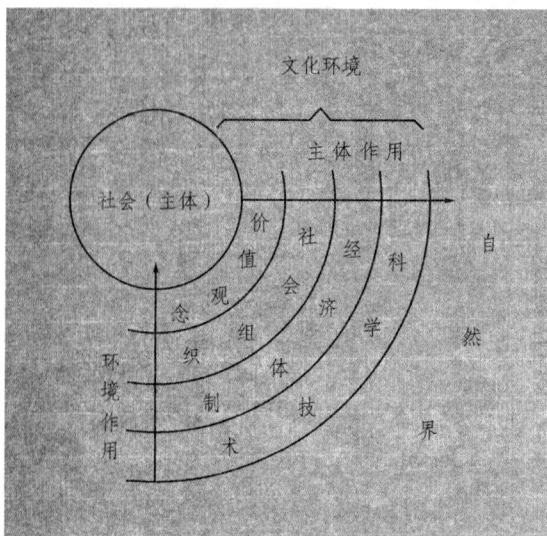

文化生态系统结构模式图

但分布的季节性和不平衡性比较明显。每年6月果树陆续开始结实,蔷薇科水果最先成熟,接着菱角进入花果期,可从7月一直收获到10月。8—10月间是壳斗科坚果、菱角、芡实等淀粉类物种集中收获的时期。因此,自盛夏至秋末可源源不断采集,并可为冬季储藏做准备。11月收获季节结束,从12月到次年5月是全年植物性食物供应的低谷。麻栎和栓皮栎每年5月开花,翌年9—10月才能采得橡子,两年收获一次。根据季节特征动物性食物与植物性食物可以互补。植物性食物最为短缺的冬春之际,正是众多候鸟回归的季节,某些禽类如鹤就在长江流域越冬。鹿、水牛、鱼类也可提供稳定的食物来源。春季是许多物种集中摄食和繁殖的时期,4—5月间冬眠的两栖类和爬行类动物开始活动,从整个夏季直到入秋都可供人渔猎。到秋季,许多动物会为越冬储备脂肪、蛋白质而特别活跃,此时也是一年中捕猎的高峰。

像其他动物一样,早期人类的觅食行为会遵循"最省力原则",即按

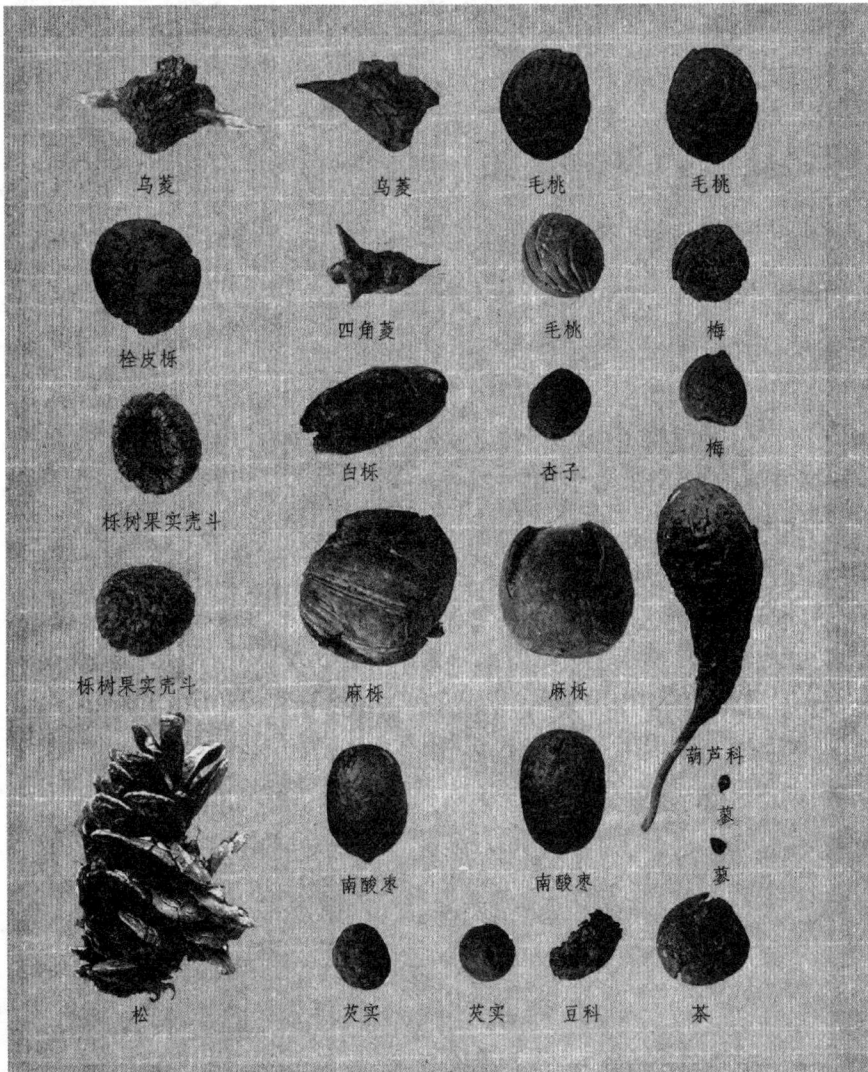

跨湖桥遗址出土的植物种实

照最佳觅食模式原理选择支出少回报大的种类。跨湖桥文化先民应当按照这一模式来确定最佳食谱序列，依能量回报率从高到低依次选择食物，实现能量回报最大化。大型有蹄类动物能量回报率最高，可能为最优选择。2001年和2002年发掘区共发现34个种属的动物骨骼5000多块。许多哺乳类动物骨骼有火烤遗留的黑焦面，肢骨端部砸断的现象也比较普遍，反映烧烤食肉时吸食骨髓的行为。[1]采样浮选的动物骨骼研究显示，鹿科和水牛的

[1]浙江省文物考古研究所、萧山博物馆：《跨湖桥》，文物出版社2004年版，第326页。

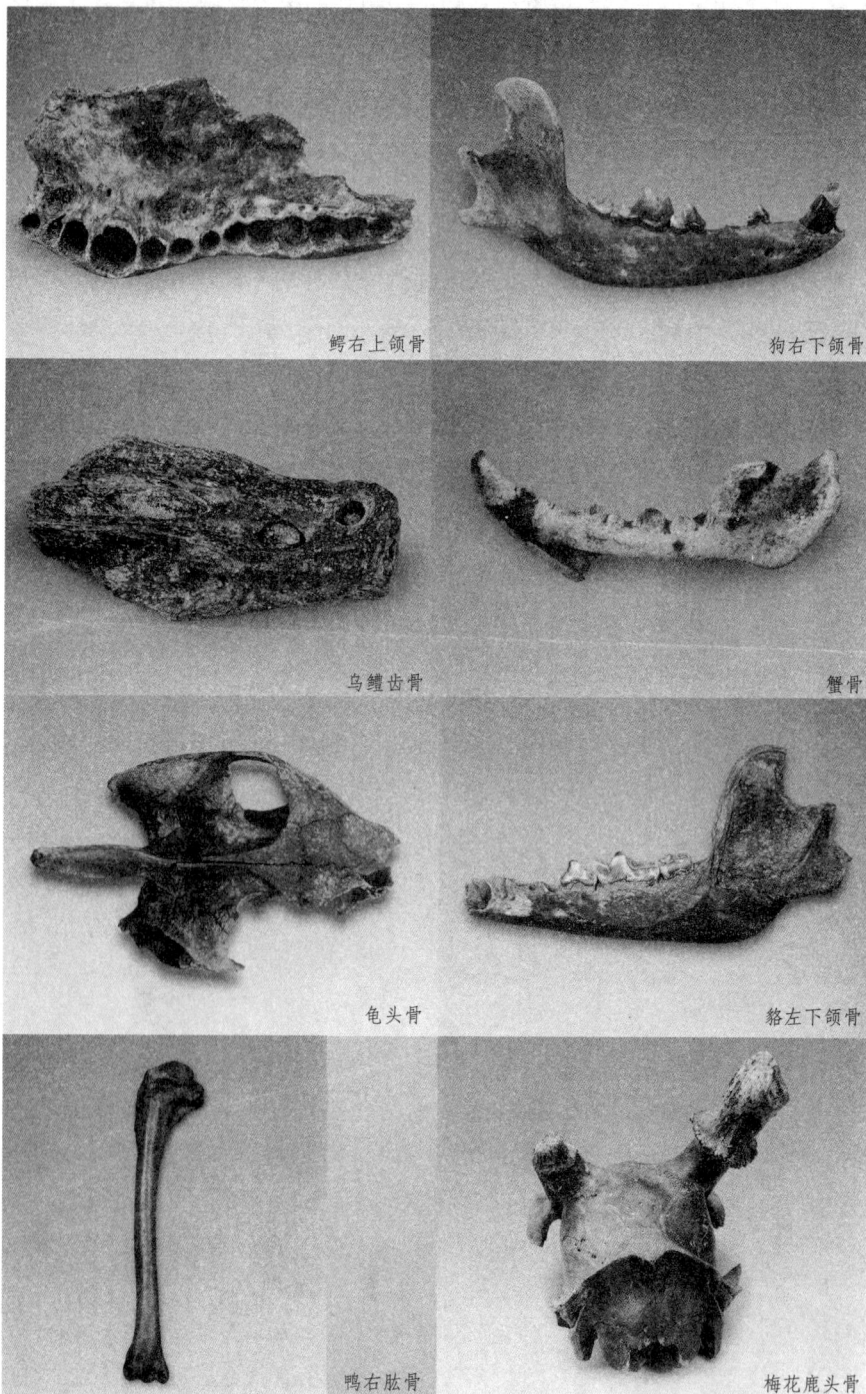

鳄右上颌骨　　　　　　　　狗右下颌骨

乌鳢齿骨　　　　　　　　蟹骨

龟头骨　　　　　　　　貉左下颌骨

鸭右肱骨　　　　　　　　梅花鹿头骨

跨湖桥遗址动物骨骼

比例较高，达到30%—40%，而且从早期到晚期持续上升。哺乳动物数量增长也很快，晚期达到70%以上。[1]此外，爬行动物也占相当比例，特别是在早期。出土的明确的狩猎工具有弓、镞、镖等。虽然没有发现撒网用的重网坠，但发现较多浮标，浮标用于钓鱼或流网，说明当时已有可能利用独木舟以流网捕鱼。独木舟可以将流网设置在较深的水域，从而极大程度提高捕鱼效率。在跨湖桥文化之前已经出现流网，但使用独木舟设置流网是跨湖桥文化先民的首创。

尽管跨湖桥文化出现了猪等家畜饲养，但从早期到晚期比例却持续减少，可能是因为畜养业在当时还不符合最佳觅食模式原理。布赖恩·海登（Brian Hayden）认为，在农业发明的初期，栽培和驯化的物种因数量有限和不稳定，在人类的食谱结构上不可能占很大的比重，也有一些可能与充饥无关。或只是在食物资源比较充裕的条件下，一些有野心的人利用基于经济的竞争宴享来控制劳动力、忠诚和租赁。例如谷物适于酿酒，有些植物纯粹是香料或调味品。一些葫芦科植物的驯化可能是用作宴饮的器皿，而狗除了狩猎外也是一种美食。[2]按照这一观点，当时的家猪可能是作为美食驯养的。当然，也可能被用来应付偶然发生的食物短缺。从家猪减少和鹿及水牛增加的趋势来看，跨湖桥文化先民可能因生活方式的变化逐渐减少投入代价较高的家畜驯养，而直接获取野生资源。在华北新石器时代文化中，家猪往往作为财富的象征。如有这种可能，那么猪的驯化也可能是财富积累的一种初级状态。当时不符合这一原理的食物还有稻米和蟹。海登曾以不列颠哥伦比亚高原的民族学资料说明，在资源较为丰富和可靠的地区，采集社会会因经济富裕和人口增长而发展出比较复杂的社会形态。一些人会用夸富宴来取得其他群体成员的劳动力、忠诚和产品，借此树立自己的威信。而这些高投入低回报的食物只是少数人才消费得起的奢侈

[1]陈淳、潘艳、魏敏：《再读跨湖桥》，载浙江省博物馆编《东方博物》（第27辑），浙江大学出版社2008年版。

[2]布赖恩·海登：《驯化的模式》，载《农业考古》1994年第1期。

T0410⑧A层分布密集的橡子壳

跨湖桥遗址、下孙遗址出土稻谷

[1]Brian Hayden, *Conclusions: Ecology and Complex Hunter / Gatherers*, in Brian Hayden, ed., *A Complex Culture of the British Columbia Plateau*, Vancouver: UBC Press, 1992, pp.525-563.

品。[1]在跨湖桥遗址的每个地层中都发现一定量的蟹螯，皆经人为砸碎，是人类食用后的遗留。就全新世"广谱经济"而言，蟹可以因产量较高而被先民较多利用，但在缺乏养殖技术的时代蟹总体上似乎是一种不很经济的食物，与哺乳动物相比能量回报率很低。它之所以在跨湖桥文化先民食谱中长时间存在而未被淘汰，或许是文化适应的组成部分，在当时它可能被当作一种美食。

从植物遗留采样浮选的情况看，坚果比重占绝大多数，达80%以上。发现的橡子坑特别多，有些还以木构件精心围护，说明其不仅产量高，而且是可赖以果腹的主要食物。《庄子·盗跖》云："古者兽多民少，皆巢居以避之。昼拾橡栗，暮栖木上。"这与长江下游流域早期先民以干兰式建筑为居、主食坚果的情形相合。许多橡子坑经二次利用，坑口有焦积的锅底状灰烬。这说明它们可能不仅用于一般意义上的储藏，同时也成为针对橡子食性的一种加工程序。因为橡子中的鞣酸味涩，通过在水里浸泡可以除涩。芡实也是一种产量较高的坚果，性状与同为睡莲科的莲子颇相似，俗称"鸡头米"，至今仍是江南地区制作糕点的原料之一，在当时也应当是果腹的主食。芡实经晒干后也可储藏。出土的菱角完整个体皆为未成熟的小果实，估计因其果肉少而被直接废弃。这可能暗示菱角在收获当季产量很大，这些小果实未被食用。以上3种坚果都是淀粉类食品，尤其是壳斗科果实还含有脂肪和蛋白质。

跨湖桥遗址发现稻米标本369粒、稻谷196粒、稻壳498粒，均显示人工栽培的特征，与现在的籼稻相似，相应的植硅体形状却接近粳稻。同时也有粒形上接近野生稻的稻谷。这些情况显示它们是一种原始栽培稻。原始栽培稻在跨湖桥文化早期已出现；中期地层中发现集束状的带茎秆的稻禾标本，所存均为秕谷，说明其仍处于原始的低产量阶段。可确认的农业生产工具只有骨耜。不过，从骨耜插装柄的插孔较小的情况来看，它们能否作为翻土工具尚需进一步研究确定。如果骨耜是唯一的翻土工具，或可说明当时的稻作农业尚未进入成熟的水田耕作阶段。另有一种木椎能否用于点种也值得进一步研究。石磨棒和石磨盘能否认定为稻谷脱壳工具同样要通过研究来确定。水稻生产在当时也许不遵循最佳觅食模式原理，因为收

跨湖桥遗址陶器

集和加工稻谷的劳动力支出很大而能量回报率相对较低。西南亚早期食物加工的实验考古学显示，橡子的热量回报率是谷物的2—6倍。该数据还未计入采集和加工的代价。[1]跨湖桥遗址出土的水稻结实率很低，采集和加工成本却非常高，而且自然灾害和鸟类啄食使收获具有极大的不可预测性，所以在其他果腹食物十分丰富的情况下，难以想象先民会乐意将其作为主

[1]Katherine I. Wright, *Ground-stone Tools and Hunter-gatherer Subsistence in Southwest Asia: Implications for the Transition to Farming, AMERICAN ANTIQUITY*, 59(2), 1994.

跨湖桥遗址"药"釜和"药"材

食来进行栽培。但是由于坚果类食物的采集仍有不确定性，基于冬（春）季食物的选择性储藏，稻谷仍不失为一种合适的对象。另外，稻米也可能是酒类的原料。酒类的生产发源于原始社会，原始社会的各种社会活动和宗教仪式都少不了酒。海登根据对中美洲玉米酿酒和消费的研究提出，在中美洲史前时期，玉米酿酒的作用要比果腹更重要。中国新石器时代晚期和早期文明社会最为精美的遗物往往是酒器，这也从一个侧面反映酒在社会活动中的重要性。尽管目前尚无直接证据表明跨湖桥文化稻米用于酿酒，但从能量回报率较低的因素来考虑，它至少是一种与平常果腹食物不同的奢侈品。河南舞阳贾湖遗址出土陶片残渍分析表明，7.0—5.5kaBP就出现用稻米、蜂蜜和水果（特别是山楂）为原料混和发酵制成的饮料。跨湖桥遗址出土的大量南酸枣适于酿酒，所以稻米用来酿酒的可能性是很大的。

　　蒋乐平、王屹峰、郑建明《浙江发现早于河姆渡的新石器时代遗址：距今八千年的"中药罐"令人称奇》一文指出：跨湖桥遗址T411第八层有一件稍有残缺的绳纹小陶釜，口径11.3cm、高8.8cm，外底有烟火熏焦痕。器内盛有一捆植物茎枝，长度约5—8cm，单根直径一般在0.3—0.8cm间。共约20余根，纹理结节均很清晰，出土时头尾整齐地曲缩在釜底。从现象观察，当属因故（陶釜烧裂）丢弃的煎药罐无疑。标本送浙江省食品药品检验所中药室检测，定为茎枝类，材料的具体药性和名称因有机质不足不能确断。[1]陈珲则在《从杭州跨湖桥出土的八千年前茶、茶釜及相关考古发现论饮茶起源于中国吴越地区》一文中指出，民间习惯将用枝叶和药草等煮成的益体饮料称为"茶"，这种无法确定药性的饮料合适的称呼应当是"煎茶"。历史上的茶曾用多种植物的根、茎、皮、叶、花、果等为原料来煎煮，至今民间还有较多保留，如葛根茶、桑枝茶、赤柽柳茶、白杨树皮茶、槐树叶茶、玫瑰花茶、山楂核桃茶等。茶的发源远早于中药。而有

[1]蒋乐平、王屹峰、郑建明：《浙江发现早于河姆渡的新石器时代遗址：距今八千年的"中药罐"令人称奇》，载《中国文物报》2002年2月1日。

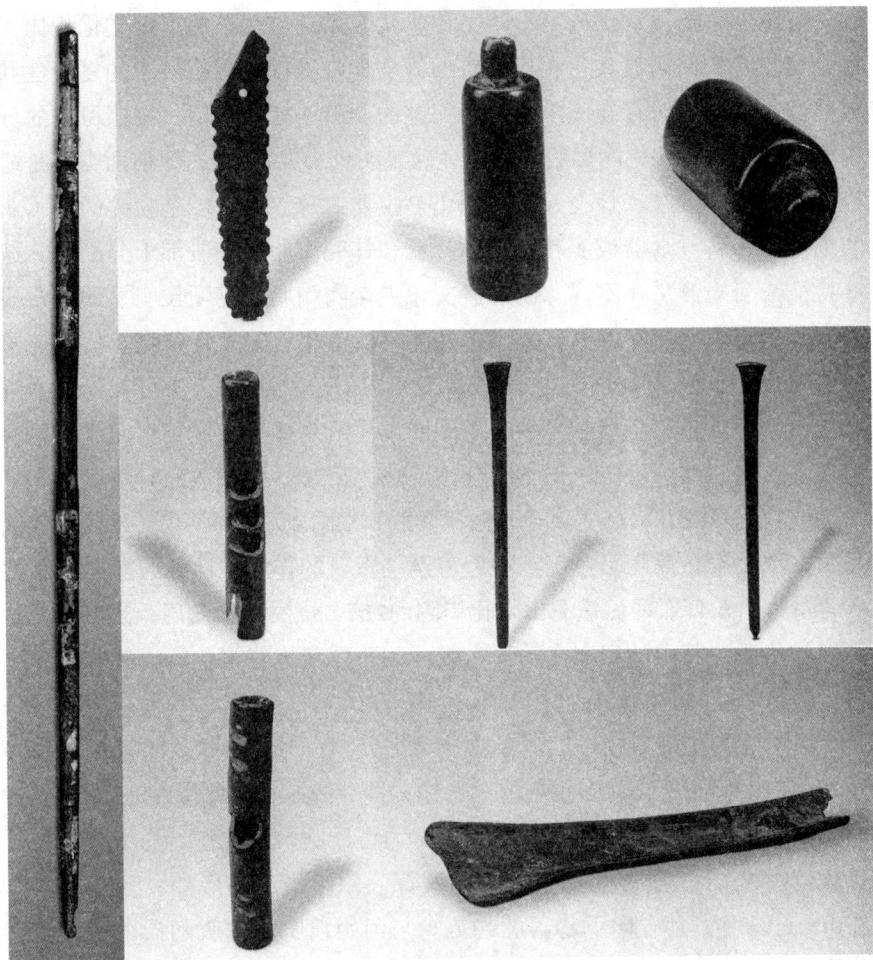

跨湖桥遗址骨器

关中药的起源，自古有"药食同源"之说。[1]

以狩猎采集为主的社会主要的经济问题是应付野生资源数量的波动。短期波动是季节性的，而长期波动则可能长达十几年或更长时段，大多表现为灾害性事件。[2]跨湖桥文化先民面临食物短缺可能会采取一些对策：一是调节主食比例。在鲜果收获前的季节可能以陆生动物和鱼类为主食。二是后勤移动。若遗址周围无法提供足够的食物，便扩大觅食范围。宾福德把这种"集食者"将资源移向人群的方式称为"后勤移动"。与之相对的是"寻食者"的"迁居移动"，即将人群移向资源。在资源分散的环境里，人群往往会采取迁居移动的方式。跨湖桥文化先民以定居为生活模式，因此会采取后勤移动。这种后勤移动方式的活动范围一般为周边10km（一天步行来回的距离）。三是储藏。储藏是复杂狩猎采集群的行事方式，它基本可以解决整个冬季至初春的口粮问题。在尚未采纳大规模农业经济的社会中，储藏对供养人口和维持社会稳定起着举足轻重的作用。四是发展生产性经济。稻谷因其储藏上的优势可在食物短缺季节提供所需的食物，稻作农业也有可能作为应付短期食物资源波动的方式而被强化起来。[3]

[1]陈珲：《从杭州跨湖桥出土的八千年前茶、茶釜及相关考古发现论饮茶起源于中国吴越地区》，载《农业考古》2003年第2期。

[2]Brian Hayden, *Conclusions: Ecology and Complex Hunter / Gatherers*, in Brian Hayden, ed., *A Complex Culture of the British Columbia Plateau*, Vancouver: UBC Press, 1992, pp.525-563.

[3]陈淳、潘艳、魏敏：《再读跨湖桥》，载浙江省博物馆编《东方博物》（第27辑），浙江大学出版社2008年版。

陶器是跨湖桥文化最突出的文化成就。无论与较早的上山文化相比，还是与较晚的河姆渡文化相比，跨湖桥文化陶器都呈现出技术的复杂性和成熟性，说明当时存在一个庞大而完整的制陶手工业部门。按照习惯的分类概念，跨湖桥文化陶器胎质分为夹砂、夹炭、夹蚌3类，但前两类只是适当羼和了一些沙粒、蚌壳，炭、泥仍是主要成分。其基础是粉碎的草木灰和细泥拌和料。炊器或羼和石英类沙粒和蚌壳。胎质一般都十分细腻。这些特征与河姆渡文化不同，河姆渡文化夹炭陶陶胎常见颗粒明显的植物残骸和碎末烧失后留下的气孔。上山文化夹炭陶也普遍发现稻壳及植物碎末的烧失痕迹。根据质子激发X射线荧光（PIXE）等技术分析可知，跨湖桥文化陶器应当是用当地黏土掺杂了湖底淤泥或直接用淤泥制作而成，原料有很好的均一性。稳定的化学组分还反映，在长达1000年的时间里，陶土的挑选和处理没有明显变化。共振背散射和X射线荧光光谱仪（XRF）测试显示，碳元素在黑陶呈色工艺中起着至关重要的作用。此外，黑陶样品的碳含量是山东日照两城镇龙山文化黑陶的2倍。烧失实验发现，当黑陶片被高温加热后，其中的碳完全消失，表面和胎体变成红褐色。由此可知，这些黑陶是因烧制时渗炭而通体发黑。

跨湖桥文化陶器制作以泥条盘筑为主，辅以分段拼筑。出现慢轮修整技术。从大型的釜、罐到小型的豆、钵，器壁的厚度均保持在0.5cm以内。小型器突出器表装饰（黑衣、红衣），大型器则匀薄规整，均十分精致。代表器物A、B型釜多呈卵形，器高腹深。除口沿部略厚外，颈部以下都在0.5cm以内。且有向下趋薄的趋势。与河姆渡文化深腹陶器内壁大多有修刮痕不同，跨湖桥文化同类陶器的内壁一般都未再作特殊处理，留下许多麻密、重叠的浅窝。这些痕迹是配合外壁加工（拍打）的垫具留痕。跨湖桥文化陶器的烧造温度在750℃—850℃之间，总体上低于河姆渡文化的800℃—850℃，反映在较原始的烧造条件下完成。

河姆渡文化骨匕被认定为具有纬刀功能，这种编织工具在跨湖桥文化中同样存在。跨湖桥遗址出土的陶线轮虽然不能确定用途，但可推测纤维线圈与编织有关。其中哑铃形器的中段留下的浅痕应该是绳线的牵引留下的痕迹。B、D型棒形器两端有槽额，是用来捆绑绳索的，或可理解为原始纺机的构件。[1]

柳志青、柳翔自2004年至2005年在《浙江国土资源》月刊上先后发表10篇论文，提出中华民族发明人类历史上最早的机床的结论：9.0—7.8kaBP河南裴里岗文化、8.5—7.0kaBP河北磁山文化、7.5—6.5kaBP山东北辛文化、7.0—6.0kaBP马家浜文化先民发明了车床，其中以马家浜文化长仅1.8cm的夹具石车刀最为典型；7.5—6.5kaBP北辛文化先民发明了刨床；5.8—4.0kaBP辽宁小珠山文化先民发明了铣床；6.5—4.5kaBP山东大汶口文化先民、5.3—4.0kaBP浙江良渚文化先民发明了锯床（无齿回盘锯和线锯），以及飞轮（惯性轮）、皮带轮、轴承套和两种类型的钻头（管钻和杆钻）、

[1] 浙江省文物考古研究所、萧山博物馆：《跨湖桥》，文物出版社2004年版，第326页。

钻床。又在2006年发表的《发现距今八千年前的磨床：杭州萧山跨湖桥文化遗址出土文物考察报告之一》一文中指出，跨湖桥文化先民于8.0—7.0kaBP发明了最早的磨床。跨湖桥遗址出土一个火山岩砂轮残件，厚6.6—7cm，二残圆面平整而粗糙且基本平行，轮面曲率半径约13.25cm。轮面剖面略呈弧形如轮胎，因使用被打磨得十分光滑。跨湖桥文化先民似乎已经懂得，厚重材质做成的砂轮在停止施加压力以后仍能依靠惯性转动。不过未发现砂轮磨床转动轴、轴承支架和曲柄，可能因木制而已经朽坏。跨湖桥文化石器和骨器很多是用这种砂轮磨床打磨的，最典型的是石箭簇和骨钉形器。[1]这些论述尚待进一步求证。

[1]柳志青、柳翔：《发现距今八千年前的磨床：杭州萧山跨湖桥文化遗址出土文物考察报告之一》，载《浙江国土资源》2006年第2期。

三、跨湖桥文化的科学艺术性征

跨湖桥文化有许多特殊的文化性征。主要体现在陶器、生产工具、建筑模式和宗教艺术图符等方面。

跨湖桥文化陶器以施有交叉、竖向绳纹的卵形釜、跨肩颈的双耳罐、镂孔和放射线组合纹高圈足盘、双腹豆以及众多的彩陶为基本器群组合。陶容器以圜底器、圈足器为主，平底器少见，不见三足器。少量线轮、纺轮则别具特色。陶釜为圜底器，主要有3个特征：一是以卵形深腹为主形态；二是折肩A型釜占比很大，其肩部以上绳纹被抹光；三是炊器很少与器盖配合使用。没有三足炊器，体现长江下游早期文化的特征。陶罐也以圜底器居多，也有平底器。钵的形态较为独特，其中A、B、C三式未见于已知的其他新石器时代遗址。A型豆的双腹及倒盘形圈足、F型敛口钵、C型圈足盘竖贴筋条、I型罐和贯耳也表现了个性特征。圈足器及圈足部位刻画、镂空装饰发达，异于浙江其他新石器文化。跨湖桥文化是中国最早出现彩陶的新石器文化之一。在其早期即已发源，此时以盘内彩为主，表现手法已较为成熟。晚期薄彩厚彩并用，彩纹丰富而规范。一般陶罐在折肩处以施衣作彩，浅盘器则内壁作彩。施彩区的边缘均以带彩分隔，有特殊的审美视觉效果。较多的菱格、方格拍印纹在浙江其他新石器文化中极为罕见。

跨湖桥文化的骨器数量不多。与河姆渡文化、马家浜文化比较，骨料的取舍、加工和器形分类特征较相一致。如耜、纬刀（匕）、哨、针、锥、鹿角器等。耜采用凿孔插装法安柄，与罗家角遗址出土物相同，而与河姆渡遗址出土物不同。骨器装饰相对单调。钉形骨器较为独特，与硬木质钉形器相仿，用途尚难界定。木器发现较少，以锥形器较多，双尖形器、管形器、砣形器、哑铃形器则未见于其他新石器文化。管形器可能是一种吹奏乐器。A型砣形器的上部榫凸有磨损，似与转轴相关。截面呈三角形的尖槽形器无法平放，似为浮置水面的器物。所发现的弓状物虽已残损，但弓的特征十分明确。弓柎完整，采用韧性良好的桑木边材制作，并捆扎树皮增加强度，说明制作工艺已比较成熟。石器以石锛居多，有的配以木柄，有的为手斧。石锤也较多，可能是加工石器的工具。

全世界最早的陶器普遍发现于海岸河滨环境的狩猎采集群中。由于广谱经济使得人类开始利用过去没有利用的资源，陶器对于扩大和强化利用某些资源优势明显，尤其是一些特殊物质的提取和加工，如油脂、发酵饮料、汤、炖品等。坚果、稻米、水生动物的加工、炊煮和特殊处理都需要使用陶器，跨湖桥遗址陶器内壁就发现动物脂肪残渍。定居为陶器生产和使用提供了基本条件。陶器羼料还是生存方式的重要指示，夹炭陶具有易于生产和携带的优点，夹砂陶则在导热性、抗撞击、抗热胀冷缩和抗剥蚀等机械性能方面具有优势。跨湖桥遗址陶器组合中夹砂陶比重始终占1/3到1/2，且从早到晚有逐渐增长的趋势。夹砂陶器可以在火上加热，尤其适用于湿热法烹制食物，与干热法要达到150℃—625℃才能煮熟食物相比，湿热法只需85℃—100℃，能量回报率明显较高。湿热法还可以防止营养流失。詹姆斯·M. 斯基柏（James M. Skibo）等人在实验中发现陶衣能增进夹炭陶的导热性能，有利于炊煮。[1]跨湖桥遗址108件陶钵内外壁皆施彩，特别是其中55%外壁施红彩，内壁为黑光陶衣。还有几件陶罐内外皆施黑光陶衣。钵和罐都是典型的盛食器，罐的敛口有利于保持热量，可见保温导热是陶衣的一种重要功能。黑光陶衣还有较好的防渗透性能，特别适用于长时间炊煮或盛放液体。当然，在同类型的陶罐中仅有一部分被施以黑光陶衣，而没有保温要求的盛食器陶豆也施黑衣，说明陶衣除保温之外也当有其他社会功能或特殊意义。

柳志青、沈忠悦、柳翔在《跨湖桥文化先民发明了陶轮和制盐》一文中提出，埃及和美索不达米亚地区6.0—5.0kaBP已经使用釉。这种釉是一种玻璃釉，由Na_2CO_3与黏土或石英砂混合而成的。这种釉泥原先并不用于陶器制造，而只是涂抹在冻石制品上。这种釉制品大约在4.0kaBP消失。真正的釉陶出现在古伊朗埃兰王朝，年代为3.3—3.1kaBP。而目前全世界已知最早的陶釉制品出现在跨湖桥文化。形成跨湖桥文化黑光陶的原因之一是还原状态下烧造时产生的二价铁。据对40件陶片的分析，它们的K_2O平均含量2.47%，最低1.77%，最高3.49%。K_2O的高含量不完全来源于土，而与胎土中加入大量草木灰有关，因为这40个样品基本是夹碳陶。陶片中Na_2O平均含量1.04%，最低0.57%，最高1.65%。而可能与制陶有关的4个土样中，Na_2O含量为0.39%、0.20%、0.24%、0.38%。草木灰中的Na_2O含量不可能高于土壤，因此陶器中Na_2O的高含量应是制陶胎前加入的。可能的添加物有Na_2CO_3和NaCl。电子显微镜对黑光陶断面和表面显微成像显示，黑光陶衣Na_2O含量高于内部，测试的8个靶区中的S_2靶区NaCl含量达1.83%，说明在黑光陶器表面涂有食盐。黑光陶器表面普遍含有FeS_2，其中S_2靶区高达5.04%。FeS_2即黄铁矿，晶体具有18K金般的金黄色金属光泽，粉末为黑色。涂在黑光陶器表面的黄铁矿粉在高温下会分解燃烧，$2FeS_2+5O_2 \rightarrow 2FeO+4SO_2$反应放出大量热量，造成陶胎表面高温。燃烧后残

[1]James M.Skibo, Michael B.Schiffer, Kenneth C.Reid & J.M. Skibo, *Organic-tempered Pottery: An Experimental Study, AMERICAN ANTIQUITY*, 54(1), 1989.

留在黑光陶衣的FeO、FeS_2和碳粉分散在草木灰和食盐烧熔的黑光陶衣极薄的玻璃相中，显得又黑又亮。由此可以证明跨湖桥文化先民已经懂得用海水制盐。[1]陈淳等人虽然对黑光陶衣层的实验分析没有发现Na和Cl元素，但发现S元素含量特别高，且在不同层次存在浓度变化。这说明跨湖桥文化黑光陶器的制作除用质地细腻的陶胎原料、渗炭呈色、打磨抛光外，还在器表涂有某种含S元素的未知物质。[2]

中国南北总体上存在穴居与巢居两大居住系统，巢居以木构建筑为基本形式。跨湖桥文化居式是最早的木构建筑模式之一，其基本标志是成排的柱子（洞）。1990年发掘区揭示的4处房址遗迹和多处相关遗迹，2002年发掘区发现的"独木梯"则是干兰居的间接证明。跨湖桥遗址T204第六层发现的木构件长100cm、宽10cm、厚3.5cm，两端有榫，表明已使用榫卯木构件。榫卯木构件的制作反映当时已有一定的数理知识，如对长度、宽度、厚度以及牙形、长方形、三角形、圆形、菱形、平行线、直角、钝角、锐角等基本几何图形的认知。这些几何图形在彩陶纹饰中也有系统反映。

跨湖桥遗址出土的独木舟是迄今发现的世界上最早的独木舟。独木舟用整棵马尾松加工而成，残长约560cm、宽约52cm，舟体平均厚度在2—3cm之间。船头上翘，宽约29cm，另一端已被破坏。舟弧收面及底部的上翘面十分光洁，加工痕迹不清。船内离船头1m处有一片面积较大的黑焦面，侧舷内也有面积较小的黑焦面，应是借助火焦法挖掘船体的证据。船舷从船头起仅保留了约110cm（船头的船舷已损坏），侧舷已整齐地残去，残面与木料纵向纹理相合。残面延伸刚好处于侧舷折收的位置，可以看出独木舟的深度比较均匀。独木舟两侧各发现一片木桨，其中一片保存完整，长约140cm，桨柄宽约6—8cm、厚约4cm，桨板宽16cm、厚2cm。柄部有一方孔，长3.3cm，宽1.8cm，上下凿穿，孔沿及孔壁十分光整，无磨损痕迹。独木舟周围有多块席状编织物，经鉴定系禾科类植物编织而成。这些编织物的用料和编织方法与现在江南一带的席类编织物非常相似。据推测，这些编织物可能被固定在独木舟上，起到类似今天乌棚船"棚"的作用，也可能是簸箕。独木舟东南侧有一堆木材，分为加工木材和形状不一的原木两种。加工木材又可分为剖木和整木，均被均匀剖割，很可能是用锋利的石器凿、砍、削而成，说明当时木作技术已比较成熟。

独木舟及其相关遗迹的发现，对中国乃至世界造船史、交通史的研究具有重大而特殊和深远的意义。舟楫不仅是渔猎工具，也是对外文化交流工具。独木舟证明跨湖桥文化的对外交通和文化沟通能力均达到较高水平。

跨湖桥文化中有许多大型陶器。其中陶罐最大径36cm、高40cm，陶盆直径110cm、腹深43cm。它们可能不是家庭用器物，而与群体的宴饮活动有关。海登将史前技术分为"实用技术"和"显赫技术"两类。[3]跨湖桥文化中那些普通的素面、夹砂粗陶器显然为实用器，用来满足日常的需要；而体量巨大以及制作精美的黑光陶器和彩陶器则可能是显赫技术的产物，

[1]柳志青、沈忠悦、柳翔：《跨湖桥文化先民发明了陶轮和制盐》，载《浙江国土资源》2006年第3期。

[2]陈淳、潘艳、魏敏：《再读跨湖桥》，载浙江省博物馆编《东方博物》（第27辑），浙江大学出版社2008年版。

[3]Brian Hayden, *Conclusions: Ecology and Complex Hunter / Gatherers*, in Brian Hayden, ed., *A Complex Culture of the British Columbia Plateau*, Vancouver: UBC Press, 1992, pp.525-563.

跨湖桥遗址独木舟遗迹

它们应用于仪式或宴享，具有意识形态方面的功能。

　　彩陶的产生在一定程度上基于宗教意识，与图腾崇拜或宗教祭祀相关，凝聚着先民的宗教情感。[1]跨湖桥文化彩陶有红、白、黑3色。大体是在器表涂抹一层红彩为地色，再在其上用白彩或黑彩绘出图案纹饰。若以白彩为地，则用红彩绘出图案纹饰。红色在史前人类的心目中具有特殊意义，它象征血液，喻示生命的再生和延续，被赋予辟邪压惊的吉祥神力。按《说文解字》所说，黑色是"火所熏之色"，与火有关，火在史前也被赋以神性。施于豆盘内底的红彩大圆圈可能指代太阳，它的火焰纹特征也十分明确。崇火意识也是太阳崇拜的反映。带内彩的陶豆、圈足盘可能属于祭器范畴。吴汝祚将跨湖桥遗址的彩陶图案纹饰分为8类：（1）在陶器口沿外侧施一周红彩带纹。如标本T300②：2和T204④：27的豆盘口沿外侧为宽带纹，标本B11：15为窄带纹。（2）陶器口沿内侧施一周彩色，并有近乎等距离的10个尖角突出。如标本T303⑨：34。（3）以"十"字形纹方式表达的鸟形纹，形似展翅飞翔的鸟形。如标本T303⑦：47形似前后连接成一线的一排飞鸟，标本T202④：4形似左右连接成一线的一排飞鸟。（4）太阳形纹。如标本T202②：9圆圈外侧有似光芒四射的短直线。有的太阳形纹以圆形镂孔替代。标本T202⑥：11左右各有一个太阳形纹，似为

[1]石兴邦：《白家村聚落文化的彩陶：并探讨中国彩陶的起源问题》，载《文博》1995年第4期。

一升一落的形象。（5）或纵或横成排的直线曲折纹。有的直线曲折纹相当规整，似成一排小三角形纹。（6）以大小不一的3个重叠的菱形纹中间加一条横直线组成的纹饰。（7）以纵横直线与波浪形纹组成几何形图案。（8）以纵横直线、方块、长方块、长方框、梳形纹等组成几何形图案。[1]跨湖桥遗址建筑B是一种分层的台形建筑。其平面略呈圆形，有19层之多。每层都发现烧土面，而且都有固定的形状。筑台的过程表现为烧土面递增的过程。这种现象较难从实用功能来解释，而可以推断为火祭遗迹。

此外，陶器、木器上出现了一些原始符号。跨湖桥遗址出土G型罐肩部对称双耳的正面各有一个"田"字形符号，Ba型木锥端部正反面有"元"等符号。这些符号或与原始宗教有关，也或与工场商号标志有关。

[1]吴汝祚：《跨湖桥遗址的人们在浙江史前史上的贡献》，载《杭州师范学院学报》（社会科学版）2002年第5期。

第三节　跨湖桥文化的广域构建性

一、跨湖桥文化的区域构建

如前所述，跨湖桥文化与上山文化、河姆渡文化、马家浜文化虽存在区别，但有一种内在的发展关系。另一方面，跨湖桥文化与长江中游文化乃至黄河流域文化也有某种相似性。联系现代基因学说关于晚亚洲人进入中国东南沿海线路的假说，可以设想跨湖桥文化在中国东南沿海新石器人类和文化进化中具有如下影响模式：

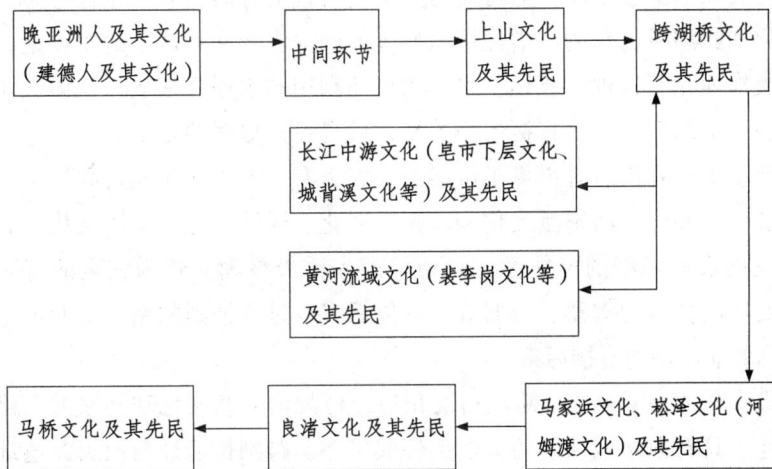

```
晚亚洲人及其文化          上山文化        跨湖桥文化
（建德人及其文化）  →  中间环节  →  及其先民  →  及其先民

              长江中游文化（皂市下层文化、
              城背溪文化等）及其先民

              黄河流域文化（裴李岗文化等）
              及其先民

马桥文化及其先民  ←  良渚文化及其先民  ←  马家浜文化、崧泽文化（河
                                        姆渡文化）及其先民
```

自跨湖桥文化、上山文化的概念提出以来，学术界对它们之间的关系就有较多争议。跨湖桥文化与上山文化的联系突出体现在圈足器的使用上，跨湖桥文化已完全进入釜炊文化阶段，而上山文化却仍未可指认主要的炊器形态。跨湖桥文化的匀薄陶胎工艺、彩陶装饰以及更为复杂的陶器群更是上山文化不能企及的。而从出土文物形态分析，尽管它们存在诸如此类的巨大差异，但相互有内在联系是不容置疑的。2006年张之恒、陈

[1]张之恒:《浙江嵊州小黄山遗址文化时代的研讨》,载《中国文物报》2006年2月17日;《浙江嵊州小黄山和浦江上山两遗址的文化时代和年代再研讨》,载《中国文物报》2006年7月12日。

[2]陈淳:《从东亚最早陶器谈跨湖桥和小黄山遗址年代》,载《中国文物报》2006年3月7日;王青:《从海陆变迁看浙东沿海新石器早期遗址的形成背景》,载《中国文物报》2006年3月28日。

淳和王青等先后在《中国文物报》发表文章,讨论跨湖桥遗址、小黄山遗址和上山遗址年代以及与年代相关的文化形态、环境变迁问题。张之恒在《浙江嵊州小黄山和浦江上山两遗址的文化时代和年代再研讨》一文中对小黄山遗址和上山遗址的年代提出质疑,认为上山文化不属于新石器时代早期文化,而是中期文化。主要依据是陶器风格偏晚和海侵因素对文化构建的限制。该文提出,由于受全新世前期海侵的影响,9.0—8.0kaBP宁绍平原和杭嘉湖平原不适宜人类生产生活,没有可能发现9.0kaBP的新石器时代早期遗址。[1]但各种测年数据和海侵调查情况均证明上山文化原有的年代判断大体是合理的。陈淳、王青等人曾撰文对此予以反驳,他们的论证提供了一种可能性判断。[2]从国外的考古资料看,亚洲东北部的日本、俄罗斯已发现多处1.0MaBP以前、并出土陶器的遗址。陶器分布显示从南向北年龄递减的趋势,表明全新世人群分布与气候变迁和温带森林北移同步。由于不同地区生态环境不同,陶器独立发明和使用的背景也大不相同,因此通过跨地域的类型比较判断遗址年代方法的适用性有限。有关中国东南沿海地区的海侵和气候变迁以及类型学研究的传统观念应该可以打破,这一地区存在早于河姆渡文化、马家浜文化的新石器文化或者河姆渡文化、马家浜文化的祖型,是可以下确定结论的。

国际上通行以经济形态为标准对新石器文化特征进行分析,将农业的出现作为新石器时代开始的标志。全新世初期3000年是旧石器时代向新石器时代的过渡期,相当于国外考古学所定义的中石器时代。这一时代的经济发展水平对整个新石器时代乃至文明时代的开启具有决定性意义。上山文化和跨湖桥文化的广谱经济虽然未能确立农业在经济中的主体地位,但极大地强化了这种可能性。水稻的早期利用与水稻后来成为主体农业作物的动力机制形成具有直接的相关性,后者也许更多的是生态环境适应反应,但至少前者为后者提供了可能性。因为有了上山文化和跨湖桥文化这一环节作为基础,河姆渡文化和马家浜文化、崧泽文化、良渚文化才有了全面发展农业经济的可能性。杭州早期先民最终确立较为完全的定居生活、发展出精致的陶器、石器等工具体系以及进行强烈的精神文明创造,则都是农业经济的直接后果。

从分布位势上来看,跨湖桥文化遗址位处河姆渡文化和马家浜文化的交接地,具有向两地辐射的天然条件或优势。跨湖桥遗址与河姆渡遗址之间的距离100km,而且同在宁绍平原,两者的影响不可避免。跨湖桥文化遗址和上山文化遗址所在的浦阳江流域已经发现不止一处带有河姆渡文化早期因素的遗址,如诸暨楼家桥遗址、萧山乌龟山遗址等,这说明河姆渡文化繁荣期势力范围已经扩展到了上山文化、跨湖桥文化分布区。目前虽然未在河姆渡文化分布区发现跨湖桥文化遗址,但未来这种发现的可能性极大。跨湖桥文化遗址位于钱塘江沿岸,与马家浜文化分布区一江之隔,与之也有便利的地理勾连关系。马家浜文化与河姆渡文化的共性很多,呈现出一定的共祖性。因此，可以认为跨湖桥文化在与广域文化进行交往或发生影响之前，首要的作用是进行地域性文化建构。没有跨湖桥文化的地域建构，也许就没有后来的河姆渡文化、马家浜文化更为广泛的地域文化建构，长江下游流域与长江中游乃至黄河流域的早期文化交往也就没有更加可靠的地理文化基础。

二、跨湖桥文化与长江中游新石器文化

有关长江中游与下游新石器文化的联系问题，从罗家角遗址出土白陶开始已经提出来。白陶原是长江中游陶器的独特成就，罗家角遗址出土白陶自然与其有一种逻辑上的关联性。皂市下层文化的白陶见于湖南省石门县皂市遗址和湖南省岳阳市坟山堡遗址，湖北省宜都市城背溪文化遗址城背溪遗址也发现白陶。城背溪文化与皂市下层文化一样源于彭头山文化，其文化元素中有一部分类似皂市下层文化，还有一部分类似裴李岗文化。长江流域白陶主要见于大溪文化、马家浜文化和大汶口文化。跨湖桥文化则为长江中、下游的文化交流提供了新的例证。[1]关于湖南洞庭湖地区新石器时代文化的发展，学术界普遍认同彭头山文化—皂市下层文化—汤家岗文化—大溪文化—屈家岭文化—石家河文化这一发展序列。其中彭头山文化、皂市下层文化代表新石器时代早期文化，年代9.0—7.0kaBP；汤家岗文化、大溪文化代表新石器时代中期文化，年代7.0—5.0kaBP；屈家岭文化、石家河文化代表新石器时代晚期文化，年代5.0—4.0kaBP。另外，洞庭湖的三大水系——沅水、资水、湘江新石器时代文化发展序列也对应于洞庭湖地区的地域文化。洞庭湖地区的新石器文化序列与长江下游流域应当存在长时间的广泛文化联系。

自1990年第一次发掘跨湖桥遗址以来，跨湖桥文化与洞庭湖地区以石门皂市遗址命名的皂市遗址下层文化的相似性即被注意到。皂市遗址位于石门县城西15km的南溪汇入溇水处，地处溇水东岸的坡地上。遗址分上、下两个文化层，上层为商代遗存，下层为新石器文化遗存。年代与跨湖桥文化相当，比彭头山文化略晚。从分布范围及年代看，应为彭头山文化的后继者。皂市遗址下层文化出土的陶器以夹炭红衣陶为主，晚期出现白陶。器形多为圜底器、圈足器和平底器，不见三足器。主要有直口高领罐、高弧领罐、高领折肩罐、双耳罐、盘口罐、折沿罐、敞口筒腹罐、直腹罐、圈足盘、支座、釜、钵、杯形器、陶饼等。釜（罐）类由扁圆体发展到球体，再发展到筒体，口沿也不见有贴泥片和单独饰红衣的作风。双耳罐均由小口发展到大口，肩由明显发展到不明显。采用打印、压印、刻画、剔刻、镂孔、戳印等方法装饰，主要纹饰有交错细绳纹、横断绳纹和横斜、竖刻的组合划纹、雨线划纹、网格划纹，还有相当数量的篦点纹以及少量的剔刻纹和戳印纹等。彩绘图案一般施于高圈足盘的托盘下部或圈足上，绳纹多施于

[1]何介均：《环珠江口的史前彩陶与大溪文化》，载香港中文大学中国考古艺术研究中心编《南中国及邻近地区古文化研究》，香港中文大学出版社1994年版；李文杰：《中国古代制陶工艺的分期和类型》，载《自然科学史研究》1996年第1期。

夹砂高领罐肩腹部，刻画纹多施于泥质陶的罐、盘等器物上，篦点纹则多见于罐类器的肩部。镂孔为透雕，形状为长方形或三角形图案，施于高圈足器类上。往往同一器表有几种纹饰组合成图案。石器比较原始，主要有3种类型。一为细石器，二为利用鹅卵石砸击石片制成的斧、锛等，三为通体磨光、器形较小的斧、锛、凿等。跨湖桥文化与皂市下层文化陶器存在着相似性，尤其如皂市下层文化的Ⅱ式钵添加双耳与跨湖桥文化G型罐极为相似。跨湖桥文化周缘带槽的线轮在皂市下层文化也有发现（定名为Ⅱ式陶饼）。

跨湖桥文化与长江中游其他文化也有许多相似之处。其十分特殊的A、B、C型钵与汤家沟文化中期Ⅰ式钵即有可比较之处。刘晓庆认为城背溪文化与跨湖桥文化有更多的相似性。城背溪遗址年代最早应可达8.5kaBP。陶器以夹砂夹炭陶为主，陶器内羼入大量炭化物、外壁抹泥浆是该文化的一大特色。器形以釜、罐、盘、钵等圜底器和圈足器为主。虽有三足器鼎，但在数量上无法与釜相比。器物上施有绳纹、刻画纹、锥刺纹等，有的有镂孔。使用泥片贴筑法制陶，烧制火候一般在600℃—750℃之间。虽然相对原始，但总体性征与跨湖桥文化十分相似。[1]

当然，跨湖桥文化与长江中游文化也有明显的区别。比如皂市下层文化陶器的许多风格特征、制作工艺即与跨湖桥文化有所区别。其石器也较为粗朴。即便最为相似的圈足器及其镂空装饰也有很大不同。跨湖桥文化以小圆孔为中心的放射纹也不见于皂市下层文化。

从现有新石器考古资料以及文明时期中国南北文化交流的状况来看，中国南方即百越地区与北方的文化交流较多通过东南沿海即东越地区的交通线。全新世气候变暖有一个自南北渐的过程，从逻辑上说南方的生业条件应当优于北方。东南沿海地区有相对优越的水道可与北方沟通，而且经济发展水平也相对较高。唐代开始中原王朝的首都向东部移动，即是对东南经济倚重加强的一种表现。新石器时代南北文化交流很可能存在两种基本动力：一是北方重视与南方的经济交流，而将触角伸向东南部地区；二是南方因经济实力较强而有北侵的动向。因此，杭州与长江中游地区的新石器文化、杭州与北方新石器文化的交流有其客观的历史必然性。

[1]刘晓庆：《跨湖桥文化的分期与相关问题研究》，吉林大学硕士学位论文，2008年。

第四章 良渚文化与杭州文明起源阶段主体地理文化

第一节 良渚文化的发生及其演变

一、良渚文化与环太湖流域生态地缘

目前以长江三角洲河口地区为核心的长江下游地区是中国经济集中度和贡献率最高的地区，也是世界第六大城市群之所在。而在新石器时代晚期，环太湖流域崛起为中国经济、文化、政治的高峰，构建了龙山时代的文化纲领，并在全新世中期（6.0—5.0kaBP）逐渐过渡为中国最早的文明体。

苏秉琦将中国的考古学文化划分为六大区系：（1）以燕山、长城南北地带为中心的北方；（2）以山东为中心的东方；（3）以关中、晋南、豫西为中心的中原；（4）以环太湖为中心的东南部；（5）以环洞庭湖和四川盆地为中心的西南部；（6）以鄱阳湖—珠江三角洲一线为中轴的南方。[1] 今日"中国"所包括的疆域超越了上述6个文化圈的空间，蒙藏、中亚、西南山地及沿海岛屿又各有自己的文化圈。苏秉琦提到的区系是中国新石器文化遗址分布最密集的几个地区，不但资料多，发展的线索也较为清楚，区系理论大体可以反映中国新石器文化聚合和文明发育的过程。从现有的考古发掘资料来看，以环太湖为中心的东南部最终形成以良渚文化为核心的考古学文化区系。这一区系孕育了许多种考古学文化，而其特殊的地缘尤其成为良渚文化发展的支撑基础。良渚文化以适宜性生态地缘因素对区系文化进行纲领性重构，使生态地缘优势集中表现出来。

以环太湖为中心的东南部区系即长江下游考古学文化区系。长江下游一般指中国第一大河长江的九江、湖口至上海长江口区段，全长840km。按行政区域划分，包括安徽、江苏的沿江地区和上海全境、浙江北部。从文

[1]苏秉琦：《中国文明起源新探》，香港商务印书馆1997年版，第29—30页。

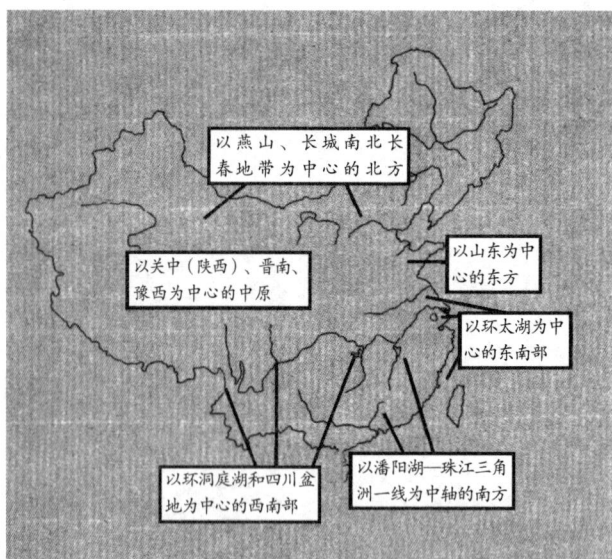

苏秉琦提出的中国六大考古学文化区系（引自苏秉琦《中国文明起源新探》，香港商务印书馆1997年版）

化影响关系来说，还涉及江西北部和湖北东部一部分地区以及杭州湾南岸的宁绍平原地区。长江下游又可以划分为西部苏皖平原和东部长江三角洲平原两个亚区。前者西起鄂、赣、皖交界处的九江或湖口，东至镇江和扬州一线。内部又分为宁镇丘陵和皖中平原两个地理单元，而皖中平原又包括巢湖平原和九江至南京之间的长江沿岸冲积平原。后者概指镇江、扬州以东地区，有以太湖流域为中心的苏南平原和杭嘉湖平原以及长江以北的苏北里下河平原等地理单元，包括江苏南部、浙江北部和上海等区域范围。北界由仪征向东，沿扬州、泰州、海安至栟茶。其东濒临黄海和东海。从仪征向东南，沿茅山、天目山至杭州湾以北为其西界和南界。环太湖流域属于长江三角洲的江南部分，由苏南平原和杭嘉湖平原构成；北临长江，南抵杭州湾及钱塘江，西依茅山和宜溧山地，东濒东海，包括上海、江苏东南部和浙江北部，总面积30340km²。在长江下游东、西两大平原中，长江三角洲平原是以平原为主的区域，而苏皖平原却丘陵和平原兼有，呈现着此不类彼的差异。皖中平原由于被夹峙在丘陵山地之中，显得狭小而纵长；太湖流域的平原则因为地处河口，形成了大片广阔的泻湖性地貌。可见，长江下游虽然都是以平原为主体的自然区域，但各平原之间的相对差异仍然存在。

　　太湖位于长江三角洲南翼碟形洼地中心，湖岸西南部呈半圆形，东北部曲折多岬湾，面积2428km²，是中国第三大淡水湖泊。除局部地区存在古河道和洼地之外，湖底平浅，平均水深1.89m，最大水深仅2.60m，72.3%的湖底水深在1.50—2.50m之间，是典型的浅水型湖泊。太湖接纳苏南茅山山脉荆溪诸水和浙北天目山山脉苕溪诸水，主要由黄浦江泄入长江河口段。根据地层剖面、地貌形态、考古遗址和历史资料分析，由于地质内外营力共同作用，太湖及其附近地区自晚更新世末期以来由沟谷切割的滨海平原景观演变为碟形洼地泻湖。

　　长江三角洲的发育和太湖湖泊群的演变对良渚文化兴衰起着决定性的作用。考古统计资料表明，已发现的良渚文化遗址有连片成串分布的特点。这种分布特点是由当时的古地理环境和以稻作农业为基础的经济生活模式决定的。由于海平面变动，环太湖流域的生产生活地表一直处于变动

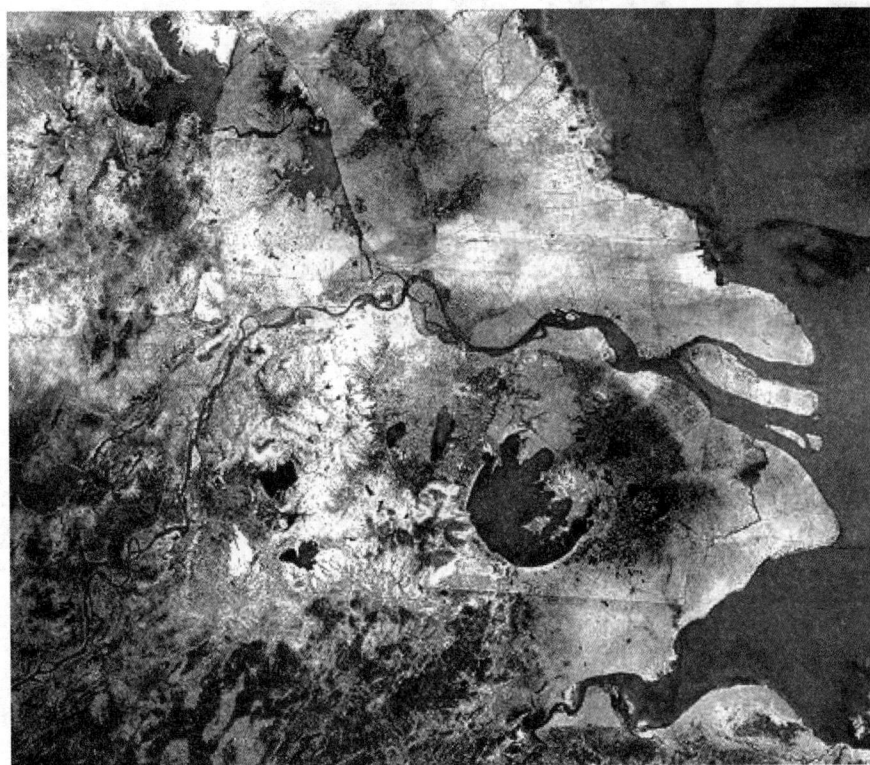

太湖流域航拍

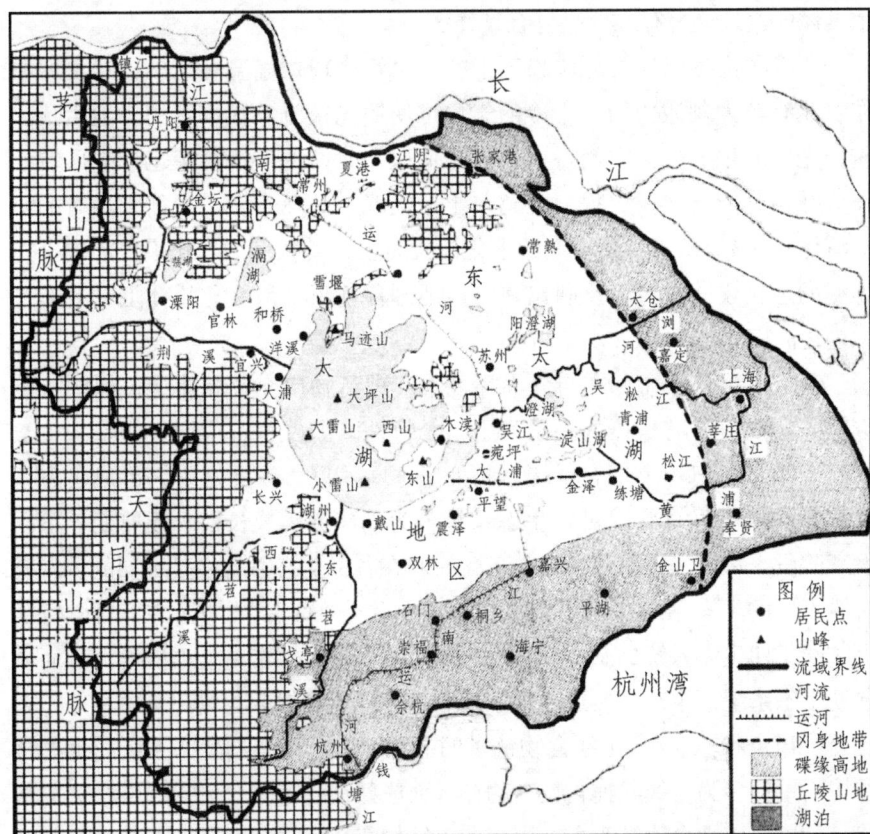

太湖流域地形（引自张修桂《太湖演变的历史过程》，载《中国历史地理论丛》2009年第1辑）

太湖

之中。高水位时期先民的生存环境遭受威胁，而贝壳沙堤构成的冈身则较长时期成为保护屏障，因此冈身后缘和天目山周缘的高冈区成为环太湖地区新石器文化最终的地缘依托。良渚文化遗址分为坡地型、冈地型、台墩型、湖泊型和复合型等类型。坡地型一般分布于河流两岸或湖海岸畔的平缓地面、山坡或山脚下，几乎遍布长江下游各个地区。冈地型多分布在河流或湖沼沿岸的冈地上，以宁镇地区和宁镇以西地区遗址最多。台墩型突出于地表一定高度，周围或近旁有农田、河流、湖泊等，比山坡遗址更有利于居住和生活，如便于农耕、取水、捕鱼以及防御野兽等，并且不易受水涝。这类遗址在长江下游各个地区比较常见。湖泊型遗址大都淹没在湖泊中，也可以称作陷落型遗址。这类遗址较少见，典型的如太湖东部的江苏苏州澄湖古井群遗址、吴江九里湖遗址、昆山太史淀遗址等。上述遗址类型一般在一个具体的遗址交叠存在，呈复合型样态。

良渚文化时期气候总体趋于干冷（尽管比现在气温略高），对发展稻作农业有较大刺激作用。干冷的气候也使原先被淹没在水中的土地大片出露，先民的生产生活空间得以扩展。但这一时期的经济繁荣也带来人口增长，并且可能已在一定程度上超出土地载能，破坏了生态平衡。当时的聚落演化存在3种模式：断裂型的进化模式为主，跳跃型的异化模式为辅，连续型的进化模式极少，反映出在特定地理环境下良渚文化总体上具有非连续进化的模式特征。

生态系统是生命存在与外界环境不断进行物质交换和能量传递的特定空间，所以具有有机体的一系列生物学特性，如发育、代谢、繁殖、生长和衰老等。任何一个生态系统总是处于不断发展、演变之中，形成生态系统演替。根据发育状况可将生态系统分为幼年期、成长期、成熟期等不同发育阶段。每个发育阶段所需的进化时间在各类生态系统中是不同的。发育阶段不同的生态系统在结构和功能上具有不同的特点：（1）在能量学特征上，幼年期生态系统的总生产量大于呼吸量，多余的能量使系统增大，而成熟期生态系统总生产量接近或等于呼吸量，即能量输入与输出基本相等，系统处于稳定状态。（2）在食物链（网）特征上，幼年期生态系统的食物链结构简单，多为直线状捕食性食物链，而成熟期生态系统的食物链交叉成网状，且以腐生性食物链为主。由于营养结构复杂，成熟期生态系统的抗外界干扰能力及自我调节能力均较强。（3）在营养物质循环特征上，生态系统从幼年期到成熟期有趋于关闭发展的倾向——成熟期生态系统保持住营养物质能力强，丧失营养物质少，物质输入量与输出量接近平衡。（4）在群落结构特征上，幼年期生态系统物种多样性小、有机化合物种类少，而成熟期生态系统物种多样性增大，群落代谢过程中排入环境的有机化合物种类增多。生物多样性增加有助于生态系统稳定性的提高。（5）在选择压力上，幼年期生态系统物种少而不拥挤，具有高增殖力的物种有较大生存的可能，成熟期生态系统中选择压力有利于增殖力低但竞争力强的物种。（6）在稳态特征上，成熟期生态系统主要表现在系统内部共生发达，保持住营养物质的能力较强，对外界干扰的抵抗能力较强，并具有较大的信息量。生态系统从幼年期到成熟期（正向演替）产出减少，抵抗力和稳定性增加；而从成熟期到幼年期（逆向演替）产出增加，抵抗力和稳定性减小。

良渚文化时期的生态系统属于幼年期向成熟期发展中的生态系统。早、中期生产量大于呼吸量，但已非简单的直线状捕食性食物链（网），使生态系统增大，构成开放的、产出高且增长迅速、抵抗力和稳定性低的生态系统。随着人口增长达到生态系统载能限度，在生态平衡力的作用下，原有的生产能力被抑制，生态系统变得相对稳定，发展为成熟期的稳定系统。但晚期后段随着自然条件变动的增大，这种稳定结构被打破，重新逆向发展为幼年期生态系统。在这个过程中，水的运作转化是关键因素。从当时发展稻作农业的规模来看，良渚文化先民对水资源的利用和管理已经具备一定能力。犹如美索不达米亚平原的苏美尔文明或北非平原的古埃及文明一样，通过专治政治集中人力发展灌溉系统。但在良渚文化时期，环太湖流域的水网系统尚在形成过程中，极不稳定，特别易受洪灾袭击，而良渚文化先民控制和管理水系的能力也极其有限，因此生态系统的正逆向演替非常频繁，不易形成特别稳定的生态结构。这或许是良渚文化以后这一地域较长时间处于文明衰退状态的重要原因。

二、良渚文化聚落形态及其分布

河姆渡文化、马家浜文化、崧泽文化时期环太湖流域即形成了众多的原始聚落，这些原始聚落在良渚文化时期渐渐演进为部落联盟，发展出完整的古国、方国等准国家组织形态及先进的经济社会制度。这时环太湖流域广泛分布各类良渚文化遗址，共同构成十分庞大的聚落群遗址。它们可较机械地划分为几大块：太湖以东地区，太湖以北地区，江淮地区，宁镇地区，杭嘉湖平原地区，宁绍平原地区。

1. 太湖以东地区主要在苏州和上海一带，以江苏苏州、吴江片为主。发掘的遗址主要有：江苏苏州越城、草鞋山、张陵山、澄湖前后湾，吴江梅堰、龙南，昆山绰墩、赵陵山，上海青浦福泉山、马桥、果园山、寺前村、西漾淀，松江广富林，金山亭林，等等。其中以张陵山、赵陵山、福

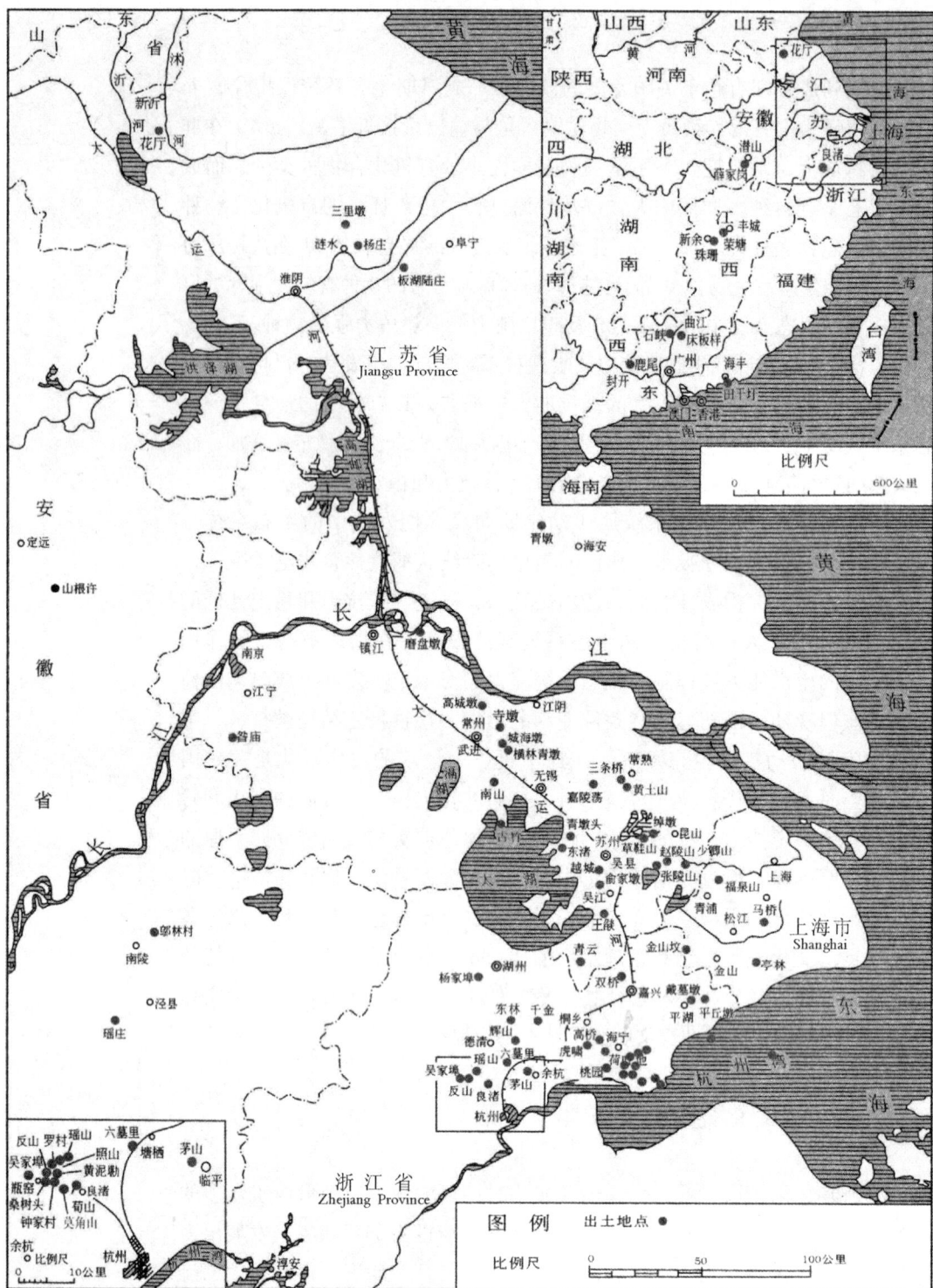

良渚文化分布（据浙江省文物考古研究所等《良渚文化玉器》、徐湖平《东方文明之光:良渚文化发现60周年纪念文集》附图修订）

[1]吴山:《江苏吴县张陵山遗址发掘简报》,载《文物资料丛刊》(6),1982年;南京博物院等:《江苏吴县张陵山东山遗址》,载《文物》1986年第10期。

泉山、草鞋山4处最为重要。

张陵山遗址位于江苏省苏州市甪直镇,为早期良渚文化遗址。面积约6000 m²,分为东西相距100m的二土墩,发掘面积约300m²。1956年发现,1977年、1982年两次发掘。发掘崧泽文化墓葬8座、良渚文化墓葬6座。出土器物211件,其中4号墓的1件玉琮具有重大研究价值。[1]

石钺

玉筒形器
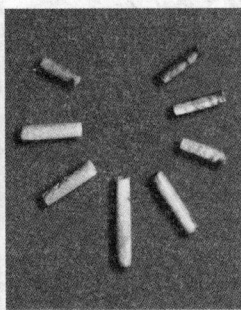
玉管
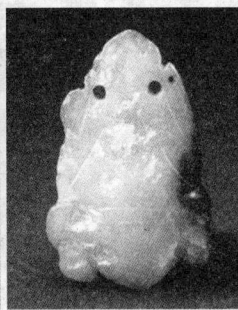
玉蛙

玉锥形器

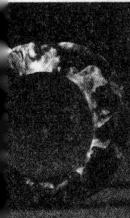
玉环
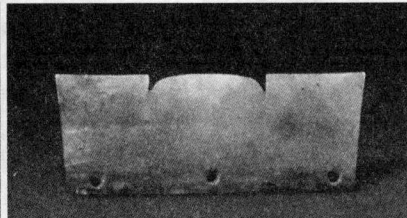
玉冠形器

玉钺冠饰

张陵山遗址器物

赵陵山遗址位于江苏省昆山市张浦镇，为早期良渚文化遗址。面积约1万m²，发掘面积约1000m²。1990—1991年两次发掘。发现良渚文化大型土台和早期墓葬83座，出土器物600余件。发现彩绘葬具痕迹和大量人殉墓葬。其中19座小墓均无墓坑，可能是殉葬墓群，十分罕见。77号大墓出土器物160余件，其中玉器125件。墓主腰部右侧放置大石钺是迄今发现的最大的良渚文化石钺。[1]

赵陵山遗址77号墓

福泉山遗址位于上海市青浦区重固镇，含早、中、晚期良渚文化因素。发掘面积2000m²。1979年试掘，1982—1988年3次发掘。含崧泽文化和良渚文化层。出土器物1000余件，主要属良渚文化。发掘良渚文化墓葬31座、大型祭坛1个和与祭祀有关的大土坑1个，其中有3个人殉墓葬。墓葬随葬品较多，其中74号170件、60号126件、40号118件、9号119件。琮、锥形器等玉器制作水平较高，黑衣双鼻壶、黑衣阔把壶、夹砂黑衣鼎等陶器饰有精美的刻纹，彩陶背水壶与大汶口文化彩陶背水壶相同。[2]

草鞋山遗址位于江苏省苏州市唯亭镇，为晚期良渚文化遗址。面积约4.4万m²，发掘面积1050m²。1956年发现，1972年两次发掘。含马家浜文化、崧泽文化、良渚文化、吴越文化层。发掘墓葬、灰坑等206个，出土器物1100余件，另有炭化稻谷和以野生葛为原料的麻布残片。198号墓为大型人殉墓葬，出土玉器、陶器工艺极精湛。[3]

2. 太湖以北地区即太湖北岸到长江一带，包括江苏无锡、常州等地区，遗址较少，但规格较高。主要有江阴高城墩、常州寺墩、无锡仙蠡墩等。

高城墩遗址位于江苏省江阴市石庄乡，为良渚文化中期遗址。面积

[1]江苏省赵陵山考古队:《江苏昆山赵陵山遗址第一、二次发掘简报》,载徐湖平主编《东方文明之光:良渚文化发现60周年纪念文集》,海南国际新闻出版中心1996年版。

[2]上海市文物管理委员会:《上海青浦福泉山良渚文化墓地》,载《文物》1986年第10期;黄宣佩等:《上海青浦福泉山遗址》,载《东南文化》1987年第1期;孙维昌:《福泉山良渚文化墓地分析》,载徐湖平主编《东方文明之光:良渚文化发现60周年纪念文集》,海南国际新闻出版中心1996年版。

[3]南京博物院等:《苏州草鞋山良渚文化墓葬》,载徐湖平主编《东方文明之光:良渚文化发现60周年纪念文集》,海南国际新闻出版中心1996年版。

福泉山遗址及器物（玉钺冠饰、玉钺端饰、玉管、玉钺）

[1]江苏省高城墩联合考古队：《江阴高城墩遗址发掘简报》，载《文物》2001年第5期。

近1万㎡，破坏后仅残存北部约2000㎡，发掘面积1157㎡。1977年发现，1999—2000年进行抢救性发掘。发现高土台和墓葬14座，仅玉器就出土145组279件。第5号墓体量超大，出土器物31组41件，其中玉器23件（组）。被评为1999年中国十大考古发现之一。[1]

寺墩遗址位于江苏省常州市武进区郑陆镇，为晚期良渚文化遗址。原有一东西长约100m、南北宽约80m、高出稻田约20m的椭圆形大土墩，破坏后仅存东西长约80m、南北宽约40m、高约6m的南坡。1978—1979年、1982年、1993—1994年4次发掘，揭示其为4.5kaBP的古城址，总面积约90万㎡。其中心有一座高约25m、直径约100m的大型祭坛，祭坛外侧为内城河，再外依次为显贵者墓地、平民居住区，其外再设外城河。出土器物300余件。[2]

[2]江苏省寺墩考古队：《江苏武进寺墩遗址第四、第五次发掘》，载徐湖平主编《东方文明之光：良渚文化发现60周年纪念文集》，海南国际新闻出版中心1996年版。

3. 江淮地区位于江苏中部，主要包括长江以北、淮河以南和京杭大运河以东地区，区域范围较大，但遗址不多，主要有江苏海安青墩、阜宁陆庄等。

青墩遗址位于江苏省海安县南莫镇，为晚期良渚文化遗址。面积约2万㎡，发掘面积490㎡。1973—1978年多次发掘，发现大量石器、陶器以及居址、墓葬等遗迹。

陆庄遗址位于江苏省阜宁县板湖镇，为晚期良渚文化遗址。面积约5万㎡，发掘面积494㎡。1972年发现，1995年发掘。出土石器、陶器以及稻壳等，发现3个灰坑和红烧土等。[3]

[3]南京博物院等：《江苏阜宁陆庄遗址》，载徐湖平主编《东方文明之光：良渚文化发现60周年纪念文集》，海南国际新闻出版中心1996年版。

4. 宁镇地区主要遗址有丹徒磨盘墩、丹阳王家山等。

磨盘墩遗址位于江苏省镇江市丹徒区大港镇，为晚期良渚文化遗址。残余面积200㎡，发掘面积88㎡。1980年发现，1982年发掘。分5个文化层，第四层为良渚文化层。是出土良渚文化治玉工具最多的遗址。出土黑燧石等细石器3884件，其中石核1029件、石片2304件、石钻422件、刮削器

寺墩遗址及器物
（玉琮、玉刀）

129件。另出土玉料10件、玉器8件。[1]

5. 杭嘉湖平原地区是良渚文化聚落最密集的地带。已发掘的遗址主要有：浙江杭州良渚、小古城、水田畈、老和山，桐乡新地里，嘉兴雀幕桥、双桥、海宁千金角、徐步桥、盛家埭、三官墩、达泽庙、郜家岭、大坟墩、荷叶地，湖州钱山漾、邱城、花城，德清辉山，平湖平邱墩，等等。

良渚文化中心遗址良渚遗址是最大的良渚文化聚落良渚古城聚落的遗存。良渚遗址位于杭州市余杭区良渚镇、瓶窑镇和德清县三合乡境内，地理坐标为：最东端120° 03′ 17″ E、30° 23′ 09″ N，最南端119° 59′ 40″ E、30° 22′ 36″ N，最西端119° 56′ 40″ E、30° 24′ 02″ N，最北端120° 02′ 15″ E、30° 25′ 35″ N。距杭州市中心最近距离约16km，距西湖约17km。初步确定的保护范围42.02km²，已发现遗址点130多处，含良渚文化各种遗址或器物类型，年代主要为良渚文化中期鼎盛期。何天行1935年5月最早发现良渚遗址，并于1937年4月出版中国最早的考古报告之一《杭县良渚镇之石器与黑陶》。他在绪言中写道："这次的发现，不但是南方考古界的创获……而且因为浙江在春秋战国以前，绝少历史上真确的史料，文化不彰，向以为文身断发的蛮荒境界。现在发现了这样优秀的文化遗迹，可见浙江的远古文化本极悠久，将吴越文化的源流拉长了几千年，不独借此补充文献上所欠缺的材料，且从中国文化起源与发展而论，这次的发现，亦不啻为东南的古文化奠一新的基础与途径。"[2]在前人工作的基础上，特别是在何天行考古调查的基础上，施昕更对良渚遗址进行了更为系统的考古发掘和研究，并于1938年6月出版《良渚：杭县第二区黑陶文化遗址初步报告》。何天行、施昕更的发现惊动了中国学术界，极大地推动了长江文明的研究，也促进了稚嫩的中国考古学的发展。20世纪50年代环太湖流域良渚文化遗址大量发现，他们的推论得到完全确认。1959年，夏鼐定名为"良渚文化"。至70年代特别是80年代中期以后，浙江、江苏、上海等地先后发现许多规模较大的遗址，良渚遗址更是一再发现各种类型的遗存，良渚文化在学术界的估价不断提高，产生了世界级影响。

钱山漾遗址位于浙江省湖州市南浔区和孚镇，为早期良渚文化遗址。发掘面积约700m²。20世纪30年代发现，1956年、1958年两次发掘。发现绸片、细丝带、丝线、麻绳、麻布片等纺织品，以及相关的竹编篓、篮、箩、簸

[1]南京博物院等：《江苏丹徒磨盘墩遗址发掘报告》，载《史前研究》1985年第2期。

[2]何天行：《杭县良渚镇之石器与黑陶》，载周膺、何宝康编校《良渚文化与中国早期文化研究：何天行学术文集》，天津社会科学院出版社2008年版。

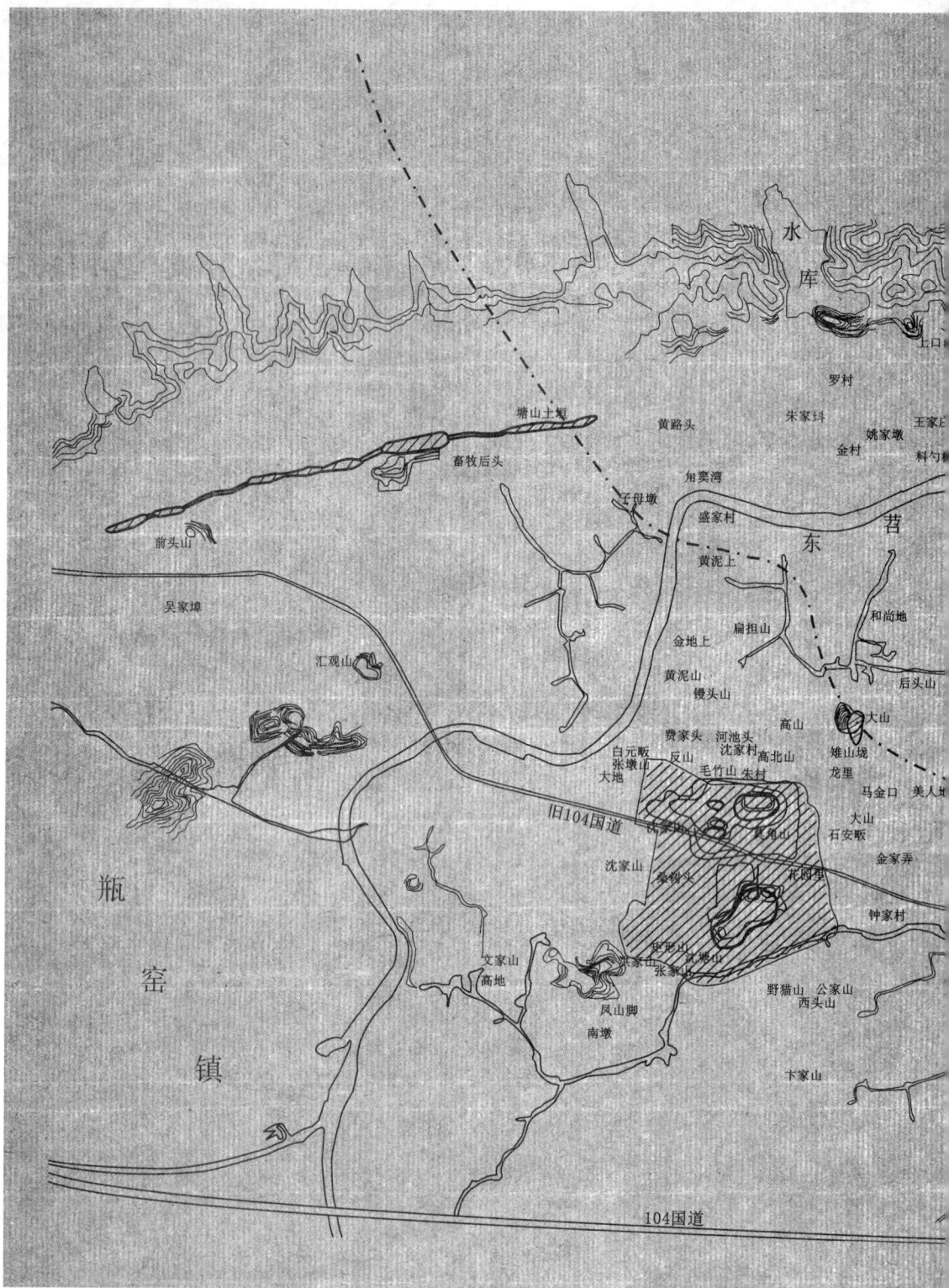

良渚遗址

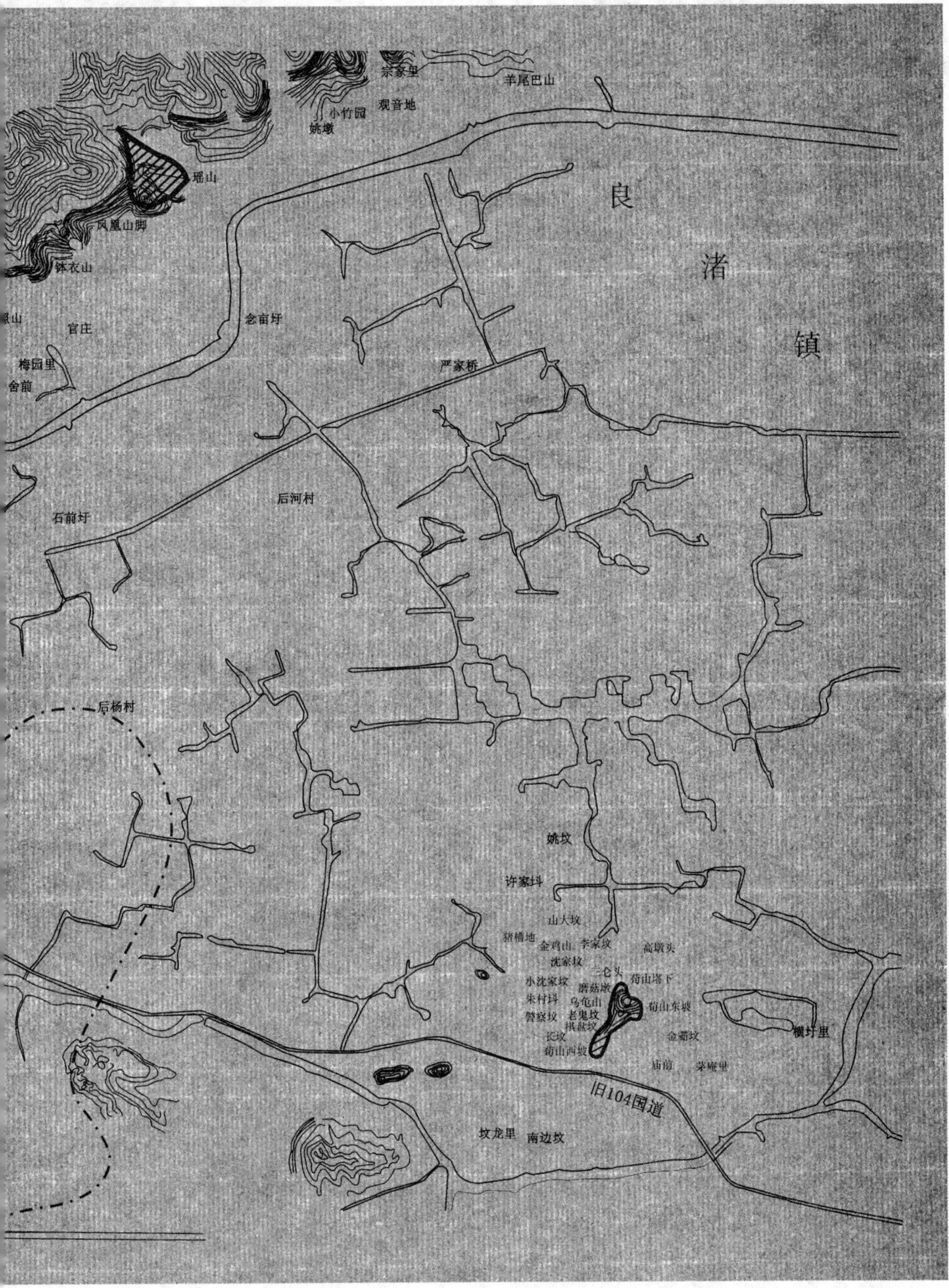

良

渚

镇

宗家里
羊尾巴山
观音地
小竹园
姚墩
瑶山
凤凰山脚
钵衣山
官庄
念亩圩
梅园里
舍前
严家桥
石箭圩
后河村
后杨村
姚坟
许家抖
山大坟
猪槽地
金鸡山 李家坟
高墩头
沈家坟
仓头
荀山塔下
小沈家坟
唐菇墩
朱村抖
乌龟山
荀山东坡
警察坟
者鬼坟
抵鼓坟
金鼎坟
镇圩里
长坟
荀山西坡
庙前
荣庭里
旧104国道
坟龙里 南边坟

新地里遗址及器物（玉鸟、玉三叉形器、圈足带盖灰陶簋）

[1]刘军:《钱山漾遗址》,载日本佐贺大学农学部编《东西方稻作起源和古代稻作文化》,1995年。

箕、席等。另出土犁、耘田器、半月形刀等石器和鼎、豆、鬶、盆、簋等陶器,以及稻谷、核桃、菱等植物遗存和一些建筑遗迹。[1]

新地里遗址位于浙江省桐乡市崇福镇,为晚期良渚文化遗址。发掘面积约3000m²。2001—2002年发掘。发现墓葬150座,其中良渚文化墓葬140座。出土器物1800多件,内有1600多件出土于墓葬,包括透雕玉神徽、分体石犁等重器。另出土完好的人骨架。

6.钱塘江南岸宁绍平原的众多遗址似可列一新序列,主要遗址有慈湖、名山后、塔山、小东门、沙溪、蜀山、金山等。

慈湖遗址位于浙江省宁波市江北区慈城镇,为早期良渚文化遗址。发掘面积289m²。1986年、1988年两次发掘。下层为河姆渡文化和崧泽文化层,上层为良渚文化层。出土较有特色的璜等玉器,斧、锛、刀、镞、纺轮等石器,釜形鼎、镂孔圈足豆、双鼻壶、纺轮等陶器,镞、针等骨器,并有屐、桨、锛柄、钻头等木器。其中木屐为良渚文化遗址中少见。[2]

[2]浙江省文物考古研究所等:《宁波慈湖遗址发掘简报》,载浙江省文物考古研究所编《浙江省文物考古研究所学刊》(1993年),科学出版社1993年版。

三、良渚文化年代与分期

良渚文化经历了1300多年的长时段,其历史地理时间是很值得研究的。考古界取龙山化时期做中国文明起源阶段的时间坐标。由于考古学研究、尤其是自然科学方面的年代测定做得很不充分,大部分遗址都未能确定相对年代,所以对这一长时段还很难做科学的分期。目前有二期说、三期说、三期四段说、三期六段说、四期说、五期说等。这些说法基本都是在20世纪90年代初以前提出的,而近20年新发现的考古资料已在很大程度上改变了良渚文化研究的理论基础。鉴于考古资料测年困难和更新数量多等原因,本书以细分原则取早、中、晚三期六段说叙述,尽管有一定的类型学根据,但与实际状况可能存在差异。类型学分期的主要依据是以鼎、豆、壶、罐等为主的陶器体系和玉、琮、璧等玉器。

早期年代5.3—4.9kaBP,前后段的分界大致可定在5.15kaBP年前后。前段以吴家埠遗址东区第二文化层、龙南遗址一期、福泉山遗址一期和草鞋山遗址等部分器物和墓葬为代表。主要特征是含有较多崧泽文化晚期遗风，属崧泽文化向良渚文化的过渡型。吴家埠遗址东区第二文化层的测年数据为4830±145aBP，树轮校正为5410±145aBP。后段以张陵山遗址上层、钱山漾遗址下层、越城遗址、福泉山遗址二期、庙前遗址一期等部分器物和墓葬为代表。陶器除主要为鼎、豆、壶组合外，良渚遗址呈现鼎、豆、罐组合特色。另有盆、澄滤器、杯、甑、钵等。鼎可分盆形、釜形两种。普遍流行鱼鳍形足鼎、口部有一对鼻式器耳的双鼻壶、宽把带流罐形壶等陶器，以及诸如半月形双孔刀、钺、有段锛等石器和琮、璧等玉器，说明文化形态走向成熟。

中期年代4.9—4.4kaBP，为鼎盛期，前后段分界约在4.65kaBP前后。前段以反山遗址、瑶山遗址、汇观山遗址、龙南遗址三期、福泉山遗址三期、庙前遗址二期、越城遗址、花城遗址、平邱墩遗址、果园村遗址、徐步桥遗址等部分器物和墓葬为代表。陶器基本组合仍为鼎、豆、壶或鼎、豆、罐。仍流行鱼鳍形足鼎，但盆形鼎已少见，釜形鼎成为主流。另有一定数量的罐形鼎。釜形鼎的最大腹径偏下，浅环底近平，鱼鳍足扁薄或外侧稍厚。一部分鼎尤其是罐形鼎的鱼鳍足很矮，鼎身近乎着地。豆的形态变化明显，无论宽把还是细把，把体都较早期有所增高。宽把豆盘多为敞口、折腹，细把豆盘以敞口、弧腹居多。双鼻壶颈部增高。出现著名的良渚文化玉器体系，包括琮、璧、钺、锥形器、冠形器、璜、镯、三叉形器、项链以及玉鸟等。后段以草鞋山遗址、庙前遗址三期、文家山遗址早期、绰墩遗址、福泉山遗址四期、寺前村遗址、徐步桥遗址、雀幕桥遗址等部分器物和墓葬为代表。陶器盛行"T"字形足鼎，豆把手增高并呈多竹节状喇叭形，双鼻壶的颈部特长，有的还带有器盖和蟠螭纹或云雷纹、弦纹装饰，宽把带流罐形壶呈平底、圈足和三矮足等多种样态，口沿前端有上翘的宽流、腹设宽扁把手的杯形壶也盛行，尤以器壁较薄的泥质黑皮磨光陶为大宗。玉器形制与前段基本相同，唯方柱形玉琮向多节发展，并有增高的趋势。中期石器多通体磨光，品种繁多且形式多样，石犁和石耨刀日趋大型化，数量增多。漆木器很流行。出现大型墓葬、大型祭坛墓葬等建筑形制较特殊的遗址，社会发展水平达到高峰。

晚期年代4.4—4.0kaBP或稍后，前后段分界约为4.2kaBP年。前段以福泉山遗址五期、汇观山遗址、庙前遗址四期、文家山晚期、卞家山遗址、寺墩遗址、雀幕桥遗址等部分器物和墓葬为代表。卞家山遗址5个测年数据为4.3—4.0kaBP之间。出土器物主要沿用中期形制。陶器组合以鼎、豆、壶或鼎、豆、罐为主。常见"T"字形足鼎和圆锥形足鼎，也有相当数量的侧扁足鼎、圆锥足鼎、舌形凹弧足鼎、三角形凿形足鼎等，表明作为实用器的陶鼎趋向多样化。细把豆成为主流，把上多饰有竹节形凸棱。双鼻壶和圈足壶常带器盖，以细而高的竹节形把黑皮豆、口带舌沿的帽形器盖的宽把杯形壶和宽把带流罐形壶以及圈足簋、尊、尊形罐等最具典型意义。陶器上的刻画符号和纹饰数量大大增加。刻画符号见于罐肩、罐底、鼎足、豆盘等多种部位。某些符号笔画规范，已具文字意味。精致繁缛的纹饰多见于双鼻壶和豆上，纹样有变形鸟纹、鸟首蛇身纹、几何纹、水波纹、之字纹、变形云纹等。玉器种类和制作工艺比中期逊色，多节方柱形玉琮日臻高大，所刻简化神徽纹饰则明显简化。后段以马桥遗址第五层、寺墩遗址、亭林遗址、千金角遗址、徐步桥遗址、雀幕桥遗址、新地里遗址等部分器物和墓葬为代表。陶器造型趋向简朴，以素面为主。袋足鬶较为流行，瓮缸类日趋大型，双鼻壶演变成直口高直颈、扁腹平底或矮圈足款式，圈足篮口部常常等距黏附三贯式小耳并加器盖，豆类变得小而素朴，新出的口部带外侈成流、蛋圆形腹、扁圆把、底设三圆锥足的盉很有特征。玉器制作和雕刻工艺大大退化，既不精致又简陋，品种和数量也不多。[1]

良渚文化前后各期的器物差距不很大，因而进行明确的分期较困难，但这说明其长时间维持在比较发达的水平上，是一个长时段保持旺盛新陈代谢能力、历久不衰的巨大生命体。

第二节　良渚遗址与杭州的缘起

一、西溪湿地与良渚古城的地理形势

良渚古城遗址即良渚遗址位处天目山与杭嘉湖平原的交接地，其自然地理集中表征出良渚文化的地缘特性。杭州的西部山区较早即有建德人等旧石器时代人类活动，后来渐渐演变为独特的丘陵河谷型原始地理文化。这一带在当时尽管有丰富的植被，却并无热带雨林那样丰富的果食储备，加上诸多自然灾害冲击，鸟语花香间也时时爆发生存之战。而良渚遗址的上游水系呈网格状发育，以良渚遗址一带的山谷侵蚀最长最宽。由于河流溯源侵蚀加快，出现大量河流袭夺现象，又因海平面较低而以下蚀为主，不易泛滥，所以大量先民沿着各条溪流从丘陵河谷迁往下游的河流冲积扇。他们不仅拿起武器争夺森林世界，也在广袤的平川上开辟新的生存空间，建立起属于人类自己的粮仓，使攫取性经济发展为较为完善的生产性经济。进入新石器时代以后，随着稻作农业的发展，丘陵河谷型文化弱化，马家浜文化、崧泽文化或跨湖桥文化、河姆渡文化等水网平原型文化占据了上风，导致杭州原始地理文化从以丘陵河谷型为主体兼具水网平原型，转而为以水网平原型为主体兼具丘陵河谷型形态。

"良渚"意谓"美丽洲"，绝好地保留了这种地理信息。"良渚"名北宋地理总集《太平寰宇记》仍不见载，南宋度宗时的《咸淳临安志》始有"梁渚"名：钱塘县管十三乡，灵芝乡管五里：梁渚、荀山、前梁、后梁、胡林。据《尔雅·释宫》"堤，谓之梁"、《诗经·小雅·小弁》"毋逝我梁，毋发我笱"，"梁"乃河堤之意。著于乾隆年间（1736—1795年）的倪璠《神州古史考》载："水中可居曰洲，小洲曰渚。今杭州

[1] 林华东：《良渚文化研究》，浙江教育出版社1998年版，第87—95页；浙江省文物考古研究所：《良渚遗址群》，文物出版社2005年版，第321—323页；奕丰实：《良渚文化的分期与年代》，载《中原文物》1992年第3期；杨晶：《论良渚文化分期》，载《东南文化》1991年第6期；黄宣佩：《论良渚文化分期》，载《上海博物馆集刊》（6），上海古籍出版社1992年版。

湖墅西北村落谓之梁渚。"其实清代的各种《杭州府志》均已称"良渚"。如康熙志记"良渚去（钱塘）县治北三十里"，光绪志有"良渚市"之谓。明万历《钱塘县志》仅提到灵芝乡，未及梁渚里，但有良畎（田间小沟）桥、良渚桥名。据估断，"良渚"名似应由"良畎"或"良渚桥"而来，与《湘夫人》"帝子降兮北渚"之类诗文可能相关，是对当地特殊地理环境较准确的体认。"良渚"或"美丽洲"译成英文很难，似可选择A Beautiful Wetland。Wetland即湿地。事实上，良渚古城遗址恰恰奠基于西溪湿地。

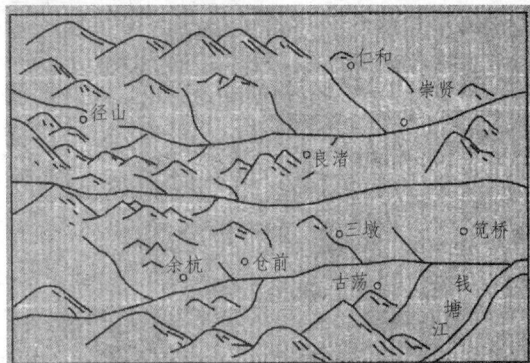

西溪湿地位于浙西中丘陵河谷与浙北水网平原的交接地带，它的生命活动和变化与杭州的形成和发展有着深度相关的因果关系。杭州是在环太湖地区冈身形成、太湖海湾（杭州湾）遭遇封堵后，由浙西中钱塘江和东苕溪上游水系冲积、湖积、沼积而形成的。杭州的西南丘陵两侧分别有地质构造湖盆和回陷区。其中东南侧的地质构造湖盆演化为西湖，西北侧的三墩回陷区则发展为西溪湿地。西溪湿地是浙西中丘陵河谷向浙北水网平原或者说环太湖流域的过渡区，兼得丘陵河谷和水网平原两种地缘优势，既可大面积开发水稻种植区，又可以丘陵河谷作为抵抗自然灾害的强大屏障。良渚文化先民利用和改造了西溪湿地的自然生态环境，形成当时中国最优越的文化发展地缘，从而使良渚遗址所代表的古杭州或良渚古城成为美丽洲聚落的经济、宗教和政治中心，即良渚古国的首都。

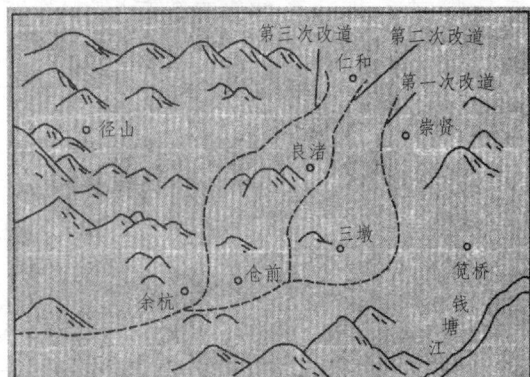

历史上的西溪湿地实应称苕溪湿地，因为西溪湿地实际上是苕溪冲击平原。东苕溪又名龙溪、仇溪、余不溪，唐、宋时称余不溪，南宋《咸淳临安志》才称苕溪。东苕溪现行的路径是古苕溪经过两次改道形成的，古苕溪原顺势东流，注入钱塘江。后受钱塘江高潮的顶托作用而分流，最终演化为太湖水系。东苕溪上游是天目山暴雨中心，下游排水不畅，是浙江洪灾最严重的河流之一。如果良渚文化时期呈如此地理结构，洪涝灾害将给它带来灭顶之灾。良渚文化时期包括良渚遗址在内的杭州西北地区应当是南、中、

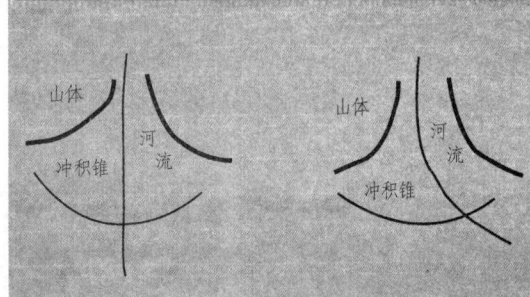

东苕溪

良渚遗址周边原始水系分布

东苕溪三次变迁

良渚遗址及周边良渚文化聚落分布、山谷冲积锥

145

北苕溪冲击而成的河谷湿地。现今呈现的南、中、北苕溪汇合而成东苕溪在瓶窑镇、良渚镇穿过良渚遗址沿天目山余脉大遮山北行的"之"字形大转弯格局，应该是后来形成的。其时间上限可能早于春秋，基本完成于东汉的前期。《水经注》有"浙江径县，左合大溪"的记载，表明在北魏时期，东苕溪（大溪）仍偶尔流入钱塘江。从南苕溪上游余杭区余杭镇南湖遗址、北苕溪中下游小古城遗址、北苕溪和中苕溪入干流处的北湖草荡良渚文化遗存以及下游紧邻良渚遗址的仁和镇发现的多处良渚文化遗址可以看出，沿东苕溪的天目山余脉整个河谷地区至少几百平方千米范围内都是良渚文化聚落集聚区。其中良渚遗址密度最高。

陈桥驿认为良渚遗址区的形成是卷转虫海退的结果。卷转虫海侵始于1.5MaBP，7.0—6.0kaBP达到高峰。全盛时期，良渚遗址区沦为一片浅海。出露于海面之上的主要是大遮山群岛、大雄山群岛和若干孤岛。良渚文化先民的祖先即马家浜文化和崧泽文化先民，当时生活在这些岛屿之中。岛上林木茂密、溪泉充沛，水陆动物资源丰富。咸潮不及的山麓坡地可资开垦种植，海侵以前已经娴熟掌握的农业技术借此得以继续延续。过了卷转虫海侵全盛期以后就出现海退，在大约5.0kaBP时海面基本上达到现代海面的高程。当时，良渚遗址一带丘陵、孤丘和河湖沼泽并存。其北翼是火山岩组成的大遮山丘陵，主峰大遮山海拔483m。西与莫干山南翼诸丘陵相接，东迤有梯子山、中和山、百亩山、上和山、东明山等。丘陵中有不少海拔超过300m的山峰，如中和山、王家山、青龙冈、东明山等。200m上下的山峰则绵延不断。大遮山丘陵以南是山体和高度都较小的大雄山丘陵，主峰大雄山海拔178m。此外还有朱家山、大观山、崇福山等山峰。卷转虫海退以后，良渚文化先民的活动地域逐渐扩大。东苕溪（南苕溪、中苕溪、北苕溪）终年冲积，既提高了地面高程，又发挥了洗咸作用，湿地平原上的植物和淡水生物开始增加，可居住性不断提高。

良渚文化先民开始仍聚居在丘陵中，但垦殖丘陵周边逐渐扩大的坡地和山麓地。接着，以崛起于湿地平原中的许多孤丘为跳板，从其周围逐渐下达到平原，然后再从平原中比较高燥的地段渐次向外围发展。起初洪水和咸潮仍构成严重威胁，但他们以孤丘为后盾，艰难的时候可向孤丘退却。在大遮山、大雄山两列丘陵之间的沼泽平原上分布着许多孤丘，其中有的超过300m（如马山）、有的超过200m（如獐山）、有的超过100m（如羊山），它们在海侵时期都是孤岛。还有更多在100m以下的，海侵时不见踪迹，海退以后大量崛起于湿地平原之间。《余杭县志》载："（孤丘）零星分布于苕溪南面的平原上，较大的有43座，其中瓶窑镇、长命乡、獐山镇一带有火山岩孤丘27座。"[1]这个统计当系目前现状，而小孤丘在进入历史时期后遭到人为夷平的不少，仅在莫角山一带最近四五十年中消失的孤丘就有数处。这种特殊的地理基础成为良渚遗址崛起为良渚文化的优良地缘。早在远古时代，人类就在崛起于黄土层中的孤立丘阜营建聚落。

[1]余杭县志编纂委员会：《余杭县志》，浙江人民出版社1990年版，第46页

这是因为对饮水的利用、薪炭的取得、避风御寒以及制敌自卫等方面，丘阜都能为聚落带来好处。《汉书·地理志》记载黄淮海平原以"丘"为名的县邑如顿丘、封丘等就超过20处。《水经注·漯水》记及北京的前身："昔周武王封尧后于蓟，今城内西北隅有蓟丘，因丘以名邑。"这座蓟丘已于20世纪70年代在宣武门外发掘出来。日本弥生时代文代吉野里遗址也在一座孤丘之上。崛起于大遮山、大雄山两列丘陵之间的这片湿地平原上的无数孤丘，在良渚文化创立过程中所起的作用是值得研究的。[1]

二、良渚古城与杭州的发源

与马家浜文化、崧泽文化相比，良渚文化聚落出现了两个标志性变化：一是规模变小的趋势加大，1万m^2以下的数量增加许多；二是10万m^2以上的数量也大大增加。自良渚文化早期开始，长江下游地区就开始出现两级甚至是多级聚落分化的现象。一方面聚落与聚落之间在规模、等级上逐渐向多级分化，以至于出现了像莫角山式的中心聚落、庙前遗址式的半从属聚落和龙南遗址式的从属聚落等具有本质差别的不同等级形态。这在太湖周围分布的若干遗址群中，都有不同程度却很类似的表现，如福泉山、张陵山、赵陵山、寺墩等遗址。另一方面是聚落与聚落之间的从属性增强，表明类似于后来城市和乡村的分离关系开始出现，它们共同构成了一个完整的、相互作用的和相互依存的开放性生存网络结构。

苏秉琦曾提出"古文化、古城、古国"概念，作为其文化区系类型理论的延伸。"古文化"即原始文化，"古城"指城乡最初分化意义上的城和镇，"古国"指高于部落之上的、稳定的、独立的政治实体。经过这三个逻辑的、历史的文明起源阶段，统辖多个古国而独霸一方的"方国"出现，国家形态进入到第二阶段，最终才向统一帝国发展。苏秉琦认为，与社会分工、社会关系分化相应的、区别于一般村落的遗址、墓地，在原始社会后期，距今四五千年间或5000年前的若干个地点已找到线索，其中最重要的地点之一就是良渚遗址。[2]在《良渚文化的历史地位：纪念良渚遗址发现60周年》一文中，他明确提出良渚文化已具方国规模。[3]这里所说的方国有类于商、周时期的区域性国家。

主张良渚文化已有国家制度还有其他许多学者。严文明在《良渚随笔》一文中指出，1977年参加长江下游新石器时代文化学术讨论会后，与苏秉琦等人来到莫角山前，苏秉琦与其探讨良渚文化之国家性质。严文明说良渚遗址是良渚文化的中心，或者说假如良渚文化分布区是一个国家，良渚遗址应当是其首都。苏秉琦说，良渚遗址是古杭州的所在地，这里地势比现今的主城区高，天目山余脉为天然屏障，苕溪是对外的重要通道。当时这里鱼肥稻香，是江南典型的鱼米之乡。杭州应该从这里起步，后来才逐渐向钱塘江口靠近，到西湖边扎住。[4]杭州的地望是动态变更和发展的，良渚遗址是其发源

[1]陈桥驿：《论古代良渚人与良渚的自然环境》，载《杭州师范学院学报》（社会科学版）1995年第2期。

[2]苏秉琦：《论太湖流域古文化古城古国》，载徐湖平主编《东方文明之光：良渚文化发现60周年纪念文集》，海南国际新闻出版中心1996年版；谢维扬：《中国早期国家》，浙江人民出版社1995年版。

[3]苏秉琦：《良渚文化的历史地位：纪念良渚遗址发现60周年》，载余杭市政协文史资料委员会编《文明的曙光：良渚文化》，浙江人民出版社1996年版。

[4]严文明：《良渚随笔》，载《文物》1996年第3期。

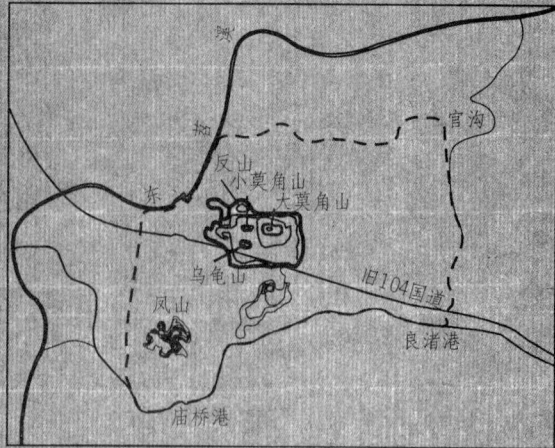

莫角山片遗址

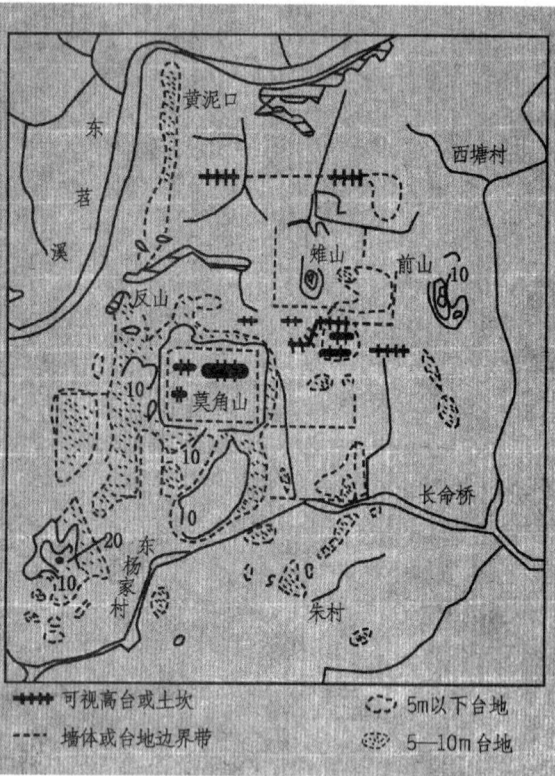

莫角山片遗址区空间结构

可视高台或土坎 　　5m以下台地
墙体或台地边界带 　　5—10m台地

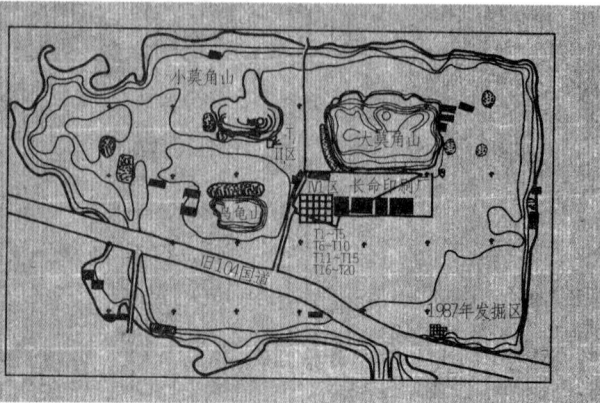

莫角山遗址中心区

地，现今的主城区和西湖是后来形成的。汪遵国则明确指出，中国有七大古都之说，杭州排名最后，安阳因殷墟排名第一，而如果确认良渚文化已有国家形态，那么杭州应是中国最早的古都。[1]

　　良渚文化先民利用和改造了良渚遗址区的自然生态环境，形成当时中国最优越的文化发展地缘，而使古杭州或良渚古城成为美丽洲聚落的经济、宗教和政治中心，即良渚古国的首都。良渚文化先民居高临下，在这个地区围堤筑塘、兴修水利、改造湿地、种植水稻，接着向平原高燥地段迁移聚落，最终建为良渚古城。前述的众多孤丘其实也有相当多是人工堆筑而成的，当然一般都利用了自然地势。其中莫角山遗址的堆筑量在世界新石器时代众多遗址中罕见。良渚古城以莫角山为中心，北凭天目山余脉大遮山，南临天目山余脉大雄山，东西南北基本对称向四周扩散，建筑群与生态林、水田有序布局。由莫角山台城宫殿群遗址庞大的建筑基址可以推断出宏伟的建筑群。今日虽然不得窥测当时的建筑风采，但从坚实的夯土、粗大的柱洞、规整的积石以及并列的细沟，可以想见建筑物的精致与辉煌。其光照取向明显含有特定的测算意识，乃至于通"天"、通"星象"，可说明当时已萌发了风水观或景观学意义上的城市规划和设计思想。次中心是文家山、后杨村这样的一般贵族居住地或墓地，以及庙前、姚家墩、卞家山等聚落村。边缘是瑶山、汇观山等祭坛墓地和零散聚落村。北部和西部为东苕溪，南部为东苕溪支流庙桥—良渚港。西北部大遮山与东苕溪之间的塘山土垣和南部良渚港附近的类似土垣，形成城市防护系统。

[1] 汪遵国：《中国文明探源与良渚文化》，载《良渚学通讯》2002年第1期。

角山遗址

三、良渚古城与杭州最早的城市规划

良渚遗址从平面分布上可划分为莫角山片、荀山片、汇观山片、瑶山片、姚家墩片、石前圩片、塘山土垣片七大片。从性质、功能来区分可分6类：台城宫殿群遗址、祭坛墓葬复合遗址、墓葬遗址、村落遗址、城市防护工程遗址、原始生态和农耕区遗址。遗址可划分为3个等级。莫角山、反山、瑶山、汇观山、塘山等遗址为第一等级；姚家墩、罗村、文家山等遗址为第二等级；庙前、吴家埠、卞家山、梅园里等遗址为第三等级。

1. 台城宫殿群遗址

莫角山遗址居于良渚遗址的中心，也是良渚遗址或所有良渚文化遗址中体量最大的遗址。莫角山俗称"古上顶"，原有大量起伏的汉墓封土，后经平整辟为果园。明代田艺衡《白鹤诸山记》一文描述的"古城头""上山蔓延，宛类营垒，疑古人屯兵处"，即是莫角山。[1]莫角山最早的历史文化信息发现于1970年，这一年收集到一些陶器和石器。第二年又掘得两块玉璧和一些石钺，从而确定有良渚文化遗存。1987年首次进行考古发掘，发现大面积坑状烧土堆积和陶器、石器；1992年在杭州长命印刷厂扩建基地上又发现泥、沙间隔夯筑层和大量夯窝、柱洞等建筑遗迹，以及灰坑、积石坑、沟埂等遗存。[2]

据经计算机处理的航空拍摄图像和最新遥感探测与环境考古判断，莫

[1]聂心汤：《万历钱塘县志·纪胜》二八，武林丁氏刊本，清光绪十九年（1893年）。

[2]浙江省文物考古研究所：《良渚遗址群》，文物出版社2005年版，第139—143页。

瑶山遗址

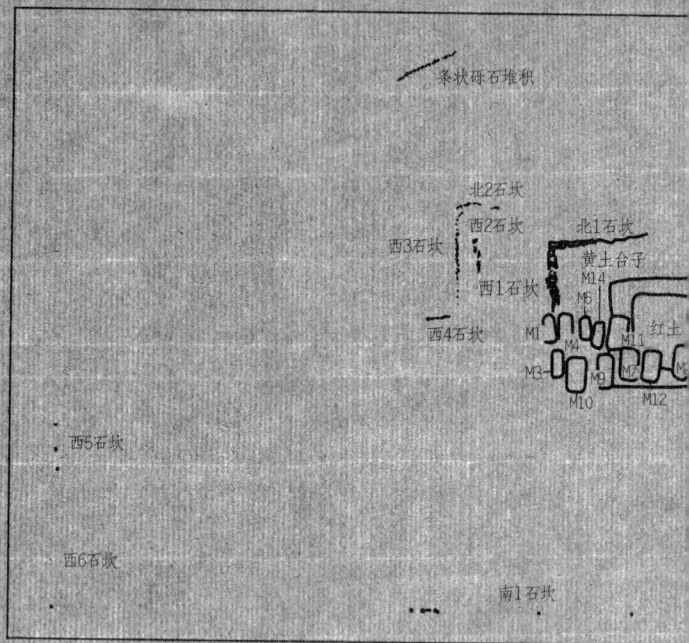

角山片遗址总面积约达10km²，全部由人工堆积而成，主要地段高出地面9—14m，是全世界同期最大的人工营建工程，可能为大型台城宫殿群建筑遗址，有人认为是"王宫"遗址。莫角山片发现的分布面积达2700m²的反山墓葬遗址被判断为"王陵"。

莫角山片遗址的形成前后经历几个阶段，但具体情况难以确定。

莫角山遗址可称为"西城"，原为规则的长方形台地，现四周有坍塌后的土墙痕迹。北墙保存完好，长600m、底宽50m。西墙长约450m、宽约40m。东、南两面墙坍塌严重，原宽均为40m，东墙分南、北两段，中间有一个40m宽的开口。墙圈内有3个残存的长方形土台：南部乌龟山，高出周围约5m，东西底长120m、南北底宽70m；西北部小莫角山，高出周围4m，东西长80m、南北宽50m；东北部大莫角山，高出周围6m，东西长180m、南北宽80m，可能是大型礼仪或宗庙性建筑基址。

莫角山遗址东侧的马金口、龙里、小马山、石安畈等遗址连为一体，钻探表明它们有一个共同的高出四周农田约1m的大型人工台基。台基的东、南、西三面尚存的土垅似为城墙残迹，马金口、龙里、小马山遗址可能是台基内主要的建筑遗存，最大的东西长200m、南北宽80m。北墙宽50m，呈折线形。南墙残，有3个豁口。东、西两"城"相连处有一过渡带，东西宽120m，南北向已看不出明显界线。这一区域构成"东城"。

观山遗址

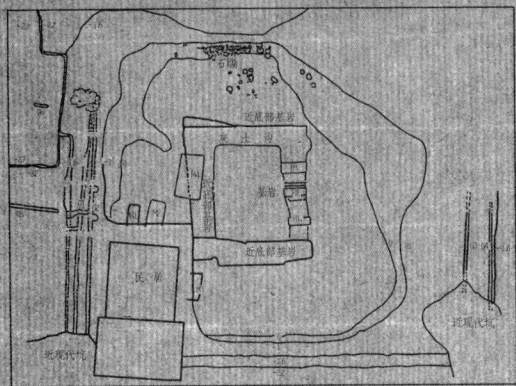

"西城"北有一长1100m、宽750m的长方形围田，可称"北城"。"北城"南墙距"西城"80m，宽50m、高3m，只残留中部若干段。北墙已不存在，但其东、西各保留了两条宽25m的土坎。有一被水流冲蚀过的方形台地，较周围略高，东西长700m、南北宽500m。该台地东部叠有一更高台地，东西长260m、南北宽200m。"北城"内水系众多。西、北两"城"的西面为一条南北向的土垅，南北长约2250m，分布有较多的良渚文化墓葬，反山墓葬遗址即在其南端。"西城"西南角有一支离破碎的方形高台，高出周围水田约2m，东西长、南北宽各为500m。"西城"南部则是一长110m、宽350m的围圈痕迹，围圈西为不规划的南北向长垅，长350m，围圈东为外方内圆的不规则台地。[1]

[1]浙江省文物考古研究所：《余杭莫角山遗址1992—1993年的发掘》，载《文物》2001年第12期；张立、刘树人：《浙江余杭市瓶窑、良渚地区遗址的遥感地学分析》，载《考古》2002年第2期。

莫角山台城宫殿群遗址被评为1993年度及"八五"期间中国十大考古发现之一。

2. 祭坛墓葬复合遗址

瑶山祭坛墓葬复合遗址位于良渚镇下溪湾村。"瑶山"原名"窑山"，因为"窑山"之名在周边颇多见，所以考古发掘时改称"瑶山"。瑶山是天目山余脉凤凰山向东延伸的低矮山丘，下临东苕溪。高约38m，去除表土后的实际高度约36m，面积约7.5hm²，发掘面积约1万m²。1987年发掘。台阶形叠构，顶部坛面20m×20m，由3部分组成：内为南北长6m、东西宽5m的红土台，次为宽2m、深1m的灰褐色土围沟，围沟周围为砾石台面。坛面分布13座打破祭坛的墓葬。出土器物1000余件（组），其中玉器占97%以上。基本陶器组合是夹砂陶鼎、泥质陶豆、夹砂陶圈足罐和夹砂陶缸。玉器中除大量的管、珠、粒及其他小型饰件外，主要种类有琮、钺、璧、冠形器、带盖柱形器、三叉形器、成组锥形器、璜、圆牌、镯形器、柱形器、带钩、牌饰、纺轮、鸟等。其中冠形器每座墓都有出土。石器种类有钺、带盖柱形器、束腰石饰和柱形器，钺为主要器种。钺的质料为低阳起石，按照现代矿物学划分属软玉范畴。墓葬年代约在良渚文化中期。[2]

[2]浙江省文物考古研究所：《瑶山》，文物出版社2003年版。

汇观山祭坛墓葬复合遗址位于瓶窑镇中心，高约18m，面积约2.2hm²，发掘面积约1600m²。1991年、1998年两次发掘。祭坛利用自然山势加高修筑，呈东西长、南北窄的长方形。主体为三层坛面，呈阶梯状。第三级坛面低于祭坛顶部约2.2m，揭露面积1500m²。中部偏西有挖沟填筑的灰土框，将坛面分割成内外三重。灰土框内边约8m×10m。祭坛东西两边凿有南

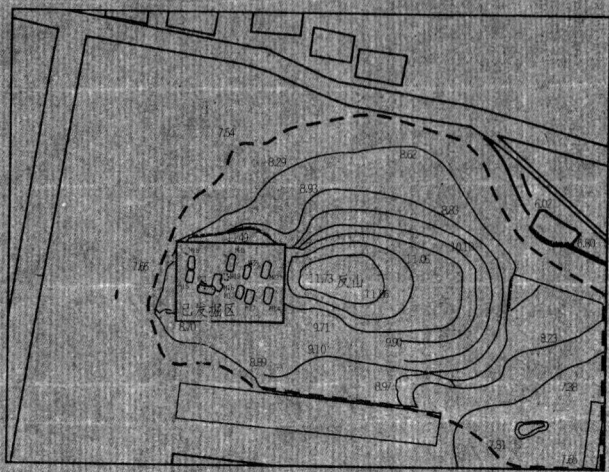

反山遗址

[1]浙江省文物考古研究所:《良渚文化汇观山遗址第二次发掘简报》,载《文物》2001年第12期。

北向0.3m深宽的排水沟。坛面分布墓葬4座,出土器物250余件(组)。其中4号墓发现双重外椁的木质葬具,出土玉器较多,并有石钺48件。2000年开始实施复原展示工程,揭露遗址外围部分,祭坛的整体结构大致廓清。[1]

瑶山、汇观山祭坛墓葬复合遗址是大型祭祀礼仪中心,在中国考古界有"土筑金字塔"之称。祭坛和墓葬的组合关系、建成先后及其原因尚不明,当与祭天有关。

瑶山祭坛墓葬复合遗址被评为"七五"期间中国十大考古发现之一,汇观山祭坛墓葬复合遗址被评为1991年度及"八五"期间中国十大考古发现之一。

3. 墓葬遗址

反山墓葬遗址有类于后代的王陵,位于瓶窑镇费家村南面,在莫角山片遗址西北,西进100m即为东苕溪,是莫角山台城宫殿群遗址的组成部分,面积约2700m²,发掘面积约660m²。遗址呈土台状,分两个阶段营建而成。第一阶段约在良渚文化中期前段,第二阶段的M9和M40两座墓则建于晚期前段。1971年发现,1986年发掘,2002年第二次发掘。发掘墓葬11座,出土器物1273件(组)。其中陶器37件、象牙器和鲨鱼牙10件,其他均为玉器,约有3500件,种类有20多个,包括刻有神徽的"琮王""钺王"和镶玉漆器。反山墓葬遗址出土的玉器为所有良渚文化遗址中最多的,制作工艺水平也是最高的。陶器组合为鼎、豆、罐,且基本放置于墓主脚端部位。陶鼎口沿外敞、束颈、腹部圆鼓、圜底、鱼鳍形三侧足。陶豆豆盘折腹稍深、粗把状喇叭形圈足,圈足上饰有弦纹和扁方形镂孔,M12和M22出土的外表留有涂朱痕迹。陶罐口沿略外敞、圆溜肩、鼓腹、矮圈足略外撇。陶器数量不多,而且除陶豆为泥质黑衣陶、制作较精致外,其余均为夹砂陶质,火候较低,器形也不甚规整。[2]

[2]浙江省文物考古研究所:《反山》,文物出版社2005年版,第363—374页。

文家山显贵者墓葬遗址位于瓶窑镇南缘文家村,面积未明,发掘面积约600m²。2000年发掘。发掘墓葬18座,出土器物400多件(组),以石钺居多。发现玉芯较多,附近可能分布玉器加工场。时间跨良渚文化早、中、晚三期,是良渚文化历史分期的重要研究资料。[3]

[3]赵晔、王宁远:《余杭文家山发现良渚文化显贵墓葬》,载《中国文物报》2001年9月28日。

梅园里遗址位于良渚镇苕溪北岸安溪大桥附近，发掘面积约900m²。2009年发掘。发掘良渚文化墓葬32座、建筑台基1处，出土玉器180余件（组）、陶器近140件、石器17件，其中包括较为罕见的龙首玉璜、高节玉琮。时间跨良渚文化早、中期。

后杨村遗址位于良渚镇北部后杨村，面积未明，2006年部分发掘。发掘墓葬3座，出土琮、璧、管、簪、珠、镯、钺等玉器及石器、陶器200余件。

4. 村落遗址

荀山片村落遗址位于良渚镇中西部，分布于荀山周围的高地或水田中，计有庙前、马家坟、荀山东坡、茅庵里、金霸坟等村落遗址。共发现良渚文化墓葬69座。位于荀山村的庙前遗址是典型的村落遗址，1988—2000年前后进行6次发掘，发掘面积约3500m²。发现地面起建式、干兰式建筑基址、水井、窖藏、灰坑等多种遗迹，出土器物1500余件。各聚落原来均临水而建，并在长时段里一再扩大。可分为5期。第一期早段的年代在良渚文化早期前段，已形成典型的鼎、豆、罐陶器组合，第一期晚段在良渚文化早期后段。第二期在良渚文化中期前段，第三期在良渚文化中期后段，第四期在良渚文化后期前段。[1]

姚家墩村落遗址位于良渚镇北部之东苕溪北岸，北靠天目山余脉大遮山，由几乎连成一片的姚家墩、王家庄、葛家村、罗村、金村以及文化性质尚难确定的斜步滩、窑廊7处台地共同构成的以姚家墩为中心的村落群。这一村落群构筑于方形水系网的中央，北部为天目山余脉，东部为东晋港，西部为西塘港，南部是东苕溪。1988年、1990年、2002年3次发掘，发现红烧土、砂粒、大石块、陶片等铺垫的建筑基址。[2]

卞家山遗址位于瓶窑镇东南缘卞家山村，这里素有"玉田里"之称。遗址东西长约1km，南北宽度约100m，北部界限不明，已发掘面积2600m²。卞家山遗址1935年即为何天行发现，2002年再次试掘，2003—2005年进行3次系统发掘。主体由河埠、村落、墓葬3部分组成。遗址北部为自良渚文化早期至晚期大型墓葬区，已发掘墓葬66座。其中有的墓葬葬

[1]浙江省文物考古研究所：《庙前》，文物出版社2005年版，第359—369页；《浙江良渚庙前遗址第五、六次发掘简报》，载《文物》2001年第12期。

[2]刘斌：《余杭卢村遗址的发掘及其聚落考察》，载浙江省文物考古研究所编《浙江省文物考古研究所学刊》（1997年），长征出版社1997年版。

庙前遗址及器物

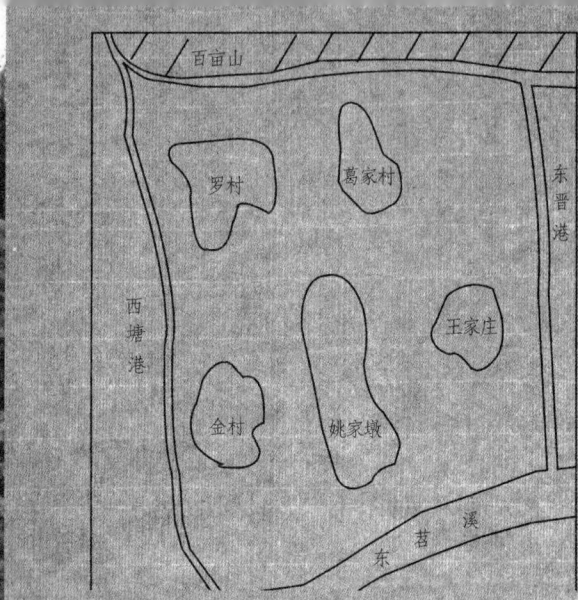

姚家墩遗址

具木质纤维尚存，个别人骨架也保存较好。另发现房基多个。中部为良渚文化中晚期的两条大型灰沟，南部为良渚文化晚期河埠头。出土陶器残片数以万计，经编号的玉器、石器、陶器、木器、骨器、竹器1300余件。其中包括陶屋顶、石屋模型、舢形漆器、方形陶篮和木桩与芦苇栅构成的河埠等孤品，以及少见的木屐、木陀螺、船桨、砖墙纹黑陶片等极珍贵的器物。另还出土大量有机质遗物，果实类有核桃、李、梅、枣、菱等，水生类有螺蛳、蚌、鱼骨等，动物类有猪、鹿、牛等。卞家山遗址十分完整地保存了良渚文化时期的村落形态，极为典型和真实地展现了良渚文化先民的日常生活和社会面貌。其中许多细节是考古界从未获得或了解的。

5. 城市防护工程遗址

塘山又称"龙山""黄山"，因有9个缺口又称"九条埂"。塘山土垣城市防护工程遗址位于良渚遗址的西北部，从瓶窑镇塘家桥始，经毛元岭、西中村、河中村和良渚镇石岭村、上溪村，至罗村止，微弧线东西走向，全长约6.5km，地面宽度20—50m，高3—7m。依地势而筑，一些地段利用了高地或孤丘，局部地段为双坝体，如长庆湖南面部分。塘山土垣城市防护工程是全世界同期最大的城市防护工程。其功用有防洪堤和城墙两说。由航空拍摄图片分析，建造时间应在塔姆山洪流冲袭莫角山一带以

卞家山遗址

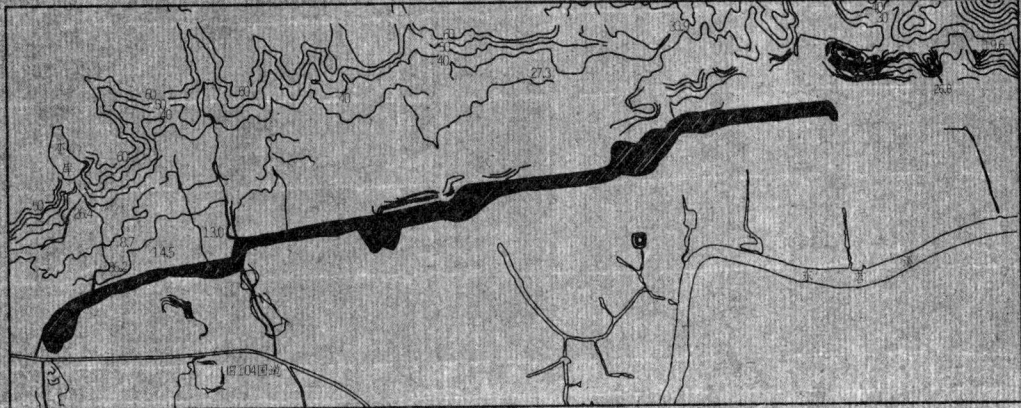

塘山土垣遗址

后。从不同地段双坝间隔不一的情况来看，可能多次决口又多次补筑。长庆湖西南角以及里湖头有两处方形高台，可能是守护台。从东苕溪位于坝体内的情况看，也有可能不被用于防洪，而是某种军事防御系统。良渚遗址南沿良渚港附近也有一段类似于塘山土垣的遗迹，航空拍摄图片上的色调和宽度与长庆湖一带相仿，构筑年代也可能相同。塘山土垣遗址1996—2002年4次发掘，出土石制治玉工具近400件，分砺石、切磋用石和雕刻用石3类。砺石大多为砂岩，呈棒形、球形、条形状。切磋用石大多为凝灰岩，呈箭头形、片形、条形等，扁薄细小。雕刻用石大多为黑石英、黑曜石、黑燧石，硬度在摩氏7度左右。另出土玉料、残玉件500余件，其中小部分已成可辨的琮、璧、镯等器。据费国平等调查，在塘山土垣西北侧瓶窑镇原彭公乡还有长分别为6.5km和5km的两条土垣，可阻挡和分流良渚遗址西、北两方洪水。

2006年6月至2007年12月间，浙江省文物考古研究所又在莫角山遗址外围发现东西长约1500—1700m、南北长约1800—1900m、总面积达290多万m²的略呈圆角长方形正南北方向布局的石坎堆积。其南面和北面是天目山余脉大观山和大遮山，南北与山的距离大致相等，良渚港和东苕溪分别由南北两侧向东流过。西段的西边似为护城河、东边是居住区遗址，东北方向是墓葬区。凤山和雉山两个土墩分别连接入西南角和东北角。部分残高约4m，底部为40—60m宽石块，上为夯实黄土。外侧叠压的堆积出土陶片，发掘者判定为古城墙遗址。2008年以来，在城墙外东面的美人地遗址又发现了一条48m的通向古城的河道以及临河码头基址。根据地形推测，河

疑似良渚古城墙遗址及示意图

道不止一条，可能用于人工引水。这说明当时修建古城时对城墙外一定范围进行了统一规划和建设。但有关古城墙的判断目前尚未可完全确信。良渚古城墙遗址被评为2007年度中国十大考古发现之一。

6. 原始生态和农耕区遗址

良渚遗址由连绵的丘陵、广袤的水网和农田构成，原始生态尚存一息，但原始地形地貌保存完整。尤其是农田历代大多只作浅层耕作，后代堆积也不甚厚，与良渚文化时期应有较大的相似性。这一原始生态与农耕区的地理分布、水系分布、气候条件、土壤结构、生物种类等，具有极大的考古学、生态学、动植物学、农学和城市学研究价值。

良渚文化先民基于生产生活需要建设良渚古城和对自然环境的改造是非常理性的。遗址保存着相当完整的原始环境和文化信息，今天仍然像鲜活伟岸的处士般气度非凡。其出土文物多在1m以内，许多仅0.5—0.2m，行走于其上，仍如置身于四五千年前良渚文化先民的生存地理，或如走进古老的良渚人家，可以察觉到一种十分特别的睿智、机巧。[1]莫角山台城、塘山土垣是全世界同期人工营建量最大的工程，即便以今天的工程技术，要完成这么大的工程，也相当不易。论能力，良渚文化先民完全可以对这一地区进行过度开发。但是他们没有这样做。良渚文化先民只是用智慧来认识和利用自然因素，对环境进行适度改造，合理安排森林、农田、建筑群，建成优良的人居地，使人类与动植物群构成良性循环的生态系统。这一地区平原不平，与嘉兴、湖州一带的平原地貌大相异趣，是错落交织的，像修剪到极低的丘陵，很显然是人工手笔，但却自然妥帖。良渚古城不造作、不武断，对周边山系、水系、生物环境有充分的尊重、接应、导引，没有势利地成为唯我独尊的统治自然的工具，既成为相对独立的政治权力和社会生活空间，又能与自然系统构成良性循环，形如天然佳构。在体现社会分层的建筑安排上，也只巧妙利用了自然地势。所有建筑物因势而定，或依山而居，或也在天然河道边适然而处，或有不能，良渚文化先民便大量人工营建土墩、土坡来摆布，所以房屋既可以是地面起建式的、浅穴式的，也可以是干兰式的。即便如莫角山、瑶山、汇观山、反山等重要建筑群或建筑物基址，也只利用自然山势或土墩适当加高或修整，凸显崇高神秘意象不露痕迹。建筑物地基处理采取夯实、火烧等办法，既利用又改变土地的自然属性，以提高强度和抗潮能力。经良渚文化先民改造的良渚遗址

[1]周膺：《第一种美》，当代中国出版社2001年版，第110页。

区后来几千年一直成为丰裕的粮仓和景致宜人的最佳栖息地。良渚文化先民这种对待自然的态度是他们能成就文明功业的重要的内在原因之一。

良渚古城体现了人类的城市理想，堪称中国早期城市规划和建筑设计的典范，是人类居住地的杰出范例，体现无与伦比的建筑之美和伟大的建筑精神，甚至现今的城市也有所不及。从历史学、美学、人类学等角度看，良渚遗址是具有突出的普遍价值的自然与人工相结合的考古学文化遗址，是考证和研究人类文明起源不可或缺的重要实物史料。良渚遗址几乎符合《世界遗产名录》文化遗产的所有6项评审标准，也符合自然遗产前3项评审标准。与已列入《世界遗产名录》的900多项遗产相比，也是最壮观、最完整的之一，价值远远超过其中的大部分。只要对环境进行必要的清理，并有切实的学术交代，完全有可能列入《世界遗产名录》。

第三节　良渚文化在杭州的主体性文化建构

一、良渚古城与环太湖流域文化重心南移

自马家浜文化以来，环太湖流域史前气候有3次较大波动。7.5—6.0kaBP介于凉暖交替期后的上升阶段，平均温度高于目前。由于位处高纬度气温也较高，所以马家浜文化可以在较广大的范围内较均衡发展。6.0—5.0kaBP气温逐渐下降，并在5.5kaBP左右发生极端的冷事件，导致崧泽文化的范围相对缩减、延续时间缩短，并形成向南转移的趋势。5.3—5.0kaBP这种向南集中的趋势达到高峰，使文化重心移向天目山北缘，最终在杭州形成区域文化中心。5.0—4.0kaBP气温有所回升，南移的倾向逐渐停止，文化发展格局重新扩展。

史前长江下游文化区域可分为宁绍区、宁镇区、里下河南区、巢湖区、大别山南麓区、太湖区（包括苏南区和杭嘉湖区两个亚区）6片。比较各区遗存的谱系变化历程可知，这些文化区之间不但区域位置有别、文化面貌各异，而且发展的途径也不一致。其一，某些文化区的遗存自始至终都沿着同一谱系的轨迹而演变。这在太湖区表现得最为突出，马家浜文化到崧泽文化再到良渚文化一脉相承。其二，某些文化区遗存的承继过程并未遵循同一谱系持续发展，宁镇区、巢湖区、大别山南麓区和里下河南区都是如此。其三，宁绍区的情况与上述又有不同，它在河姆渡文化时期是一脉相承的，但最终有较多外来因素介入，进而改变了原有文化的发展方向。

以谱系思想为指导的区系类型研究，不仅要划分文化区域和寻找诸遗存的来龙去脉，而且还要考察文化区的形成原因和过程。20世纪80年代末张忠培提出的"亲族文化区"和"历史文化区"概念是对谱系方法论的新发展。所谓"亲族文化区"是文化有直接渊源和发展关系的考古学文化区，所谓"历史文化区"是多种文化更迭发展的考古学文化区。[1]谱系研究

[1]张忠培：《当代考古学问题答问》，载《文物天地》1989年第3期。

绝不单纯是界定文化区域和追溯遗存源流，还必须以此为基础对文化在发展过程中所形成的结构进行定性分析，因为只有这样才能把文化区的研究上升到探索人群共同体的发展关系、进而为复原人类生活场景奠定基础的高度。"亲族文化区"和"历史文化区"概念的提出，对于这种提升具有基础性作用。前面所指出的发展途径非同一谱系的宁镇区、巢湖区、大别山南麓区、里下河南区，是起源不同、相互间存在交往的历史文化区，而苏南区和杭嘉湖区则具有同一起源以及在其基础上的相互继承关系，所以是亲族文化区。

任何考古学文化都不是也不可能是一个自身封闭的、与外界绝缘的孤立系统。考古学文化在发展过程中所表现出来的对外交往、迁徙和传播的特点，不但决定了考古学文化内涵的多元性，也揭示了考古学文化结构的开放性。在文化交往的相邻区域往往会形成充满融合、冲突的特殊环境，构成为"旋涡地带"。"旋涡地带"的文化碰撞与分化、渗透与融合常常成为文化体发生突变的中心环节，由此而又成为文化体的发展中心。"旋涡地带"最终所形成的文化并非简单意义上的"混合文化"，因为尽管"旋涡地带"可以同时同地或异时同地地含有多种文化因素，但以一种文化为主体，这一主体或为本地文化或为外来文化。历史文化区和亲族文化区的形成一般与周邻文化区的性质有直接的关系。历史文化区的周边往往环绕着亲族文化区，而亲族文化区的四邻又常常是历史文化区。亲族文化区的系统、持续发展建立在历史文化区非同一谱系、缺乏紧密联系的发展基础上，因为历史文化区向外传播、渗透的能力不但相对弱小，而且还会经常性受到较为发达的亲族文化区的强烈介入和辐射。宁镇、巢湖、大别山南麓和里下河南部等文化区为太湖、长江中游、山东以及中原等亲族文化区所环绕，自然而然成为周邻各文化区进行文化角逐的"旋涡地带"。诸文化你来我往、此消彼长，类如海潮般进退和碰撞，使这些区域一直处在易于动荡的不稳定的态势之中。当然，亲族文化区对历史文化区的作用力，也并非是一成不变的。亲族文化区的文化因素往往以纯粹的、未加改造的形式和经过融合的、并有所变异的形式在历史文化区再现出来，前一种形式多发生在历史文化区发展的低谷时期，而后一种形式多见于历史文化区发展的高潮阶段。这说明历史文化区遗存自身生长机制的强弱，在一定程度上也制约着亲族文化区势力的进退。与宁镇等文化区不同，苏南和杭嘉湖这两个亲族文化区的周围主要是一些历史文化区。即便再西部和北部有长江中游区和山东文化区，但由于自然地理的隔绝和马家浜—崧泽文化—良渚文化系统的自我生长机能较强，它们对苏南区和杭嘉湖区的影响力不大。[1]但杭嘉湖区却有另一个例外，这就是隔钱塘江有宁绍区。宁绍区原先是一个亲族文化区，但自杭嘉湖区进入崧泽文化期后却转化为历史文化区，变为"旋涡地带"。尽管这一时期宁绍区的文化面貌变得不甚明朗，而且总体上是良渚文化占据上峰，但其原有的亲族文化区文化性征仍

[1]高蒙河：《试论长江下游的史前文化区域》，载《学术月刊》1990年第10期。

在强烈表现。这种表现刺激着杭嘉湖区，反过来使得杭嘉湖区的文化形态进一步优化，促使其形成文化高峰。

苏南和杭嘉湖所在的太湖区或太湖流域，一直是史前长江下游比较稳定的文化重心。尽管这里的文化发达程度在早期尚不及偏隅东南的宁绍区，但太湖区由早到晚所起到的核心作用，却不是长江下游其他史前文化区所能比拟的。在良渚文化阶段，由于气候等自然因素的作用，同时也由于宁绍区的文化刺激，使得杭州演变为文化中心。

二、良渚古城与地域文化集成

良渚文化的文化圈与中国古代文献中所说越文化圈有较大的一致性。其主体范围指"内越"活动的范围，但"内越"和"外越"是一个历史地理概念。乐祖谋《历史时期宁绍平原城市的起源》一文认为，《越绝书》中的"内越"和"外越"，即是卷转虫海侵时期迁居山地和海岛的两个越族分支。[1]亦即最早进入会稽、四明山区的越族和留居在宁绍平原浅海岛屿上的越族。外越习惯于水上活动，如《越绝书》卷八所说的"水行而山外，以船为车，以楫为马"，这些居住在三北群岛、舟山群岛甚至更远的岛屿上的居民与内越仍然互有往来。《水经注》曾从今已亡佚的《林邑记》中3次引及"外越"这个名称。其卷三六《温水注》云："《林邑记》曰：外越纪粟。望都纪粟出浦阳，渡便州至典由，渡故县至咸驩。咸驩属九真。"卷三七《叶榆河注》云："江水南对安定县，《林邑记》所谓外越安定、纪粟者也。"蒙文通认为澎湖、台湾属于"外越"。[2]另外，也有一些学者认为外越到达了日本列岛。李国栋在《"越"的来历：日本"越"的来历》一文中指出，日本列岛的日本海沿岸有一个被称为"越"的地区，这个"越"与中国长江下游的"越"在种族、文化等方面有着极其密切的联系。福井县鸟浜贝冢遗址出土红漆装饰梳以及葫芦、菱角、绿豆、荏胡麻等植物，可能都是由长江下游的"内越"带过去的。富山县朝日町不动堂遗址出土的1件石钺、柳田遗址出土的1件石璜，与良渚文化玉器类似。长江下游的"内越"利用"黑潮暖流"及其支流"对马暖流"（Tsushima Current）寻找日本的"外越"，目的不是探亲访友，而是采购日本"越"地盛产的玉料。当采购完毕后，他们又利用"利曼寒流"（Riman Cold）把玉料运回长江下游。[3]从这些意义上来理解"内越"和"外越"的活动地域，要比乐祖谋所说扩大了许多。由当代考古学成果来互证，大体可以将"内越"的活动范围确定为环太湖流域和浙南宁绍平原及山区，亦即河姆渡文化、马家浜文化、崧泽文化和良渚文化分布区。后来所说的吴文化区、越文化区在其范围之内。在此以外的相关文化影响区为"外越"活动范围。当代学术界考订"内越"与"外越"的关系主要根据它们共同的文化性征，如：种植水稻，断发文身，凿齿拔牙，营造干兰建筑，使用石锛（有段石锛和有肩石

[1]乐祖谋：《历史时期宁绍平原城市的起源》，载《中国历史地理论丛》（第三辑），1988年。

[2]蒙文通：《外越与澎湖、台湾》，载蒙文通《越史丛考》，人民出版社1983年版。

[3]李国栋：《"こし（越）"の来歴：日本"越"的来历》，《広島大学大学院文学研究科論集》（第68号），2008年。

锛），制作印纹陶器，操明显特点的语言，崇尚崖葬和蛇图腾，等等。这些性征主要是良渚文化的性征。从时空两方面来看，良渚文化完成了对中国东南沿海史前文化的历史性归结，并成为中国文明的先期构建。

另一方面，良渚文化也是对整个中国南方史前文化的历史性归结。罗泌《路史》卷一七提到的百越有南越、越裳、骆越、瓯越、瓯隑、瓯人、且瓯、供人、海阳、目深、扶催、禽人、苍吾、蛮扬、扬越、桂国、西瓯、捐子、产里、海癸、九菌、稽余、仆句、比带、区吴，共25个。加上《史记》、《汉书》提到的闽越、千越、滇越和于越等，大约有30个。有人认为它们都是当地土著，并没有统一的渊源。越（于越）与百越名称和涵义有所不同，越（于越）仅仅是百越中的一支，百越之称则包括了东南和南方地区的众多民族，是一个泛称。[1]但从基因分析来看，百越有统一的族源。从历史记载来看，百越的代表为越或于越，所以可以将上述环太湖流域和浙南地区的“内越”视作百越的核心或代表，而这种意义上的越文化则是百越文化的代表。“内越”之所以能成为百越的代表，是因为自良渚文化开始环太湖地区逐渐成为中国南北文化交流的主通道，长江上游、中游、下游或整个华南地区的文化在这里交融并可以越过天然屏障与北方文化进行交流。在这种历史条件下，良渚文化及其所在地域或最早成为中国南北文化交流的枢纽。

[1]蒋炳钊：《关于百越民族来源问题的思考》，载《浙江学刊》1990年第1期。

如果说从文献记载越人迁徙与否来判断良渚文化圈尚存在较多不确定性的话，印纹陶文化考古分析则有助于强化这种认识。李伯谦曾将中国印纹陶文化分为7个区，即宁镇区（包括皖南）、太湖区（包括杭州湾地区）、赣鄱区（以赣江、鄱江、鄱阳湖为中心）、湖南区（洞庭湖周围及以南地区）、岭南区（包括广东、广西东部）、闽台区（包括福建、台湾和浙江南部）、粤东闽南区（包括福建九龙江以南和广东东江流域以东的滨海地区）。[2]其范围大体与古代文献中记载的百越活动的区域相当。印纹陶出现于新石器时代晚期，主要分布在中国南方的浙江、上海、福建、江西、广东、广西、云南等地。这种陶器质地坚硬，犹如瓷器，故名硬陶。表面拍印一些方格纹、圆圈纹、曲折纹等几何形纹饰，所以称印纹陶。在钱山漾、水田畈、良渚、马桥、亭林、越城、邱城、梅堰、草鞋山等遗址的良渚文化层之上都有印纹陶堆积，说明印纹陶文化出现于良渚文化晚期或为良渚文化的后续文化。马桥文化的陶器生产处于技术创新的转变时期，出现了烧制火候相当高的硬陶，其烧成温度已经达到1100℃左右。硬陶陶胎的化学组成中SiO_2和熔剂的含量不同于软陶，表明当时已经懂得选择特殊原材料烧制陶器。原始瓷是在烧制硬陶的基础上发明的新工艺和新产品，硬陶的生产为原始瓷的发明奠定了技术基础。从马桥遗址出土的青绿釉、黑釉瓷器来判断，环太湖地区是目前所知年代最早的原始瓷出产地之一。

[2]李伯谦：《我国南方几何印纹陶遗存的分区分期及有关问题》，载《北京大学学报》（哲学社会科学版）1981年第1期。

“内越”地区不仅形成了比较统一的文化，而且对周边地区具有强烈的播化作用，构成广域性次级文化圈。徐海、太湖地区分别位于江苏省南北两端。太湖区为苏南平原,主要包括苏、锡、常、淞(上海)及杭州湾以北的湖、嘉地区。境内湖荡密布,沟河纵横,古有三江(东江、娄江、吴淞江)水系通大海。太湖东部沿岸的低矮丘陵为天目山余脉。徐海区包括徐州、淮阴、连云港、盐城市及所属各县,是华北平原的一部分,境内有淮、沭、沂、泗等古河道。北部丘陵带是山东丘陵南延的侵蚀残丘。两区东部海岸线漫长,港口河湾众多,岸线外沙脊成群。全新世以来,由于海平面的变化,海岸线多次往复变迁。淮北平原和苏南平原虽然在全新世统一形成了滨海沉积,但从地貌上看,苏南平原为冲积平原,土质肥沃,雨量充沛,属亚热带季风气候;而淮北平原属波状起伏的剥蚀平原,气候和降雨量属江南与华北交界的过渡类型,并形成了有异于南方的植被。这些因素又造成了动物群的南北混杂,成为一种广泛的过渡地带。几千年来,由于这种自然地理条件的差别,两地区的先民在各自的环境中形成了不同的原始文化。据现有资料考证,徐海地区的新石器文化是由4种文化先后承袭发展而成的,即青莲冈文化—刘林文化—大汶口文化—龙山文化。青莲冈文化的绝对年代6.9—6.3kaBP,刘林文化的绝对年代6.3—5.5kaBP,大汶口文化的绝对年代5.5—4.3kaBP,龙山文化的绝对年代4.3—3.8kaBP。[1]这两个地区新石器时代不同阶段的文化之间存在相互影响和构成关系。两区在第一阶段即青莲冈文化、马家浜文化早中期,都各自形成原始文化,但太湖区对徐海区已开始发生影响,即徐海区已出现了代表太湖文化特征的器物,而代表徐海区文化特征的器物在太湖区还尚未出现。如夹砂腰檐釜及其支架、玉璜和玉玦等,都是马家浜文化的典型器具,而徐海地区的青莲冈、大墩子、大伊山等遗址都发现类似腰檐釜及其支架,大伊山遗址则发现玉璜和玉玦。第二阶段即刘林文化、大汶口文化与崧泽文化、早期良渚文化时期,在太湖区继续对徐海区影响的同时,徐海区对太湖区产生了强烈的影响,表现在体现徐海区特征的器物在太湖区大量出现。这时徐海区出现了陶鬶、有段石锛、带流宽把杯、贯耳壶、玉琮等良渚文化器物。如花厅、大墩子、大汶口等遗址均有出土。第三阶段龙山文化与典型良渚文化时期,两区间原始文化的交流进入兴盛期。龙山文化、良渚文化都以直接或间接的方式吸收了对方的文化精华而丰富壮大起来,社会发展大体同步。两地文化面貌上的共同因素增加,陶器迅速变为以灰黑陶三足器、袋足器和圈足器为共同特征。

在两区的交接地带,分布有较多的刘林文化、大汶口文化与崧泽文化、早期良渚文化并存的遗址或地带。如海安的青墩、吉家墩、高邮的龙虬庄、涟水的三里墩、新沂的花厅等遗址。青墩遗址三叠层文化均有两区不同阶段文化互见。下文化层所出的黑圆点四周绘四叶纹、白色彩条纹的罐、盆彩陶片,具有刘林文化彩陶的风格。宽扁足鼎、带流钵等器物与圩墩遗址中层所出器物相似。青墩遗址中层出土了一定数量的觚形杯、折腹釜形鼎,同时又有崧泽文化常见的折肩折腹罐、台座式圈足豆。而上文化

[1] 纪仲庆、车广锦:《苏北淮海地区新石器时代文化的再认识》,载苏秉琦主编《考古学文化论集》(二),文物出版社1989年版。

层的高柄杯、贯耳壶、琮、璧等器物分别是大汶口文化与早期良渚文化的典型器物。新沂花厅遗址26座大汶口文化早、中期墓葬中，除了出土较多的扁三角凿形足鼎、觚形杯、背壶、大口缸等大汶口文化常见器物外，同时也出现了数量众多的琮、锥形饰等良渚文化玉器及瓦足鼎、"T"字形足鼎、带流宽把杯、贯耳壶、有段石锛等良渚文化典型器物。它们给人一种强烈的印象，即这些遗存是当时通过江海交通迁移、驻留造成的。这些地区是南北文化通道的中继站和联结点。连云港的二涧、朝阳、大村、新沂的花厅、海安的青墩、吉家墩、张家港的东山村、上海的马桥、亭林等遗址，都分布在当时的海岸线港口地区，具有交通上的便利性。[1]

良渚文化对外交往和耦合的原因是多重的，如经济、文化和战争等因素。上述论述主要涉及经济、文化方面的交往，而战争因素同样也十分重要。良渚文化具有血性、血勇的族性特征，充满活力，非常鲜活。从出土器物来看，钺在当时的盛行确实有点过分，为任何文化遗址所不见。其中如反山遗址出土的"钺王"般精致的也有许多。钺是近身砍杀格斗兵器，钺的盛行表征良渚文化时期有崇尚武功的风气。另外，玉、石镞、矛等也有大量发现。严文明根据江苏新沂花厅遗址出土的大量良渚文化器具，推断一支良渚文化武装力量北上远征，打败原住在花厅的大汶口文化先民，并实行占领。作战中自己一方阵亡的战士不可能运回老家，只有就地安葬。为了缅怀这些战死异乡的英雄，特地给他们随葬了最能反映本族特色的玉器和陶器等物品，同时也随葬一些原属大汶口文化先民的战利品，甚至把敌方未能逃走的妇女儿童和猪狗一起殉葬。[2]严文明此说有点文学化，但不失为一种启发人的解释。赵陵山遗址则可能埋有大批杀殉的俘虏。

从经济、文化和战争诸因素来看，良渚古城在良渚文化时期长期占据绝对优势，因而在环太湖流域乃至宁绍平原进行了最为有效的地域集成。尽管它总体上文化因素输出多、吸收少，但在本"亲族文化区"内却在文化延续的基础上进行了十分有效的地域文化集成，形成为一种强势文化结构态势。前述宁绍区"旋涡地带"则在这个过程中发挥了强烈的反向作用。因此，良渚古城事实上是集成地域文化优势和推动南北文化交流的中心环节。

三、良渚文化与文化播化

约瑟夫·R.葛德伟（Joseph R. Caldwell）在一篇讨论北美东部侯泼威廉（Hopewellian）资料的文章里提出"相互作用圈"（Sphere of Interaction）概念。葛德伟注意到，分布广泛的侯泼威廉式遗物在世俗性的、日常生活上的和非墓葬中的各方面存在很显著的差异性，而距离较远的少数墓葬则在埋葬习俗和随葬器物方面又有极大的相似性。他用"相互作用圈"这个名词来指称各区域之间在葬式或宗教方面的相互作用。温德尔·C.本奈特（Wendall C. Bennett）则用"地域共同传统"（Area Co-tradition）来描

[1]姚勤德：《徐海、太湖地区原始文化的交流》，载《东南文化》1993年第5期。

[2]严文明：《碰撞与征服：花厅墓地埋葬情况的思考》，载《文物天地》1991年第6期。

述秘鲁的考古学文化。他所说的"地域共同传统"指文化史的总单位，构成它的区域文化在一段时期之间彼此发生关系。张光直认为，从6.0kaBP开始，北自辽河流域、南到台湾和珠江三角洲、东自海岸、西至甘肃、青海、四川的广大范围内形成了一个文化作用圈，可称之为中国相互作用圈或中国以前相互作用圈——因为这个史前作用圈形成了历史期间的中国的地理核心，而且这个圈内所有的区域文化都在秦汉帝国所统一的中国历史文明的形成上扮演了一定的角色。

张光直在《中国相互作用圈与文明的形成》一文中指出，在中国各区域文化相互作用圈形成之时，有两种发展趋势表示得相当清楚。其一，所有的区域文化在经过一定时间之后都更广泛地分布，而它们之间的相互作用趋于深化，奠定了最早的中国文明的地理舞台。其二，每个区域文化都愈来愈复杂，分歧和分层愈来愈多，终于导致这些区域形成为文明的基础。起初，许多新石器时代文化互相分立。到了7.0kaBP，考古学文化的数目增加，占据的区域也扩大，而且各个文化的界说可以更明确。到了6.0kaBP，华北和华南各有特色的文化开始显露出一种互相连锁的程序，那就是这些文化彼此密切联系起来，而且有了共同的成分。这些成分把它们带入了一个大的文化网，网内的文化相似性在质量上说比网外的更大。华北在这以后1000年内、华南在这以后1500年之内这个程序继续深化。这些表现可以从两方面来叙述，即华北诸文化之间的交互作用和华北、华南文化之间的交互作用。

在华北作用圈内，相互的关系在仰韶、大汶口、红山和土珠山各文化类型之间开展。6.0kaBP黄河下游冲积平原已经大致形成，而仰韶文化与大汶口文化之间的陆上交往必由这个空隙的变窄并终于消失而有所促进。整组的大汶口文化陶器在河南数处遗址中发现，最西到达了偃师，而且典型的大汶口文化器形（如背壶、袋形足的、镂孔足的豆和高足杯）见于豫西类型的仰韶文化器组。仰韶文化对大汶口文化陶器尤其是彩陶的影响也很显著。仰韶文化和大汶口文化所共有的石器、骨器和陶器类型也很多。辽河中上游、大凌河谷的红山文化和辽东半岛南端的土珠山类型文化无疑属于同一个运行轨道之内。土珠山类型文化和大汶口文化经由山东半岛和辽东半岛之间的长山列岛而相接触。红山文化和仰韶文化在河北北部以及北京地区直接接触。华北的大汶口文化与长江流域和东海岸文化连锁关系的考古证据就是所谓"龙山形成期"的成形；它在华北和长江流域出现，然后沿着东海岸直到台湾和珠江三角洲。而沿着史前时代交互往来的路线在几个区域文化之间移动。从大汶口沿着海岸平原可以走入环太湖流域，自环太湖流域则有两条路线可走：一条路向南穿过杭州湾到宁绍平原，再向南可以接触福建的昙石山、溪头文化和台湾的凤鼻头文化。另一条路环太湖流域转向西而沿长江上游走。首先碰到的是安徽的薛家岗文化，然后在江西又碰到山背文化，再向上游走则到湖北的大溪文化和屈家岭文化，或沿赣江转向南方走入粤北

玉琮（四川成都金沙）　　玉琮（江西丰城）玉琮（江西靖安）

玉琮（安徽定远）玉璧（安徽定远）

和石峡文化。这些区域的已知文化和遗址不都是完全同时的，但它们的文化传统都是彼此平行的。从年代学上看，北方稍早（公元前第四千纪）而南方稍晚（公元前第三千纪早期）。沿着东海岸和长江流域做这个贯穿各个考古学文化区的假想旅行，会看到它们的许多相似之点：磨制石斧、石锛、石刀和许多骨角蚌器在这个区域普遍存在。特别引人注意的类似点——考古学上所谓共同水平的标志——可见于陶器的形制和装饰上。作为龙山形成期的诊断特征，即有镂孔的高低不一的圈足的豆与三足的鼎形烹饪器，不仅仅在龙山形成期遗址普遍出现。彭适凡在《试论山背文化》一文中指出，在赣江流域占据战略位置的山背文化曾经作为与东边（长江下游）、西边（长江中游）和南边（广东）文化接触交流关系的枢纽。[1]

张光直从社群关系方面来研究考古学文化。这些社群一般认同于某个聚落，根据考古学研究的需要也可以按不同标准将它们集合为更大的分类单位。同一个社群可以在一种分类之下分入某一个较大的社会单位，而又可以在另一种分类之下分入另一个较大的社会单位。这些标准和由之而来的分类单位可以包括生态学的、生产的、婚姻的、政治的、军事的、宗教的和风格的。当社群依照风格（Style）这个标准而分类时，它们才分类成"类型"（Phases）和"文化"（Cultures）。所以，一个相互作用圈并不是作为行为单位的文化的相互作用，而是社群与社群之间在一个很大的相互作用层次分级结构体之内的相互作用（接触、信息、货物的交换以及冲突）。

对外交互作用与内部复杂性的增加一定是相辅相成的。芭芭拉·普莱斯（Barbara Price）在分析墨西哥中部早期国家时提出"丛体相互作用"（Cluster-interaction）模式：在一个丛体之内，类似的因果关系作用在每一

[1]彭适凡：《试论山背文化》，在《考古》1982年第1期。

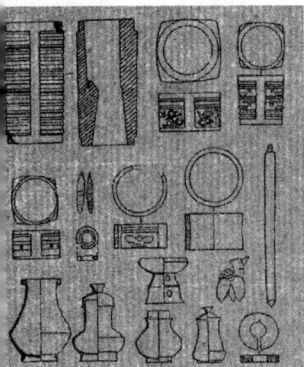

某遗址典型玉、陶器

个成员中产生类似的、平行性的或辐辏的
效果。因此就在适应程序上有一种基本的
类似性。这种类似性又由丛体成员彼此规
则性或至少是间歇性的相互作用所加强。
相互作用采取两种主要形式，即交换和竞
争或争战，而它们播放新的成就并将文化
演化的整个程序加速化。在讨论国家形成
这个一般问题但主要引用近东的具体的例
子的时候，亨利·莱德（Henry Wright）指
出，复杂的酋邦也许在得天独厚的岛屿上
有所存在，但在它们牵引列入一个更大的
系统之内以前似乎不会进一步发展成为国
家。张光直在谈到中国三代文明时指出，3
个或更多发展程度相当的国家彼此在经济
上的连锁关系造成全华北自然资源与生产
品的更进一步流通，对每个国家之内的财
富集中和剩余财富的产生造成更为有利的
条件。同时，依仗国外的威力来加强国内
的统治是古今中外共同的统治术。显然
公元前第四千纪中国相互作用圈形成时还

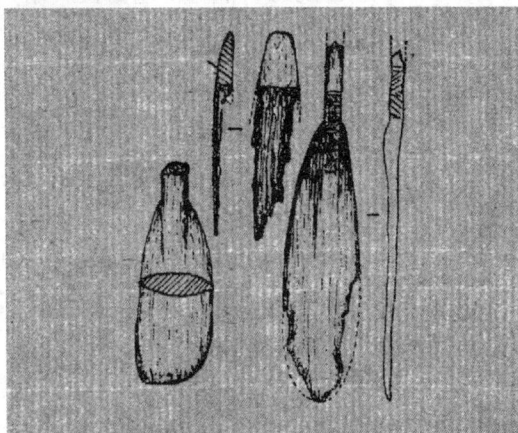

河姆渡文化木桨和独木舟遗骸（河姆渡）

良渚文化木桨（卞家山）

没有迈过国家形成的门槛，但与此类似的内外交互作用过程，在那较
早的网络之中一定照样进行，因为在这以后1000年间，相互作用圈里的每
一个区域都走向复杂并可以使用"文明"这个称呼的社会。在龙山时代，
整个相互作用圈内不但可以看到物质文化形式上的类似性，而且可以看到
彼此相似的社会组织和意识形态上的演进趋势：（1）红铜器物（多为小件
饰物和无农业作用的小型器具）的考古学的证据已在山东、豫西、晋南和
齐家年代相当的考古层位中有所发现。已有的发现物还不足构成一种重要
的金属工业，但有鉴于后来的发展，应当认为龙山文化的金属技术是值得
注意的。王城冈发现的青铜容器残片尤其有重要意义。（2）在工业上远为

[1]张光直:《中国相互作用圈与文明的形成》,载张光直《中国考古学论文集》,台北联经事业出版公司1995年版。

[2]何介钧:《湖南史前玉器工业》,载邓聪编《东亚玉器》第1册,香港中文大学中国考古艺术研究中心1998年版。

[3]朱章义、刘骏:《成都金沙遗址出土良渚式玉琮的初步研究》,中国玉文化、玉学术文化学术研讨会论文,2002年。

[4]广东省博物馆:《广东曲江石峡墓葬发掘简报》,载《文物》1978年第7期;杨式挺:《广东新石器时代文化及相关问题的探讨》,载《史前研究》1986年第1、2期;杨少祥、郑政魁:《广东海丰县发现玉琮和青铜兵器》,载《考古》1990年第8期;杨式挺:《封开县鹿尾村新石器时代墓葬》,载中国考古学会《中国考古年鉴》(1985年),文物出版社1985年版,第201—202页。

[5]中国科学院考古研究所二里头工作队:《河南偃师二里头遗址三、八区发掘简报》,载《考古》1975年第5期;中国社会科学院考古研究所编:《殷墟妇好墓》,文物出版社1980年版。

重要的是陶轮在陶器制造上非常广泛的使用。各种龙山文化的陶器彼此之间有非常重大的差异,但从红色陶向灰色陶压倒之势的转变以及彩绘装饰的一般衰落来看,造成这种现象的一定是陶工有意选择的结果。这时的陶工使用改进了的陶窑和陶轮,它们代表龙山文化的特化专业。(3)山东、豫东、豫北和豫西的城墙显示夯土建筑技术的传递,也显示防御性公共工事需要的产生。(4)与防御工事产生有关的是制度性使用暴力,如战争和人祭。(5)当时的祭祀仪式多样,有的与政治地位崇高的人物有密切的关系。(6)玉琮,尤其是与动物如鸟相组合的祭祀物,是表达一种独特宇宙观的非常有特色的仪式用具。它在海岸地区的良渚文化和在内陆地区的陶寺文化同期遗存中共同发现不是偶然的,它代表这种宇宙观穿越区域传递,甚至代表以这种宇宙观为特征的全作用圈的文化底层。(7)采用肩胛骨的占卜术在龙山文化中普遍出现,这是全作用圈的信息交通或文化底层的又一表现。(8)制度化的暴力和祭祀的考古证据几乎不可避免地指向一个政治和经济上尖锐分化的社会。[1]

玉器是良渚文化最有代表性的器物。其中玉琮为良渚文化原创、首创,其他地区出土的玉琮都受到了良渚文化直接或间接的影响。而在新石器时代晚期这一时间段中,已知良渚文化性征玉器的出土范围北抵陕北芦山峁遗址和晋南陶寺遗址,南达粤北石峡文化,西北至甘青齐家文化,涉及江、浙、沪以外的10多个省份,无疑是当时辐射面最宽、影响力最强的器物之一。早在新石器时代中期,大溪文化及屈家岭文化器物就受长江下游薛家岗文化、崧泽文化玉器的强烈影响。大溪文化玉器在品种和形态上基本与薛家岗文化、崧泽文化相同。新石器时代晚期的石家河文化玉器和良渚文化玉器关系更加密切。石家河文化玉器数量剧增,而且制作精美,器形则与良渚文化玉器大同小异,如琮、璧、璜、瑷、蝉、坠、锥形器及串饰等。其中仅少量受山东龙山文化和中原地区影响,如龙、凤形玉佩。如何介钧所说:"石家河文化的玉器,始终笼罩在良渚文化强烈影响的氛围之中,自始至终未能形成自己独特的风格。"[2]四川成都金沙遗址出土玉器近千件,包括玉琮24件,其中既有典型的良渚文化玉琮,也有仿良渚文化玉琮,还有商周时期的玉琮。样式各异的玉琮在金沙遗址祭祀区内的大量出土,反映良渚文化及其宗教思想对金沙遗址类型文化的影响。[3]三星堆遗址也出土玉琮。广东曲江石峡遗址的墓葬中出土的琮、璧、瑷、镯、璜、锥形器、坠饰等玉器等,均与良渚文化所见的同类器相同或相似。另外,在海丰乾圩、封开鹿尾、曲江乌石等遗址亦都发现过良渚文化类型的玉琮、玉镯等。[4]良渚文化玉器不仅在空间上对广袤地区的同时期文化有着强烈辐射和广泛传播,而且从时间上给后世文化以深远影响。流行于夏、商、周乃至秦汉的璧、琮等瑞玉起源于良渚文化。河南偃师二里头遗址发现过玉琮。殷墟妇好墓出土玉琮达14件之多,有素面琮,也有简化兽面纹琮,风格与良渚文化玉琮相仿。[5]商、周青铜器上流行的兽面纹(饕餮纹），无论是以转角或以扉棱为中心将一个立体形象作平面展开的构图方式，还是图案布局形成主次分明的三重花装饰，与良渚文化玉琮兽面纹有一脉相承或发展演化的关系。良渚文化玉殓葬更是为后代所传承，西晋以后甚至演变成凡玉都能殓尸防腐的观念。由此可见，良渚文化在其强盛之时，曾对周边各大区系类型考古学文化产生过深刻而持久的影响，并将自己的文化因子，特别是以琮、璧、钺为代表的玉文化，化入到这些考古学文化之中。依赖于它们的秉承、变异、传递和发扬光大，最终得以融汇到夏、商、周三代文明以"六器"和"六瑞"为代表的礼制系统之中。

　　河姆渡文化、马家浜文化、崧泽文化至于良渚文化这一大的东南文化传统是面向大海的。这些文化的先民习于水性、擅长航海，很早就可能与海外发生交往和联系。据目前考古资料，中国东南地区至迟在7.0kaBP前就发明了水上交通工具，跨湖桥文化、河姆渡文化、马家浜文化均有大量实证。跨湖桥遗址出土世界上最早的独木舟和多件桨形器。河姆渡遗址第四文化层有类桨物出土，第三文化层则发现6支较完整的木桨，另有多件采集品。它们均为整段木料加工而成，柄有圆形和方形两种，桨叶呈扁平柳叶状。其中第四文化层的一支还阴刻有直线和斜线构成的几何图案。河姆渡遗址有2件陶舟出土，其中一件呈长方槽形，另一件则呈梭形。罗家角遗址、圩墩遗址也有相应出土。良渚文化之舟楫遗物出土更多，而且制造工艺也显发达。钱山漾遗址出土1支以青冈木制成的船桨，桨翼呈长条形，长96.5cm、宽19cm，凸起的一面正中有脊，两侧较薄，当有相当的划力。杭州水田畈遗址的一条古河道中出土4支木桨。桨翼有宽窄两种，宽的达26cm，迎水面很大，说明所配船只体积较大。良渚遗址、龙南遗址、慈湖遗址也都发现此类木桨。从舟山群岛发现的良渚文化遗址，以及在反山、福泉山和海宁及桐乡等地发现随葬的鲨鱼牙齿来推断，良渚文化先民的足迹甚至已涉足海上，开发了沿海岛屿。传说余杭区的吊排岭、石扶梯、横湖、天宝塔、地宝塔、五航村和舟枕山等都与夏禹有关。《太平寰宇记》卷九三引《郡国志》："夏禹东去，舍舟登陆于此。"[1]明田汝成《西湖游览志余》卷一称："杭州之名，相传神禹治水，会诸侯于会稽，至此舍杭登陆，因名禹杭。"[2]指谓"余杭"乃"禹杭"（航）之讹。并说当据《说文解字》释"杭"为方舟，即"舫"。《尔雅·释水》："天子造舟，诸侯维舟，大夫方舟，士特舟，庶人乘泭。"并四舟为维舟，并两舟为方舟，单舟为特舟，泭即桴。《西湖游览志余》卷一又称："盖神禹之时，溪壑萦回，造杭以渡，越人思之，且传其制，遂名禹杭耳。""余"是越语的一个语音，为盐的意思。浙江以"余"为地名的如余杭、余姚、余暨（萧山古名），可能与此相关。明清方志的臆测，或如语言学家分析，先秦之际便有"盐舟"这样的名称，倒也启发人。无论取"禹杭"还是"盐舟"之义，均与水运相关。古代文献记载古越先民因为擅长航海而拥有"有舟氏"的美誉。《越绝书·越绝吴内传》云："越人……习之于

[1]乐史：《太平寰宇记》，中华书局1999年版。

[2]田汝成：《西湖游览志余》，上海古籍出版社1998年版。

茅山遗址独木舟出土情况

[1]袁康、吴平辑录：《越绝书》，上海古籍出版社1985年版。

夷。夷，海也。"该书《记地传》又描述越人"以船为车，以楫为马，往来飘风，去则难从"。[1]这些似可与良渚文化相印证。良渚文化水上交通工具主要是独木舟和筏，也可能已有多体相连的维舟、方舟（舫），它们由数只独木舟并联而成，集独木舟和筏的优点为一体，既防渗漏，又有较强的稳定性，能抗拒海上风浪。南美洲复活节岛的土著居民即有这种制作。2010年12月，茅山遗址发现一独木舟。该独木舟由整段巨木凿成，尖头方尾，仅稍有残缺。全长7.25m、最宽0.45m、深0.23m，是国内发现的同期最长最完整的独木舟之一。筏古称"桴""槎"等。据《说文解字》解释，"筏"即"编木以渡也"，说明筏用木、竹编扎而成。小的筏也称"桴"。筏制作简单，稳定性好，承载量大，可用篙或木桨驱动，既适应内河，又可涉海而行。《管子·匡君小匡第二十》有"乘桴济河"的记载，《越绝书·越绝外传记地传》也记载越王勾践命令楼船卒2800人"伐松柏以为桴"，而《论语·公冶长第五》则有"乘桴浮于海"之说。由于筏实用而后来一直沿用，今日许多地方仍见其踪影。筏以竹筋、藤条、绳索等捆扎而成，藤断绳烂即解裂，所以也许因为这个原因目前找不到良渚文化木筏的完整遗物。但余杭南湖曾发现一条以数支等长的毛竹经五道竹篾编结而成的长280cm、宽60cm的马桥文化竹筏。良渚文化先民有了舟楫之便，丰富了经济生活，也定当增强了与四邻的联系与通商，促进了文化交流。同时，也连带发展了与之相关的造船业、渔业和相应的生产渔具的手工业。

中国台湾地区、朝鲜半岛和日本等地均发现与河姆渡文化、马家浜文化、崧泽文化和良渚文化相关的稻作遗存。鸟崇拜在环太平洋西北地区的部落也相当流行。良渚文化之重要器物有段石锛广布于太平洋诸岛屿，许多与良渚文化玉器相近的玉饰也是那一带居民常用的装饰品。大洋洲一些部落的木质图腾柱上的纹饰与良渚文化纹饰非常相似。中国台湾地区、朝鲜半岛、辽东半岛可能是良渚文化海外传播的第一站，菲律宾、日本为又一级中转地。一些研究海洋洲文化的人总是把环太平洋洲际文化与远东中国东南文化联系起来。有的考古学家提出，在太平洋考古学文化的发生发展过程中，中国东南文化规模比较大的向外移植有3次。第一次正是在5.0kaBP左右的良渚文化时期。

张光直认为台湾最早的新石器文化遗存大坌坑遗址和河姆渡文化的形

中国稻作传入日本的可能路径（引自游修龄《太湖地区稻作起源及其传播和发展问题》）

态相类似。大坌坑遗址的下限与良渚文化相叠，所以它也受良渚文化的影响。继大坌坑遗址之后，台湾较早的文化遗存在北部地区主要有圆山、芝山岩遗址等。约与圆山遗址同时但上下限略有差异的遗存，西海岸中南与河谷地带有凤鼻头遗址，东海岸一带则有卑南遗址。台湾找不到本土文化的祖型。早在1943年，日本学者金关丈夫和国分直一就根据圆山、凤鼻头遗址或更晚的遗址中发现的靴形刀、半月形刀等，断定台湾史前文化有中国大陆南方要素，此种文化曾分数次波及台湾。台湾的稻作农业当在4.0kaBP前已发生。芝山岩遗址出土的彩绘陶和陀螺形木器、黑皮陶、红衣陶、骨镖、角质鹤嘴锄和钩状器等，同河姆渡文化、马家浜文化、良渚文化中同类器相近。芝山岩、圆山、卑南、火烧岛、兰屿等遗址出土的许多玉器，与良渚文化玉器接近。这些遗址也发现有拔牙和猎首风俗，葬式与良渚文化的相近。至于许多干兰，与河姆渡文化、良渚文化的渊源关系更明显。[1]芝山岩和台中营埔里、台南垦丁（4.5—3.5kaBP）等遗址发现碳化稻米，说明大陆稻作农业已传播到台湾。芝山岩、圆山、卑南和凤鼻头遗址普遍发现彩绘陶片、小石锛、有段石锛、有肩石斧、石镰、半月形石刀（石铚）、蚌器、贝壳饰品和印纹陶等，台南南关里遗址发现碳化稻米和贝玦、穿孔鲨鱼牙坠饰、贝环、石斧、半月形石刀（石铚）、石锛、陶豆、陶钵及纺轮等，都是浙、闽、粤新石器时代晚期至青铜器时代常见之物。[2]宋文薰进而推测台湾的史前居民从不同的故地、不同的时间迁来，割据各自的领域，保存或发展自己的文化。

日本非常重视由中国发源的"稻米之路"的研究。目前可考的日本稻作农业出现于绳文时代晚期（3.0kaBP），以稻作农业经济为主要生业则开始于弥生时代（公元前300年—公元300年）。从其发展水平来看，日本稻作农业的发生应在此前更早。日本学者关于稻作农业由中国传入日本的线路

[1]张光直：《台湾省原始社会考古概述》、《新石器时代的台湾海峡》，载张光直《中国考古学论文集》，台北联经出版事业公司1995年版。

[2]臧振华、李匡悌、朱正宜：《先民履迹》，台南县政府，2006年。

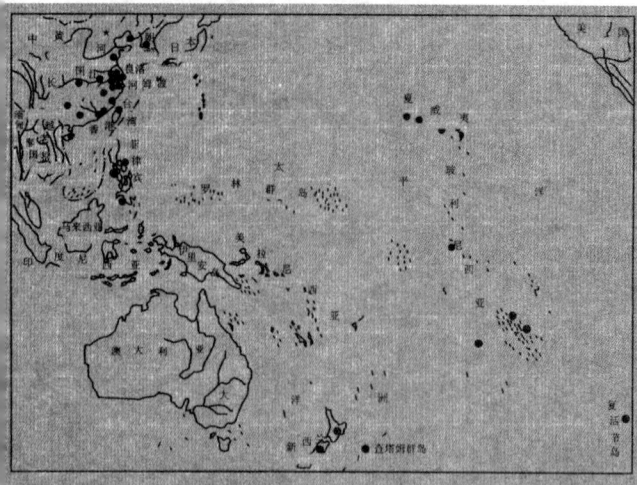

有段石锛在环太平洋地区的分布

有段石锛（荷叶地）

有段石锛（叭喇浜）

有南路说、中路说、北路说三说。南路由台湾传至琉球群岛，入日本南九州。中路由长江口直接渡海，或经山东半岛（辽东半岛）、朝鲜半岛，入日本九州。北路由陆路（河北、辽宁）或海路（山东）经朝鲜半岛入日本九州。从地理位置来看，从华北经陆路到朝鲜半岛南端、过对马海峡到达日本北九州的路线最短，但其海流日均流速超过10海里。日本下关水产大学的研究人员曾做过渡海试验，以失败告终。后据考古调查，对马和壹岐岛屿的稻作农业还是从九州传过去的。日本稻作农业的典型生产工具石庖丁（石镰）在中国长江下游地区、辽东半岛南端、朝鲜半岛南部地区广有分布，与良渚文化石镰最近。所以说以中路说根据较充分。伴随稻米之路传播的还有河姆渡文化、良渚文化的居式及其先民的生活方式，如干兰、环壕聚落、土墩墓、木屐等所表征。日本岩手县紫波町西田遗址发现绳文时代晚期的干兰。所以日本稻作农业最大可能来源于良渚文化。20世纪90年代以来，日本学者多次到良渚文化遗址寻找稻米之路的源头。[1]

费孝通在《从史禄国老师学体质人类学》一文中指出，史禄国曾将中国及周边若干人种的体质特征大致区分为A型、B型、Г型、Δ型和E型五大类。浙江人以B型为基本类型，江苏人以B型为主兼有Δ型，安徽人以Δ型为主兼有B型，广东人以E型为主兼有B型，而山东人和直隶人则为A型。朝鲜半岛人也以B型为主，与浙江人体质最相近。日本人像朝鲜半岛人，也以B型为主。"值得提到的是这些公元前的东夷在史老师的设想中是以B型为主体的古亚细亚人。这种人不仅在古代住在我国的沿海，而且是善于航海的人，所以不断移居朝鲜半岛，而在地理上是个除了海路不易和大陆往来的半岛，易于保持古代的居民的地方。而就在朝鲜，史老师看到这也是个以B型为主的地区。这是东亚古代人口迁移论的一个重要论证。我回想起60年前从史老师初学体质人类学时，他要我分析一位日本人类学者所测量朝鲜人的体质资料，现在才明白他的用意是要用来论证他对东亚历史上人口移动的设想。我现在还记得的，曾费了整整一个学年分析的结果是符合

[1] 严文明：《中国稻作农业的起源》，载《农业考古》1982年第11期；安志敏：《长江下游史前文化对海东的影响》，载《考古》1984年第5期；游修龄：《太湖地区稻作起源及其传播和发展问题》，载《中国农史》1986年第1期。

170

史老师的结论的，就是朝鲜人体质主体类型是B型。可惜我的论文已经沦陷在长江底下，具体数字的根据我已无法追忆了[1]"。

美国不少学者对濒临太平洋的北美洲西北岸印第安人的艺术进行深入探讨，发现其中有许多中国文化的因素。其中一位学者指出，美国从阿拉斯加西南部直到加利福尼亚北部广大的太平洋西北岸地区，众多印第安部落都采用饕餮纹装饰，这些纹饰来源于商、周青铜器饕餮纹。而这类纹饰恰恰成熟于良渚文化。张光直认为，玛雅—中国连续体的地理范围包括旧大陆和新大陆，其时间至少早自旧石器时代晚期。也有人认为，环太平洋的文化传播或应更早。当时白令海峡仍相接，而相同族性的人分散后由于思维上的相似性，后来发展出相类特征的文化。[2]

河姆渡文化、马家浜文化已初造有段石锛，良渚文化时期发展到精熟程度。有段石锛的名称由考古学家林惠祥1954年引自奥地利学者对波利尼西亚一种石器的定名。这是一种背部偏上带有段脊的特殊锛状石器，类同于石斧，常与木质器柄构成复合工具。段脊可以牢固地捆绑或套装在器柄头部，从而延长手臂以提高工效。有段石锛过去多被认作农业工具，林惠祥最早认其为剞制木舟的手工工具。据判断，有段石锛较宽者可能用作横向砍削平木，较狭长者可能用作剞刨或挖凿。后来经嬗变，在各地也有了不同用途，少数可能作为农具使用。河姆渡遗址三、四文化层均出土为数不少的有段石锛，器身厚重而略呈长条形，双面刃，长短不一，由石斧发展而来，应是有段石锛的初型。属良渚文化的一、二文化层则有制作较为成熟的。宁绍平原的余姚、上虞、绍兴、鄞县、宁波以及定海、仙居等地的相应遗址和太湖流域的良渚文化遗址也都有发现。林惠祥最早将有段石锛分为初级、成熟、高级3个发展阶段。根据现在更精细的划分，从河姆渡文化到良渚文化，有段石锛经历了隆脊型—弧背型—斜脊型—台阶型这样一个形制上的发展演进序列。良渚文化之有段石锛斜脊型、台阶型、凹槽型并存，以台阶型最为多见。斜脊型有段石锛大多较厚重，平面略呈长方形，单面弧刃，中部的横脊线将背部分为上下两个斜面。这是有段石锛走向成熟的标志。台阶型有段石锛器身有宽扁形和长条形两种，明显特征是脊部靠上端部位起段，形成直角台阶，器身规整方正而刃部平。这是良渚文化鼎盛时期的高级型有段石锛。凹槽型有段石锛往往较短而厚，平面呈长方形，上部有一道横向弧圆凹槽，便于石锛捆扎、固定在木柄上。此种类型的有段石锛出现于良渚文化晚期，盛行于马桥文化时期，并一直流传，至商、周之际仍在流行。西周晚期至春秋之凹槽型铜锛为其末流。有段石锛主要分布于中国东部和南部地区，内陆和西南少数省区也有发现，范围及于浙江、江苏、上海、山东、辽宁、河南、湖北、湖南、安徽、江西、福建、广东、广西、海南、云南、贵州、香港、台湾等地。朝鲜半岛、日本、越南、菲律宾、印度尼西亚、波利尼西亚、夏威夷群岛等也有发现。最南达新西兰，最东直抵南美洲复活节岛。有段石锛不但分布面

[1]费孝通：《从史禄国老师学体质人类学》，载《北京大学学报》（哲学社会科学版）1994年第5期。

[2]凌纯声：《中国古代海洋文化与亚洲地中海》，载凌纯声《中国边疆民族与环太平洋文化》，台北经联出版事业公司1979年版。

广，而且年代跨度很长，是一世界性的研究课题。通过比较研究，可以找出各种文明发展的许多内在联系。[1]

[1]林惠祥：《中国东南区新石器文化特征之一：有段石锛》，载《考古学报》1958年第3期。

第五章 杭州原史时代地理文化对中国文明发源的特殊贡献

第一节 良渚古城与中国最初的复杂社会

一、第一古都与良渚古国的社会分层

良渚文化聚落形态及其规模的多层次、级差式分化现象，表明当时的社会已经确立了等级分明的金字塔形分层系统，这是礼和礼制在良渚文化时代存在的现实基础。这种社会分层系统表明聚落和人际间尊卑有序、贵贱有等。

环太湖地区史前聚落自崧泽文化晚期开始出现级差，并在良渚文化时期出现明显的级差等级，良渚古城的出现使环太湖流域聚落分化和社会复杂化达到最高程度。聚落分化和聚落级差是聚落发展不均衡的结果。部分聚落在规模尺度和复杂程度上相对于其他聚落的超越，导致聚落级差的发生。但聚落级差的扩大并非只是一个简单的结果，聚落级差还会生发出一种能量，与源自生产技术改良、阶层分化以及仪礼复杂化等方面的动力相结合，共同促进聚落的发展、聚落形态的变化和聚落间关系的调整。聚落级差扩大必然导致资源分配体系的变动和聚落关系的紧张，进而引发聚落间对抗、结盟或统合。聚落兼并或统合往往催生超大型聚落，聚落级差因此而进一步扩大，形成中心聚落，直至早期城市的诞生。良渚古城出现的动因之一是崧泽文化晚期以来的聚落级差扩大化过程。出现于崧泽文化晚期的聚落级差破坏了环太湖流域马家浜文化时期那种力量相对平衡的聚落关系，使得聚落间关系的不断调整成为必要，进而导致各聚落遵循一定的位序原则进行重组。此时，聚落级差已经超越了一般的规模意义，而带上了权力和礼制的色彩。[1]

[1] 刘恒武：《良渚文化的聚落级差及城市萌芽》，载《东南文化》2007年第3期。

在良渚文化聚落级差序列中，各聚落规模大小不一，有的形成区域中心，有的只处于从属和次等地位。前者如良渚、赵陵山、福泉山、寺墩、高城墩等，后者如小古城、青墩、荷叶地等。良渚遗址内的莫角山台城宫殿基址与庙前、姚家墩等村落居址也反差强烈，建筑选址和规模等均有较大差异。以莫角山遗址为中心的良渚古城是当时中国规模最大、结构最复杂、出土物最丰富的古城。其核心即"皇城"部分当有数个故宫的规模。据中村慎一研究，仅营建莫角山大型建筑基址，至少需要1000人干上10年。整个良渚遗址曾有的建设工程量不可估量。如此巨大的工程量，即使是陆续完成的，延续了很长时间，也需要超乎寻常的规划设计能力、动员组织能力、调度管理能力、后勤保障能力等。如果再考虑大量集中出现的精美玉器、石器、漆器、陶器、木器等奢侈品制作所耗费的人力物力，所体现出来的社会组织化程度、管理能力和资源的集中程度，已大大超过史前部落社会能够拥有的能量，而应当是高度组织化文明社会系统的作为。

良渚文化金字塔形社会等级结构在墓葬中表现得尤为突出。良渚文化墓葬有不同的规模，显贵者墓与平民墓各居其所，制式规格有界限分明、悬殊极大的差异。这些墓葬厚薄不等，显贵者墓葬如反山、瑶山、汇观山、文家山、张陵山、草鞋山、寺墩、高城墩、福泉山等大墓，往往与小墓不相为伍，而葬于人工堆筑的土台上，有的与祭坛合为一体，并使用棺、椁，伴以玉钺、琮、璧这类重器随葬。平民墓葬如上海马桥遗址常见的小墓，有的无随葬品，有的仅随葬一些日常使用的陶器、石制工具和饰件。最典型的地带在良渚遗址。此地不仅有大量聚集的小墓与少量显贵者墓相对比，反山、瑶山、汇观山、文家山等位尊者墓葬也有级差。就已发表的资料来看，依照随葬玉器的器形、数量、体量及质料方面的差异，良渚文化墓葬至少能够划分出5个不同的等级。玉器组合在这些不同等级的墓葬中表现得井然有序。平民墓葬出土玉器的比例很高，是良渚文化用玉制度的一大特色，充分体现出良渚文化社会普遍崇尚玉器的倾向。但与这种用玉的普遍性相对应的，则是非常严格的用玉等级制度。平民墓葬只有锥形器、坠、管、珠等小件玉器，与显贵者墓葬出土的玉器在种类、数量、体量、组合关系等方面均截然有别。其中琮、璧、钺这3类玉器与琢刻纹饰的大件玉器，是显贵者墓葬专有的器物，不仅成为良渚文化时期显贵者阶层特定身份地位的玉质指示物，而且还是良渚文化墓葬等级划分中区分显贵者与平民阶层的标尺。反山、瑶山遗址出土的"琮王"、"钺王"、"璧王"、梳背、三叉形器等玉器上特别强化的神徽、鸟纹，以及玉器制作工艺之精湛，为一般墓葬出土物所远不及。从随葬数量看，反山11座墓仅玉器就出土1000多件，而海宁荷叶地遗址16座墓葬出土各类随葬品总共才200多件。这些墓葬玉器出土不仅数量少，制作也相当粗糙。据反山、瑶山、福泉山、荷叶地等墓葬出土的玉器鉴定比较，反山、瑶山几乎全为真玉，福泉山少了一个数量级，质量也逊色，真玉居多而杂有假玉，甚至大件的琮、璧也有假玉的。荷叶地则更少，大约真假参半，多数仅几件，还以管、珠等小件居多。这与后来的礼制记载相合。《周礼·冬官考工记·玉人》载："天子用全，上公用驵，侯用瓒，伯用埒。"《说文解字》释"瓒"："瓒，三玉二石也。从玉赞声；《礼》：'天子用全，纯玉也；上公用驵，四玉一石；侯用瓒；伯用埒，玉石半相埒也。'"[1]此为周代之制。汉代似仍存有此制，如南越王之玉衣即杂有假玉。未知能否将良渚文化判为"天子用全""名物度数"制式之渊源。

[1]许慎撰、段玉裁注:《说文解字》,上海古籍出版社1988年版。

与聚落级差发生相伴随的是社会的分化。崧泽文化晚期稻作农业相当普遍，发明了包括石犁在内的许多新的生产工具，农业生产技术有巨大进步，生产效率有较大提高，社会财富增加。其社会成员出现了贫富分化，并由此分化为不同的社会阶层。良渚文化时期则完全发展为复杂的分层社会。除社会成员分级外，还出现了专职巫师，他们占有大量的社会财富，垄断了神权话语，具有极高的社会地位。高等聚落成为原始宗教的朝圣中心，良渚古城的众多祭坛表征神权权力中心之所在。

从环太湖流域庞大而相对统一的聚落体系以及良渚古城特别的规模建制来看，良渚文化已形成强制性的公共权力机构和体系。如果没有这种公共权力体系，环太湖流域良渚文化的发展就不可能形成如此统一的规制，这种规制更不可能在长历史时段延续或继承。良渚古城也没有构筑的经济基础。当时的聚落布局是以公共权力重心为中心的。良渚古城为最高权力中心，赵陵山、福泉山、寺墩、高城墩等聚落为次一级的权力中心。再下还有更次级的权力中心。这些权力中心形成类似于当今的国家行政管理系统。良渚古城是整个古国系统的首都，统领环太湖流域所有的地方聚落，形成分层管理的中国最早的国家形态和复杂社会。

二、一神教与地域集团融合

考古发现反映，6.0—5.0kaBP中国与原始宗教和祭祀相关的遗迹、遗物大量涌现，其数量、规模和分布范围较之之前有了较大扩展。这种情况表明，原始宗教与祭祀在此期间得到了很大发展，原始宗教在人类生活中占有越来越重要的地位，由此导致了祭祀活动的经常化、仪式化及祭祀用具的礼器化。尤其值得注意的是，这种情况并不是某一地区、某一集团特有的现象，而是一种全国性的普遍现象，表现出相当程度上的共性。虽然各地的原始宗教内容和形式存在着这样或那样的差别，但其发展在促进社会阶层分化和首领权威树立及显贵家族出现等方面发挥了重要作用却是共同的。

原始宗教至少在旧石器时代中晚期已发源，表现形态先为植物崇拜、动物崇拜、天体崇拜等自然崇拜，后又发展为与原始氏族社会存在结构密切相关的生殖崇拜、图腾崇拜和祖先崇拜等。原始宗教并不单纯是一种观念意识或社会意识形式，而是一种客观存在的社会文化系统，是某种同社会结构相结合的现实的社会力量，包含有比神的观念更广泛的内容；它不仅是一种精神文化，也是一种物质文化，是人类把握世界的一种方式，既是对自然、社会、人自身以及人与自然、人与社会的关系的一种认识、一种解释系统，也是一种操作系统和行为模式。因而，原始宗教具有极强的渗透力，深刻地影响着人类的经济、政治、文化、风俗、价值观念、生活方式乃至民族性格、民族心理。

原始宗教的发源与农牧业直接相关。人类在发展农牧业的基础上实现了定居生活，建立了氏族公社，形成比较稳定的血缘集团。这时，人的体质水平和思维能力提升，语言有了发展，某些禁忌和规范开始形成。在与自然作用时，人类一方面认识到农时等自然规律，另一方面又受到自然的强大制约，希望与恐惧交织在一起，于是将自然现象神化。如恩格斯《反杜林论》所说："一切宗教都不过是支配着人们日常生活的外部力量在人们头脑中的幻想的反映，在这种反映中，人间的力量采取了超人间的力量的形式。"[1]

对自然的崇拜，被认为是原始宗教最早的一种崇拜形式，持续的时间最久，直到进入文明社会后相当长的时期内仍然盛行不衰。人类崇拜哪些自然神，不但由其生活着的自然环境所决定，而且由其生产生活的需要决定。自然崇拜的神灵大抵有喜和怒两种性格，这是按照人类的自我意识仿造的。图腾崇拜和自然崇拜有一定的联系，产生于母系氏族社会时期。人们认为自己氏族的祖先是由某一种特定的动物、植物或其他自然物转化而来的，同该物之间有一种血缘亲属关系，它对本氏族有保护作用。进入对偶家庭阶段，人们除了像过去那样能够确认自己的生身母亲之外，还能确知自己的生身父亲，对于自己的直系血缘亲属集团有了明确的意识，于是希望自己祖先的灵魂像生前一样能够庇佑这个血缘集团。

如前所述，中国新石器时代总体气温较高，但也发生多次降温事件。降温消解了采集生业的环境，使采集经济退出历史舞台，刺激了农牧业的兴起与发展。但过度降温对农牧业也会造成威胁。5.5kaBP前后的降温直接导致粮食减产，大大增加了人口与资源之间的矛盾。这一时期，燕辽地区红山文化中晚期出现牛河梁和东山嘴形态、甘青地区葫芦河流域仰韶文化中晚期出现大地湾形态，而长江下游地区则出现了由崧泽文化向良渚文化的转型，这是资源紧张状态下的一种文化调整。比起以前气候最适宜期，5.5kaBP以后的气候不再那样风调雨顺，先民可能通过宗教崇拜乞求自然神以保丰收。当然，这一气候转变毕竟发生在全新世适宜期，不足以对人类活动产生特别不利的影响，倒是一定程度的气候转变带来的刺激反而可能促进人类文化的发展。比如资源紧张会导致私有观念产生，使社会矛盾激化，从而促进社会复杂化。良渚文化先民震慑于自然的威力，有神兽的意识萌发，树为外在的信神，而以为兽最有灵性，人的行为当合于兽。比如他们从一些鸟类特别是候鸟的出没、叫声、飞姿、生育等活动，得到有关节令、时辰、气候等自然变化的信息或提示，或惊异于鸟类特殊的生理功

[1]恩格斯：《反杜林论》，载马克思、恩格斯《马克思恩格斯选集》（第2版）第3卷，人民出版社1995年版，第667页。

能尤其是飞翔本领而信奉其超人的神力，而对鸟加以不切实际的附会、臆断，将其活动视作某种征兆或暗示，借以预测人事凶吉，从而决定行为举止。也可能直接借鸟以助生产、生活。良渚文化刻纹玉璧中有多件鸟纹玉璧，其中以美国佛利尔博物馆（Freer Museum）收藏的最有代表性。佛利尔博物馆的创办人查尔斯·兰·佛利尔（Charles Lang Freer）20世纪初分别从上海和纽约购得一批古玉，其中有3件鸟纹璧，是目前所见最精致的良渚文化玉璧。另有英国伦敦维多利亚和阿伯特博物馆（Victoria and Albert Museum）所藏飞鸟璧、台北故宫博物院所藏璧和蓝田山房璧，真假难辨，可作重要的研究参考之用。中国大陆所藏鸟纹玉璧仅3件。1件是1989年瑶山遗址出土的大玉璧，1件是国家博物馆于1984年征集的大玉璧，再1件是2008年玉架山遗址出土的大玉璧。这些玉璧多凡刻有一三阶状平顶高基座山形纹，极似祭坛，大部分在其上部再置一柱形纹，有几件刻有一写实之鸟纹。1件鸟立于三阶基座上，1件鸟纹饰于璧缘，其他3件鸟立于高杯形柱体上。它们有的只是一轮圆日或仅是一个简单的符号，有的则在日上覆天盖图形，下出鸟尾，旁刻双翼，表示对太阳的奉祭。鸟直接立于三阶基座上的那枚，坛座上刻有日轮纹，并以旋涡状卷云纹填充，似表示太阳当空运行。维多利亚璧周缘微呈内凹，等分为四，各有一长约4cm的空格，其中两个相对的空格各刻有飞鸟一只。1件玉璧的基座纹中上部似是一抽象的展翅飞鸟，与国家博物馆藏璧和瑶山璧纹饰相近，其天空、日月以"无"的方式存在。玉架山璧上部似为一未刻完的鸟纹。《山海经·大荒东经》有言："一日方至，一日方出，皆载于乌。"《淮南子·精神篇》载有"日中有踆乌"之说，高诱注称"踆，犹蹲也，谓三足乌"。鸟在这里可能是沟通日月、人与日月、人与万物的信使，日、月、鸟的组合表征太阳崇拜与鸟崇拜的结合、自然神崇拜与祖宗崇拜的结合。

《尚书·禹贡》载："淮海唯扬州……岛夷卉服，厥篚织贝。"古扬州地域北起淮河，南界包括太湖流域，西边达鄱阳湖一带。良渚文化分布

玉架山遗址出土的大玉璧及其纹饰

玉器上的一些神人和神兽造型   玉璧上的鸟纹   陶器、玉器上的鸟纹

区在其东南部，且发展水平最高，居于核心地位。《史记·夏本纪》冀州下作鸟夷，扬州下作岛夷。《汉书·地理志上》一并写作鸟夷。有人认为"岛"字当解作鸟站立于山丘上，甚至以为上述良渚文化玉璧鸟纹正是"岛"的象形字，其中一件兼有日形的可释为"岛昊"。依此类说法，并联系神徽，良渚文化可能为古代鸟族文化之一支。《左传·昭公十七年》记载，自认少皞后裔的郯子追述少皞时代以鸟名官的传说：少皞族有凤鸟氏、玄鸟氏、伯赵氏、青鸟氏和丹鸟氏"五鸟"，祝鸠氏等"五鸠"以及"五雉""九扈"24个氏族，合为一个部落或部落联盟。各氏族均采用不同的鸟作为名号，并设有职官。少皞氏控制着一个庞大的禽鸟族际联盟。与它相关的东夷诸族都流行鸟感生神话，一些显要的人物如契、伊尹、徐偃王、东明等都带有卵生的特点。以鸟作族标在中国非常普遍。北起辽宁，南至雷州半岛的滨海地区，西南及滇黔地区，都有流行。

历史上中原人称吴越语言为鸟语，称吴越文字为鸟字。这种鸟虫篆流行于春秋战国时期吴、越、楚、蔡、宋南方诸国。鸟字鸟语同良渚文化的鸟崇拜可能有某种联系。鸟虫篆可能是吴、越人借用汉字向本民族传统的一种回归，是本民族文化特征在文字上的一种强烈表现。

典型图腾崇拜时期的神兽被画得非常逼真。后来与图腾崇拜交叉发展的祖先崇拜强化起来，开始出现人格化神。到了图腾崇拜式微之际，人的力量凸显出来，外在化的兽神人格成分加重，终而有了人形化神，人融合或同化了兽，控制了神，从而用现成的兽形、人形拼凑或抽象出自己至高无上的统领。但这一意识在先民那儿是不自觉的，他们仍将其误读为超自然的神。统领还把自己的祖先与天神结合起来，他们的祖先也就有了神的性质，具备支配自然和社会两种超自然力。所以祭天与祭祖后来结合到了一块。这一结合使统领的祖先成了神。那么神的后代是什么？按逻辑推理，当然是神。统领被圣化。于是，特权家族即王族成了自然神力和社会权力的融合体。波利尼西亚人将自己的头领坦加阿罗视作乾坤整顿者或创世主，乃至众神之父。非洲原始人也崇拜首领，笃信其有超凡异能而顶礼膜拜。良渚文化也当有一英雄首领，身兼巫师或为群巫之长，人们信其以鸟服鸟姿升天通神的本领。他可能是太阳神的化身或代言人。

良渚文化最有代表性的族性纹饰神徽是人鸟变体。这种人鸟合一之造型高过单纯的鸟形太阳神，有人形太阳神的玉礼器自当比仅有鸟纹的玉或陶礼器高贵一成。完整的神徽在琮、璧、钺、梳背、璜等重玉器上广泛存在，以良渚遗址出土的"琮王""璧王""钺王"上的最具代表性；简化的神徽则在上述玉器外更广大的范围，如锥形器、项链、半圆形饰、三叉形器、镯、牌饰、管、带钩、柄形器等玉器上更多存在，差不多遍及所有玉器，是良渚文化的典型标识。统一神徽的出现，说明良渚文化已由原始多神崇拜向一神崇拜进化，为早期文明社会一元化意识形态和宗法政治的形成奠定了基础。完整的神徽和各种简化的神徽遍及良渚文化分布区，还波及外围文化，显示它是一种超越于血缘氏族的神权标志。良渚文化领导集团的权威建筑在族众对神徽所代表的超自然力量的信仰上，良渚文化社会系统赖有这一神灵赐予的权力而运转。

张光直曾指出，亚美萨满教（Shamanism）是玛雅—中国连续体产生的根本原因，也是其本质特征。中国之宗教、政治和经济制度皆以此为渊源。良渚文化玉礼制度根本上是一种巫政制度。"萨满"（Shaman）源于西伯利亚通古斯族语"巫师"一词。现代宗教史学术界一般将萨满教定义在前宗教的范围内。萨满教信仰分布地域广、历史悠久、信徒众多。《国语·楚语》称，古时候人与神不能沟通，便仰仗一些洁净庄重又有智慧的男觋女巫以至更为圣明的祝、宗，建祭坛，设牺牲、玉帛、礼服、彝器之类，听取神明降临教训。这样的仪式讲究严格的程序。道教经典中留存大量的巫教记录。东晋之葛洪《抱朴子》中有骑虎游天下朝见神明的记载。南宋徐梦莘《三朝北盟会编》、清代何秋涛《朔方备乘》等书，对萨满教之祭祀方式以及化装、舞式、治病等活动多有描述。巫师开始以翻云覆雨的花样帮人消灾祛病或取悦神灵，后来慢慢变成了人民信赖的人物，直到形成祭司社会阶层。他们父死子继，累世不改，而其业愈精，甚至于能认识天象、发明历法。良渚文化玉礼仪式实即巫祝活动，其首领或"国王"应为大巫师。[1]

原始宗教对原始社会发展和文明发源具有重要作用：（1）自然崇拜减弱了人的恐惧感，使人的心灵得到某种抚慰，精神得以寄托；（2）图腾崇拜或祖宗崇拜强化了族群意识，使氏族、部落的团结和统一得以维系；（3）原始宗教促使脑力劳动和体力劳动分工，使得专门从事祭祀的巫觋出现；（4）占卜的流行提升了巫觋的地位，他们成为神意的代言人，最终由集团的公仆变为集团的主人，并使神权得以确立；（5）巫觋掌握了部落集团祭祀品的支配权，其家族成员的地位也随着巫觋地位的提高而提高，并发展成为显贵家族，集团内部由此开始出现贫富、贵贱的分化；（6）祭祀活动的频繁化和祭祀仪式的复杂化促使部落组织及其管理的复杂化，巫觋凭借其由祭祀而形成的权威垄断了对部落的管理权，从而演变成部落或部落集团的酋豪；（7）掌握祭祀用器具与否成为社会地位的重要标志，礼制或等级制度由此发展成熟；（8）祭祀用器具的出现和需求的增加，使手工

[1]张光直：《美术、神话与祭祀》，辽宁教育出版社2002年版，第29页。

乾隆皇帝题刻的良渚文化玉器

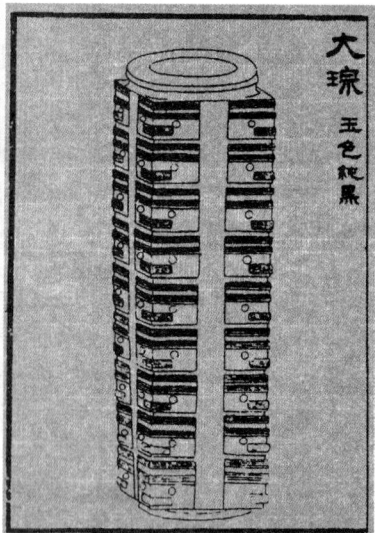

吴大澂《古玉图考》中的大琮

业独立出来专业化发展；（9）在修建巨型祭坛等大型宗教建筑的过程中，各个氏族、部落的人分工协作，促使社会组织性的提高、管理机构的出现；（10）发达规范的祭祀仪式和精美的祭祀用具或神器成为其他部落的羡慕对象，增强了不同共同体之间的认同感，促进了部落或集团的结盟，壮大了区域性集团的势力；（11）巫术治病是一种积极的原始积累，不仅包括原始医药知识的积累，还包括一些社会实践和科学技术的积累，为民族医学等实用科学和技术的形成与发展奠定一定的基础；（12）对文学、艺术的交流和语言文字等的形成和发展有积极的促进作用。原始宗教的异常发展也有其弊端。过分频繁的宗教仪式、过分浩大的宗教祭祀场所的修建、过分奢华的神器制造和过分排场化的厚葬需要耗费大量的劳动力，一旦这种耗费超过了生产力所能够承受的限度，必将导致集团势力的削弱和集团内部各种矛盾的加深。曾有一段时间在文化和手工业技术方面特别是宗教信仰方面居于领先地位的良渚文化未能继续其辉煌，最终盛极而衰，就与此相关。红山文化的衰亡也不排除与此因素有关。中国原始文化也表现出一种现象，即修建巨型祭祀场所规模越大、与精神信仰有关的奢华物品生产越多的原始文化，往往越容易衰亡[1]。

三、巫政金字塔与玉礼制度

良渚文化祭坛规模不尽相同，但形制却有较多的一致性，表明礼和礼制在当时的社会里已经趋于规范化和制度化。良渚遗址内的瑶山祭坛遗址、汇观山祭坛遗址和江苏昆山赵陵山、常州寺墩等遗址中的祭坛，均有相似的形制。它们一般

玉琮（瑶山）

[1] 王巍：《论原始宗教与祭祀在王权与国家形成过程中的作用》，载中国社会科学院古代文明研究中心编《中国社会科学院古代文明研究中心通讯》2001年第2期。

呈现方形阶梯状，且与墓葬同构。

良渚文化玉器集中反映了玉礼巫政制度。瑶山、汇观山、福泉山、寺墩等祭坛墓葬遗址既是显贵者的墓地，又是聚落礼仪中心。这些遗址规模浩大，比如瑶山祭坛占地面积约7.5hm²，汇观山祭坛约2.2hm²。祭坛上有不同的分割面，埋有系列显贵者墓葬。这些墓葬随葬物特别多、规格也特别高。瑶山13座墓葬出土器物1000余件（组），汇观山4座出土器物250余件（组），而且都是重器。从祭坛、墓葬所处位置和出土器物纹饰来判断，与天、地、人祭有关。琮和璧是良渚文化玉器乃至整个良渚文化的代表。《周礼·春官·大宗伯》有"黄琮礼地""苍璧礼天"之说。郑玄注："璧圆像天，琮八方像地。"战国时楚国诗人宋玉《大言赋》称："方地为车，圆天为盖。"有人据琮外方内圆断其为接地通天之法器，标示远古人类即有天圆地方之概念。也有人认为琮是神灵降临所居的小屋，或是《尚书·舜典》所指之"璇玑玉衡"即天象观测器，也或是女阴或男根女阴"密合"之象征。璧的功用有两种解释：一种如《周礼》所说，是礼天之器。瑶山遗址发现的刻符大玉璧，直径达26.2cm，正面中孔下方刻一三层台阶的方框，方框内刻有展翅飞鸟纹饰。传世良渚文化大玉璧刻符的主题大多是鸟和太阳，可见璧与"天"确实有关。另一种认为是财富的象征，大约据后世圆形铜钱附会，未足凭信。最早的钺可能是石斧，后来演化为复合兵器和具有象征意义的玉钺，作为部落酋长、军事首领的权杖。商、周时代的青铜钺仍为王权的象征，甲骨文、金文中的"王"字即为斧钺的象形文字。《史记·殷本纪》有"汤自把钺"之说，《尚书·牧誓》也有"（武）王左杖黄钺"的记载。反山12号墓饰有神徽的1套玉钺被称为"钺王"。寺墩3号墓发现由凸弧形钺、僧帽形冠饰和凸字形端饰3件玉器配为1组的玉钺套件，全长68cm，其柄虽已朽腐，但现场仍可看出木柄涂朱，并镶嵌20多粒正面弧凸、背面平齐的长方形小玉片。这种钺、冠饰、端饰组合件共在反山、瑶山、福泉山等遗址发现10多套，均置于墓主一侧，多数在左方。掌握重玉器的显贵者控制天、地、人三祭，也规定社会等级，并以相应的玉礼巫政制度加以规约。

良渚文化遗址出土的玉器有数万件之多，列全世界

成组玉钺（瑶山）和玉钺（瑶山、反山）

所有文化之最。良渚文化玉器不仅成为一种社会形态的标识物，而且也可能成为一种人文地理的标识物。良渚文化所凭依的最重要的丘陵地缘是天目山，天目山没有发现玉矿，历史上却被称作浮玉山，有可能得意于其河谷平原大量出土（浮）玉器。《山海经·南山经》云："又东五百里，曰浮玉之山，北望具区，东望诸毗……苕水出于其阴，北流注于具区。其中多鮆鱼。"[1]清顾祖禹《读史方舆纪要》卷九〇《湖州府》云："天目山，县西南六十五里。顶有二泉池，遇旱不竭。东南流为瀑布，下注数里，成十二潭。层级如梯，次第奔落，俗名阴潭。山间有田亩池塘，皆可耕种。《志》云：县境诸山回环连亘，皆天目也。浮玉山，在县东南十五里。《山海经》：浮玉之山，苕水出其阴，注于具区。说者曰：浮玉即天目矣。杭、湖诸山，其脉皆本于天目，故亦得以浮玉之名被之。《吴兴志》：浮玉山有二：在归安岘山漾者为小浮玉，此为大浮玉也。又南岘山，在县东南十七里，与浮玉相接，一名白水山，一名泉石山。《志》云：山高三百六十丈，上有湖，下有南岘水，流合于苕溪。"[2]

[1]《山海经》，中华书局2009年版。

[2] 顾祖禹：《读史方舆纪要》，中华书局2005年版。

[3] 阮元：《研经室续集》卷三，商务印书馆民国25年（1936年）版。

[4] 陈剩勇：《"礼"与中华文明的起源》，载《文汇报》1998年12月11日。

陈剩勇在《"礼"与中华文明的起源》一文中指出，就中华文明来说，其最具特色、最具实质性意义的内涵，恐怕既不是文字、城市、青铜器，也不是宗教建筑，而应是古代政治家们一再推崇的礼或礼制。以礼或礼制作为评估中华文明起源的标尺，其理由在于：中华文明自古以来就被称作礼乐文明，礼或礼制是中华文明所独有的、数千年文明史一以贯之的要素，也是中华文明区别于其他古代文明的主要特征。在古代中国，历代政治家、思想家都对礼及其社会功能推崇备至。例如，周代的政治家认为："礼，国之干也。"《左传·僖公十一年》"礼以体政，政以正民，是以政成而民听，易则生乱。"（《左传·恒公二年》）孔子一生力倡"礼治"，主张"为国以礼"（《论语·先进》）。汉唐以后的政治家继承和发扬了孔子及其儒家的传统，极为推崇"礼"在治国安邦中的特殊作用，清儒阮元曾经指出："古今所以治天下者，礼也。"[3]概括了礼在古代中国所具有的政治功能和社会整合功能。因此，自孔子以来，古代中国人均以拥有礼乐衣冠教化文明而自豪，并把它视为区别中国与四夷、华夏与胡貉的基本文化尺度。今天研究中国文明的起源，评估中国文明最终形成的时代，理所当然地应该根据中国文明自身的特质，以礼和礼制的出现为标志，而不必拾人牙慧，照搬19世纪西方学者如摩尔根等人的理论模式，为到底是以文字还是青铜器抑或是城市的出现作为评估中华文明起源的标准而争论不休。[4]陈剩勇的这一观点有一定道理。中国在后石器时代首先出现了玉器，而非如西方那样过渡到青铜时代，而且中国最早出现的青铜器也大凡为礼器，说明中国文明确实以礼为重要源流。礼是中国复杂社会产生和建构的要素，也是特征性标志。

从聚落、墓葬、祭坛和玉器等在环太湖流域广泛分布而且形制、结构惊人相似的情况看，良渚文化不仅存在统一礼制，而且已形成以玉器等为载体的精神信仰和意识形态，体现了中国文明起源过程中生产技术、社会结构和意识形态三位一体进化的特征。玉礼巫政制度中的"礼"不局限于风俗、信仰、礼仪、礼物层面，也不限于道德生活、宗教生活和人际交往等制度层面，由夏、商、周三代来推断，良渚文化的"礼"是一套完整的社会制度架构，具有多维度、多层面的特征。它既不能与政治、法律、宗教、伦理、习俗等任何一个概念相对应，又包含了所有这些概念，在某种意义上是政、教、德、法及其他合一的社会制度体系和意识形态体系。它是统治者治理国家、维系家天下的等级制社会政治秩序的准则、制度或规程。换言之，它其实是一种建构完备的制度与文化体系。这一体系涵摄着政治、法律、宗教、伦理和社会制度等多重内容，其社会功能在于定名分、序民人、别尊卑、明贵贱。因此，不同等级的贵族实行不同的礼。各种礼典举行时，每个参加者都要按其身份等级使用自己所处等级可以使用的礼器或仪节。由于时代久远，文献阙如，远古时代贵族阶层举行礼典时的盛况虽然已经随流逝的岁月湮没在历史的迷雾中，但古礼的主体部分却可以通过礼器等田野考古资料部分加以再现。据《周礼》、《仪礼》、《礼记》等礼书的记载，古代的"礼"大抵包括礼制和礼典两大项。礼制即政教刑法、典章制度，包括赐姓、胙土、命氏分封、朝觐贡巡、军旅田狩、赋税刑法、祭祀丧葬等制度；礼典是在贵族阶层实行的朝觐、盟会、锡命、军旅、祭祷、藉蜡、丧葬、射御、聘问、宾客、教学、婚冠等方面的礼仪，古代礼家归纳为吉礼、凶礼、宾礼、军礼、嘉礼"五礼"。礼典的内容大抵可概括为"名物度数"和"揖让周旋"两个方面。前者规定不同等级的贵族在礼典中使用的器物，后者规定仪容动作即礼仪。良渚文化先民的礼仪动作已没有可能历见，但其"名物度数"处处可寻。

第二节　良渚文化生业与中国早期复合经济

一、生产性复合经济体系的地域集成

世界上不同的文明圈，是因地理形势、生业方式、政治力量、意识形态等多方面因素作用在具体的历史进程中逐步形成的。10.0—5.0kaBP是人类生业方式出现革命性进步、众多族群及其文化开始形成的奠基阶段。

19世纪，达尔文便开始从栽培植物的遗传变异和地理分布来研究农业起源，并提出了多元论和一元论观点。阿尔芳斯·德·康德尔（A. De Candolle）认为中国、西南亚洲、热带亚洲是农业的发源地。20世纪初叶，尼古拉·伊万诺维奇·瓦维洛夫（Николай Иванович Вавилов）发现世界上有8处栽培植物的发源中心，其中第一个中心便是中国。20世纪70年代，杰克·R.哈兰（Jaek R. Harlan）将起源地分为近东、华北、中美洲3个中心地。主张一元论的代表人物是索尔和G. F.卡特（G. F. Carter），他们认为农业是从东南亚向全世界扩散的。考古发现证实，尽管在9.0kaBP世界上许多地方出现了农业和定居生活，但其中有4个主要区域，它们分别是近东、中国、印度和中南美洲。西亚的扎格罗斯山区、小亚细亚半岛南部和东地中海沿岸的约旦、巴勒斯坦、黎巴嫩等地，是大麦、小麦等栽培作物的原产地，东亚印度的恒河流域、中国的长江中下游和黄河流域很早就有栽培水稻、粟等，中南美洲的墨西哥、秘鲁、玻利维亚分别是玉米、豆类、马铃薯的原产地。生产性经济所具有的优越性以及由此而来的人口扩张，使得这些地区的农业经济不断向外扩散。

根据考古发掘资料，中国新石器时代已经出现黍、稷、粟、麻、麦、豆、稻等粮食作物。大体上黄河流域以种植黍、稷、粟、麻、麦、豆等旱作物为主，长江流域以种植水稻为主，都有8000年以上的历史。旱地农业和湿地农业的起源应该有不同的动力机制，因为两个区域的生态环境和驯化物种完全不同。华北的旱作农业似乎和人口压力的理论模式比较吻合，而稻作农业的起源则比较符合宴享模式。对动植物繁殖进行操纵在史前的狩猎采集经济中应该早就存在，改变局部环境或选择利用物种也是当时的普遍活动，然而从栽培转向农业，即使栽培作物成为人类食物的主要来源，也很可能是环境和社会因素共同作用的结果。索尔在《农业的起源和扩散》一书中对最先发生动植物驯化的区域和最先从事驯化的人群作出推论，认为农业起源需要适宜的植被、气候、土壤等前提条件，并且生产力水平发展到一定阶段：（1）植物驯化不可能发生在食物不足的地区，受饥饿威胁的居民没有闲暇去进行那种导致在遥远的将来获得更多食物的试验；（2）驯化中心必然位于一个动植物种类繁多的区域，即要有多样化的地形和气候，因为这样才会有大量的遗传因子可供选择和杂交；（3）驯化不可能首先出现在大河的河谷内，因为这需要先进的治水工程；（4）耕种不得不在林地中开始，原始人类没有能力去破碎表层草土而建造栽培地，而林地中由于树木枯死则能容易地取得这样的栽培地；（5）最早的驯化者必然已经掌握倾向于耕种的技能，这些人不可能是狩猎者，使用斧头的"林居者"才会有这种可能；（6）最后，也是最重要的一点，即原始的驯化者应该是定居的，因为人的食物也是兽类喜欢吃的，如果人类不在那里经常照管成长中的作物，就不会有什么收获。根据这些必要条件，索尔推论，植物驯化最初的中心在东南亚。那里的居民居于河水沿岸，以捕鱼为主。由于鱼类丰富，食物供应较为稳定，故可以定居下来。索尔的推论有一定的科学性，但还有待于考古学的进一步实证。而中国长江下游环太湖流域的农业发展似部分印证了索尔的推论。尽管这里不是热带地区，也不是他所指的东南亚地区。据游修龄考证，水稻在当时分布的北界大约纬度在30°—33°N之间。普通野生稻的分布范围包括了整个东南亚及其岛屿，若说它们的北界在温带30°N上下、在为期近万年的历史长河中颇多徘徊移动，那么，它们在东南亚热带岛屿的分布应该是最稳定的，但栽培稻的起源为什么偏偏不在这一带？考古资料表明，东南亚岛屿的原始农业是从块根类芋头、木薯等开始的。至今还处于石器时期的巴布亚新几内亚西部的拉尼族（Lani）就是如此。拉尼人已知种植芋、薯类和葫芦以及养猪，但主要还处于狩猎阶段。继芋头、木薯以后种植的是粟、黍、薏苡等，水稻是最后才取代粟类登上主粮地位的。所以讨论水稻起源地既不能没有野生稻存在这个大前提，但它又不是唯一的前提。[1]环太湖流域位于北亚热带南缘和中亚热带北缘气候带，气温没有东南亚或华南地区高。考古学研究表明，新石器时代华南沿海三角洲地区，如珠江三角洲和韩江三角洲及福建沿海和河口等，位于潮间带位置，大部分平原地区均被海水淹没，珠江三角洲平原为约20m深的浅海环境。各流域河流向海域注入丰富的营养物质，使海生生物格外繁盛，先民在大陆沿岸和众多岛屿上发展水产捕捞业和采集业，而对农耕尚有一定抑制性。环太湖地区既有一定的动植物丰盛度，又有较大的湿地和陆地资源，便于渔猎采集和种植水稻，所以较华南乃至东南亚地区更有条件发展稻作农业。

目前学术界对中国稻作农业的起源有阿萨姆—云南说、云贵高原说、华南说、黄河下游说、长江中游说、长江下游说和多元说等观点。浙江、湖南、湖北、陕西、河南、江西、江苏、广东、广西、山东等地出土水稻遗物的遗址130多处，而属于长江流域的有110多处。这可以证明稻作的起源地有可能是"饭稻羹鱼"的"楚越之地"。目前发现最早的水稻标本为湖南道县玉蟾岩洞穴遗址出土的^{14}C测定1.5—1.4MaBP的水稻壳，据称属有人工干预痕迹的野生稻。江西万年仙人洞和吊桶环遗址也在14.0—9.0kaBP的地层中发现了野生和栽培的水稻硅体。湖南彭头山、八十垱、河南贾湖、陕西李家村等遗址发现9.0—7.0kaBP的具有明显栽培特征的水稻标本。其中贾湖遗址不仅水稻标本数量大，而且出土了从收割到脱粒的全套农具。而在环太湖地区，浙江境内的浦江上山遗址出土11.0—9.0kaBP的栽培稻、杭州跨湖桥遗址出土8.0kaBP的栽培稻、余姚河姆渡遗址和桐乡罗家角遗址出土7.0kaBP的栽培稻，江苏境内的张家港东山村遗址、苏州草鞋山遗址分别出土8.0kaBP和6.0kaBP的栽培稻。而几乎所有良渚文化遗址都有水稻遗存发现，包括稻植物体遗物、稻叶硅体细胞遗存即蛋白石类颗粒、稻花粉化石等。这些可以证明，环太湖流域至少在良渚文化时期已经以稻作农业为主体经济，稻米是当时的主食。菲利普·费尔南德斯—阿莫斯图（Felipe Fernandez-Armesto）《食物的历史：透析食物进化的历史》一书指出，历史上的大部分时期一直到近代科学改良小麦品种之前，水稻一直是世界上最高效的农作物。1hm²常规品种的水稻平均能够养活5.63人，这比小麦和玉米都要高效。[2]W. 艾伦（W. Allen）的统计结果表明，东南亚大河三角洲一熟稻的载能约为500人/km²，两熟稻可达1000人/km²。而旱地作物的农业经济载能较低。按照艾伦的估计，用石锄手耕旱地作物的农业经济，1 hm²的产量在550kg左右，其载能大约为12人/km²。[3]由此可以说明，5.0kaBP左右的良渚文化时期，环太湖流域当是长江流域乃至全中国经济发

[1]游修龄主编：《中国农业通史·原始社会卷》，中国农业出版社2008年版。

[2]菲利普·费尔南德斯—阿莫斯图：《食物的历史：透析食物进化的历史》，中信出版社2005年版，第117页。

[3]William Allen, *Ecology Technique and Settlement Pattern*, in Peter JUcko, ed., *Man, Settlement and Urbanism*, London: Duckworth, 1972, p.211.

茅山遗址水稻田遗迹

茅山遗址朱漆黑彩木雕动物合体像

茅山遗址牛脚印

展水平最高的地区。

2007年陈中原、王张华等在英国《自然》杂志上发表的《沿海沼泽地的刀耕火种和水涝治理成就：中国东部最早的水稻文明》一文指出，中国东部的水稻耕作起始于沿海湿地。跨湖桥遗址沉积物中的大量木炭颗粒表明当时可能用烧荒的方式来开垦稻田，也可能已使用猪的粪肥灌溉稻田。这里物产富饶，先民可以渔猎为生，而不需依靠辛苦的春播秋收来维持生活，因此当时种植水稻的目的并非用于果腹，也许用以酿酒。1992—1995年，南京博物院、江苏省农业科学院和日本国立宫崎大学合作开展"草鞋山古稻田研究"课题研究，并由南京博物院、苏州博物馆、吴县文物管理委员会和江苏省农业科学院组成考古队在国内首次进行水稻田考古的实践。经对位于江苏苏州的草鞋山遗址中心区南缘进行四期1400m²发掘，在6.0kaBP的马家浜文化层发现水稻田遗址。该遗址由3部分组成：第一部分是稻田主体，为椭圆形或圆角方形的浅坑，与现在阡陌相连的方整的形态不一样；第二部分和第三部分分别是人工挖掘的水塘、水井和过水的水道，为灌溉之用。其中遗址东区发现呈多行排列、相互连接的浅坑型水稻田33块、水沟3条、水井6个。水稻田深0.1—0.5m，呈椭圆形或长方圆角形，面积一般3.0—5.0m²，个别小的0.9m²，大的12.5m²。填土不同于地层土，是含有丰富水稻植物的蛋白石。水稻田沿一低洼地带分布，两侧有土冈，东部及北部边缘有"水沟"和"水口"相通，"水沟"的两端有"流水坑""蓄水井"，显然属一种农田水利设施。遗址西区发现水稻田11块、水沟3条、水井4个、水塘2个。水稻田的形状、大小、排列方式与东区类似，不同的是都分布于大水塘西侧边沿，部分与水塘相沟通。[1]江苏昆山绰墩遗址也发现马家浜文化水稻田24块及与其相配套的水沟3条、蓄水坑4个。水稻田面积1.0—16.0m²。[2]江苏苏州澄湖甪直区域湖底发现崧泽文化晚期水稻田20块，周围有池塘、水沟等灌溉设施，田块之间有水口和水路相通。[3]

余杭区临平街道茅山遗址和玉架山遗址水稻田为首次发现的良渚文化水稻田遗迹。茅山遗址水稻田可分3层，其中已经发掘的部分分别与居住生活区的后两个阶段堆积对应。这一水稻田遗址不仅规模大、遗迹种类丰富、性状清晰，而且与良渚文化聚落紧密有机地联系在一起。水渠2（G2）是居住生活区和水稻田遗迹区的分界，已分段揭

[1] 谷建祥等：《对草鞋山遗址马家浜文化时期稻作农业的初步认识》，载《东南文化》1998年第3期。
[2] 苏州博物馆：《江苏昆山绰墩遗址第一至五次发掘简报》，载《东南文化》（增刊1），2003年。
[3] 李嘉球：《澄湖水下为何有街道》，载《姑苏晚报》2006年1月21日。

玉架山遗址水稻田遗迹

露106m，深浅不一，宽度也不等，在4.5—18.0m之间，丰水期可排水，枯水期可蓄水，同时具有防洪排水、提供生活用水和灌溉水稻田等多种功能。水稻田遗迹区北端发现有与G2方向基本一致的东西向大路兼G2南侧堤岸1条（L1），以探沟形式分段发掘的各段宽窄不等，约为3.4—8.0m之间。路面和路层中夹杂较多的碎陶片、细砂和少量的红烧土块，路面剥剔层中发现有细薄片状小层，应为踩踏面。紧邻其南侧有灌溉水渠1条（G3）、水口1处。水稻田发掘区中北部有东西向小路1条（L4），路面宽约1.0m，东西长约30.0m，路面微微隆起，铺垫有细砂和少量碎陶片。L4南北两侧附近大致呈不规则东西向长方形范围的土层也夹杂有较多碎陶片和细砂，与水稻田中的土质区别明显，推断应是当时稻田口的一处活动场所。水稻田中分布有基本呈南北向（南端略偏东）的小路（或田埂）5条。灌溉水渠（G3）紧临L1南侧，南北宽约2.5m，东侧深度约0.18m，由东向西深度逐渐加深并逐渐呈喇叭口扩大，到发掘区中部演变为一蓄水池塘。蓄水池塘南侧有1处灌溉水口。5条南北向的小路（或田埂）呈东西排列，路面宽约0.6—1.0m不等，高出两侧稻田约0.06—0.12m，均铺垫有红烧土块或粉末。揭露最长的南北长约61.5m（L2）。最东侧的两条间距约31.0m，其余在17.0—19.0m之间。可推知整个水稻田平面形状为略呈平行四边形的南北向长条形，单块面积较大，并已有明确的道路系统和灌溉系统。这些都说明良渚文化先民对水稻田已有比较先进而细致的规划。另外，在属于广富林文化时期的农耕层第一层发现30个清晰的牛脚印和人脚印。[1]

全世界"稻属"（Oryza）下的"种"（Species）经过鉴定并认可的，约为20—25个。其中栽培种仅2个，即亚洲栽培稻（O. Sativa）和非洲栽培稻（O. Glaberrima）。其余都是野生稻。亚洲栽培稻又称普通栽培稻，它的祖先种公认的是普通野生稻（Oryza Perennis或O. Rufipogon）。中国境内分布的野生稻有3个种，即疣粒野生稻（O. Meyeriana）、药用野生稻（O. Mfficinalis）和普通野生稻，前二者与栽培稻没有关系。非洲栽培稻又称光秆稻，起源于非洲的一种多年生野生稻（O. Longis-Taminata）。世界各地

[1]丁品、郑云飞、陈旭高、仲召兵、王宁远：《浙江余杭茅山良渚遗址》，http://topic.ccrnews.com.cn/ArticleDetail.aspx?id=79。

[1] 游修龄：《太湖地区稻作起源及其传播和发展问题》，载《中国农史》1986年第1期。

[2] 王开发等：《根据孢粉分析推断上海地区近六千年以来的气候变迁》，载《大气科学》1978年第2期。

[3] 郑云飞：《太湖地区部分新石器时代遗址水稻硅酸体形状特征初探》，载《中国水稻科学》1999年第1期。

[4] 宋兆麟：《木牛挽犁考》，载《农业考古》1984年第1期。

种植的基本上都是亚洲栽培稻，非洲栽培稻只见于西非西部和中南美洲的一些地区。亚洲栽培稻又有籼稻和粳稻两个亚种。两者的种植气温条件不同，因而在纬度上的分布有差异。现代水稻栽培学表明，一般种植区年平均气温籼稻大约在17℃以上，粳稻大约在16℃以下。[1]因此，中国的东北地区均种植粳稻，华南地区均种植籼稻，而环太湖地区籼、粳混作。崧泽文化和良渚文化时期环太湖流域年平均气温约在16℃—18℃，适宜籼、粳混作。[2]粳稻所含支链淀粉较多，米质软糯，口感较好。环太湖流域稻米结构中的籼、粳比有自然选择因素，也有人为选择因素，总体上呈粳稻比重上升的趋势。河姆渡遗址十几个探方稻谷标本中，籼稻约占60.3%—74.6%，粳稻占20.6%—39.7%，中间类型占3.6%—4.4%。罗家角遗址两个探方稻谷标本中，籼稻占64.7%—76.5%，粳稻占35.3%—23.5%。圩墩遗址籼稻标本占72.7%，粳稻标本占27.3%。草鞋山遗址籼稻标本约占60.0%，粳稻标本约占40.0%。而崧泽文化、良渚文化时期陶片、红烧土及地层土壤中检测到的水稻硅酸体均以粳稻为主。[3]

水稻耕作技术的演进有一个随着时代和环境的变化而不断调适的动态过程。最初采用刀耕（火种）的耕作方法，再转为耙耕或锄耕，然后是犁耕。刀耕的要点是烧除地面草木后即行播种，但每年或隔年须另找新地，休耕地植被恢复后才能进行第二次耕种。一般一个单位的播种面积需要7—8倍以上的土地轮转，一个人一生砍烧同一块土地只不过三四次。耙耕使土地可以连续使用的年限大大延长，因为翻土改善了土壤结构和肥力，并改以休闲取代不断的撂荒。而犁耕又极大提高了耕作效率，因为耙耕或锄耕劳动是间歇性的，每翻一耙土，人要后退一步，再重新翻一耙；犁耕实现了连续性翻土，中间没有间歇。20世纪50年代侗族人仍以人力拉犁，称为木牛。据宋兆麟调查研究，耙耕1人1天只能耕1担田（6担田合1亩），木牛2人1天可耕4担田，牛耕则1人1天可耕14担田。[4]换算下来，即耙耕1人1天只能耕田1/6亩，人力拉犁2人1天可耕2/3亩，而牛耕则1人1天可耕2.3亩多，相当于耙耕的14倍、人力拉犁的7倍。目前发现的最早的石犁出现在环太湖流域，为崧泽文化遗物。自崧泽文化到良渚文化、马桥文化，犁耕不断发展，可能是中国后来犁耕农业的先导。石犁一般以片状页岩制成，体形扁平，大多呈等腰三角形。早期（崧泽文化）石犁体量较小，但前锋夹角较大。中期（良渚文化）石犁前锋夹角减小，器型增大，且正面腰部两侧边磨制成单面斜杀的刃部，后端（底边）略呈弧形。另有如浙江平湖庄桥遗址、桐乡新地里遗址出土的3件组合型犁具，猜其以上下二层木架固定。晚期（马桥文化）石犁的后端中部多作凹形缺口，便于固定在木质犁床之上。

犁耕可进一步改良土地结构，提高土地肥力，提高复种指数和粮食产量。良渚文化时期的水稻单位产量较马家浜文化之耙耕时期乃至崧泽文化之小规模犁耕时期有较大提高。大型犁耕的推广极大地提高了劳动生产

良渚文化稻谷遗迹（庙前）

良渚文化稻谷遗迹（卞家山）

率，较大地扩大了耕种面积，从而较大幅度地提高了粮食总产量。据推算，刀耕的播种量与收获量之比约为1：10，人力犁耕上升至1：15左右，产量约为75kg/亩，而粮食总产量却有相当大幅度的提高。这可以从良渚文化玉礼制度的盛行、手工业的高度发达得到印证，因为这需要强大的农业经济体系来支撑。[1]

中国古代有"象耕鸟田"之说。王充《论衡·书虚篇》记："传书言：舜葬于苍梧，象为之耕；禹葬会稽，鸟为之田。盖以圣德所致，天使鸟兽报佑之也。""天地之情，鸟兽之行也，象自蹈土，鸟自食草，土蕨草尽，若耕田状，壤靡泥易，人随种之。此俗则谓为舜、禹田。海陵麋田，若象耕状。"又《论衡·偶会篇》言："雁、鹄集于会稽，去避碣石之寒，来遭民田之毕，蹈履民田，啄食草粮。粮尽食

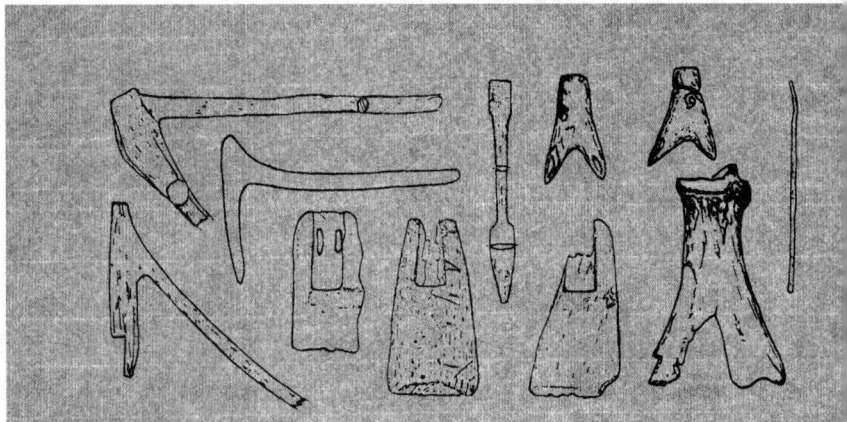

良渚文化骨制锄耕、耜耕农具

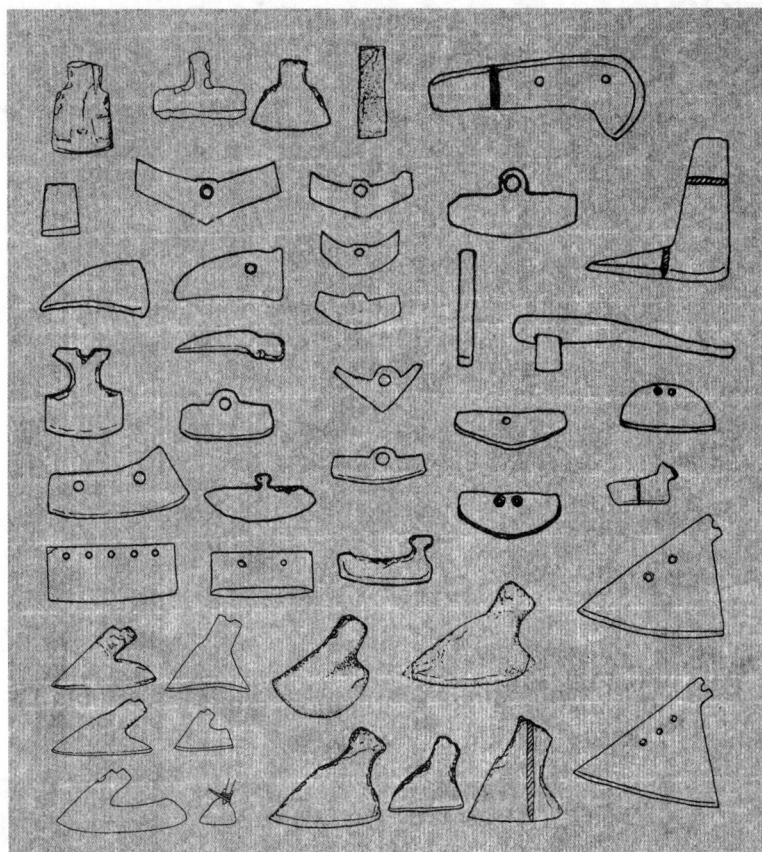

良渚文化石耜、石犁、石刀等农具

[1]李根蟠、卢勋：《中国南方少数民族原始农业形态》，中国农业出版社1987年版，第77—83页；游修龄：《良渚文化与稻的生产》，载游修龄《农史研究文集》，中国农业出版社1999年版。

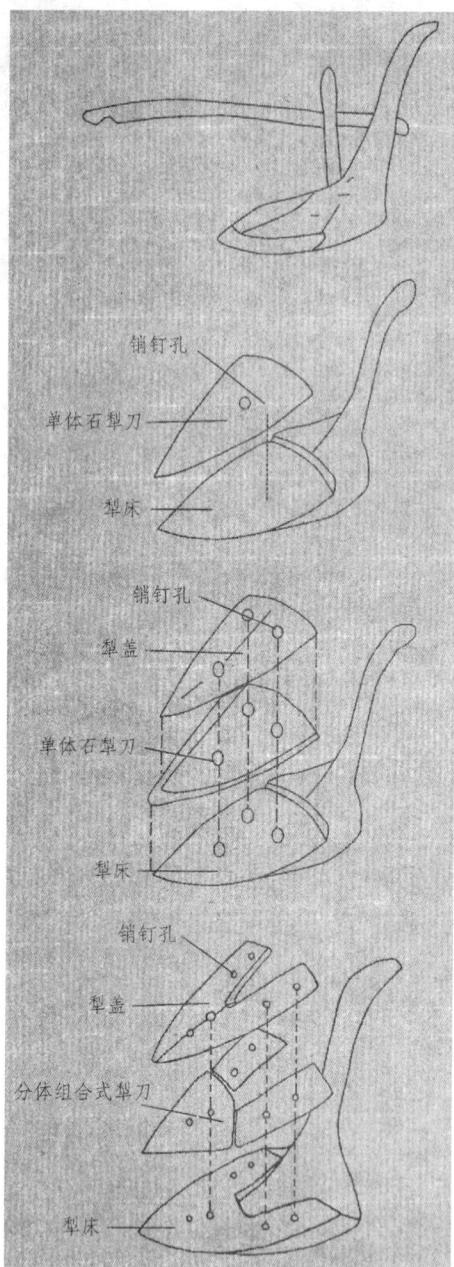

良渚文化石犁及其安装方法

（图中标注：锁钉孔、单体石犁刀、犁床、犁盖、分体组合式犁刀）

[1] 李昉：《太平御览》，中华书局2006年版。

[2] 浙江省博物馆自然组：《河姆渡遗址动植物遗存的鉴定研究》，载《考古学报》1978年第1期。

[3] 吴任臣：《十国春秋》，中华书局1983年版。

索，春雨适作。避热北去，复之碣石。象耕灵陵，亦如此焉。"此中的海陵糜田，据《太平御览》卷八三九《百谷部·稻》引张华《博物志》所释为："海陵县扶江接海，多糜兽，千千为群，掘食草根，其处成泥，名曰糜畯。县人随此畯种稻，不耕而获，其收百倍。"[1]从种种解释来看，所谓"象耕鸟田"就是大象、雁鹄等动物多次践踏觅食过后的土地，可以不经任何整治而直接种植水稻。

中国在上古时期盛产大象，而且较晚时期在东部地区仍可见。河姆渡遗址有苏门犀、爪哇犀头骨和亚洲象齿、骨出土。[2]象的亚化石在太湖流域之邱城遗址、罗家角遗址也有发现。象在良渚文化分布区消失则是很晚的事。早在1926年，地质学家章鸿钊引述大量历史文献，论证中国直到上古时期象和犀还有相当广的分布。河南安阳殷墟出土的甲骨文中曾有很多关于象的记载，涉及猎象、驯象、用象祭祀等活动。河南所处的古地名为豫，"豫"这个汉字是人牵着象行走的象形。在武丁以后，商氏族在与东方氏族的争战中曾出动过象队组成的骑兵。青铜象尊和形态生动的各种象纹饰盛行于商末和周初。而用象牙、象骨、象齿等制成的各种祭祀和生活用品的大量出土，更是当时黄河流域亚洲象大量存在的直接证明。《竹书纪年》有犀、象记载，说明春秋战国之际长江下游地区仍有犀、象存在。另据其他文献记载，507年有象至广陵，即今日之扬州。537年有象至今安徽亳县、砀山。《十国春秋》卷七八《吴越武肃王世家》载，931年，"有象入信安境，王命兵士取之，圈而育焉"。[3]信安为今浙江省衢州市衢江区。《宋史·五行志》记载，962年有象出现于黄陂（今湖北省武汉市黄陂区）等地。7—11世纪，亚洲象在长江中游的分布北界从江北移到江南，但并不是以长江为绝对界线，而存在着不断南北移动的反复过程。有关养象、驯象、役象于挽车、运物、作战的记载也不绝于史，但关于象耕见诸汉文史籍的仅有两段文字。唐樊绰《蛮书》卷四《名类》记载："茫蛮部落，并是开南杂种也。茫是其君之号，蛮呼茫诏。从永昌城南，先过唐封，以至凤兰苴，以次茫天连，以次茫土薅。又有大赕、茫昌、茫盛恐、茫鲊、茫施，皆其类也。楼居……孔雀巢人家树上。象大如水牛。土俗养象以耕田，仍烧其粪。"又卷七《云南管内物产》载："开南以南养象，大于水牛。一家数头养之，代牛耕也……

良渚文化石犁（荷叶地、新地里）

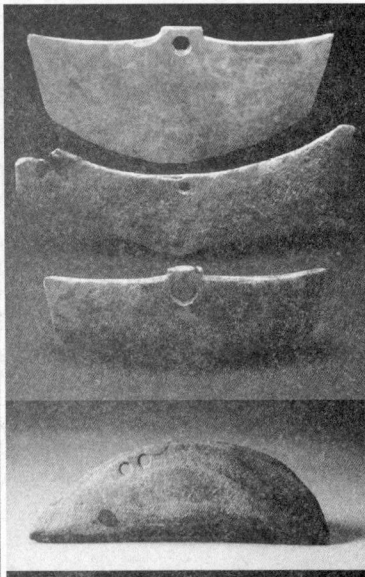

良渚文化石耘田器（余墩庙）、石
伫（小古城）、石镰（余墩庙）、
石破土器（小古城）

象，开南以南多有之，或捉得，人家多养之，以代耕田也。"[1]
对于这两则史料，当代学者有各种不同的解释。有人认为，大
象难以捕捉、饲养和繁殖，加之力大无比，普通犁铧不足以供
其拖曳，故以象耕田纯属《蛮书》误记。另有学者认为，唐代
云南金属冶炼水平很高，当有可能制造出供大象拖曳的犁铧，
所以《蛮书》象耕之说未必就是传说之误。有人认为，古代越
人的象耕很可能不是以象曳犁耕作，而是一种"踏土"或"踏
耕"，亦即驱象入田踩踏。所谓"象自蹈土，鸟自食萍，土蕨
草尽，若耕田状，壤靡泥易，人随种之"，形象地复原了"象
耕"的原意。[2]游修龄认为，踏耕系百越民族首创。早期的踏
耕分布于浙东至闽、粤、滇及越南红河下游、泰缅南部等处。

[1]樊绰撰，向达
校注：《蛮书校注》，
中华书局1962年版。

[2]黄惠焜：《从
越人到泰人》，云南
民族出版社1992年
版，第6、9、14页。

河姆渡文化象牙雕双鸟朝阳纹

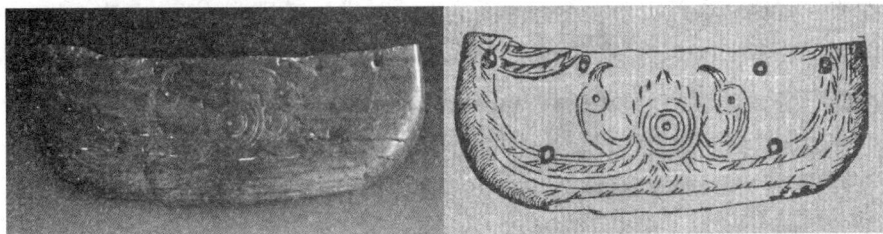

良渚文化玉鸟（瑶山、福泉山、反山）　　　　鸟嘴陶壶盖（卞家山）

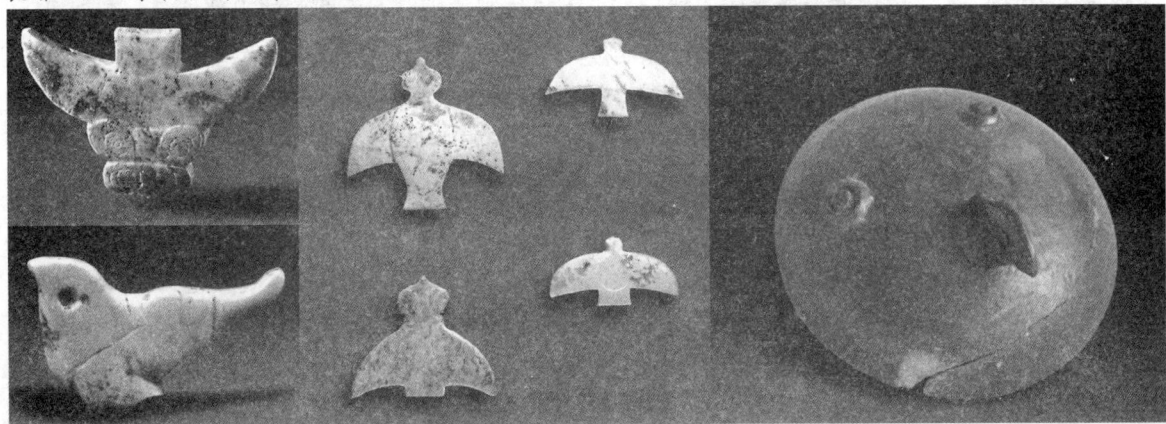

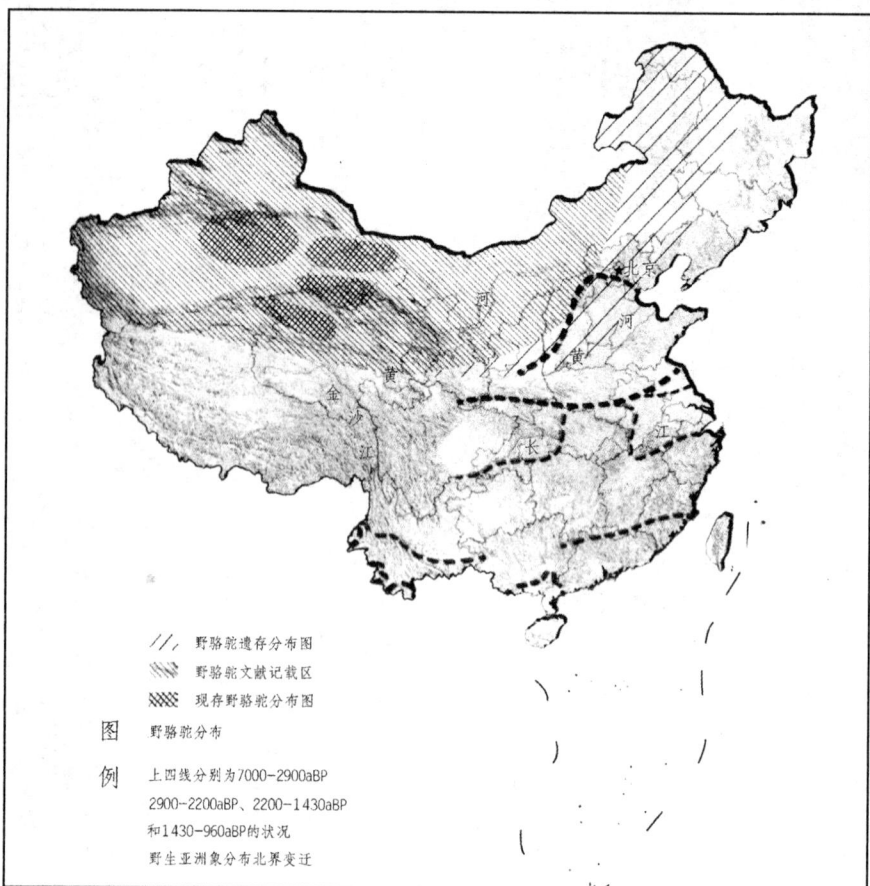

中国野骆驼、亚洲象历史分布变迁（引自望南《竺可桢：他掀开了中国历史气候变迁的神秘面纱》，载《中国国家地理》2009年第10期）

百越先民起初或利用野象或驯象践踏的泥泞地播种稻谷，后来模仿象耕鸟田，驱赶牛群到放水的田块中来回踏踩，把杂草压入土中腐烂，将土壤踩成泥浆，俗称"牛踩田"。在百越民族中，踏耕早于犁耕，至今云南个别地方的傣族及泰国有些地方仍然踏耕和犁耕并行，说明踏耕有其不可替代的特殊作用，不能笼统地说踏耕就是很原始的耕作技术。[1]但2003年在庄桥遗址发现的3件组合型犁具通长106cm，宽44cm，犁头的尖端部呈等腰三角形，有3个穿孔，犁头的两翼部分长29cm，翼部有两个穿孔。犁床由两部分构成，下部有垫木，长84cm，尾端有装置犁辕的榫口，上部有木板，石犁夹嵌在两者之间，然后打上木或竹制的销钉，而两侧的刃部外露。犁架可能是用角度适合的树杈制成，前端可拴住绳索用人或畜牵引，后端犁把可用于控制方向和深浅。这是迄今发现的最早的带木质犁架的石犁。[2]这种大型石犁加上后面掌辕所需空间前后间距应有3—4m长，只有用象或牛等大型牲畜才能拉得动。据此也可以估计到当时的水田面积应在一定规模之上，否则这种大型犁具就无用武之地。

　　良渚文化出土物中有上画鸟、下画山的图形，并有其他许多鸟形图徽装饰。鸟之用为族标除与太阳崇拜相关外，也还有另一层原因。《越绝

[1]游修龄：《百越农业对后世农业的影响》，载魏桥主编《国际百越文化研究》，中国社会科学出版社1994年版。

[2]浙江省文物考古研究所、平湖市博物馆：《浙江平湖市庄桥坟良渚文化遗址及墓地》，载《考古》2005年第7期。

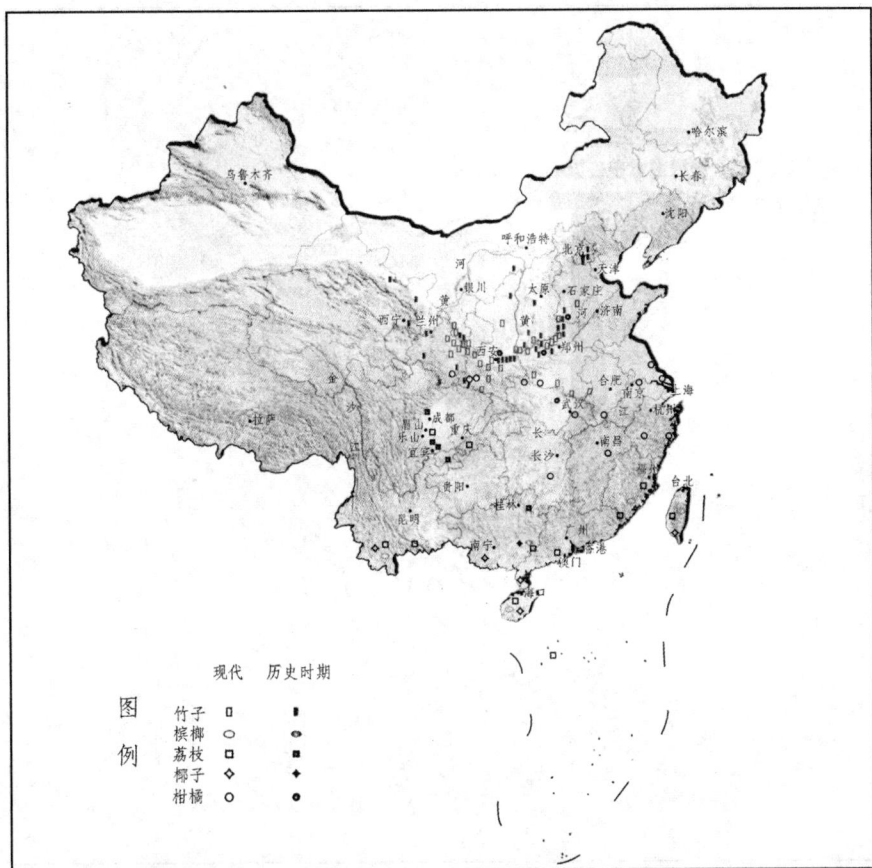

中国竹子、柑橘等水果历史分布变迁（引自望南《竺可桢：他掀开了中国历史气候变迁的神秘面纱》，载《中国国家地理》2009年第10期）

书·越绝外传记地传》载，大禹见民劳苦，"无以报民功"，乃"教民鸟田"。其他史料也记载，古吴、越之地，雁、鹄、鹭、鹰集结，多自食草，土蹶草尽，若耕田状，人随种之。在刀耕火种之时，人少而荒多，可以择地而耕，但也草莽遍野，虫集菌秽，人力无法治理，却引来了百鸟争食。特别是春耕秋收之际，虫卵暴露，鸟之得食甚易，如《水经注》卷四十所说："有鸟来，为之耘，春拔草根，秋啄其秽。"[1]而且，鸟粪还可以肥田。河姆渡文化中有"双鸟朝阳"纹饰，良渚文化之玉琮、玉璧等器具上鸟纹屡见不鲜，还有整只圆雕玉鸟，可见"鸟田"意识有所发展。

除石犁而外，良渚文化还有破土器、耨刀、锛、铲、带把刀、半月形刀、镰、斧、钺、锄、靴形刀等石制农具，耜、鹤嘴锄、杵、臼等骨制、木制或陶制农具。这些农具大多通体磨光，制作规整，刃部锋利，多配有相应的木柄，为复合型工具。它们共同构成有明细分工的农具体系。收获野生稻同穗但成熟期不同的籽实一般用摇穗法，而收割籽实成熟期较一致的栽培稻先以半月形石刀收穗，后来又发明了石镰连秆收割。连秆收割不仅提高了劳动效率，可以一次性收获谷物，而且连带收割的秸秆还可派其他用途，如用于建筑、铺垫、编织等。江苏吴江龙南遗址房址中就发现过用稻草、芦苇等铺垫的睡炕遗迹。[2]浙江杭州的吴家埠、南湖、庙前、平湖

[1]郦道元撰、王先谦校：《合校水经注》，中华书局2009年版。

[2]高蒙河：《良渚文化的家庭形态及其相关问题》，载吉林大学考古系编《青果集：吉林大学考古系建系十周年纪念文集》，知识出版社1998年版。

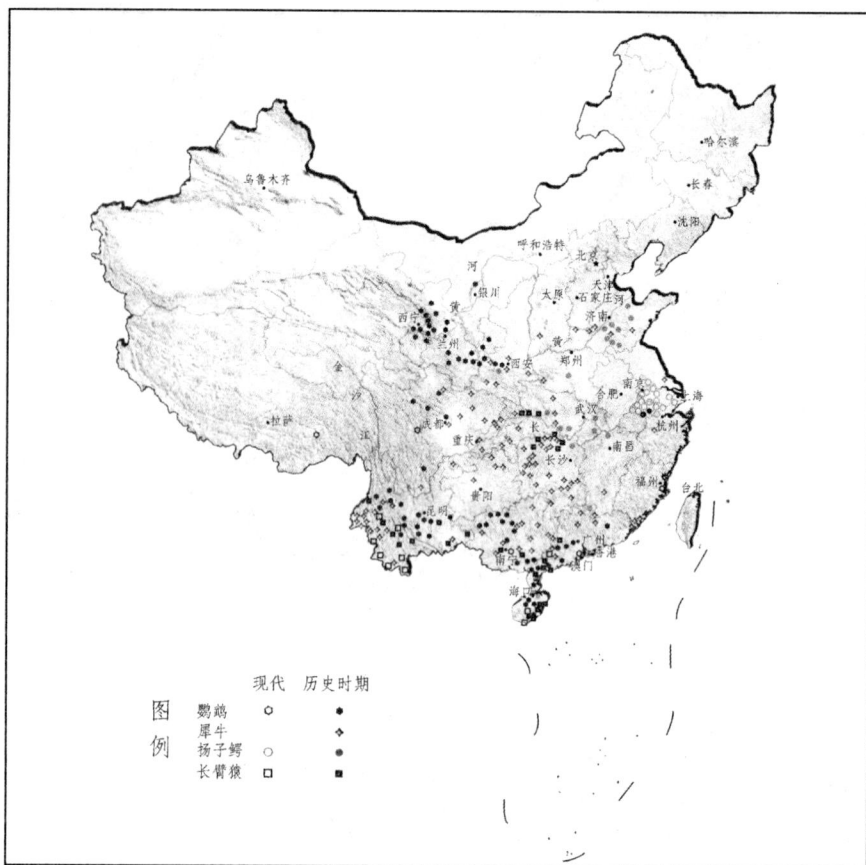

中国鹦鹉、犀牛等动物历史分布变迁（引自望南《竺可桢：他掀开了中国历史气候变迁的神秘面纱》，载《中国国家地理》2009年第10期）

的庄桥、海宁的徐步桥、三官墩、桐乡的姚家山、江苏苏州的张陵山、越城、上海松江的广富林、金山的亭林、奉贤的江海等良渚文化遗址都出土石镰。姚家山遗址还出土5把玉镰。河姆渡文化、马家浜文化、崧泽文化遗址均发现较多地臼、木臼、石臼，良渚文化遗址中却未发现，而只发现少量陶臼，如钱山漾遗址出土的大口尖底器。另外可能具有这类用途的器皿尚未被我们所认识。类似现在的耘田工具而被称为"耘田器"、类似现在的千篰而被称为"千篰"的石制农具，游修龄等认为并非耘田器或千篰，可能是一种具有其他用途的先进工具。"千篰"可能是一种类似于耙的开沟整田工具，特别适合于处理湿烂泥浆如稠粥般的水田土壤。[1]

干兰式建筑是良渚文化先民居住形制之一。干兰下部架空，宜于防潮和防虫蛇之患，适合环太湖流域潮湿多雨的气候。浙江湖州钱山漾、江苏吴江龙南等良渚文化遗址都发现干兰式建筑遗迹。这种干兰式建筑可能居人与储粮共用，另外也可能有专门用于储粮的干兰。浙江海盐仙坛庙遗址出土的一个良渚文化陶器器盖的内面上，刻画有一幅干兰式建筑图形，发掘者认为很可能就是干兰式粮仓的形象。[2]为了防止鼠患等，其具有的建制当会比较精致。日本登吕遗址干兰式建筑仓房的立柱柱顶上凌空架设隔板，以阻隔老鼠沿立柱爬进仓房。[3]良渚文化粮仓实物遗存目前尚未可见，

[1]程世华：《良渚文化时期的"千篰"及其用途试析》，载《农业考古》2001年第1期。

[2]苏州博物馆、吴江市文物管理委员会：《吴江梅堰龙南新石器时代村落遗址第三、第四次发掘简报》，载《东南文化》1999年第3期。

[3]日本静冈登吕博物馆：《特别展：静冈·清水平野の弥生时代——新出土品にみる农耕生活》，1988年。

河姆渡文化干兰柱础（河姆渡）　　　良渚文化建筑柱坑遗迹（庙前）　　　良渚文化陶屋顶模型（卞家山）

上述模式可为推测。可以肯定当时应有较先进的储粮方式。[1]

稻作农业是远比旱作农业复杂得多的技术体系，从农田建设到农时的掌握运用，都需要准确计算统筹。长此以往，这种源自农业生产的需要逐渐衍生出一套分工细致的制度性运作模式，进而内化为人们的思维习惯和特点。新思维的运用，大量剩余产品的出现，导致手工业及社会意识的进一步分化，并完全独立出来。手工业从原料开采、产品设计开始的整个工艺流程，直到行业的组织分工等各方面，都有规模农业生产模式的影响。新的经济基础导致新型社会阶层的产生，新的思维方式和思维特征还影响到整个良渚文化社会组织的复杂化和秩序化。"鸟田"等农业生产意识的发展，也推动了原始宗教的发展和体系化。

19世纪以来，语言学家逐步发现汉语、藏语、缅语等有着亲缘关系，它们共构为语言"谱系树"，这就是"汉藏语系"假说。但又发现，汉语中的"稻米"一词在更为广大的区域里具有一致性。它不仅与藏语有着明显的同源关系，而且与南岛语系也有着同源关系，其覆盖范围包括：马来—印尼语，西太平洋上帛琉群岛的帛琉语，台湾的赛德语、卑南语、鲁凯语、则海语、道卡斯语、阿美语，越南的雷德语，菲律宾的马诺波语，等等。郑张尚芳还发现，汉语"粝"本意为"粗米"，其同音词"疠"有"恶疮、麻风"的意思，而藏语中相对应的词，同样有两种含义：一为"米"，另一为"疮、疖"。同样，印尼语中"米"与"麻风"也几乎同音。1990年，罗伦特·沙加尔（Laurent Sagart）向第23届国际汉藏语会议提交了一篇名为《汉语南岛语同一起源论》的论文指出，汉语与南岛语之间存在着不少的同源词，这些同源词有着规则的对应关系。邢公畹支持这一观点，认为存在一种"汉藏—南岛"的同源语言关系。潘悟云则注意到，不仅汉语存在这种联系，在东亚这片大陆上，侗台语就像是各种语系的交集，它既与汉藏语系有关，又与南岛语系、南亚语系有密切关系。沙加尔甚至联想到这些语言可能会有一个共同的起源。在欧洲人进行海外殖民扩张之前，"南岛语系"是世界上分布最广的语系。"南岛语系"是北到台湾岛、南到新西兰、西到马达加斯加、东达复活节岛的横跨印度洋和太平

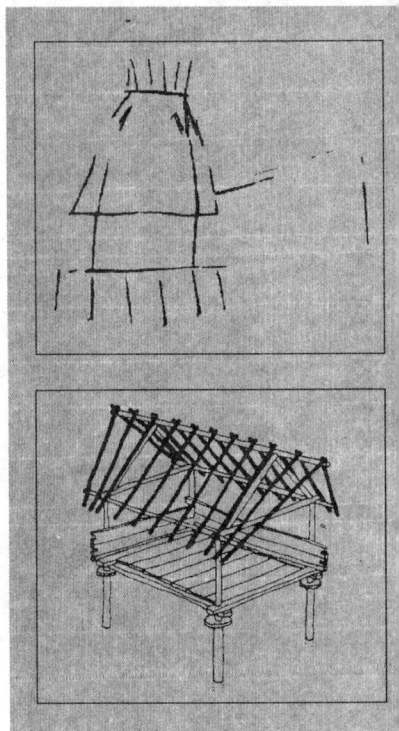

浙江海盐仙坛庙遗址陶器器盖上的干兰式粮仓和日本登吕遗址干兰式粮仓示意

[1]俞为洁：《饭稻衣麻：良渚人的衣食文化》，浙江摄影出版社2007年版，第28—29页。

玉器上的各种治玉痕迹

玉勺和玉匕（瑶山）

洋的一种具有共同渊源的海岛语系，覆盖2亿人口，有959种语言。

语言学家解释说，之所以会出现稻米的传播与语言的传播有相似之处，是因为农业社会比采猎社会更能有效而稳定地增加人口。而随着人口的增加，就不可避免地带来种群的分化和迁徙，这是语言传播的动力之一。早在1959年，张光直就曾根据出土的考古资料论证，黄河流域前石器文化当中有一个尚未显出差别的"汉藏南岛综合体"。这个文化群体从新石器时代开始向中国南部迁移，结果分化出"汉藏群"和"南岛群"。考古学家推测，可能存在两条稻米传播路线，一条为长江中下游—台湾—菲律宾，另一条为长江中下游—云南—缅甸、泰国。如果是这样，就与语言学家推断的南岛和南亚语系的发展路线有许多重合之处。[1]

二、奢侈品与精神品生产的特别强化

良渚文化高效率的农业经济使大量社会剩余劳动得有产生条件，玉器、黑陶、丝绸、髹漆等手工业由此有了独立发展的可能，形成专业化的经济体系。

良渚文化玉器是一种达到人类艺术创造极限的伟大的艺术作品，远远超越于现今工艺美术概念上的工匠创造；但良渚文化玉器也是一种非常普遍的手工业产品，几乎环太湖流域各地墓葬均有发现，其中良渚遗址即有数千件之多。从作坊遗存或一些半成品来看，它们当有十分精细的分工作业体系。

良渚文化玉器所用玉石硬度仅略次于水晶，在摩氏5—7度之间，而其体式较小，雕刻又采用了阴线刻镂、半圆雕、减地浮雕、透雕甚至微雕等多种艺术手法，在一个没有高硬质工具的时代加工这样的产品难度之大不可想象，似如神力操作。反山遗址出土的"琮王"外壁中部微雕有8个复杂

---

[1]黄艾禾、孙展、郏笑飞：《中国人从哪里来》，载先锋国家历史杂志社主编《国家历史：真相与往事》，九州出版社2009年版。

石钻等细石器（磨盘墩）

的神徽，每个高不足3cm、宽不及4cm，却个个刻得生动有神。有的线条比发丝更细，甚至1.0mm宽度内精刻出四五条笔直平行的细线，每条0.1—0.2mm，最细的仅0.7μm。肉眼无法看清的微线条，放大镜下显示连内壁都打磨得光而圆润。有人怀疑为外星人所为，也有人认定必定用了金属工具。因为良渚文化遗址曾出土过鲨鱼牙，受亚马逊河流域土著人以水虎鱼牙齿作刀锯的启发，有人认为当时以鲨鱼牙为刻刀。但林巳奈夫做这样的试验未能成功。也有人通过电子扫描，判断这些玉器成形后经加热处理而表面软化，再行刻琢。但实际上大部分玉器并无烧造痕迹。所以，以上种种说法都缺乏证据。这些玉器的打磨和抛光也是谜，许多加工面之光洁度、光色感以现代工艺也难以做好。

《诗经·小雅·鹤鸣》有"他山之石，可以为错""他山之石，可以攻玉"的说法，令人玩味。1996年至1997年，塘山土垣遗址出土100多件残玉料和石质制玉工具。2002年又出土玉、石料460多件，其中玉料100多件，小部分已成可辨的琮、璧、镯等器；另出土300多件石质制玉工具，分砺（磨）石、切磋用石和雕刻用石3类。砺石大多为砂岩，呈棒形、球形、条形状。切磋用石大多为凝灰岩，呈箭头形、片形、条形等，扁薄细小。雕刻用石大多为黑石英、黑曜石、黑燧石，硬度在摩氏7度左右。另在余杭区其他地点曾采集到玛瑙等材料制成的雕刻工具。1982年，江苏镇江磨盘墩遗址出土黑燧石等细石器3884件，其中石核1029件、石片2304件、石钻422件、刮削器129件。另出土玉料10件、玉器8件。其中以黑燧石及玛瑙等制成的石钻和带柄尖状器、雕刻器、刮削器，硬度也都达摩氏7度左右。美国一位考古学家曾对类似黑曜石、燧石和石英石刀刃与现代剃须刀片及外科手术刀片进行实验比较，结果表明最钝的是燧石刀刃，其次是石英石刀刃，比燧石刀刃锋利9.5倍，而钢制手术刀仅比石英石刀刃锋利1.5倍。但黑曜石刀片厚度比剃须刀薄100—500倍，却比钢制手术刀锋利210—1050倍。1980年黑曜石刀片用于眼科手术获得成功，轰动世界。所以石刀片仍最为可能是良渚文化玉器的雕刻工具。但是也不必认死理。在开眼、钻孔、打磨、抛光诸项中，除可用石制工具外也还有另一种可能，即中国文化中所谓的以柔克刚法。好比用磨刀石磨刀，磨刀石没有刀硬，但最终磨刀石磨利了刀。不要说石器可以磨玉，竹、木、骨甚至马牦等材料同样能办到。何况竹筒、骨器以及马牦割、磨玉石还黏配硬度与玉料相当的解玉砂。主

《天工开物》中的明代玉器加工图

民国时期的玉器加工

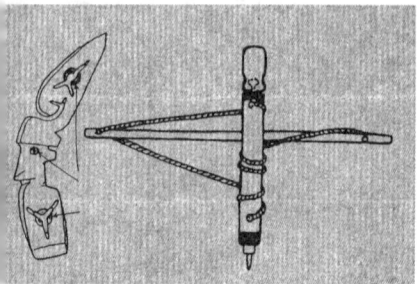

木工钻和玉斛

[1] 宋应星：《天工开物》，中华书局上海编辑所1959年版。

要在于用经年累月的时间。开眼又叫开料、解玉、錾玉。从加工痕迹看，良渚文化玉器可能主要用了3种办法。一种是"马牦截玉"法。《淮南子·说山训》中记载，此法以马尾或马鬃编结成绳索，黏上解玉砂充作"锯条"，不断添水剖解。解玉砂多为高硬度之石英质。第二种砣切法是在轮制陶器的工具陶车基础上发明的技术。瑶山2号墓出土的一件柱形玉器中段留有五道切割痕迹，当为圆盘形砣具工作切面。这可能与《天工开物·玉》介绍的方法一致："凡玉初剖时，冶铁为圆盘，以盆水盛砂，足踏圆盘使转，添剖玉，遂或划断。"[1]只不过后来的砣具将石质扁圆形砣改成了铁圆盘。第三种切割法是在玉石材料上加砂蘸水以木片压擦，或以石片直接切割。除用石钻钻孔外，当时可能发明了圆木棒或竹管加砂蘸水研钻工艺。并有实芯钻、管钻等法。实芯钻孔较原始，难度也较大，一般只能施行于较薄的部位。钻具可能近于今日的土制木工钻。钻杆目前尚未发现，但钻头出土较多，有福泉山遗址之石钻头、玉钻头、钱山漾遗址之石钻头、慈湖遗址之木石复合钻头。磨盘墩遗址出土石钻头百件以上，均由黑燧石长片制成。有三角形钻、叶形钻、细腰扁身钻、长身钻和两头钻等。管钻法大汶口文化也有出现，但良渚文化的成熟且用得普遍，已发现的多件管钻遗下的玉芯可资证明。不过有关管钻工具的争论较多。有的认为是竹管加砂蘸水研钻，有的认为先钻小孔而后扩大，有的怀疑当是金属工具所为。也有人认为这种钻具在竹管架下加嵌若干锋利的小石刀片，钻具整体与今日之套筒式钻刀近似。[2]柳志青等2004—2005年发表于《浙江国土资源》上的《石钻头：发现新石器时代机床玉制刀具》、《良渚文化玉琮曾是轴承套新石器时代机床玉制传动件》、《飞轮、皮带轮、偏心轮和滑轮——新石器时代机床玉制传动件》等论文提出，良渚文化先民发明了无齿回盘锯和线锯等锯床、管钻和杆钻钻床以及飞轮（惯性轮）、皮带轮、轴承套等。其结论未可全信，但相关的初级发明或可以被确认。

陶器是人类最早按照自己的意志利用天然物通过化学加工创造出来的一种崭新物质，是新石器时代的重要标志，凝聚着当时人类的最高智慧。它提高了早期人类定居的稳定性，提升了人类生产生活的水平。在金属器使用之前的新石器时代，陶器是人类最主要的日常生活生产用具，有一部分还成为礼器，是社会复杂化的物化标志之一。制陶是一种专门技术，是最早的主要的手工业部门之一。

陶器分为红陶、彩陶、灰陶、黑陶和白陶等彩制，它们的形成与烧造

[2] 林巳奈夫：《良渚文化玉器纹饰雕刻技术》，载徐湖平主编《东方文明之光：良渚文化发现60周年纪念文集》，海南国际新闻出版中心1996年版。

原料、温度、工艺和审美设计有关。按烧造原料可分为夹炭陶、夹砂陶、细泥质陶等。陶器的烧造温度在600℃—1000℃之间。红陶是最早的陶器之一，在新石器时代各个文化中最为普遍。因烧造时采用氧化焰气使陶胎中的铁转化为三价铁，器表便呈红色。根据陶胎粗细及含砂与否，又可分为泥质红陶和夹砂红陶。夹砂红陶较耐火，主要作炊具用。仰韶文化、裴李岗文化、马家浜文化等都以红陶为主。彩陶系采用赤铁矿粉和氧化锰作颜料，使用类似毛笔的描绘工具在陶坯表面描画，经900℃—1050℃火烧后在橙红色的底色上呈现出黑、红、白颜色的图案。彩陶在许多不同的文化类型中都有发现，但也和红陶一样都以仰韶文化为代表。如用还原焰焙烧，陶胎的铁氧化物还原为二价铁，使陶胎现出灰色，即烧造为灰陶。其烧成温度一般在840℃—900℃，最高可达1100℃。龙山文化、屈家岭文化后期等都以灰陶为主。黑陶代表了中国后期陶器工艺的最高峰。烧造黑陶所选陶土特别细腻，含沙量低且黏性大，而且富含多种矿物元素。黑陶表面所呈现纯净的黑色，是由独特的无釉无彩碳化窑变形成的。其制作工艺比较复杂，现代仿制生产即设计为12道工序，烧制时间需25天左右。制胚方法有捏塑法、贴敷法和泥条盘筑法等，后来又发明了轮制法。烧造温度为1000℃左右，最后采用独特的"封窑熏烟渗碳"方法，即在器物烧成的最后一个阶段，从窑顶徐徐加水，使木炭熄灭，产生浓烟，通过烟熏渗碳机制而形成黑色陶器。这样烧出来的陶器浑然天成，具有黑如漆、明如镜、硬如瓷、声如磬四大特色，并有鸣玉之声、墨玉之美、青铜之光。其气质稳重、高贵、大方、典雅而神秘。有的工艺精细至极。山东临沂大范庄遗址出土30件镂孔高柄黑陶杯，因胎壁薄如蛋壳（不足0.5mm），故被称为"蛋壳陶"。其中一件高20cm的黑陶杯，重量仅50g左右。1955年良渚遗址内的荀山遗址附近水塘中发现与龙山文化蛋壳陶不相上下的黑皮陶壶等器具，器壁最薄的仅1.5mm。庙前遗址出土各种黑陶器及陶片上千件之多，其中便有大量薄型黑皮磨光陶。薄型黑皮磨光陶是良渚文化陶器的代表，也达到了制陶工艺的高峰，质、形、格调均不同凡响。

良渚文化黑陶是制陶工艺进步和窑炉结构改进的综合结果。良渚文化陶器以黑皮磨光陶、泥质灰陶和红褐色的夹砂陶等为主。早期以泥质灰陶和夹细砂的灰黑陶居多，晚期则以黑皮磨光陶最为盛行，其品种、造型和装饰都十分丰富。这种陶器的胎质多呈深灰或浅灰色，除个别掺入细砂粒外，一般都很纯净细腻。所用陶土可能经淘洗，成品器壁薄而规整。表面大多披一层黑色陶衣，似以淘洗之最细腻的泥浆施敷于陶胎表面，在陶胎将干未干时用鹅卵石等工具进行多道打磨，直到磨出光泽。柳志青、沈忠悦、柳翔在《釉陶与制盐起源于跨湖桥文化》一文中提出，跨湖桥文化发明了世界上最古老的海水制盐术，并发明了用食盐、黄铁矿和草木灰制作釉泥，从而成就了跨湖桥文化黑陶黑而亮的特质。[1]未知良渚文化黑陶是否应用了这种技术。良渚文化陶器制坯除手制和慢轮机制外，还发展了快轮

[1]柳志青、沈忠悦、柳翔：《釉陶与制盐起源于跨湖桥文化》，载《萧山日报》2009年8月11日。

黑陶刻画纹双鼻壶（新地里）、圈足盘（佘墩庙）、圈足带盖簋（新地里）、鬶（庙前）、宽把杯（龙潭港）

陶璧和陶琮（瓶窑）

机制。手制的既以泥块捏塑，也以泥条盘筑。小型器皿、塑像或非对称部位，仍沿用手制法。轮制法先有慢轮，其最强的功能是对手制陶胎加以整修。马家浜文化晚期即有与河姆渡文化一样的慢轮工艺，良渚文化之快轮工艺在其基础上将陶塑推到了新的高峰。从后代之陶车看，快轮制陶工艺当有相当的机械制造技术为基础。经快轮制作的陶器，器壁厚薄均匀，器形规整。余杭区南湖遗址还发现小如指甲的石锛，揣其用途，属制陶工具，主要用于表面抛光和纹刻。从烧造水平看，陶窑设计工艺也当是非常高超的。惜未发现相关遗址。据推测，陶窑可能直接建于平地或浅坑上，不同于黄河流域之横穴窑或竖穴窑。烧造温度较高，因而氧化完全，所结胎质坚硬。将烧成之际，用掺入植物茎秆的泥土封顶，还原充分的成灰陶，烟熏渗碳的成黑陶。

1928年，吴金鼎在山东章丘龙山遗址发现龙山文化黑陶，使得学术界

嵌玉漆杯遗迹及仿制件（反山）、嵌玉漆杯痕迹（瑶山）

木器漆绘（卞家山）和陶片漆绘（庙前）

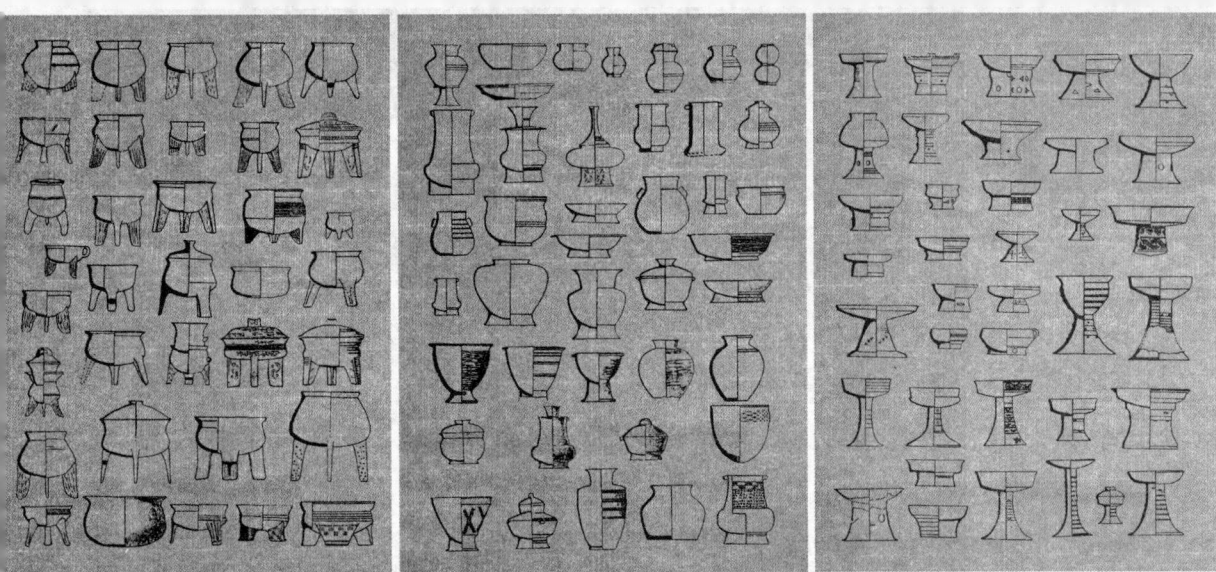

在很长一段时间里将黑陶当作龙山文化的标志物。许多专家原先曾将良渚文化陶器视作龙山文化陶系的一个局部，又以此推断良渚文化是龙山文化的一支，如梁思永将龙山文化分为3区，良渚文化被划分为杭州湾区。但事实上良渚文化早于龙山文化，而且以成就更高的黑陶为特征。良渚文化与龙山文化黑陶有可能是各自发展起来的，在相近相似的条件下出现相同的文化因素是自然的事。如果相互存在影响关系，应是良渚文化影响了龙山文化。

陶器而外，良渚文化尚发展了近于陶器功能的漆器。漆器在河姆渡文化中已见，良渚文化更有新的创设，并广泛使用，不仅成为显贵者的生活用品，也在礼仪中扮演重要角色。瑶山墓葬中有不少漆木器具，可惜大多已朽坏难

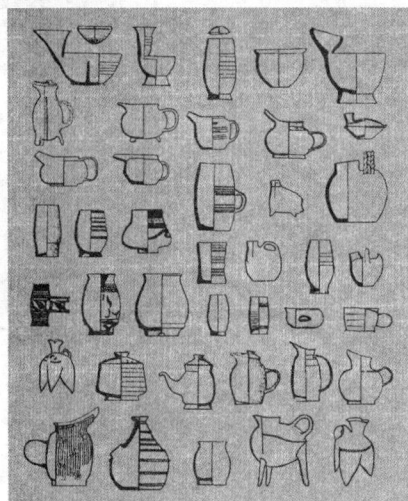

良渚文化陶炊具、盛贮器、食具、酒具

辨，只有7号墓和9号墓各有一件可勉强复原。9号墓之朱漆嵌玉高柄杯是目前所见中国最早的嵌玉漆器，为壁厚约2—3mm、敞口圆筒形、下附细而略带弧形的喇叭形圈足形制，出土时胎体已朽，但通体内外壁的朱红漆膜光泽、色彩仍为原状。浙江省博物馆有一仿制品。反山遗址也起取一件。当时不仅能在木器上髹漆，而且能在陶质礼器上制漆，良渚遗址和江苏吴江团结村、梅堰袁家埭就出土有完整的漆绘陶器。卞家山遗址发现瓿形器、盘、豆、筒形器、陀螺、屐、锤、勺等大量漆器，数量、种类之多，保存之完好，为史前遗址罕见。其中瓿形漆器类于商周时期的青铜瓿，为重礼器。另有一只红彩黑底的漆盖，画有鸟纹，近于商周纹饰。

学术界曾凭山西夏县西阴村遗址发现的半个蚕茧、河南荥阳青台村遗址瓮棺葬儿童裹尸布丝织品样痕迹和其他一些遗址陶器底部的印纹遗迹等，认为中国的蚕织业5.0kaBP起源于黄河流域。1977年河姆渡遗址出土的一件牙雕小盅刻有4条蠕动的蚕。而崧泽、罗家角、圩墩以及河姆渡等遗址的孢粉显示桑属花粉比重较大。但丝绸起源最直接、确凿的物证却是钱山漾遗址出土的良渚文化丝织物。1958年，钱山漾遗址出土残绸片、丝带和丝线

钱山漾遗址绢、麻片和麻绳

织机玉端饰（反山）

玉陶纺轮（张陵山、瓶窑、瑶山）
及使用方法

[1]徐辉等：《对钱山漾出土丝织品的验证》，载《丝绸史研究资料》1982年第1期；浙江省文物管理委员会：《吴兴钱山漾遗址第一、二次发掘报告》，载《考古学报》1960年第2期。

类席纹陶片（卞家山）

及麻布片等珍贵文物，证实长江下游环太湖流域有最早的丝织业发源。

钱山漾遗址出土绸片、细丝带、丝线、麻绳、麻布片等纺织品以及与养蚕相关的竹编篓、篮、箩、簸箕、席等用具。经中国社会科学院考古研究所测定，年代5.3—4.7kaBP。其中的绸片、丝带、丝线，经切片鉴定，性状为一般呈钝角三角形截面蚕丝特征，平均截面259μm^2，与现代150—250μm^2蚕丝截面相近。绢片未完全碳化，呈黄褐色，平纹组织，织物密度约为每平方厘米47×47根左右，表面细致、平整、光洁。明显可见，经纬上多根单茧丝并合，经纬均无捻，丝线平均直径167μm，由20根单茧丝并成，单茧丝平均直径15.6μm。丝带已完全碳化，辫状结构，平纹组织，4根Z捻向股丝捻合成1根丝线，3根丝线辫结为人字纹带，总宽4.44—5.35mm。另有S捻向乱丝一团。[1]

钱山漾遗址、良渚遗址以及湖州邱城遗址等还发现石、陶纺轮、石骨质针等纺织工具。仅钱山漾遗址就出土陶纺轮57件。良渚遗址内的卞家山遗址出土一件刻有"手搓线"图纹的陶纺轮。江苏梅堰袁家埭遗址出土腹部刻有蚕纹的陶壶，张陵山遗址出土玉蚕蛾。反山遗址23号墓是一座具女性特征的大墓，出土织机部件端饰6件，可分成3对，两头各3件，一一对应配套，似为织机卷布轴、开口刀、经轴镶插端饰，证明当时可能已有原始腰机。人们已能用丝、麻和葛等

良渚文化原始织机使用方法示意和根据织机部件玉端饰复原的织机

不同原料进行绩麻织丝、横经打纬，织成蔽体御寒的衣裳。据推测，良渚文化先民操作织机的方法是：织者将整好经线的织机用腰背把卷布轴系于腹前，再用双脚蹬起，使经线分组，形成开口，用细木棍（或梭子）绕经引纬，放平开口刀，轻轻打纬后抽出，然后开始下一纬的织造。织造一定长度后经轴翻转一周，放出若干经线，卷布轴则卷入一周长的织物。当时可能已可织幅宽在35cm以下的织物，处于领先地位。[1]

另外，钱山漾遗址和草鞋山遗址良渚文化层中出土麻布、麻绳和麻线。钱山漾遗址出土物经鉴定为苎麻纤维。[2]苎麻是中国的原产植物，并为中国所特有，有"中国草"之称。苎麻是品质优良的麻纤维之一，其强度在麻类纤维中最高，而且单纤维长、吸湿散热性能强于其他纤维，又耐碱、耐弱酸、抗菌抗虫。制取苎麻纤维的方法很多，最初是直接劈、析，后来用沤、煮等办法脱胶使其变得纤细柔软白晰。其整个工艺较为复杂。

从良渚文化玉器、陶器、漆器、纺织品的普及性、种类和数量的大幅度增加的情况来看，当时的相关产业不仅规模大，而且应有专业化分工，似还应有专门的设计人员，形成了一个庞大的手工业阶层和产业群体。

三、货殖之利与商业部门的萌生

人类向湿地平原大规模迁移推动了农业经济的发展，却也会带来其他生产生活资源的不足，比如制作石器的石料、制作木器的木料短缺等。对于分布于数万平方千米范围的良渚文化而言，局部地区又缺少制作陶器的陶土，更缺少制作玉器的玉料。丝麻等原材料尽管可以在大部分地区种植，但由于专业技术发展的不平衡，某些地区或许也是短缺的。即便在同一地区，不同部落或胞族乃至家庭、个人发展农业或手工业的专业技术水平也会有较大差距，相对存在着不同的短缺性。这种生产生活资源的短缺性形成了资源流通或商品交换的动力机制。手工业技术和分工的精深化不仅极大提高了生产效率，形成了专业化生产部门，更使得局部占有单一资源和几乎缺失其他所有资源的格局形成，这就使得商业贸易成为必然的生产生活选择。

在5.0kaBP这个时段，良渚文化是当时中国手工业发展水平最高、物产

[1]赵丰：《良渚织机的复原》，载《东南文化》1992年第2期。

[2]浙江省文物管理委员会：《吴兴钱山漾遗址第一、二次发掘报告》，载《考古学报》1960年第2期。

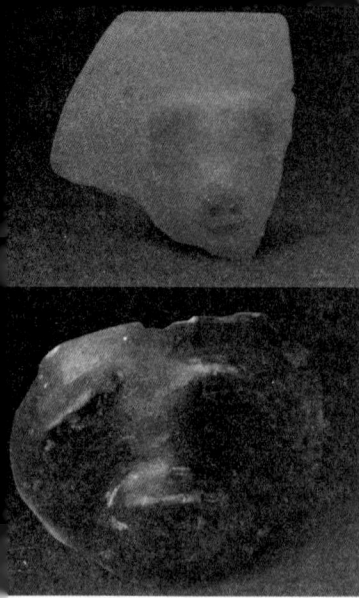

陶猪（庙前、卞家山）

[1]苏州博物馆、吴江县文物管理委员会:《吴江梅堰龙南新石器时代村落遗址第一、二次发掘简报》，载《文物》1990年第7期。

[2]郑云飞、游修龄:《新石器时代遗址出土葡萄种子引起的思考》，载《农业考古》2006年第1期。

[3]麦戈文等:《山东日照市两城镇龙山文化酒遗存的化学分析：兼谈酒在史前时期的文化意义》，载《考古》2005年第3期。

最为丰富的文化体。已发现的良渚文化玉器即可分为礼器、装饰品、生活用具和生产工具、不明用途杂器四大类60多种，其生产一般须有采矿、设计、开眼、打磨、钻孔、雕刻和抛光等多道工序。良渚文化生产工具可分为农业、木作、渔猎、纺织、制陶、制玉、髹漆、竹编和酿酒等专业工具，采用石、骨、角、木、竹、陶和玉等不同材料。比较明确的农具近20种，其他各式工具数十种。这些工具有比较统一精准的制式，似非一般个人或家庭自制。除稻米而外，良渚文化先民还食用菱角、橡子、莲子、芡实之类淀粉食物，以及红蓼、栝楼、桃、梅、南酸枣、梨、李、甜瓜等蔬菜水果，可能食用蚕豆、花生等豆科类食物。又食用或豢养鹿、野猪、家猪、水牛、鸡、狗等动物。从发现的陶甑、陶甗、箅架等蒸具来判断，当时可以通过蒸煮干饭来酿酒。龙南遗址灰坑中淘洗出红蓼遗存，除有用作蔬菜或辛香料的可能外，也有可能用作草曲原料。[1]浙江平湖庄桥、余杭卞家山、诸暨尖山湾等良渚文化遗址发现野葡萄种子。[2]据对山东日照两城镇龙山遗址23个陶器标本的多项化学分析表明，含有一种包含稻米、蜂蜜和水果（最有可能是葡萄和山楂）以及大麦、植物树脂（或药草）等成分的混合型发酵饮料。[3]由此可以推断，良渚文化应当有比较成熟的酝酿技术。另一个佐证是良渚文化陶器、木器中有大量酒具。其中过滤器、甗、盉、匜、杯、壶、瓠等，大多应是为酒专设。早期前段的主要器型有过滤器、宽把带流罐形壶和杯等。常见的有朱红色的彩绘装饰，形制带有崧泽文化晚期因素。形制奇特的过滤器原本配套于日常饮水器具，后来成了典型的酒具之内设冥器。吴家埠、庙前和蜀山等遗址发现过滤器、过滤钵和器盖3件配套器。宽把带流罐形壶器身呈罐形，口部安设有上扬的鸭嘴状流，腹部黏附扁平的半环形宽把，造型近于今日之咖啡壶。杯是此时最为习见又形式多样的器式，以施加彩绘和弦纹装饰、安设花瓣式足为主要特征。早期后段的主要器型如前段，但施彩绘的杯明显减少，动物造型的壶有所增加，以钵形过滤器、宽把带流罐形壶、鳖形壶、猪形壶、提梁盉等为典型器具。中期前段流行的器具主要有宽把带流罐形壶、杯、盉和甗等，出土器物大多难以复原。中期后段以制作精致的黑皮陶为主，习见前端带舌檐帽形器盖及花纹的，另有新出现的器身为筒形的杯形壶，均具明显的断代特征。此时的甗多以泥质黑皮陶制成，与早期的夹砂陶有别。杯形壶是自本段开始出现的颇具特色的典型器形之一。晚期前段流行器物基本与中期后段相同，唯杯形壶多见带有器盖的，不仅数量增多，而且造型轻盈美观。体式修长、口上置舌檐帽式器盖的杯形壶，宽扁的把上多有刻画条纹和两个小圆形镂孔，构成中期后段至晚期前段型把手的典型特征。晚期后段流行器物基本与前段相同，唯造型和装饰明显趋向简朴，宽把带流罐形壶和杯的品种及数量也大为减少。这些酒具造型形成了相当完整而独特的工艺体系，并且还有特征明显的地域风格，

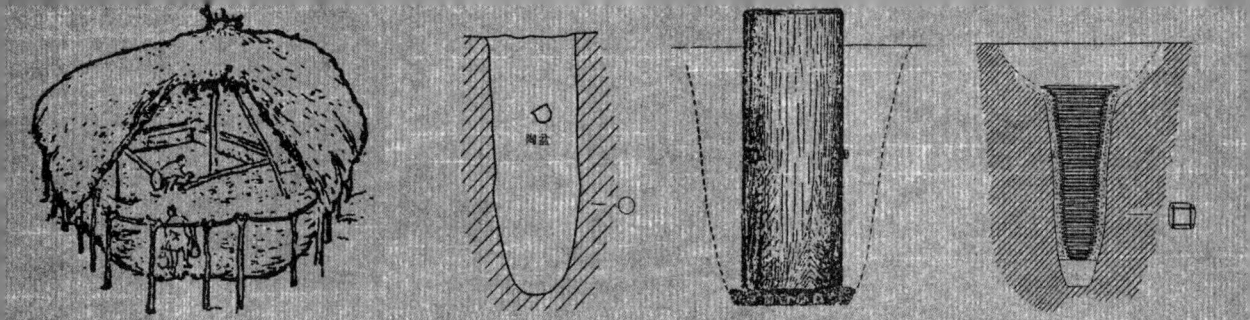

姆渡遗址木构水井、马家浜文化水井（崧泽）、良渚文化木筒井圈式水井、龙山文化木构水井（白营）

证明当时酒的种类、饮酒习俗、饮酒礼仪已非常丰富。这些酒具对后世影响很大。如此丰富多样的商品体系不可能仅仅满足部族、胞族或家族内部的需求，而一定有一个发育十分完善的交换体系相配套。

《史记·平准书》有"山川园池市井租税之人"这样的话。张守节正义："古人未有市，若朝聚井汲，便将货物于井边货卖，故言市井也。"[1]这个市井的解释非同一般。井里凝结的似乎远远不只水。由井发展集市，恐不为虚传。井是人类创造的最早的供水系统，它不仅满足人畜饮用和农业生产，而且变革了人类的生活方式。河姆渡遗址第二文化层即有水井发现。其底部打破第三、四文化层，应属早期良渚文化性质，为中国迄今发现的最早的古井。该水井利用水坑加深挖成，井口呈方形，边长约2.0m，深1.35m。但这一水井还相当简陋，只是水坑的加深，近于人工水塘。到了良渚文化中、晚期，水井技术突飞猛进，并且广泛使用，在环太湖流域分布很广，良渚遗址和浙江嘉兴雀幕桥、嘉善大舜新港、湖州花城、江苏苏州澄湖、常州雪堰、常熟东塘墅、昆山太史淀、吴江大三瑾、梅堰、九里湖、无锡南方泉等遗址都有发现。仅澄湖地区就有数百口之多。良渚文化水井的大量发现，佐证了《初学记》卷七引《世本》"黄帝见百物，始穿井"[2]、《周易·井卦·象辞》释文引《周书》"黄帝穿井"、《史记·五帝本纪》"瞽叟又使舜穿井"、舜臣"伯益作井"等文献记载应有来历。[3]良渚文化水井之穿凿技术已相当精湛，不仅井的形制非常适合积水、蓄水、保水，而且工艺考究。除简易的土坑井外，还出现了在世界水井史上有重要地位的木构井架式井和木筒井圈式井。1989年和1999年庙前遗址先后发掘出两口大而深的古方井。1999年发掘的一口，其粗大的榫卯结构之精致令人惊叹。木筒井圈式井数量相当多，以良渚、嘉善新港和昆山太史淀等遗址发现的最为典型。这类木井井体普遍采用直圆筒形，井口周长最小而井口有效面积和井筒体积最大，为最科学的几何形体。井口直径大部分在1m左右，非常适度。井壁一般用两块凹弧形大木合围而成。系将一大木对剖为两半，挖空后拼合，并用长榫固定。据有些凹面有烧烤和锛挖的痕迹分析，当是先将挖面用火烧烤，然后再用石锛刮去炭化面。这需要经过多次层层烤、锛才

[1]司马迁：《史记》，中华书局1982年版。

[2]徐坚：《初学记》，中华书局1980年版。

[3]张明华：《中国新石器时代水井的考古发现》，载《上海博物馆集刊》（5），上海古籍出版社1990年版。

木构方井（反山）

能制成。嘉善新港的在每边距底部79cm处各凿一边长7cm的斜方榫眼，再用长木榫穿过方孔连接。有的也用绳索捆绑。太史淀遗址的井圈剖为四五块，湖州花城遗址的以木板和短木框架构成井壁，青浦寺前村遗址的似又以竹和芦苇编出井圈。这些围井方法有效地防止了井壁的倒塌。有的井还用木板铺底，有的则在井底铺上10cm左右厚的蚬壳，用以过滤水源。筒体一般较深，有的打穿原生土部分就达2m以上，可以充分利用地下水资源。伴随水井的发展，当时也发明了许多陶制汲水工具。其中许多遗物完好地保存于井底淤泥之中，据此可以推理出这些汲水工具完整的系吊方法。如此精致的水井似不是后来较为普及的家庭用具，而当为村落、胞族乃至部落的公共资源，因此有可能成为张守节所说的最早的贸易场所。

在家庭、胞族内部交换的基础上再发展出专业化手工业家庭或氏族，而商品交换又进一步推动和强化了手工业的专业化分工。为了提高生产效率，商业贸易又独立分化为专业化生产部门，而在广袤的湿地平原上定居则从根本上依赖于商业贸易配置生产生活资源的支持。因此可以断定，至少当征服肥沃的湿地平原、完成创造方国乃至早期国家的架构以后，良渚文化必定有了十分发达的商业贸易。由此，商业随着湿地平原经济的发展而发展，最后形成商品经济。6.3—5.5kaBP孕育苏美尔文明的奥贝德文化（Ubaid Period），逐渐形成以神庙为中心的城镇。神庙经济中既有土地、畜群和手工业作坊，也有商业贸易经营，而且比重不小。奥贝德文化的商业联系北达哈拉夫文化（Halaf Period）区，西接叙利亚、巴勒斯坦，东面与西亚、中亚广大内陆相联系。据研究者推测，这时发明的文字可能与商业记账、贸易通信有关。在良渚文化遗存中，这种商业贸易和文化渗透的例证也很多。上海福泉山遗址出土1件彩陶背水壶，造型、纹饰都很美观，与山东大汶口遗址出土的彩陶背水壶相同。大汶口遗址也出现良渚文化的典型器物贯耳壶。良渚文化黑陶上刻有许多符号，是否即文字尚难断定，但许多统一符号类似于今日之商标，抑或为一种商业凭信。良渚文化各遗址均有大量石钺出土，这些石钺都未开刃。有人认为，它们可能充当一般等价物之货币，后来以斧斤为货币，其渊源可上溯到良渚文化。

第三节　良渚文化与中国最早的精神分立

一、俄狄浦斯王与人性自觉

兴起于美国的新考古学扭转了传统考古学的研究方向，但这种迅速的变革又导致它的对立面象征考古学（Symbolic Archaeology）的抬头。象征考古学认为，不能简单地处理考古资料即遗迹、遗物与人类文化、经济、社会等活动的对应关系，新考古学乐观地期待的那种一般规律是不存在的。作为物质文化的考古资料和人类活动之间常常贯穿着人的意识或价值观，它们都受人的意识或价值观的象征制约，绝非仅仅是在与自然的直接适应关系中形成的。象征制约着所有的人类活动，也规定了遗迹、遗物应有的状态。所有的石器和陶器的器形、纹饰以及它们在遗址中的位置，绝非是由于某种规范化的人类活动所形成的。[1]

[1]小林达雄：《从传统的考古学中走出来》，载《东南文化》1990年第4期。

俄狄浦斯情结（Oedipus Complex）是儿童（或成人）对于养育自己双亲的爱与恨欲望的心理组织整体。它发生于个体自身、所爱的客体对象、执法者（禁忌的制度）的三角关系结构中。爱与恨、乱伦的诱惑和内疚、被惩罚的恐惧等情绪冲突构成其基本内容。它存在的外在条件是人类的两性差异和乱伦禁忌。中文语境有时也有说成"恋母情结"和"恋父情结"，但这不够精确。1910年，西格蒙德·弗洛伊德（Sigmund Freud）在有关精神分析所作的5次演讲中，首次将俄狄浦斯情结作为"神经症的核心情结"提出。弗洛伊德对俄狄浦斯情结的主要阐述是，男孩投注对自己母亲的爱恋以及亲密接触，产生完全占有母亲的欲望，同时又对于占有母亲的父亲存在嫉妒，因为这一嫉妒又可能产生害怕，害怕受其拒绝或身体受到其伤害，特别是害怕因父亲的报复将其生殖器阉割，这种爱与恐惧的冲突就是"阉割焦虑"。女孩也存在着类似的模式，只是将父母的角色进行了调换。但上述两种相反的情结都可能在男孩或女孩身上同时存在。如果父亲对于女儿管束过严的话，这个小女孩可能也会挣扎着去和母亲在一起，而和父亲对抗。同时，占有父母任何一方的情感，也会因为和另一方的冲突而引发内疚感。弗洛伊德开始详细阐述俄狄浦斯情结时，不但列举了索福克勒斯（Σοφοκλης）的《俄狄浦斯王》，还同时列举了莎士比亚的《哈姆雷特》作为文学方面的例证。俄狄浦斯情结同样可以命名为哈姆雷特情结，哈姆雷特的内心冲突或许更接近于一般的神经症患者的俄狄浦斯冲突。

1933年，卡尔·莱恩哈特（Karl Reinhardt）发表了极有影响的《索福克勒斯》一文，指出索福克勒斯的几部俄狄浦斯戏剧表现的根本不是一个人的命运，而是存在本身的遮蔽与敞开。这种阐释得到了马丁·海德格尔（Martin Heidegger）的赞赏。海德格尔《形而上学引论》一书指出："比起之前的一切尝试来说，这一诠释本质上更切近希腊此在和存在，因为莱恩哈特根据存在、无蔽状态和表相之间的根本关联来审视和追究悲剧的发生。尽管也不时有现代主观主义和心理主义出没其中，莱恩哈特将《俄狄浦斯王》诠释为'表相的悲剧'不愧是一项伟大的成就。"[2]结构主义兴起后，克洛德·列维—斯特劳斯（Claude Levi-Strauss）从人类学的角度对俄狄浦斯神话作了独特的解释，他认为俄狄浦斯神话不过是一个更大神话结构的组成部分。从俄狄浦斯的父亲拉伊俄斯（Laius）之死到俄狄浦斯的女儿安提戈涅（Antigernia）之死，都应该从共时的角度，而不是从历时的角度加以理解。这样，无论是乱伦还是弑父，都只是神话的构成符码。列维—斯特劳斯本人并没有对《俄狄浦斯王》戏剧进行分析，但其理论对于理解《俄狄浦斯王》戏剧显然具有启发作用。这种结构主义分析显

[2]Martin Heidegger, *An Introduction to Metaphysics*, New York: Dobleday, 1961, p.91, p.90.

示，在《俄狄浦斯王》戏剧中，如同在俄狄浦斯神话中一样，可能有一个二元对立的深层结构，一个"同一"与"他者"之间的矛盾和隐含关系。雅克·拉康（Jacques Lacan）在重新解释弗洛伊德的俄狄浦斯情结时，不再把重心放在欲望上，而是转移到言语和语言的作用上。拉康认为，当孩子仍然同母亲的身体相连时，他不过存在于一种镜像的同一性关系中，还没有受到语言的他异性影响。通过与父亲的相遇，孩子便进入了语言和象征的领域。根据拉康的解释，被压抑的无意识作为一种他者的语言而起作用，试图使主体脱离以欲望为中心的意识，即成为自我的话语。列维—斯特劳斯和拉康的理论产生了极大的影响。查尔斯·塞加尔（Charles Segal）在《斯芬克斯的音乐：〈俄狄浦斯王〉中的语言问题》一文中指出："在这出戏剧中，个人身份、语言和世界秩序相互联系在一起，从多种层面反映了主人公未能找到文明生活的调和与有序中介的失败过程。"[1]在这个过程中，谜语和神谕越来越像它们相互的镜像。在这里，斯芬克斯（Sphinx）连同她的谜语被置于一个突出的地位，成为阿波罗（Phoebus Apollo）和他的神谕的对立物。前者是人与兽的中介，后者是神与人的中介。俄狄浦斯就处在这二者之间的交界处。不过，如果从政治的、意识形态的乃至性的角度来看，这种二元对立的深层结构并非是纯粹思辨的产物。就如雅克·德里达（Jacques Derrida）在谈及格奥尔格·威廉·弗里德里希·黑格尔（Georg Wilhelm Friedrich Hegel）关于《安提戈涅》一剧体现的精神的特殊性与普遍性的冲突时所说的，在这个巨大的二元对立原则之后，隐藏着一系列具体的、历史的、性别的差异："这一巨大的对立（特殊性的法则／普遍性的法则）决定了整个一系列其他的对立：神圣的法律／人间的法律，家庭／城邦，女人／男人，夜晚／白天……人间的法律是男人的，神圣的法律是女人的。"[2]其实，当俄狄浦斯成为"自我"之时，斯芬克斯便已经被置于一个"他者"的位置。就像俄狄浦斯与斯芬克斯的神话已经清楚表明的，他在回答斯芬克斯之谜时所说的那个"人"（Man）指的是一个西方的、文明的、男性的人。结果，如米切尔·格林伯格（Mitchell Greenberg）指出的："同俄狄浦斯与那个作为混血的、祸害的和浑浊的他者的斯芬克斯的相遇联在一起的，是斯芬克斯的被打败和自城邦的被驱逐。这个他者以其异质性所代表的不仅是那种以她们青春的繁盛诱惑男人的危险的女性特质，而且在更为普遍的意义上代表着全部东方的、女性的野蛮文化。以其致命的回答，俄狄浦斯确立了古典的，即男性仪式的统治。"[3]在《反俄狄浦斯》中，吉尔·路易·勒内·德勒兹（Gilles Louis René Deleuze）和菲力克斯·加塔里（Felix Guattari）不但将俄狄浦斯视作一种欲望的形式，甚至视作一种殖民地化的形式。他们于1972年合作出版的《反俄狄浦斯》一书，对弗洛伊德和拉康的精神分析学理论具有明确的"解构"意味。该书指出，弗洛伊德的分析体系是建立在男性话语权力结构基础上的二元对立体系，不利于多元文化社会的建构与研究。并因此将

[1]Harold Bloom, ed.,*Modern Critical Inter-pretations: Sophocles'Oedipus Rex*, Philadelphia: Chelsea House Publishers, 1988, p.127.

[2]Jacques Derrida, *Glas*, Lincoln: University of Nebraska Press, 1986, p.142.

[3]Mitchell Greenberg, *Canonical States, Canonical Stages*, Nebraska: The University of Nebraska Press, 1994, p.xxxiii.

社会科学与分析心理学分别推向了"后结构主义"及"精神分裂分析学"的新高度。女权主义也认为弗洛伊德和拉康心理分析的主体是男性，总是反映着男性的欲望和要求，总是在试图维护父权的秩序和统治，理所当然地需要加以质疑和批判。朱迪斯·巴特勒（Judith Butler）的《安提戈涅的诉求》一文对于血缘、家庭、国家、性别关系的分析相当精彩，许多看法都有助于加深对《俄狄浦斯王》的理解。彼得·普西（Pietro Pucci）在《俄狄浦斯和父亲的制造：现代批评和哲学中的俄狄浦斯王》一书中深入分析了《俄狄浦斯王》中"父亲"角色的确立和意义。在他看来，"父亲是逻各斯的一种象征……具有一系列的意义和功能"[1]。在俄狄浦斯生活的不同阶段，父亲这一角色至少呈现为4种形象：作为城邦公民的父亲的王，作为照顾和影响儿子的父亲波利布斯，作为亲生父亲的拉伊俄斯，作为神圣父亲的阿波罗。这几种形象交织在一起，构成了父亲的家庭、伦理、政治和意识形态角色。可是，俄狄浦斯是否通过有意识的行为（自残、自逐）而最终确立起了自己的父亲角色呢？普西指出，索福克勒斯本人在戏剧中并没有给出明确的答案，但《俄狄浦斯王》实际上有一个开放的结尾，这给后人留下了极大的想象余地和阐释空间。[2]

综合上述各家研究，可以将俄狄浦斯情结概括为如下一些要点：性崇拜，生殖崇拜，祖先崇拜，爱欲与乱伦，禁忌与诱惑，内疚与恐惧，男权主义，逻各斯主义。这是一个十分复杂的矛盾交织体。而俄狄浦斯不仅仅是西方的，俄狄浦斯王和俄狄浦斯情结也普遍存在于自远古以来的中国社会，是中国文化或文明中的一种普遍性被象征物。处在文明起源阶段的良渚文化，集中体现了这种文化性征。

性崇拜导源于生殖。一方面，在生存率极低的远古时代，人类自然产生强烈的生殖祈求和生殖崇拜。进入新石器时代以后，随着人类个体意识的强化，由个体从母体被生更是产生了生殖感恩的情感。生殖崇拜由此成为远古人类的一种自我肯定方式。另一方面，为了提高生殖质量，又造就了乱伦禁忌规范，但爱欲与禁忌之间构成巨大的矛盾。因此，生殖崇拜与性崇拜共构为人类最早的俄狄浦斯情结。

远古人类的思维是具体的，而不是抽象的，生殖崇拜被具体化为对生殖器的崇拜。他们并不知道性交与生育的因果关系，而首先由婴儿分娩的事实产生对女性生殖器的崇拜。直到新石器时代早中期，对女性生殖器的崇拜比对男性生殖器的崇拜仍要强烈。这时盛行的釜、鼎、豆、壶、瓶、钵、罐、盆、盘、瓠、簋、杯、鬲、斝、甗、碗等陶制容器的口部和内腹，都曾经是或至少在特定的环境下是女阴的象征。而且时代愈早，这种象征性便愈普遍和强烈。良渚文化陶鼎是最早以三足将女阴与男根象征物支撑起来的器物。沿口带流的陶匜逼真地与阴蒂想象相联系。鬶在长江下游流域也十分盛行，并传布于外围地区。鬶将匜之"流"变为大小两个口，水可由大口进入，而由小口流出。两个口表现的是女性的尿道口和膣

[1]Pietro Pucci, *Oedipus and the Fabrication of the Father: Oedipus Tyrannus in Modern Criticism and Philosophy*, Baltimore: The John Hopkins University Press, 1992, p.3.

[2]耿幼壮：《永远的神话：索福克勒斯〈俄狄浦斯王〉的批评、阐释与接受》，载《外国文学研究》2006年第5期。

口。鬶与匜一样寓意女阴的湿润。袋足是鬶的另一个典型性征，它是所有陶器中最像女性乳房的造型（也有人认为是肥臀丰足）。但袋足鬶表现女性生殖器绝非简单写实，而是进行了高度的艺术抽象与概括，形神兼备，是所有新石器陶器中象征女性生殖器最具美感和亲切感的器具，也是中国新石器时代性崇拜、俄狄浦斯情结的极致性表征物。汉字的"宴"字下为女部，可能与宴会离不开象征女阴的食具有关。黑陶鼎、黑陶鬶和黑陶匜是良渚文化陶器中最具代表性、最经典的器形，它们的流行说明人类的性成熟水平更高、性崇拜意识更强，而生殖崇拜意识有所减弱。

良渚文化玉璧也是女阴的象征物。玉璧呈圆盘状，中有穿孔，其"肉"从内圆到外圆的距离可能象征大阴唇。新喀里多尼亚人和班克斯岛上的居民以玉璧（带孔的圆盘状石头）象征太阳，而云南永宁纳西族又认为太阳是女性。哈瑞·卡纳（Harry Cutner）在《性崇拜》一书中指出："可能他们总可见到生命与繁殖之源的太阳是圆的，这恰是女性生殖器高悬天上最明显的征象。"[1]

地母崇拜也是远古生殖崇拜的一部分。当时的人类视山洼、洞穴、河流、水塘、林中空地、凹陷的地面、岩石的凹坑和凹形物为地母的阴户，而将隆起的地面看作地母的臀部和胸部。通观所有良渚文化遗址，除接引河流、水塘而外，一般均以乳状圜丘为基本构形。这些圜丘有的利用自然地势，大部分却为人工堆筑，除前述提高居住或使用性能的因素以外，也可能隐含地母崇拜的意念。圜丘上所筑祭坛或墓穴则象征阴户。在阴户上祭天神，同时也是祭地母。人死入葬于阴户则是回归子宫，是再生观念的反映。爱迪德·艾克斯（Edeard Erkes）认为"地母为人死魂归之所"。[2]

生产力的提高、生产领域的扩大、财富的积累和战争的频繁，客观上推动了社会进步，同时也越来越显示出男性的生理优势和社会作用，从而导致母系社会演化为父系社会，男根崇拜也随之上升到性崇拜或生殖崇拜的主导地位。自马家浜文化以来，环太湖地区出现的腰檐釜、圜底或尖底缸、豆、盉等陶器均有明显的男根性状。盉从腹部和裆部伸出的流管，是典型的男根象征物。车广锦将折腹（折肩、钩刺、腰檐、突棱）圜底陶器定义为男根象征器，称之为折腹圜底象征定理；而将弧腹陶器定义为女阴象征器，称之为弧腹象征定理。这两个定理与世界各地的远古文化相符合。折腹圜底器表明父权征服了母权，一切统治权与继承权逐渐从女性转移到男性。良渚遗址出土的黑陶祖是十分少见的象形陶祖，它是强烈的男根崇拜社会意识和父系社会形成的标志物。由此，平和的社会生活变成了掠夺、战争和兼并的局面，氏族形态变为强权的国家，选举制度变为专制统治，原始禁忌和规范变成了法规，巫术和原始宗教变成了礼制。

玉琮也是一种典型的男根象征物，它表明良渚文化是一种典型的男权文化。高本汉（Klas Bernhard Johannes Karlgren）认为，玉琮是性器之函；艾克斯认为玉琮象征女阴，代表女性祖先。凌纯声在此基础上进一步

[1] 哈瑞·卡纳：《性崇拜》，湖南文艺出版社1988年版。

[2] 凌纯声：《中国古代神主与阴阳性器崇拜》，载《中央研究院民族学研究所集刊》（第8册），1959年。

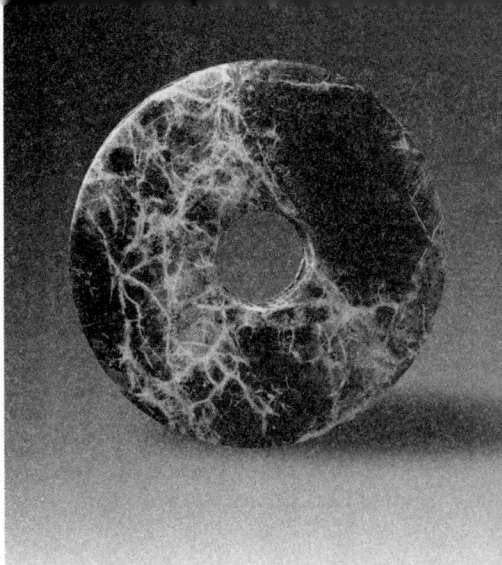
玉璧（瑶山）

玉坠（瑶山）

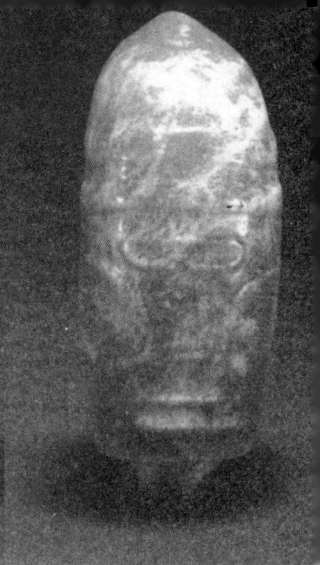
玉锥形器（福泉山）

推测说："琮实为石室（Dolmen）与珇为主祏（Menhir）的缩形，象征女阴与男根，代表最原始的祖先崇拜的性器对象。"[1]良渚文化中最多的玉器之一玉镞被称为"巫镞"。巫镞有圆体与方体之分，其上常刻以图腾。巫镞可能是巫师用以射天或装于杆端击天的一种法器，以便将降雨止雨

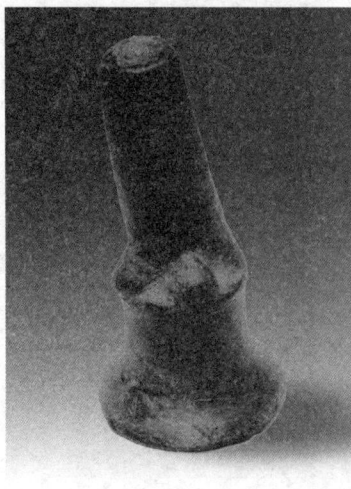
陶祖（瓶窑）

仰韶文化陶祖

的祈求迅速传喻给天神。巫镞也是男根的象征。玉钺、石钺是男根的投影图，同样也是男权文化的注释。

　　良渚文化神徽由两部分组合而成。前面的虎眼、鼻、嘴部分为图腾，常被当作独立的纹饰更广泛使用；后面为一戴羽冠巫师，他手捧图腾。图腾又由两种组合意象构成。眼与鼻共构为男性睾丸与男根组合体，而眼又与嘴共构为乳房与女阴组合体。所以，这个图腾实际是两性媾合图具。有人据有的纹饰嘴中刻有牙齿而质疑口、阴一致，但龚维英的研究证明，女阴长牙是远古先民的一种观念，世界上许多民族都有女阴长牙控制性交或咬掉男根的传说。[2]《山海经·海外西经》说战神刑天"以乳为目，以脐为口"，龚维英认为刑天系女性，"以乳为目"的乳为女性的丰乳，"以脐为口"是讳饰之辞，脐实指阴户。[3]鼻子是男根的象征。郭沫若释甲骨文中的倒"T"字形符号为雄性生殖器的象征。[4]在西方古代文化中，也有用它表示男根的。图腾的男女性交合或巫师拥抱图腾以交合，将男女生殖与交欢、男权主义表现得淋漓尽致。

　　大地为地母，世间的万物靠地母的孕育得以生长。如果将耕翻土地、破

[1] 凌纯声：《中国古代神主与阴阳性器崇拜》，载《中央研究院民族学研究所集刊》（第8册），1959年。

[2] 龚维英：《由原始思维探索初民的口阴一致观》，载《文物研究》（第5辑），黄山书社1989年版。

[3] 龚维英：《〈山海经〉里的刑天和精卫解》，载《神话·仙话·佛话》，河北人民出版社1986年版。

[4] 郭沫若：《释祖妣》，载郭沫若《郭沫若全集·考古编》（第1卷），科学出版社1982年版。

玉琮王及神徽（反山）

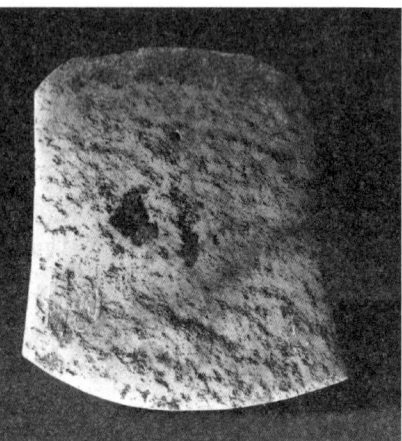

玉钺王、玉钺王及神徽（反山）

土下种的生产工具象征男根，意味着男根插入地母的阴户，地母可因此受孕而生长出粮食水果。良渚文化石锛、石凿、石刀、石镰，特别是石犁，是典型的男根变体。大型石犁犁开大地，是一种十分宏大的交媾场面。远古时代的其他生产工具，也都是男根的象征物。在崇信"万物有灵"的时代，树木花草都被视作灵物。而在《易传·象传·咸卦》所说"天地感而万物化生"的生殖系统中，植物与人类具有血缘关系，人类确常借以作为图腾。若砍伐树木的斧、凿等工具象征男根，就意味着对被砍伐的树木表示出"生"的"仁爱"。石磨盘和石磨棒、臼和杵，也都是女阴和男根的象征物。[1]

在良渚文化时代，一个完整的俄狄浦斯王已经诞生。他生育儿女、爱抚女人、崇拜祖先，甚至占有女人、征服女人，但同时又仰赖于女人、乞求于女人、迷惑于女人，因为女人为他的子孙带来生命；他开垦大地、开

[1]车广锦:《中国传统文化论:关于生殖崇拜和祖先崇拜的考古学研究》，载《东南文化》1992年第5期。

发大地母亲的生育能力，但迷惑于自然所带来的生老病死。他构建了人伦社会，同时又生产了社会禁忌。这个强大的国王或者是男人，在强权与惊怵的生存态中活过一生，也建构了伟大的文明。

二、亡灵书与生死观

古埃及人以《埃及亡灵书》构建未来世界。他们自愿作牺牲，乃出自对天国能获得第二次生命的信念。《埃及亡灵书》形成于公元前1600—前900年间，是古代抄录员为他自己和国王、王后、王子、贵族、绅士所抄写的关于亡灵的经文汇编，包括咒语、赞美诗以及冗长的开释、各类礼仪真言、神名等。它们一般都被镂刻或书写在金字塔或坟墓的壁上，有的则镂印于精美的棺椁或石棺上。从早期埃及人的墓穴中所发现的物件，如容器、工具及武器等，可以证实这些尼罗河谷早期的居民笃信超度。他们原先并不尽力将死者的尸骨完整保持，因为在很多墓穴中头、手和脚都被远离躯干分置。后来情况有所不同，也许因为改变了信仰，也许因为受到入侵外族的影响，使他们将保持肉体的完整性看得非常重要。他们因此想尽一切办法保存肉体，将其放在水中洗净，涂上药剂、辣油和香脂，在外层涂上香油和某种防腐油，并用多层亚麻布片裹扎，最后密封于石棺之中，再将棺椁置于某个隐秘之处。这样可以防止潮湿、腐朽、蛀虫和其他野生动物的侵害，但这些侵害尚非亡灵所要面对的全部——木乃伊和亡灵进入冥界后，还要面对各式恶魔和黑暗。这些恶魔有着狰狞的外表和丑恶的言行，他们通过阻挠亡灵通向奥西里斯（Osiris）王国而控制该地区。奥西里斯是丰饶之神，文明的赐予者，又是冥界之王，甚至连神灵都害怕他，人只能诵念"宙斯"的咒语来保护自己。这里的宙斯又称特胡（Tehutior），是众神中的自我创造之神，是大地、空气、海洋和天堂的伟大神灵，并非希腊神话中的宙斯。事实上，在很久以前，古埃及人便相信太阳神拉（Ra）之所以能长生不老，是因为宙斯赋予他一个众人都不知晓的名字。每天早上，太阳神都受一个叫阿柏卜的恶魔的胁迫才升上山梁，而恶魔则呆在太阳神升起的地方，随时可能将太阳神吞下。太阳神依凭自己的力量是无法将恶魔驱走的，但宙斯赐予他一套咒语，一经诵念，便可以麻痹阿柏卜的四肢。尽管神灵仁慈地、怜悯地对待众生，也无法将亡灵从生活在"尸体、灵魂和亡灵的心脏"上的恶魔手中解救出来，所以亡灵乞求宙斯来帮助自己，即得到咒语的保护。受宙斯咒语的启发，很多古埃及祭司们写了大量祭文。这些祭文在大约5.7kaBP时已被广泛运用，直到公元1世纪，仍享有很高的声誉。在埃及古王朝时期，宙斯一直被当作《埃及亡灵书》的作者。对亡灵的重视在远古文明中也是非常普遍的现象。在几乎所有玛雅语言以及大多延续至今的中美洲语言里，"头骨"这个词写作bak，和"种子"的写法完全一致。玛雅人相信，没有死就没有生命。你杀死别的生命维持

古埃及墓葬浮雕上的造船木作工艺

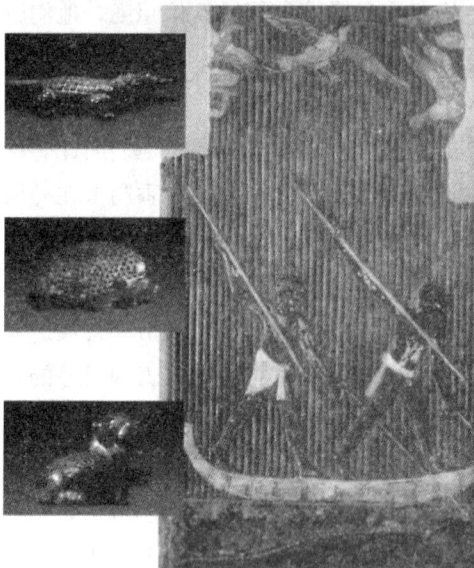
古埃及纸草画

古埃及底比斯王陵绘画

自己的生命，你也要把自己送回到死亡那儿去。他们每年要剖开数以千计活人的胸膛，挖出还在跳动的心脏，供为牺牲。良渚文化先民也写过一部亡灵书，从良渚文化墓葬可以推断他们特殊的生死观和当时的社会关系。

　　丧葬之丧是属于死者的，但葬表面上属于死者，实质上却是活人死亡观念的物化形式。活人在埋葬死人过程中所表露的种种意识行为构成了丧葬习俗。不同的丧葬习俗，又构成不同的墓葬制度，并反映不同的社会制度。所以丧葬习俗对于研究已经消亡的意识形态、洞察既往时期人类的精神生活，具有重要价值。环太湖流域的马家浜文化、崧泽文化和良渚文化早期的墓葬都普遍盛行不挖墓圹就地堆土掩埋的习俗，这种葬俗并不是江浙地区所特有的。长江中游地区的大溪文化和屈家岭文化中也经常可以见到。江苏境内的长江以北地区属于青莲冈文化的大墩子、刘林墓地的500余座墓葬中也广为流行。之所以采用就地堆土掩埋的葬法，主要是由地理环

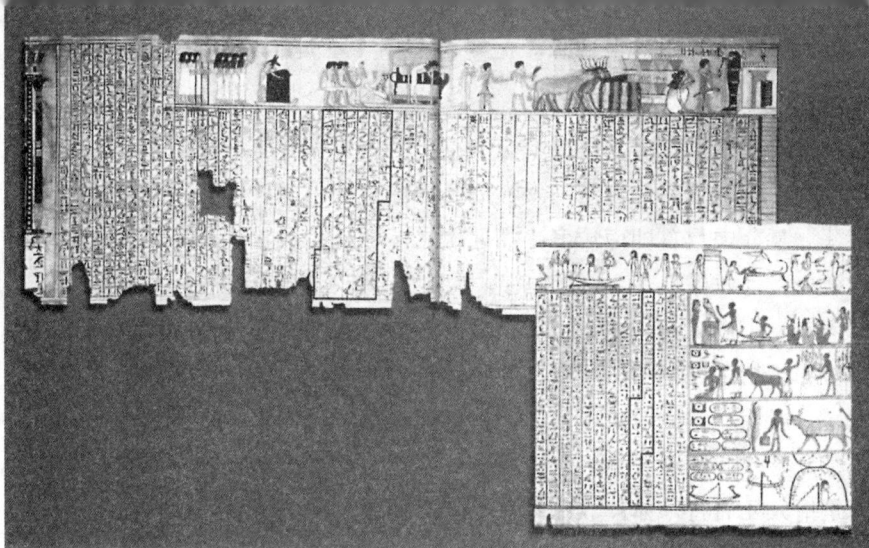
古埃及纸草文

苏美尔文字

境所决定的。长江流域特别是江浙地区地势低洼，地下水位较高，如崧泽遗址海拔仅3.03m，地下1m左右即有浅水冒出。但良渚文化中晚期的墓葬却多为规模较大的长方形竖穴墓，原因可能是这时社会生产力水平较高，当时的先民利用自然和改造自然的能力大大加强，因而有权势的显贵者不惜为自己动用大批人力构筑土墩并修建墓圹，以此集中埋葬大量的随葬品来炫耀财富和身份。

马家浜文化墓葬基本不挖墓圹、不用葬具，只有个别墓葬发现用木板做的长条形葬具痕迹。除少量仰身直肢葬外，大部分为俯身直肢单人葬。仅发现几例双人同性合葬。也见个别的二次葬。墓葬排列比较密集，有的还重叠达五六层之多。死者的头基本朝北，随葬品很少，一般为1—4件，最多的一座墓也仅十几件。有的墓葬中还有头骨用釜、钵、豆、盆等陶器覆盖的现象，甚至将头骨放在陶器中。还见有拔牙和用猪头骨、猪下颌骨、鹿骨随葬的习俗。崧泽文化墓葬一般也没有墓圹，而在地面上直接堆土埋葬，并不用葬具，有墓圹和葬具的是个别现象。有的在尸体下铺草制编织物。以仰身直肢葬为主，俯身直肢葬次之，并有少量屈肢葬。大多为单人葬，也有成人异性合葬、母女合葬、父子合葬。草鞋山遗址崧泽文化层发现89座墓葬，有两座男女合葬墓。其中男女各有一套随葬品，女性还多一些。也出现男性仰身、女性屈身的葬式。另外，还有一些"仆殉主"墓葬。墓葬中尸首朝南居多，朝北次之。随葬品数量比马家浜文化时期有所增加，且大部分有，少量没有。少的仅1件，多的30多件，一般2—5件。以陶器、生产工具居多，也有玉器，多置于头部。部分墓有红殓葬迹象。红殓葬是指用红色的矿物或其他物体进行殓葬的习俗，亦称红土葬或朱砂葬。一般用赤铁矿粉粒殓尸、用朱红颜料涂尸、用朱砂垫尸或裹尸、用红色胶泥殓尸、以髹漆涂红木棺椁葬具殓尸等。另外，也发现二次葬。二次葬是指人死后将尸体停放在某一个特定地方，待肉体腐烂后再收骨正式埋葬。这是对死者尸体或遗骨分别进行两次或两次以上处理的殓葬方法，故又称迁葬或洗骨葬。二次葬的含意或认为是：为了使死者死后与家人团聚、对死者表示关怀和敬畏以及出于氏族迁徙或氏族公共墓地清理等考虑。考古资料表明，二次葬的习俗要比一次葬更为古老，且二次葬绝大多数是与合葬相联系的。良渚文化墓葬的特点是多置于山坡或土墩上较平缓的地带。早期墓葬，如张陵山、马桥和越城遗址，均不见墓圹和葬具，而是就地堆土掩埋。中晚期墓葬，如福泉山、反山和瑶山遗址，绝大多数设竖穴墓，且墓圹较大，有的长近4m，深在1m以下。有的大墓还见墓底筑有棺床状的低土台。有的墓有回字形填土结构，可能包围的是棺椁之类葬具。其板灰残留痕迹上有大片的朱红色涂层。头向绝大多数朝南。除少部分墓无随葬品外，绝大多数都有随葬品，有的规格很高、数量极大。反山、瑶山、福泉山墓葬随葬品最多，有的多达500余件。大多仍为单人葬式，但女殉式墓葬也颇风行。福泉山、张陵山、赵陵山等多处墓葬出现人殉现象。福泉山遗址有3座人殉墓。典型的一座为一长方形浅坑墓，长2.99m、宽0.96m、深0.16m。经清理，可见有底、面均呈凹弧形的两层大木板痕迹，可能为上下相合的葬具。揭去上层后即有一具头向南的仰身直肢人骨暴露，墓主经鉴定为年约25岁男性。其口腔内含玉琀1件，上下肢上放置石斧、玉钺共12件，手臂上带有玉镯，头前有玉锥形器，身上有玉管和玉饰片多粒。足后葬具外有成堆的随葬陶器。足后东北墓坑角有一具屈肢葬人骨，头足处于

福泉山遗址人殉墓葬

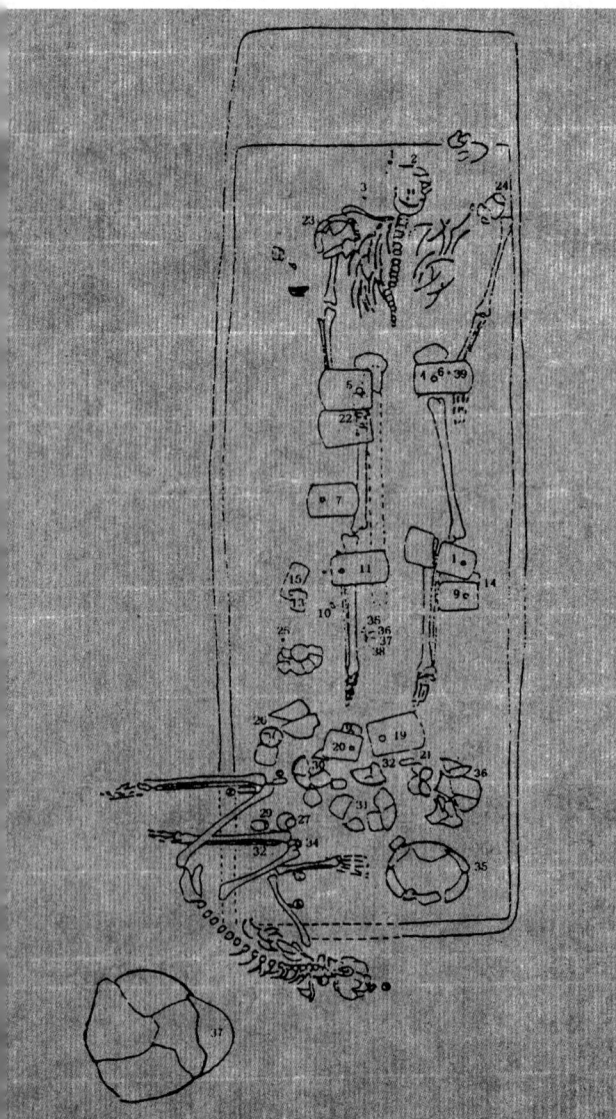

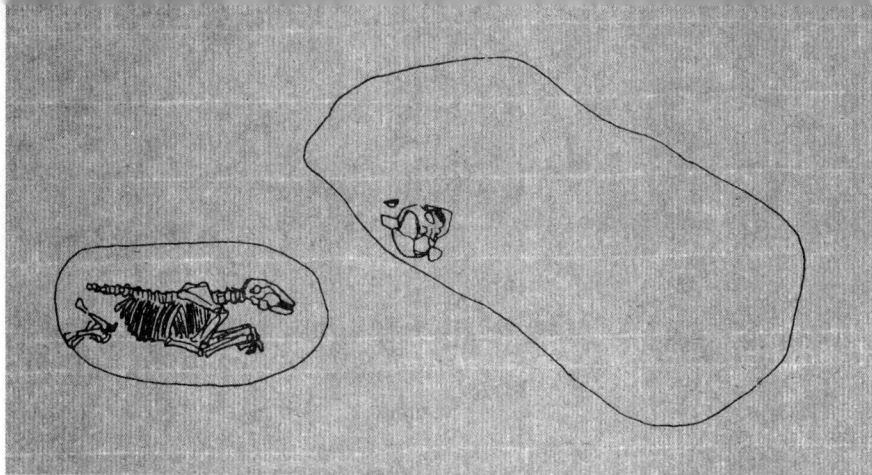
少卿山遗址动物殉墓葬

坑外，与一大口陶缸葬在一起，为一年龄与墓主相当的女性。其姿势呈屈身跪状，既无墓坑、葬具，也无陶、石器陪葬，只有头顶玉环1件，面颊边玉饰1粒，颈部和下肢骨旁玉管各2件。另一座南北向长方形土坑木棺墓，人骨已朽蚀不堪，随葬品丰富，计有彩绘陶罐、陶缸形器、陶鼎、黑陶罐和残陶器各1件，玉镯、玉锥形器、玉笄、玉斧等各1件，玉珠12粒。坑北另有一小坑，内葬两具人骨，一青年女性，一少儿，均屈身屈腿，双手朝后，呈反缚挣扎状，无任何随葬品。这些墓葬均显示墓主与随葬者地位不均等，为人身依附关系。或有可能为墓主葬后，以人牲祭祀。

玉琀和玉握是两种专门用来送葬的玉器。玉琀又称"饭含"，是放在死者口中的玉器。《说文解字》云："琀，送死口中玉也。"除玉琀外，史籍中还见有以米、贝、珠等作口琀的，它们在使用上有等级的差别。使用口琀的目的有二：一是古人事死如生，不使死者空口，使之在冥冥之间继续享受世间生活；二是希冀以玉石质坚色美的特性来保护尸体不化。握又称"握手"。刘熙《释名·释丧制》云："握，以物着尸手中使握之也。"《仪礼·士丧礼》详细记载了以织物制成的握手及其握法。从考古发现来看，确有用织物作握的墓葬，但大量出土的握则是以玉、石制成的，它们成对置于人骨架手部或腹部。玉握除有与玉琀相同的意义外，大概还象征拥有财富。崧泽遗址出土的崧泽文化圆璧形、鸡心形玉琀，是目前出土的中国最早的玉琀。良渚文化墓葬也发现一些玉琀。由于尸骨大多朽烂不可见，有的器物是否即玉琀难以确定，估计有不少是玉琀。

猎首是一种世界性的古老习俗。詹姆斯·乔治·弗雷泽（James George Frazer）在其不朽名著《金枝》中全面考察了血祭问题，认为凡存在播种与收割的地方，就可以发现播种的概念与动物作牺牲的概念或人作牺牲的概念强烈而野蛮地结合在一起。居住于印度尼西亚伊里安岛东南部的阿斯玛特人直到近代还保存有猎首之风。猎首与农业部落热衷"地母"（农神）崇拜有关。春播之时要祈求地母保佑，秋收之后又须报答，一祈一报均需供奉牺牲，隆重时还得杀人祭奠，人或许还被认为是最受神灵欢迎的牺牲。当时频有战争发生，俘虏自然成为最恰当的宰杀牺牲。没有俘虏，就得有族内成员代之。孩子最纯洁，也最易宰杀，因而又最容易被当作

红烧土建筑遗迹（庙前、新地里）、红烧土（庙前）

祭品。但血祭后来也成为人的自愿行为。猎首除了祭神驱邪而外，尚可能有为墓主"彰示其功"的意思。长江下游的河姆渡文化、马家浜文化、良渚文化，长江中游的石家河文化，黄河下游的大汶口文化，以及云南、岭南、台湾等相关文化，均有大量猎首考古资料发现。江苏常州圩墩遗址马家浜文化4号墓之无头葬、9号和11号墓之人头陪葬，表征得十分明显。河姆渡遗址第四文化层发现1件陶釜、2件陶罐里面各有一具婴儿骨架，初一看似"瓮棺葬"，但仔细研究发现与鱼骨夹在一起煮过。贾兰坡鉴定认为是"人吃人"。良渚文化也风行猎首。张陵山4号墓有3颗人头陪葬，赵陵山遗址发现身首异处的人殉，可能也与猎首有关。后来的面具及其他人头工艺品，也当与猎首习俗相关。2005年良渚遗址内的卞家山遗址出土1件头盖骨，经整齐切割，两边各有一对穿孔，似为可用绳穿提的容器。这件头盖骨经长久把玩使摩，表面已形成一层包浆，晶莹剔透，看起来十分精美，应是一件祭祀重器。河姆渡遗址出土许多陶制人头像，为随身携带品，可能取猎首之祈福禳灾的意义。云南佤族的木制"人头桩"、台湾高山族神面木匙、木盾等至今流传。

与猎首祭祀有关的还有燎祭，它们几乎在所有良渚文化墓葬和祭坛上都用过。福泉山遗址一座显贵者墓地周围有许多祭祀遗迹。其正中一墓群的北侧，有一条长约20m、宽约3m的火烧遗迹。遗迹上有许多任意堆放的方土块，这些土块连同地面都被烧成红色。地面上还撒有谷壳。有的墓前、墓顶还放置有烧红的土块，并撒上谷壳，有人认为是燎祭的遗迹。

祭祀的方法是堆放方形土坯，然后堆上稻草焚烧。举行礼拜的同时撒上谷壳，礼成之后扫清草灰，将部分烧红的土坯堆到墓顶或墓前，或用作造墓砌砖。也有采用火殓葬的。在燎祭中，不用人首，而采用稻谷余物，似有以植物祭神的意思，可能与动物祭、人祭是一种配对。后代供神用动物、水果、粮食，不知是否循此来源。而火也可能是良渚文化先民崇敬的神灵之一。寺墩遗址3号墓的火殓葬方法是先在尸体的头前脚后各铺垫十多件玉璧，然后放火燃烧，待火烧至将灭未灭时将死者放进火圈中，再围绕墓坑的四周放玉琮，并在死者的头前脚后摆放陶器和其他玉器，最后盖土掩埋。上海青浦金山坟遗址1号墓仅限于焚烧尸体，而不烧随葬品。焚烧的程度是尸骨显露出青灰色即止。这种火殓葬习俗尽管与后来的火葬并不完全等同，但在事实上却开了火葬的先河，很可能是后世火葬习俗的前身。[1]

    巫祝在良渚文化时期不仅是控制活人之政治权柄，也当控制着死魂灵。《周礼》所说"疏璧琮以敛尸"，考古学上谓之"玉殓葬"，实为一种巫葬。根据《周礼·春官·黄瑞》疏释："疏璧琮者，通于天地者。天地为阴阳之，主人为腹背之。"取玉敛葬式，与玉之视之珍贵、有财富象征性有关，也表达了良渚文化先民的"魂魄观"。良渚文化先民不仅讲究厚葬，也是十分重视巫葬的。这种巫葬不仅有葬具轨式，还当有庄严的仪式。伴之而起的是古老的巫歌觋舞，或是发达的咒语系统。《礼记·特牲》有"魂气归于天，形魄归于地"之说，或可为以玉琮、玉璧这等法器升魂引魄作一解。不能将灵魂的观念简单地归为迷信，而可看作人最早的精神分立——人在思考有一个与肉身不同的东西独立存在，并想借此长存。也许良渚文化先民与今日的许多思想家一样，从"死"开始认识自身的存在意义。"玉"为最早的"精神"象征物，它是"死"的，但它也通体碧透，闪着不灭的光，而且刚柔相济、耐久不腐，似有"灵性"、可以"对话"，因此成了生命符咒的承载体。葛洪《抱朴子·对俗篇》有言："金玉在九窍，则死人为之不朽。"孔子在《礼记·聘义》中还用玉来概括三代的典章制度："夫昔者，君子比德于玉焉。温润而泽，仁也；缜密以栗，智也；廉而不刿，义也；垂之如坠，礼也；叩之其声清越以长，其终诎然，乐也；瑕不掩瑜，瑜不掩瑕，忠也；孚尹旁达，信也；气贯如虹，天也；精神见于山川，地也；圭璋特达，德也；天下莫不贵者，道也。《诗》云：'言念君子，温其如玉。'故君子贵之也。"于是，差不多成就这样一种习惯："君子无故，玉不去身。"

三、创意谋划与美学意象

    与跨湖桥文化、河姆渡文化、马家浜文化、崧泽文化等考古学文化的精神文化主要凝结于物质用具有所不同，良渚文化已形成具有完整体系、独立于物质文化的精神文化。良渚文化器物具有强烈的精神象征或精神盛放的功能，它们是人的存在性的表达，是人的美学存在方式。良渚文化先民可能是当时中华文化圈中最重视"美"的族群，也是最富有审美经验的族群。

    良渚文化先民独采内刚而外柔、体小而稀有、美色内敛为特质的玉石为艺术表现材料，以夺天工之巧加以非常适度的修饰，创造了举世无双的玉雕艺术。今天许多人对其无可企及的精雕细琢大加惊叹，而其实它的设计思想更为博大精深。从造型样式、比例关系、纹样及其安排、视觉效果诸方面看，均是空前绝后的创设和发明；而且也是对多种工艺设计的总结，显示出多向度的复合思维能力、高度的艺术综合力。发明为创造，综合也为创造，所以说良渚文化玉器是双重意义上的创造。良渚文化玉器中个相的鱼、鸟、龟、猪、蛙、人等的造型设计已有相当的概括性，简化神

[1]朱启新：《玉敛葬式散论》，载徐湖平主编《东方文明之光：良渚文化发现60周年纪念文集》，海南国际新闻出版中心1996年版；汪遵国：《良渚文化"玉敛葬"述略》，载《文物》1984年第2期；陈国庆：《略论江浙地区史前文化的埋葬习俗》，载《东南文化》1990年第5期。

徽又表征几个个相事物组合表现的技法相当成熟，多个个相复合为一种似是而非、似非而是的新的表现要素的技巧在当时也有相当高度。简化神徽是对多种兽相的概括与重新整合，有人对简化神徽之眼、鼻表现进行比较，分出12大类的眼和11大类的鼻，它们都在各自的表现载体上得到恰如其分的附刻。有的还进一步达到了更高级的抽象复合，如带有文字性状的标识。有人引列维—斯特劳斯针对亚洲、美洲原始艺术提出的"拆半律"理论，以为良渚文化玉饰已包含有"拆半律"这样的设计思想。其最常见的方柱形玉琮，柱面两边一般饰以两个半截的简化神徽，从四角方向看则可见完整的形体。这种表现手法不仅增加了变化，而且扩大了审美或精神表现的容量。玉琮之四面如果都置以完整的简化神徽，只能形成4个面的视觉效果，而经拆半处理，则在东、南、西、北、东南、西南、东北、西北8个向度上同时有了透射力。这是很大的思维和视觉空间拓展。[1]这些创造对后世有深远影响。宋代官窑青瓷之代表性经典设计琮式瓶，即取形于良渚文化玉琮。浙江省博物馆收藏的龙泉窑黑胎瓷器也有类似的琮式瓶。这种设计后来为其他许多名窑采录。画家黄宾虹受到良渚文化玉器造型、质理、刻纹和色彩启发，用以对中国画的线型、设色和机理进行改造，取得很大成效。

良渚文化先民对玉质的自然物性也有相当的体认，与今日许多建筑家、雕刻家对材质的难理会大相径庭。他们也许早已意识到，玉石肢体出于地而色泽却近于天，寒冬抚之觉温、炎夏握之沁凉，不因雷打而变色、不因日晒雨淋而变质，与天地共长久，如天坠之物。所以，他们一开始就引入天地自然观念，不玩弄游离于材质之外的形式设计，而是顺着物理线路，最大限度地将玉之品质表现出来，使人与自然得有深度沟通。玉琮之天圆地方形制，玉鸟之至大气质，玉锥所显示的自然穿透力，玉钺表达之切割刚性，无不有实际的自然内容，无不表现自然的处事神力。这样的设置似在告人：人当"比德于玉"，意志要坚定，思想当常新，精神当永葆不灭活性。

良渚文化黑皮磨光陶幽冥、凝重、朴厚、冷峻，有十分独特的审美意象和审美价值。施昕更《良渚：杭县第二区黑陶文化遗址初步报告》指出："黑陶期所制的陶器，它的应用方面，不能认为是日常生活所需。唯当时的崇尚黑色，亦有相当的意义存在。黑而有光的薄膜，是经涂饰打磨而成，如果是日常用具的话，很容易损坏。所以用以祭礼及殉葬者，以黑色表示宗教及迷信的意味，较为合理。所以论到色泽，是人为有意义的涂饰。"[2]这种黑陶体现出远古先民即有后来道家的那种玄虚思想特征。良渚文化陶器造型特异而又简洁，结构比例为最为新特的审美结构关系，匀薄精巧达于极致，达到后代难以企及的艺术高峰。从同一器形在不同时期的典型形态来看，对形式感的把握已成设计上的自觉。特别是擅长通过比例的调节、重心的提高，刻意追求器形挺拔感。如双鼻壶颈部自早期到晚期

[1]王政：《艺术拆半与巫术象征》，载徐湖平主编《东方文明之光：良渚文化发现60周年纪念文集》，海南国际新闻出版中心1996年版。

[2]施昕更：《良渚：杭县第二区黑陶文化遗址初步报告》，载浙江省文物局、浙江省博物馆编《浙江文博七十年文萃》，浙江大学出版社1999年版。

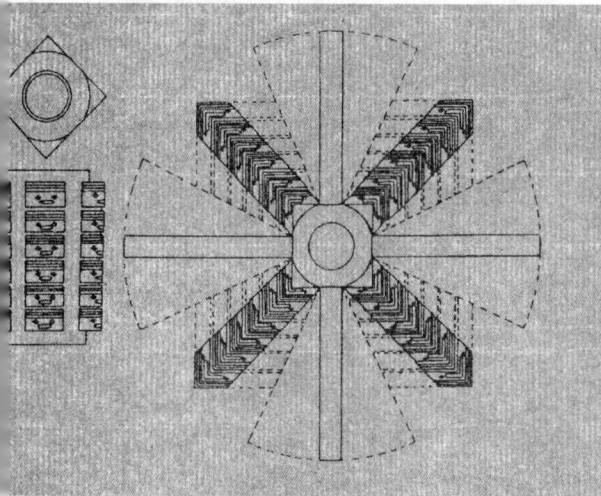

玉琮端面视角展开

玉牌饰及拓片

逐渐增高，相应地由圆鼓腹发展到扁腹，而器足也由早期的平底假圈足发展为高圈足。陶豆中最为常见的敞口圆盘豆由深盘演变为浅盘，盘壁曲折逐渐明显，圈足由粗矮到细高，圈足上弦纹也由单线一周到数周，成为俗称的"竹节把"，整器有一种亭亭玉立的气质。圈足罐由早期的垂腹矮圈足发展到鼓肩高圈足。陶尊由早期的斜折沿发展到晚期的高领，并从鼓腹发展为鼓肩，圈足也由矮足发展到高足。在陶鼎设计上，以晚期的"T"字形足取代早期鱼鳍形足，显示力学知识的深化，是实用与美学结合的了不起的尝试。

　　良渚文化陶器装饰以素面细刻纹和镂雕为主，另外也有一些浅浮雕、彩绘、漆绘等。上海金山亭林遗址出土的灰陶双鼻壶，肩部采用刻画与减地浮雕相结合的表现手法，这在新石器时代各考古学文化中极为罕见，显示了良渚文化先民的巧思。这个双鼻壶肩部装饰秀丽的浅浮雕花纹，两周凸棱纹将浅浮雕分割为两圈纹饰带。上下纹饰相同，都以卷云纹和斜十字纹为一单元连续组合排列。内圈面积小，纹样亦小，共有5个单元；外圈面积大，纹样亦大，共有6个单元。卷云纹以流畅线条勾勒，神韵飘逸；斜十字纹以直线相连，简练明快。勾画这样的纹饰必须掌握娴熟的刀法，并在规划好纹样的布局后信手刻来。由于并无完全相同的图案，所以更显得活泼多姿。纹饰外再用薄竹片刮去薄薄的一层胎土，以减地法使图案变成浅浮雕。良渚文化陶器上的细刻纹饰有兽面纹、鱼纹、鸟纹、蛇纹、圆涡纹、曲折纹、云雷纹、网格纹、编织纹等。早期以几何形纹及其与镂孔纹组合的应用最为普遍，偶尔也出现鱼纹等动物纹饰。中期新出现曲折纹、

玉鱼、玉龟、玉蝉（反山）

玉牌饰（反山）

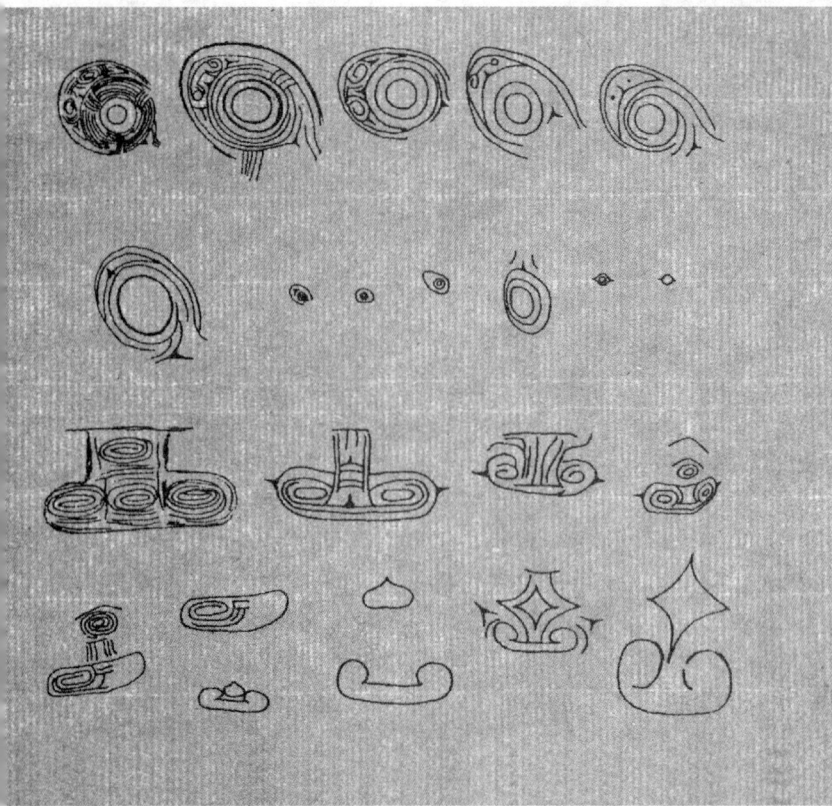

良渚文化玉器上的各种眼、鼻纹

兽面纹和鱼、鸟、蛇纹等组合纹，稍晚还出现鸟纹、圆涡纹与曲折纹、云雷纹组合，以及抽象纹与云雷纹组合。此后向更为复杂精微的方向发展，出现瓦棱纹、锥刺纹和细刻曲折纹与鸟纹组合等。后期出现斜线交错纹、篮纹、蛇纹与新月形纹、圆镂孔纹组合。特别是以细刻纹饰鸟纹或蛇纹为母题组成的图案层出不穷，标志着良渚文化陶器纹饰鼎盛期的到来。[1]

自然环境以及与此相适应的生活情态构成了良渚文化先民的视觉经验环境，启发他们进行审美创造。他们观察自然，进行仿生性的艺术创造。比如用得较多的仿竹节造型、鱼鳍足形鼎足，几乎贯穿于良渚文化发展的全过程。马桥遗址出土的黑陶阔把竹节形杯，杯身呈粗矮直筒形，饰多道竹节形凸脊。新地里遗址出土的实足陶盉造型如同站立的青蛙，龙潭港遗址出土的灰陶杯则模仿鸭的造型。南湖遗址出土黑陶罐上的刻纹，是农业定居生活的反映。

传称春秋晚期吴王夫差得到越国进献的美女西施，命人于苏州的灵岩山上建造一条"响屐廊"。这条响屐廊的上面自然雕梁画栋，下面埋上陶缸，铺上一层富有弹性的梓木板。身穿系小铜铃和各种玉佩饰品的衣裙、脚着精巧木屐的西施，于廊中翩翩起舞，发出悦耳的有节奏的木琴般乐声，令吴王陶醉不去。此种"霓裳羽衣舞"之浪漫景观，良渚文化先民大概已可领略了。

有人将"黄帝"解释为"玉器之尊"。黄与璜通，璜为太湖地区远古时期最流行的项饰。甲骨文之"帝"字，中间为一横过来的"玉"字。"帝"当为身上饰以玉件的崇拜偶像。金文中"夏"字下部由多个玉字合成，形象地表示一个人浑身上下佩戴玉器，光华夺目。可见夏与玉文化有微妙关系。夏文明现在一般都被认为起源于中原，但《尚书·舜典》有"蛮夷猾夏"之说。"黄帝""华夏"如指饰玉，则可能与良渚文化有关。

头发加冠饰常可使人一眼而望见其民族或文化种性。而在远古社会，头发与冠饰正是首选的文化标示器。玉饰神徽头像戴冠束发，墓葬中之墓主头部有许多玉发饰，说明良渚文化先民比较重视与头发相关的装饰。神

[1]孙维昌：《良渚文化陶器细刻纹饰论析》，载《中国民间文化、民间神秘文化研究》1993年第4期。

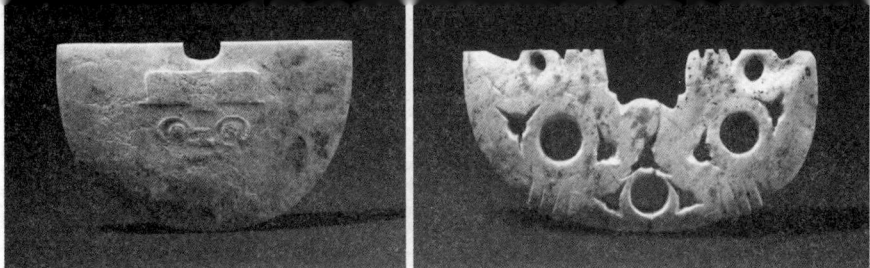
玉璜（反山）

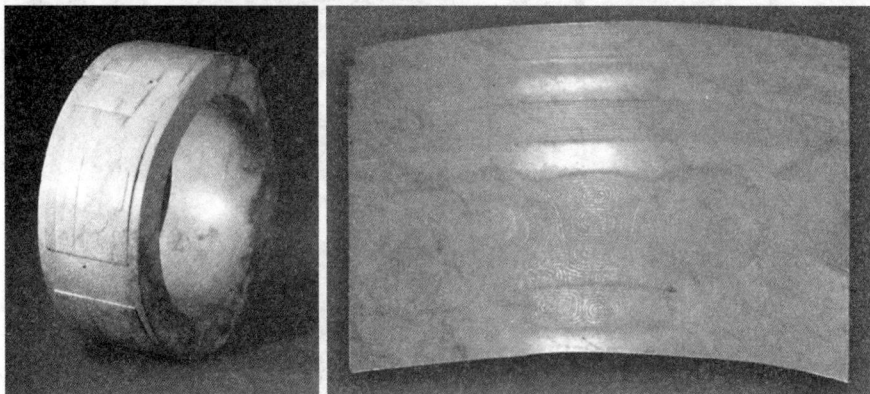
玉琮式镯及局部纹饰（汇观山）

徽上的冠饰很宽大，后面有凤字弓形冠沿，前面似插放羽毛。这种复杂的冠冕或额饰大约为显贵者的礼仪盛装，难作日常装束。当时的女性可能一般只用笄束发，女性墓中的许多锥形器可能就是笄。草鞋山、福泉山、反山、瑶山等遗址出土放置于女性头部的非常精美的单件锥形器，与大汶口文化的玉石笄较相似，而与中原地区所出不同。有人以为良渚文化先民曾以一种玉、石制品作耳饰，其上有一缺口，以此夹在耳上，而不需似如今打孔固定。良渚文化墓葬中也发现较多项饰。另外尚有较多的臂钏或腕镯，主要是玉制的，也有象牙的。镯的形式较多，有琮形镯、筒形镯、半球形镯，还有由数十节玉管组串的链状镯等。这些臂饰一般素面无纹，但也十分精美。瑶山遗址出上的一只玉镯外缘琢成斜向凸棱纹，线条流畅柔美。还有一件龙形镯对称地琢有4个动物头像，其一双圆突的大眼外饰圆形眼圈，上方以阴线刻出短角，短角后侧雕刻两耳，嘴吻硕长，宽平的上唇半掩着一列平齐的门齿，颇近后来的龙形。赵陵山遗址等墓葬显示，还有象牙饰、玉环和玉镯同戴一手或双手共戴的情况。有的还在足踝上佩戴玉珠、玉管串联而成的足链。不仅女性戴镯，男性也戴。

良渚文化先民也十分讲究面饰，尤其风行拔牙习俗。上海金山亭林遗址、江苏常州圩墩遗址和邳县大墩子遗址资料显示，他们可能在12—20岁之时拔牙。一般拔除左右侧门齿或上中门齿。这种风俗的形成有宗教方面的原因，也可能与成年、婚姻、服丧、族别、身份、避邪相关。古代文献对南方少数民族行拔牙之风的解释各有不同。有的说是女子婚嫁时不拔牙"恐妨夫家"，还有的认为与图腾有关。有的称是"以为身饰"，为当时的一种颜面装饰或美的标记、象征，就如一些民族文身，不文便被认为不美，难为别人爱慕。古代格林兰人母亲在女儿年幼时就要为其文身，否则女儿会得不到丈夫。如果拔牙真被认作是带有美容性的宗教性习俗，那么

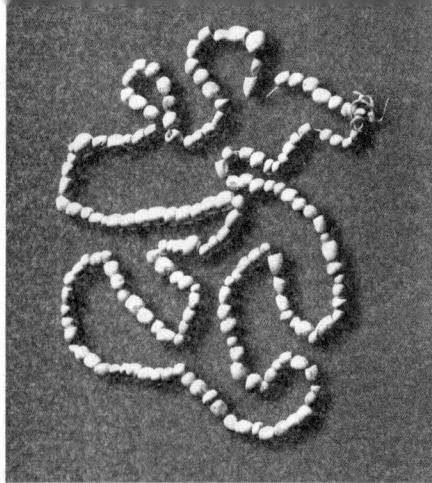

玉串饰（瑶山）

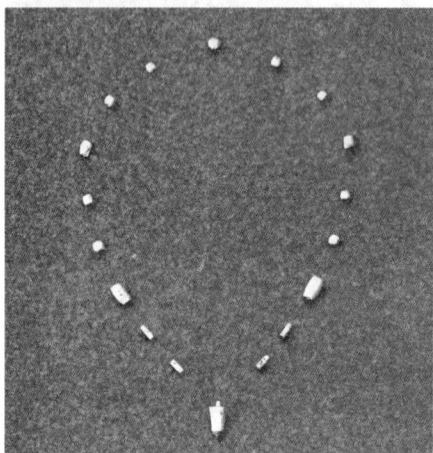

玉串饰（福泉山）

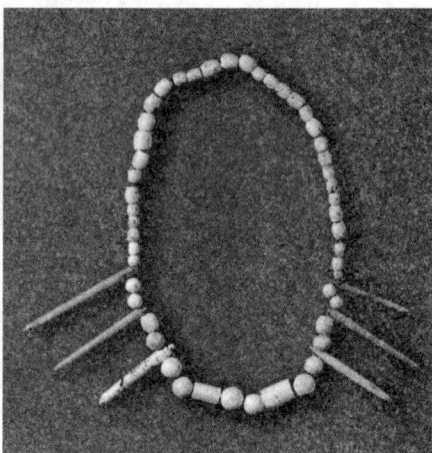

当时当有崇尚动物美的观念。拔去侧门齿的颜面近于大型猫科动物的狰狞面目，显示远古人类与猛兽一直有精神上的较量，或是与猎首、燎祭相当的"饰祭"，也或许可增加显贵者在族群中的威仪。不管是什么动机，在没有麻醉的条件下，先民忍受巨大痛苦行此礼，足见它的重要和社会接受程度。

　　良渚文化在温湿环境中发展起来，先民对衣着的取材必与这种环境相匹配；而且玉佩若装饰于兽皮之类的纯天然物无法凸显出来，起不到装饰效果。所以他们选择的材料不大可能来自纯天然物，而主要是人工产品，如丝、麻织物。丝绸在天然外观的一面远胜过麻布。丝绸轻薄柔软，而且据漆绘似也可推断当时可能已有丝绸染色技术。丝绸服装在当时当有超出实用的独立的观赏价值，为很好的舞蹈服饰。玉佩与彩绸服装相配才相得益彰，当时常见的佩饰是新月形、椭圆形、圆饼形、半管形及形似甲壳虫的玉饰，个体均较小，素面无纹。张陵山、反山、瑶山等大墓出土的一些玉质圆雕动物，如玉蛙、玉猪、玉鸟、玉鱼、玉龟、玉蝉，可能也是服装之佩饰。由对玉佩痴迷的追求也可推断良渚文化先民定当对丝绸服装有强烈偏爱。《尚书·禹贡》有"岛夷卉服"之说，有人说"卉服"是草服，但也有可能是在丝绸服装上加植物缀饰。当时的人视玉为神物，也可能如后代文献描述的相信"玉"和"帛"是两种富含精气的物质，可用于祭祀

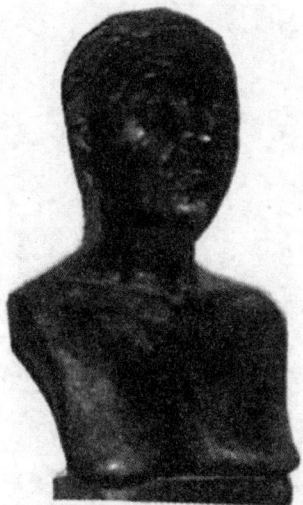

良渚文化先民形体复原

良渚文化玉饰人像（朝头墩）

神明，视之为"二精"，而将丝绸归入巫祝用具。巫师或权贵穿着丝绸服装和缀饰玉佩，可产生轻柔光滑的体感以及飘飘欲仙、绝地通天的冥冥之想，有类于今日达斡尔族的萨满法衣。丝绸或也可作"缯书""帛画"，用为人神对话、人鬼沟通的信息载体。麻布的应用面可能更广一些。

良渚文化也有丰富的鞋饰体系。1988年宁波慈湖遗址出土两件左脚木屐。屐板比足稍大，正面平坦，前端一侧略呈委角状，头和中部两侧各有2—3个用来穿绳结带的圆孔，后端较方。底部（背面）无跟，相对的两圆孔之间开凿凹槽，以便埋入穿孔结扎带的绳索不致磨断。编号为T503（上）：1的一只木屐长21.2cm、头宽8.4cm、跟宽7.4cm，编号为T302（上）：1的一只木屐长24.0cm、前宽11.0cm、跟宽7.0cm。这两件木屐设计、做工均十分考究。卞家山遗址也出土木屐。相传孔子当年周游到蔡国，国君怕楚国礼聘孔子而对己不利，有意加以滞留。于是这天半夜三更孔子穿的一双木屐忽然不见，孔子一行出行有了麻烦。后来不知在何时，孔子穿过的木屐又突然出现，变成了稀世珍宝，乃至西晋（265—317年）时被当作国宝珍藏于武库中。可见很早以前，木屐还就沾上了礼数问题。秦汉以降，木屐已在全国流行，变成中国老百姓的家常穿着。由于木屐穿着凉爽，耐潮湿，深受南方人的青睐，与北方之履即布鞋构成中国南北两大鲜明的鞋饰体系。后来的京城长安差不多人皆有之，还有"妇女始嫁，至作漆画，五彩为系"的情况。1986年安徽马鞍山市郊的东吴名将朱然夫妻合葬墓曾出土底部设跟（齿）、装饰豪华的漆木屐。直到20世纪六七十年代，木屐尚在中国广为流行。木屐至迟在战国时（公元前475—前221年）已传入朝鲜半岛、日本和东南亚诸国。木屐后来在日本一直作为"国粹"。除了木屐，良渚文化先民可能还穿皮革或草编甚至丝麻织物制的鞋。一些墓主遗骨出土时脚端部位有时留有三角形玉牌饰，背面有隧孔，很可能是缝缀于鞋面上的装饰物。由此可以判断良渚文化时期已经有了比较完整的鞋饰系统。

木屐正面和背面（慈湖）

木屐（卞家山）

　　据专家研究，乐器要晚于歌舞出现，最初的歌舞并无乐器伴奏，人们只是用手、石块或木棒之类击拍助兴，《尚书·益稷》有"击石拊石，百兽率舞"之说。龙山文化、河姆渡文化、马家浜文化等均有石、陶、木、骨等乐器，良渚文化乐器也发现不少，如卞家山遗址出土的陶埙、骨笛等。幸晓峰等《良渚文化反山遗址出土玉璧音乐声学特征的初步探讨》一文指出，良渚文化大量出土的玉璧具有音乐方面的意义。璧的环体形制、尺寸大小、厚薄不同、孔径大小、加工时肉面上留下的痕迹，都可以使"璧"这种类型的玉器产生良好的音乐性能，与现代音乐声学对板体打击

玉牌饰（瑶山）　　　玉玦（瑶山）

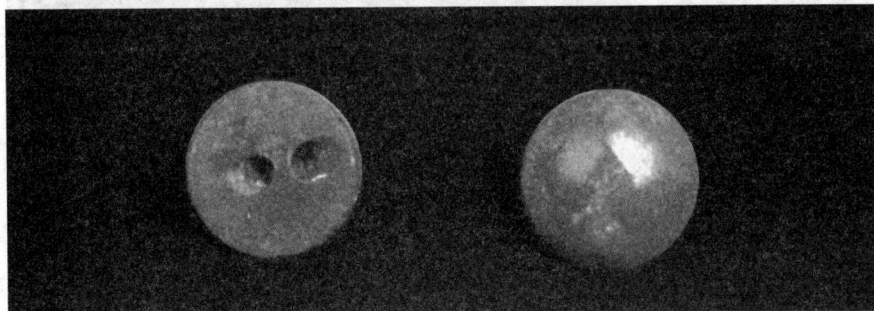

绿松石珠（瑶山）

乐器原理的规定也是吻合的。[1]

[1] 幸晓峰、黄建秋、沈博、王其书、杨永富、廖韧：《良渚文化反山遗址出土玉璧音乐声学特征的初步探讨》，载《中华文化论坛》2008年第2期。

　　玉器、黑陶、丝绸、髹漆、木器等工艺设计只是良渚文化美学创造的一部分，也仅是一种小制作。良渚文化在城市设计、科学与技术方面则有更高水平的大制作。其美学创造比同期其他文化多得多，对后世也有极其深远的影响。这些美学创设不悖于过去时代，也不悖于任何新时代，与现代、后现代设计理念也完全协调，任何时候都让人感动，拿到当今世界设计大赛或也可夺大奖。从中可以看到大艺术家的精神履历。中国后世的各种设计很少再能看到像良渚文化器物设计这样具有爆发性和冲击性的创造内力，这样一种来自宇宙的筹划和剪裁手段、逻辑综合之自然线索在思维中的穿引。特别是后来的各类艺术，发展总的来说遵的是"因循制"。中国古代至于今天的美术、音乐、戏剧等都在既定的程式中做魔术，在很大程度上脱离了自然根性，也脱离了当时的社会。《庄子·知北游》有说："天地有大美而不言……圣人者，原天地之美而达万物之理。"这些话为许多人所熟知，但后世艺术家、科学家可以说没有几人真正理解和做到的。

四、新话语与科学思想痕迹

　　从目前已有的考古资料还难以确认良渚文化已形成现今意义上的语言文字，但当时存在符号化的语言交流则是可以确认无疑的。不仅如此，良渚文化时期还初步形成了科学性语言和哲学性语言，使良渚文化先民得以以科学和哲学思维或思想去创造文明成果。

　　欧洲不少学者把汉字的来源归之为古埃及文字。1667年，德国人阿塔纳修斯·祈尔歇（Athanasius Kircher）出版《中国图说》一书，称《圣

玉背象牙梳（周家浜）

玉梳背（少卿山）

玉梳背（昝庙）

骨钗（瓶窑）

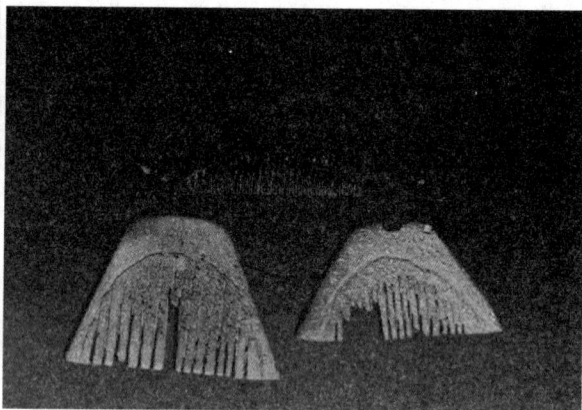

骨梳（瓶窑）

经》所载闪的子孙率埃及人来到中国，传授了古埃及文字。中国人学得并不完全，自己又加上一些创造，结果成为另一套文字。1716年，法国学者皮埃尔—丹尼尔·尤埃（Pierre-Daniel Huet）在其《古代商业与航海史》一书中进一步说，古埃及与印度互有交通，埃及文明即通过印度文明传入中国。影响最大的是法国人约瑟夫·德经（Joseph de Guignes），他在1758年作了一次题为《中国人为埃及殖民说》的讲演，不仅将汉字与古埃及文字作比，而且提出汉字笔画中还包含字母结构。例如"父"是由I和D构成的，应当读为Jad或Jod，它是和保存古埃及语成分的哥普特语的Jod（父）一致的。他的结论是，中国文明同希腊文明一样，是由古埃及人启发的。德经负盛名，所以他的说法传播较广。日本的板津七三郎也主张这一观点。1933年他出版了《埃汉文字同源考》，两年后又出重订及补遗本，发

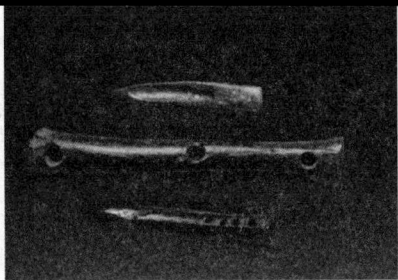

骨哨（瓶窑）

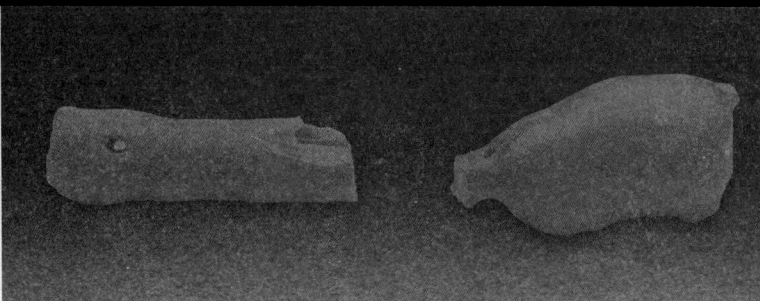

陶埙（卞家山）

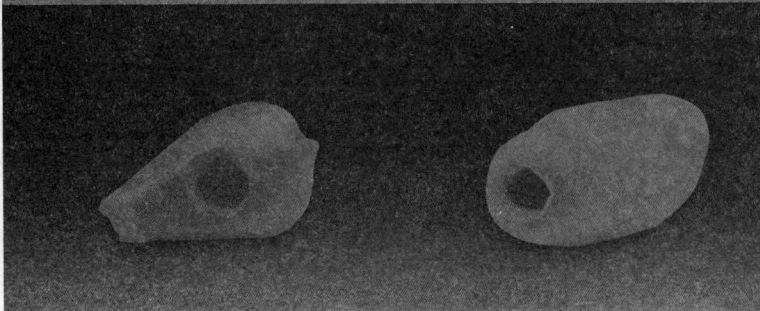

陶埙（庙前）

了大量比附之论，甚至认为中国古代河出图、洛出书传说中载负图书的龙马、灵龟都是指船，是埃及文明由黄河登陆的证据。这些说法不足凭信，但其思考方法确也给人启发。1982年，美国西弗吉尼亚大学的威廉·S. 阿奈特（William S. Arentt）出版了《埃及象形文字的先王朝起源》，其中专门有一章讨论陶器符号与象形文字的关系，认为彩陶和陶器符号是象形文字的滥觞。古埃及文字和中国汉字虽然是两种独立产生发展、彼此没有影响关系的文字，但通过陶符观察和研究其萌芽和形成的途径还是能够互相比较的。[1] 阿奈特关于古埃及文字起源的学说和中国学者对中国文字起源的探索有明显的共同点：第一，双方都认为古文字的起源应上溯到遥远的史前时代，所推溯到的年代也差不多。第二，都认为陶器等器物上的符号是文字的前驱。陶器符号有的是图形，有的只是几何形，过去多被理解为艺术性的装饰，或者是同语言没有联系的标记，但与较晚的文字结合在一起来分析，就可以看出其间的发展脉络。第三，陶器符号总是在器物的特定部位上，而且一般限于较小的局部，和只起艺术装饰作用的花纹不一样。第四，陶器符号常被用来表示"所有"关系，如器物属于某人或某一家族、氏族所有。有的还可能是制造器物的个人或家族、氏族的标记。对这两种古文字的起源探讨研究，只要不牵强附会，确有不少可以相互借鉴参考之处。

文字起源在中国也有多种传说，也被学术界加以多种假设。《周礼》、《白虎通义》、《管子》等认为伏羲发明文字。有人认为《仓颉书》、《夏禹书》是汉儒刘歆伪造的，但《韩非子》、《淮南子》、《说文解字》、《孝经》却有仓颉造字说。有称仓颉造字取法于鸟迹的，也有说模仿自龟文的。后说与甲骨文似有关联。此说称仓颉为黄帝南巡狩猎临于洛水，有灵龟浮出，背上有"丹甲青文"，仓颉以之授帝。"仓颉"的拼音为"契"，契训为"刻"。《诗经·大雅·绵》有"爰契我龟"之说，而契正是殷人的祖先。《礼记·祭法》说"殷人……祖契"，《史记·殷本纪》索隐也说"契是殷家始祖"。良渚文化等许多考古学文化陶

[1]江晓原：《中国天文学之起源：西来还是自生》，载《自然辩证法通讯》1992年第2期。

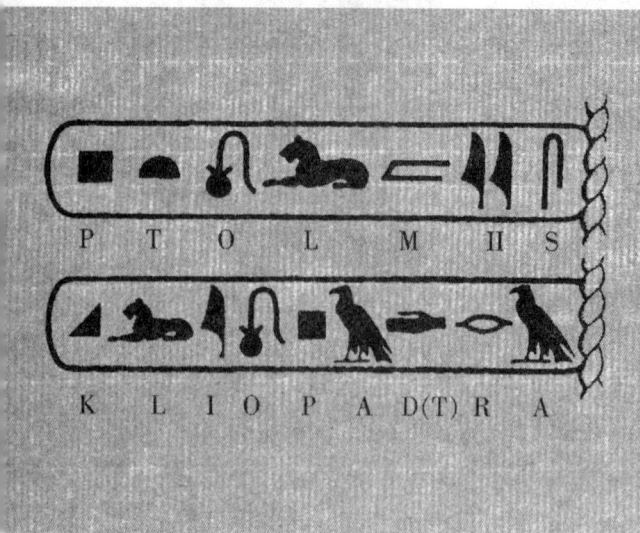

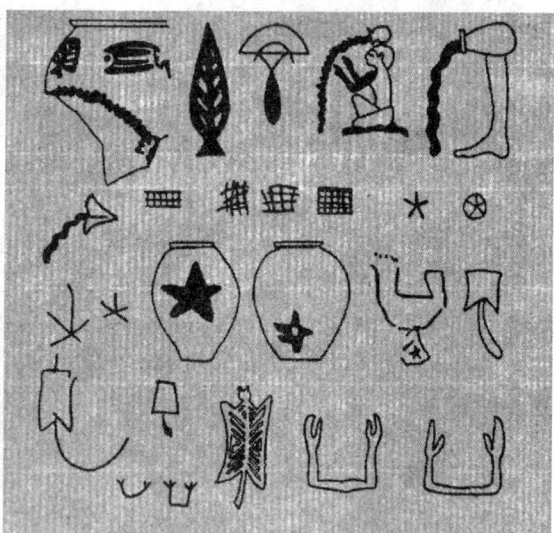

让—弗朗索瓦·商博良破译古埃及象形文字的钥匙——罗 古埃及文字
塞达石碑

器上都有刻纹，自然让人想到与"契"的关系。1937年，何天行首次将良渚文化"黑陶文"列为中国最古的文字。1938年施昕更所写名著《良渚：杭县第二区黑陶文化遗址初步报告》似持此观点。卫聚贤等人也撰文表同。至20世纪中下期，李学勤、裘锡圭等人对此广有论词和争辩。

何天行在《杭县良渚镇之石器与黑陶》中对所采集的一椭圆形黑陶盘上的10个刻画符号进行了分析，并找到了7个甲骨文同形字、3个金文同形字。他写道："这些文字刻于原器口缘的四周，并有锯齿形纹绘联络，故知其为文字而非绘画，同时在杭县所出的黑陶里面，并有纯粹的刻画，据此，尤足证为文字无疑，但这种文字显然还在初创的时期，大约是从象形纹绘演进的。由这些象形文字的形体观察，不独比春秋时越国所传鸟篆等铜器铭刻为早，且当在甲骨文之先。"卫聚贤在《中国最古的文字已发现》一文中称："黑陶上有刻文的字，系何天行先生在杭县良渚发现的……黑陶文字虽不多……但为中国最古的文字，可以断言的。"[1]何天行找到的黑陶盘后捐于故宫博物院，但却遗失。何天行后人何宝康等后来多次查找而未可得。画家黄宾虹在多篇文章中也提及，曾有多次良渚文化陶文发现，惜均已散失。也有人认为，良渚文化文字有可能载于丝、麻织物等软物质上，所以难以保存下来。现在只可见何天行和卫聚贤文中的描画文，虽只是不立之孤证，毕竟提供了某些研究问题的线索。

有实物资料的良渚文化陶符在50个以上，可分4种类型。第一类是多线刻画。一般比较随意，既非装饰也不像文字，少量的较为有序。用意难测。第二类是单个刻画符号，字符化程度很高，但只是单个符号，未显语言的连接。有可能是制造商的字号或部族的标记。这类符号数量极大，有的极似文字。第三类是纹饰性刻画符号。一般多被举证的是黑陶豆上的符号。这种黑陶豆上的鸟形符号发现颇多，似表达祭天意思。李学勤在《试论余杭南湖良渚文化黑陶罐的刻画符号》一文中指出，椭圆形黑陶豆"其

[1]卫聚贤：《中国最古的文字已发现》，载余杭市政协文史资料委员会编《文明的曙光：良渚文化》，浙江人民出版社1996年版。

内底刻画符号为'灵'，只是为了美观对称，所以'火'刻成相背的两个"。完全是臆断。第四类是图画型刻画符号。南湖遗址出土的一件黑陶罐上有8—10个刻画符号。据分析，其中8个是烧成后在肩至上腹部位按顺时针方向连续划出的。李学勤在上文中指出，从侧方观看只有其中一个兽形符号四足朝下，似乎是摆正了，而其他一些符号却是倒置的。他大胆地认为这些刻画符号实际上是环罐口刻的，应当从上方观看，朝向罐口的是符号的下端，符号由左向右逆时针排列。这8个符号可试释为："朱扩戈石，网虎石封。"意思是朱扩去到石地，在石的境界网捕老虎。用网捕虎，见于甲骨文，如《殷墟文字缀合》387。[1]对于苏州澄湖遗址出土的良渚文化黑陶罐上的刻符，李学勤在《良渚文化的多字陶文》一文中综合唐兰、黄盛璋之说再加发挥，将其释为"巫戍五俞"。"戍"即"钺"，"俞"为"偶"，"五偶"即五双、五对。4个符号连读为

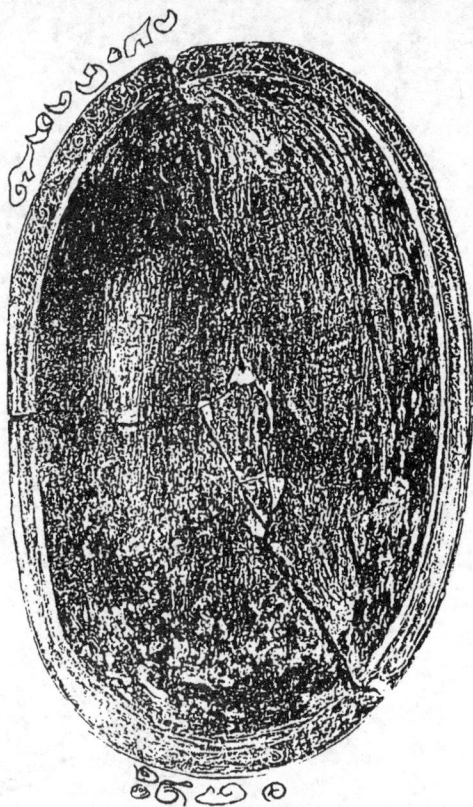

何天行发现的刻文陶盘

[1]李学勤：《试论余杭南湖良渚文化黑陶罐的刻画符号》，载《浙江学刊》1992年第4期；郭若愚等：《殷墟文字缀合》，科学出版社1955年版。

何天行有关陶盘刻文与甲骨文、金文的比对

黑陶文字	甲骨文		金 文	
		《殷墟书契》前编卷一页七		
		同上卷六页六十六		
		《殷墟书契》第八十八页		
		《殷墟书契》前编卷一页五十一		
		《殷墟书契》前编卷五页二十九		
		《考释》页十八		
		前编卷七页四十三		
		《甲骨文例》页二十三		
		《殷墟》前编卷一		《缀遗斋彝器考释》卷二十二页六
		同上卷一页三十七		
		同上卷一页十七		
		前编卷四页五十三		同上卷二十一页二十三
		《甲骨文例》页十八		
		《殷墟卜辞》640		
		《殷墟卜辞》175		同上卷二十二页十一

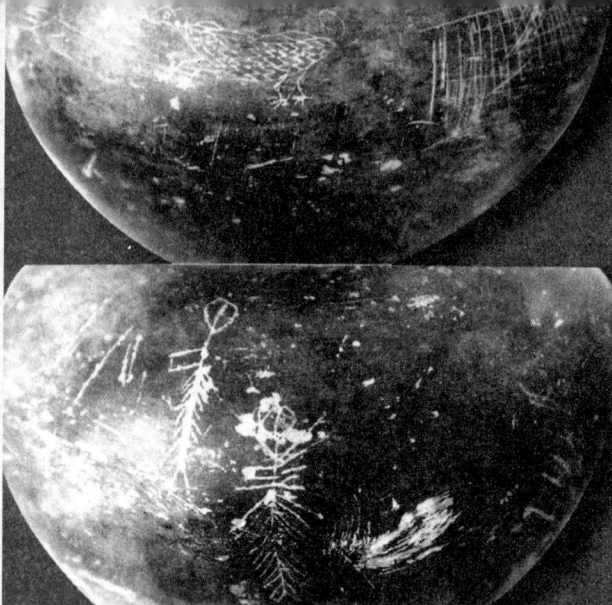

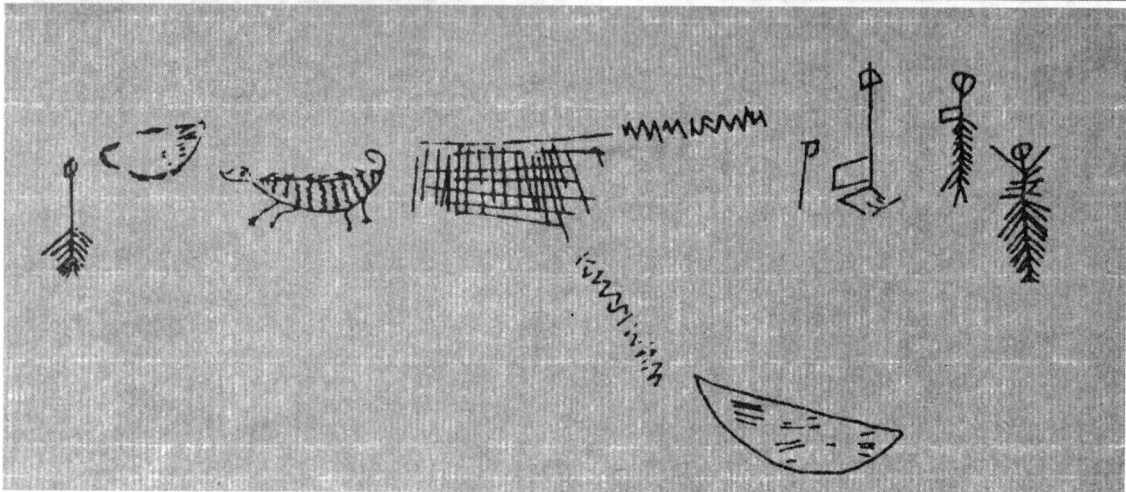

南湖遗址出土黑陶罐及刻符

[1]李学勤:《良渚文化的多字陶文》,载《苏州大学学报》(吴学研究专辑),1992年。

[2]饶宗颐:《哈佛大学所藏良渚黑陶上的符号试释》,载《浙江学刊》1990年第4期。

"巫钺五偶",即巫祝所用的五对钺。[1]马桥遗址出土的阔把杯杯底所刻符号,李学勤也有一套如法言说。与李学勤遵同一思路的不乏其人。饶宗颐在《哈佛大学所藏良渚黑陶上的符号试释》一文中,将收藏于美国萨克勒博物馆(Sackler Museum)的良渚文化陶壶铭文与《山海经·大荒西经》相参证,断此一"陶文"记载了远古奇肱民之事迹,"应是相当成熟之文字记载,与甲骨文为同一系统"。并将其释作"亏子人土宅乎(厥)肱……育"。[2]李学勤的"翻译"太过生硬。如前述黑陶罐上的那只"虎",现在一般认为更像扬子鳄。如果真是扬子鳄,当然也就无"网虎"之说可言了。

文字的界定有两种标准。宽式的收入刻画符号,严式的以具备语言表达功能即语法为准则。依宽式标准,前述各种良渚文化符号均可归入文字,但其发生却算不得早。差不多与河姆渡文化同期的仰韶文化陶器已有许多刻画符号。关中地区出现刻画符号的遗址有:西安半坡,临潼姜寨、零口、垣头,长安五楼,铜川李家沟,宝鸡北首岭,等等。其中半坡遗址113件27种,姜寨遗址129件27种,不同的刻画符号总共52种。有的符号在半坡、姜寨、李家沟等遗址中均有出现，而它们的间隔距离达100km。大汶口文化已发现的刻画符号10余个，且不同的遗址中也有相同的符号。1984年山西襄汾陶寺遗址出土的一个扁壶上有朱书"文"字，与甲骨文同字的形体、结构十分相像，学术界认为这个字和大汶口文化陶文、殷墟甲骨文和现在通行的汉字属同一个系统。罗琨在《陶寺陶文考》一文中指出，殷墟卜辞中"文"主要用为先王的尊号，周代金文中"文"表示有文德之人，用其引申义。扁壶背面还有两个符号，张光直认为也可能是文字，有类于"祖丁"二字。何驽《陶寺遗址扁壶朱书"文字"新探》一文，将扁壶背面原来被看作两个符号的朱书视为一个字，认为其字符分上、中、下3部分：上部是有转角的"◇"即土字，中部为一横画，下部为"卩"字，合起来就是古"尧"字，即古史传说中五帝之一的帝尧名号。[1]葛英会《破译帝尧名号，推进文明探源》一文认为何驽的见解符合该字构型的分析和判断，并引用先秦文字的相关资料，对古"尧"字的构字方式、形体演变提出申论，指出该字是一个人字与土字相加的复合字，乃目前已知尧字最古老的一种写法。尧字的本意当如《诗经·小雅·车辖》"高山仰止，景行行止"所咏，指高德明行、为人仰慕的圣王。[2]陶寺遗址4.6—4.0kaBP，大体相当于中国古史传说中的尧舜禹时期。史载，尧都平阳在今山西临汾一带。陶寺遗址位于临汾西南22km，其地望、年代以及文化内涵，为其提供了某种证据。

依裘锡圭等人的严式标准，良渚文化陶符及上述其他符号都还当括在文字之外。裘锡圭指出，我们对良渚文化主人的种族和语言尚缺乏了解，他们讲的是不是原始汉语未可断定，又从何断定他们使用的文字就是原始汉字呢？[3]古越语与汉语的来源华夏语的一字一音方式就不同。古越语词类的一个重要特征是名词类音缀多带有复辅音或连音成分，相当一部分单词由复合声母或几个连用声母拼缀而成，如须虑（船）、句吴（吴）、于越（越）、差绎纷母（广大）等。古越语中的修饰词也倒置，如称"盐官"为"朱余"。余为盐，朱为官。越国君主称为无余、无壬、无疆、无诸等。"无"为"王""君""主"之类意思，后面的才是国君的名字。古越语又有类于日语，是一种黏着语。即便假设良渚文化陶符为文字，可能为古越语，因而应是一种音节文字，用解读甲骨文的方法也许难以解读。裘锡圭的意见是相当慎重的，可引为重视。饶宗颐虽对良渚文化陶符有大胆假设，但却有中肯的研究心得：文字未形成以前，有一段漫长时间，流行某一记号，代表某些吉利、富有的意义，可称为"陶符时代"。这些同形陶符会在很大区域传播。诸夏境内，一向华夷戎狄杂处，更有这一现象。中外也有不少同形记号，说明古代陶器是在流动着的。既有"丝绸之路"，同样也存在"陶器之路"。不管怎么说，良渚文化在"陶符时代"发挥过重要作用。

受农耕活动启示的远古先哲，总是把观察天象和研究人事结合起来，

[1] 罗琨：《陶寺陶文考》、何驽：《陶寺遗址扁壶朱书"文字"新探》，载解希恭主编《襄汾陶寺遗址研究》，科学出版社2007年版。

[2] 葛英会：《破译帝尧名号，推进文明探源》，载北京大学震旦古代文明研究中心编《古代文明研究通讯》（第32期），2007年。

[3] 裘锡圭：《究竟是不是文字：谈我国新石器时代使用的符号》，载《文物天地》1993年第2期。

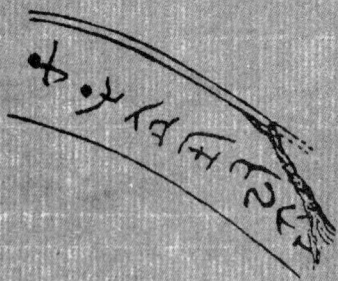

美国人弗利茨·比勒劳格在杭州购得的良渚文化黑陶双鼻壶上的陶文

大汶口文化陶符

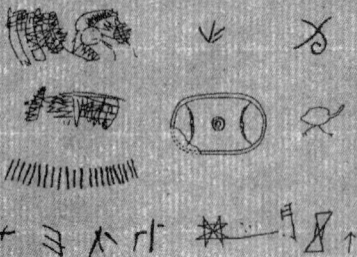

龙山文化陶符

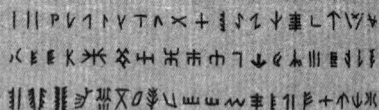

部分良渚文化陶器刻符

仰韶文化陶符

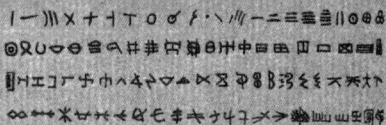

施昕更发现的良渚文化陶文

马家窑文化陶符

如《周易·贲卦·彖辞》所言："观乎天文，以察时变；观乎人文，以化成天下。"农业民族是最早掌握季节时令的。特别是稻作农业民族的行为当遵循严格的播期、熟期，它们与积温、光照、雨水等关系密切，须有天文、历法意识与其生产方式一同发展。《史记·五帝本纪》有黄帝"迎日推策""顺天地之纪"之说。《淮南子·修务训》则记称"仓颉造书，容成造历"。高诱注："容成，黄帝臣，造作历，知日月星辰之行度。"据说黄帝之后历代都设观察日月星辰之官。《尚书·尧典》载，尧"乃命羲和，钦若昊天，历象日月星辰，敬授人时"。中国夏代即有先进的历书《夏小正》。《夏小正》可能有河姆渡文化、良渚文化等稻作文化的影响在里头。傣历与夏历有相似之处，是夏历的活化石。而傣族等壮侗语民族的文化与良渚文化有密切的渊源关系。

冯时在《中国天文考古学》一书中指出，刻有日鸟纹的良渚文化玉璧用于占测气象。玉璧中的鸟纹造型各有不同，至少有3个不同的种属，如乌鸦、燕鹊等，它们分别与不同的祭坛相对应，也可能与不同的祭祈对应，与殷人祭鸟相合。郭沫若主编《甲骨文合集》第11500版（正）录有祭乌卜辞："……庚子薮乌，星。七月。""薮"为祭名，商人薮祭乌神以祈天晴，结果应验了。第11501、11726版则录祭卜辞："……采日鹝，星。三月。"据古代文献解释，"鹝"即鹝鸡，又作商羊，是一种预知天雨的鸟。《论衡·变动》："商羊者，知雨之物也。天且雨，屈其一足起舞矣。"商人通过奉祭知雨之鸟，求得天晴。维多利亚璧的周缘刻有4组云纹，每组

3枚，共12枚。12枚是法天之数，可能表示一年12个月。4组云纹又可能是对四气——二分二至——的表述。鸟及社树分割四气，鸟是日神的象征，社是祖神的象征，反映了以祖配天的古老观念。鸟位置居上下，社的位置居左右，恰合四方，寓意与古礼二至之时祭天、二分之时祈生的观念相符。[1]

邓淑苹在《由良渚刻符玉璧论璧之原始意义》一文中分析了流散于海内外的一些玉璧，认为玉璧上的符号和圆孔与目前存世最早的天文算学书《周髀算经》中的七衡图有关系。璧的造型源自七衡图。七衡图是对太阳运行轨迹的描绘。一年四季太阳升空高度不同，夏天很高，冬天很低，古人将太阳全年的位置记录下来，所得7个同心圆即七衡图。[2] H. 密舍尔（H. Michel）认为良渚文化神徽由盖天、大地、晷影、七衡六间、冕冠、神面头脸、人兽复合身体及四肢、璇玑玉衡8个部分组成，其中凤字弓形冠饰合于中国古代盖天说之天盖，冠饰上的刻纹是太阳运行一天的晷影，冕冠上的马蹄形涡纹为太阳，而神面双手所持的则是《尚书·舜典》上所说的天文仪器"璇玑玉衡"。吴大澂认为琮是与璇玑配套使用的，用以观测天象，占卜吉凶。冯时甚至将神徽阐释为猪首形北斗星君。

日本学者量博满在《关于新石器时代的钺：论圆孔的象征意义》一文中，对良渚文化之钺的圆孔也提出了天文学的解释。该文指出，钺上之孔及其位置有多种形态。有单孔的，有单孔但上部侧边有凹槽的，有单孔顶部带半环

[1] 冯时：《中国天文考古学》，社会科学文献出版社2001年版，第149—154页。

[2] 邓淑苹：《由良渚刻符玉璧论璧之原始意义》，载浙江省文物考古研究所编《良渚文化研究：纪念良渚文化发现60周年国际学术讨论会文集》，科学出版社1999年版。

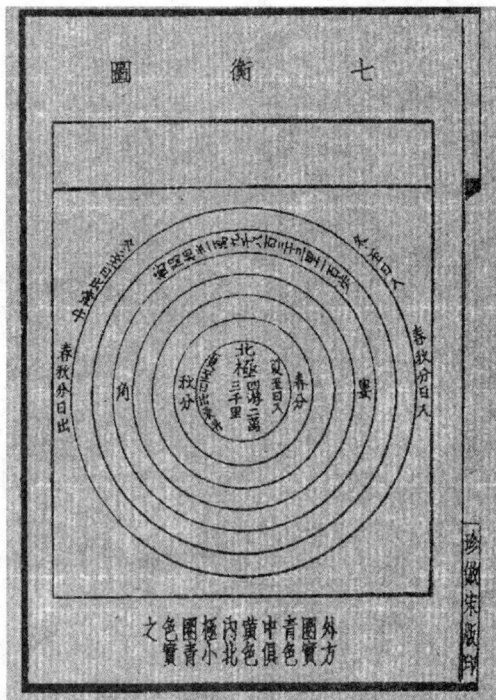

《周髀算经》中的七衡图

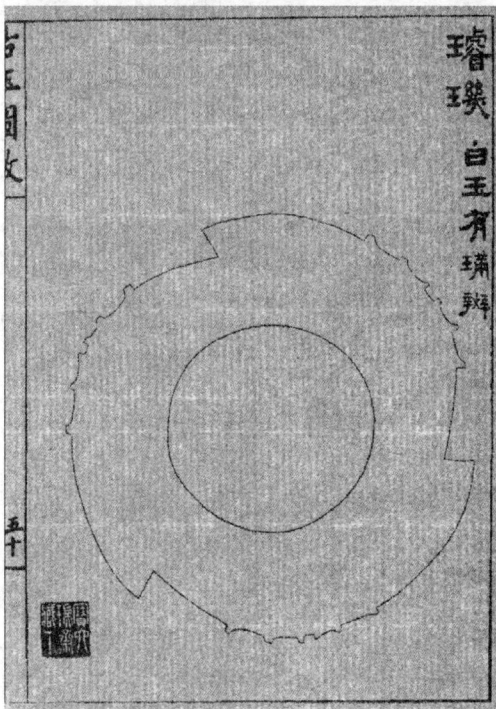

吴大澂《古玉图考》中的玉璇玑图

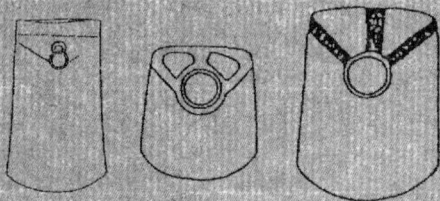
石钺安装方式

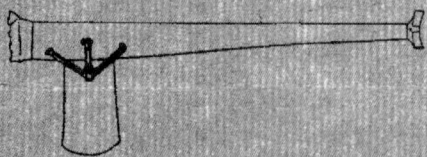
石钺陶制模型（青墩）

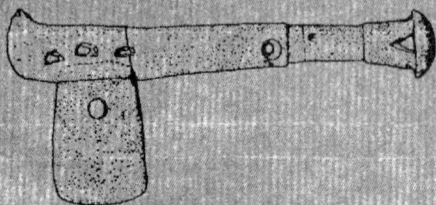
有孔石钺

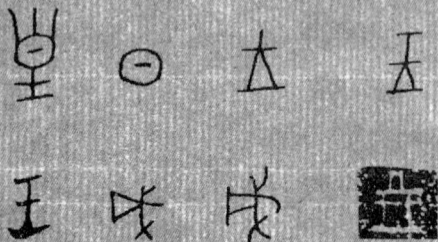
甲骨文、金文中的皇、日、王、钺

形凹槽的，有多种排列双孔的，有三孔的，还有圆孔未穿透的带有管钻痕的等其他类型的。单孔顶部有半环形凹槽的、三孔的、圆孔未穿透的带有管钻痕的设置，其中有一孔无系缚功能。这一多余的孔是刻意加工的，但它们并非真的是多余的，而应该是基于某种意图的经意制作，其中含有某种观念。量博满认为，太阳以外，月亮也曾作为权力的象征而被表现在石钺或石刀上，安徽含山凌滩冈遗址出土的石锛以及美国佛利尔博物馆所藏良渚文化玉璧上的月牙刻符等资料可以佐证。钺的背部常见的半环形凹槽并非通常所认为的是重复性加工后留下的残孔，而应该是最初便有意识地作为月亮的象征制作上去的。也或可把钺上远离主圆孔且无系缚功能的小圆孔理解为相对于太阳的月的观念的反映。钺上和主圆孔部分相合的轮痕可视为日月的重合，即"食"的表现。量博满又引《周礼》《尚书》《左传》等文献，认为"日月为常，交龙为旗""日月为常，画日月于其端"所指"常"，为旗的意思。古人以日、月、星三辰之旗表示最高统治者，当源自新石器时代晚期。商、周时期的大孔玉钺及铜钺不仅仅是对新石器时代有孔石钺的继承发展，同时也应该是对隐含其中的那种传统思想的继承发展。[1]另一位日本学者林巳奈夫在《有孔玉、石斧的孔之象征》一文中，也认为有孔玉、石斧之孔有象征意义。林巳奈夫举良渚文化、仰韶文化、龙山文化玉、石斧多例，认为斧之圆孔上方一般认作固定斧柄绳索捆绑痕迹的放射状线，特别是施以朱砂的线，是有特殊含义的。这些孔表现了日月神的光明，所以在其周围加上放射状线。有孔石斧周围用朱色描绘并从那里放射状地引出3条朱线，是一种强调。林巳奈夫又引述郭沫若《长安张家坡铜器群铭文汇释》一文对"皇"字的解释，以为可以参证。郭沫若指出："查《周礼·春官》乐师有'皇舞'。郑司农云：'皇舞者以羽帽覆头上，衣饰翡翠之羽。'……古人当即插羽于头上而谓之皇……后由实物的羽毛变为画文亦相沿而谓之皇。引伸之，遂有辉煌、壮美、崇高等意。"那么为何光辉仅仅向日上方伸出呢？这可由良渚文化玉斧之纹来解释。按汉代学者的说法，皇舞之舞者头上确是戴着羽毛的。但玉钺放出的线却是直的。林

[1] 量博满：《关于新石器时代的钺：论圆孔的象征意义》，载浙江省文物考古研究所编《良渚文化研究：纪念良渚文化发现60周年国际学术讨论会文集》，科学出版社1999年版。

巳奈夫于是又断其是仿羽毛之锥形器。"皇"字下面的"王"又有何来历呢？他引林沄对甲骨文"王"字的解释，认为"王"乃不带柄的斧头之象形字。"王"字的发音是《诗经·大雅》所指"扬钺也"的"扬"音转而来。总起来解，钺上的孔不是用一根绳而是用3根绳连接捆绑于柄上，原因是以3根细绳与象征日或月的孔一起构成"皇"字的上半部；这上半部与"王"所代表的钺身一同构成"皇"字。[1]这些论说有些异想天开，但在小小圆孔上作出如此大的理论，却也令人钦佩。

天文历法计算、农时计算及劳力、丰歉计算，是最早的数学导源。从稻作农业发展水平来看，良渚文化先民的数学计算已达到相当精确的地步。良渚文化的大量工程建设和工艺设计也都需要数学知识。如金字塔造型的祭坛和大型房屋的筹划与施工，均有数学之功。玉雕等工艺品上的纹饰特别是神徽纹饰，有繁简之别、大小之分，却布置适宜、井然有序，也当持数学计算能力可成。

天文学、数学和力学是人类最早掌握的自然科学知识，它们之间有一种伴生和互动关系。力学知识又与生产工艺直接结合在一起。舟楫代步为环境所迫，但舟楫之发明却需相当的思想力。王应麟《玉海》引《世本》称"古者观落叶因以为舟"，刘安《淮南子·说山训》云"古人见窾木浮而知为舟"。而《周易·系辞下》则有"利涉大川，乘木有功"之记述。《世本》、《说文解字》等又称，古者共鼓见空心木浮水渡人而"刳木为舟"，货狄见鱼尾划水而游则"剡木为楫"。猜指古人观落叶或浮木而萌发造船思想符合情理，但知道木、叶能浮或水之浮力载舟的道理简单，利用水的阻力设桨取动力却是一种带有科学性质的思考。这种思想与用火经验性地烤烧食物、陶器或下死功夫雕琢玉器不同，它有了科学的因素。在陶鼎设计上，以鱼鳍形足取代柱形足，又以"T"字形足取代鱼鳍形足，则是力学知识深化的结果。鱼鳍形足的斜向与圜器底接触更多，并且不像安装柱形足时需要榫卯结构，操作起来较方便。"T"字形足更是如此。"T"字形足还提高了鼎的稳度。干兰式建筑以桩木和承重柱为基础，上架大小横梁后铺以地板，形成架空的建筑基座，然后立柱上构筑梁架及屋顶。桩木有直接打桩和埋柱两种方式。有的在承重柱或转角柱下垫板作柱础，或还加黏土、碎陶片、石块夯实以提高稳定性。地面和大梁跨度有达三四米长的，这种架设需有精当的力学安排。后世常见的梁柱相交榫卯、水平搭接榫卯、横竖构件相交榫卯以及平板相交榫卯都已具备。榫卯有方形榫、燕尾榫、带梢钉榫、双凸榫、刀形榫、双叉榫、企口板等十多种，长宽4:1的经验截面榫头已普遍采用。大量榫卯构件有牢固的垂直相交的力学节点，甚至还有多杆交结的复杂节点。有的仅采用扎结方法也能固定。

良渚文化木构工艺均极精湛，为独特的设计和技术。从水田畈和钱山漾遗址发现的木制品盆、杵、桨、槽，庙前遗址发现的木陀螺、榔头、船形盘、豆和木胎漆盘，以及慈湖遗址发现的木屐、木耜、木桨、木钻头和

[1]林巳奈夫:《有孔玉、石斧的孔之象征》，载浙江省文物考古研究所编《良渚文化研究:纪念良渚文化发现60周年国际学术讨论会文集》，科学出版社1999年版。

木构件生产情况看，良渚文化时期已形成比较成熟的木作工艺思想及其生产体系。当时已使用劈、削、剖、挖等多种木作方法。方柱、木板的板面，都可见明显的楔裂、劈削或刨刮的斧、锛之痕。柱子等构件的两端和榫头断面有砍斫工具的痕迹，榫卯连接处则有凿孔工具的痕迹。良渚文化时期的各种建筑和其他制造业已赖有成熟的有段石锛、石凿和石楔等工具。这些工具比之河姆渡文化、马家浜文化时期的有较大进步。石凿是加工木器和挖凿木构件卯孔的工具，良渚文化时期的石凿器身较厚，平面呈长条形。出土物有长条形单面刃、长方柱体双面刃和上大下小方柱体双面刃三式。石楔是纵裂剖裁原木、制作板材的工具。石楔器身大多厚重，刃部对称而呈"楔"形。使用时沿剖面并列加楔，即在原木上顺纵向木质纤维的劈裂线每隔一定距离打入一楔，使原木通裂。经不断打深石楔或插入更长更厚的楔具，直到原木完全裂开。[1]

[1]谢仲礼:《江南地区史前木器初探》，载《东南文化》1993年第6期。

木作生产的专门化，是以设计、测量、计算、制作等各工序程序化语

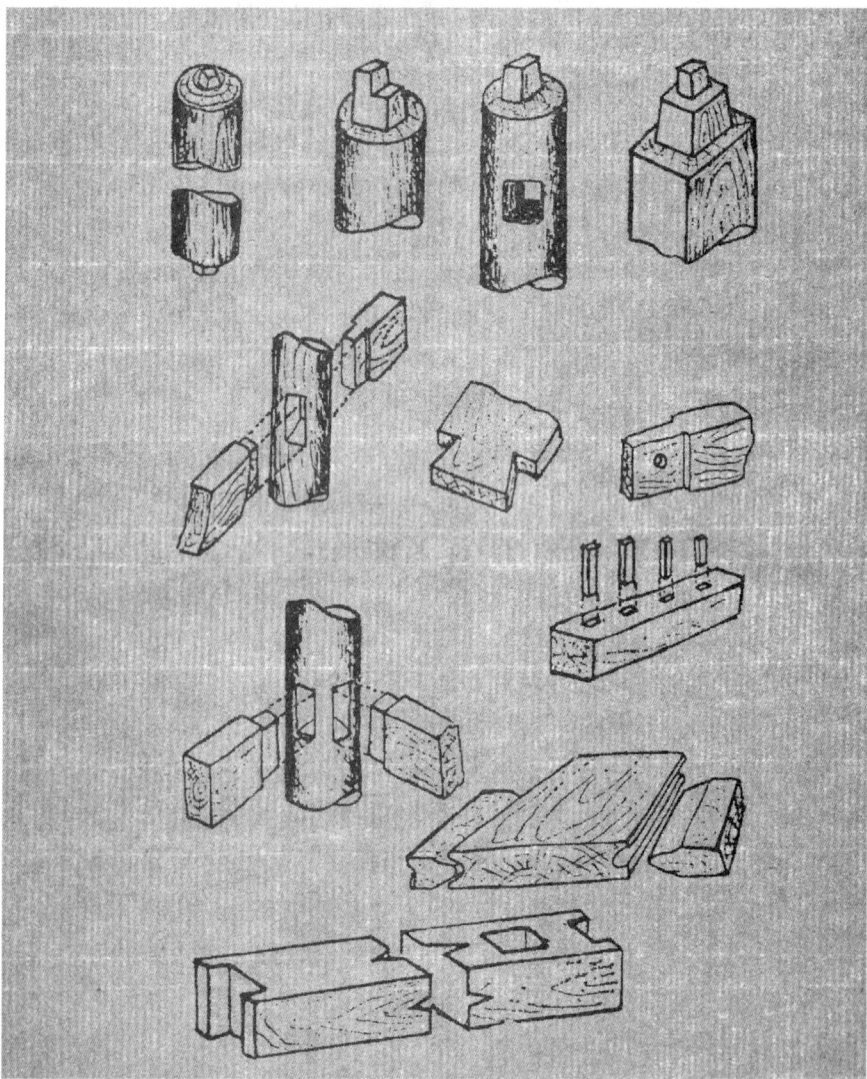

河姆渡遗址木构件榫卯（引自浙江省文物管理委员会等《河姆渡遗址第一期发掘报告》）

238

言协作为存在基础的，它反映了社会生产、社会组织结构乃至思想发展的历史水平及其特征。

希腊人在历经原始宗教后，发展了以泰利斯（Θαλής ὁ Μιλήσιος）思想为代表的自然哲学和以毕达哥拉斯（Πυθαγόρας）思想为代表的数学哲学，它们奠定了西方人思维方式的基础，成为后来西方哲学、科学的源头。赫拉克利特（Ἡράκλειτος）把自然哲学、数学哲学综合

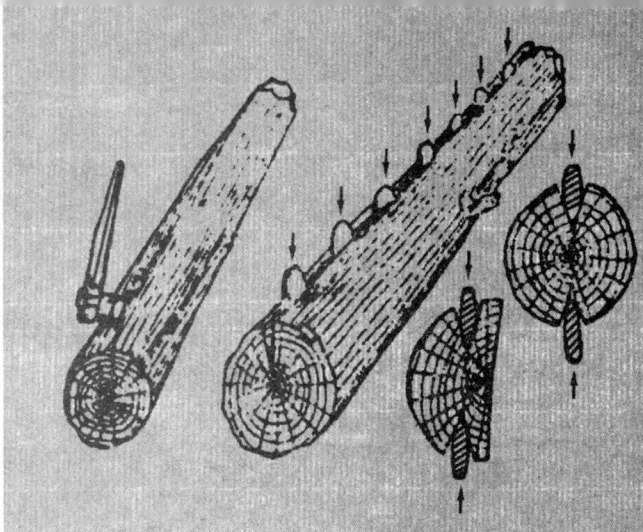

石楔纵裂木材示意（引自杨鸿勋《论石楔及石扁铲子》）

为逻各斯（λογος, Logos）学说，使西方人得益匪浅：世界是无定形、无度的，又是有边限、有度的。逻各斯学说将感觉方式与逻辑方式结合为一体，是一种既有感觉材料又有推理形式的因果性知识。希腊语中那个大写逻各斯既指理性、话语、比例关系，又指计算和言语，也指"聚集"。中国人经常宣扬

木匙和木陀螺（瓶窑）

木构件（卞家山）

木器盖（卞家山）

藤编（严家桥）

竹编（卞家山）

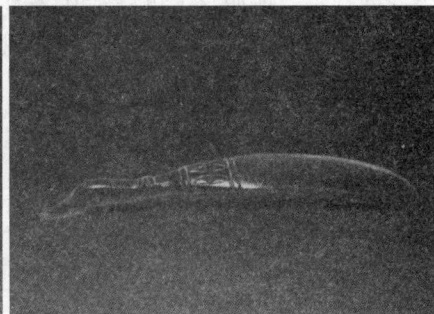

象牙匙（瓶窑）

赵陵山遗址陶盖及源极图

赵陵山遗址墓葬及器物

太极象数学说，它代表了中国式思维方式。仰韶文化马厂类型、屈家岭文化遗址中即有大量太极式陶符出现，说明太极思维在中国发源很早。但太极思维并不利于中国之哲学、科学的发展，反是某种限制。

1991年，赵陵山遗址出土一件陶盖，敞口圆底，口径9.3cm，高3.0cm，出土时位于墓主头部左侧，现场判断为盖在墓主脸部之物。质地为细泥灰陶，表面磨光后精心刻上图案，再填色并施红衣。此图可能是赵陵山宗族的族徽，可称为源极图，在逻辑构造上胜过太极图。它显示的不是简单的象数思维，而包含有复杂的逻辑结构。此图最主要的特征是阴阳结蒂与旋绞盘绕之阴阳结蒂绞形纹，使人联想到龙蛇类动物的交尾和人类的生殖与繁衍，具有神秘、庄重的审美特征。它在机理上整体对称，并非简单的中心对称、中轴对称。它自我圆足，是既无起点也无终点的无限循环系统，如迷宫般复杂玄妙，有可视的具体形象，但非为任何自然物的写真，是无形之形、无象之象，是方是圆，非方非圆，既独立又交合，阴阳互根。据分析，它至少包含了龙、蛇之形，凤、鸟之象，藤、蔓交缠，花、果之美，以及男根、女阴、生殖、胚珠等生命相，对称和均衡之自然法则，周而复始、无限循环、对立统一之哲学观，等等。此图与太极图非循同一种思维方式，两者虽然都穷"极"与"源"，但思维路径正相反。太极图的总体思维倾向是"简"，是一种删繁就简的简，忽略了所有逻辑运算。太极思想后来成了中土文化的主流，整个中国文化因这种"简"而丧失了哲学精神，导致它没能发育出建构科学体系、制造和运用庞大机械、进行复杂设计的能力。源极图在复杂中求解单一，在运算中求寻答案，有着严密的逻辑取向，也有着九曲求索的精神含于其间，哲学性的、科学性的因素也多许多。[1]

源极图之非象数式思维与神徽之抽象性形象思维也有较大分野。后者是艺术语言，前者是科学语言。早先两者皆依附于宗教，后来各有发展方向。哲学、科学没有能力解答科学的终极问题，所以西方人又通过艺术这座桥去体验终极，用宗教去设定终极。德国人挺有趣，最抽象的哲学和最感性的音乐在他们身上可以水乳交融，黑格尔和约翰·沃尔夫冈·冯·歌德（Johann Wolfgang von Goethe）互相把对方的思想或艺术形象引进自己的著作，其中的原因就是因为哲学、科学、艺术在他们的传统中存在上述关系。中国之艺术与科学由宗教分离后似乎并行而离散地各自走开，宗教、艺术、科学三者分裂发展，艺术并未成为连接的桥梁。其后果是没有发生真正的宗教；中国也从未发生过有真正的宗教感的艺术，中国人基本没用艺术去体验生命、追寻终极；太极图式的简单逻辑也使中国没能发生原生的真正意义上的科学。

[1]董欣宾、郑旗、陆建方：《赵陵山族徽在民族思维发展史上的重要意义》，载徐湖平主编《东方文明之光：良渚文化发现60周年纪念文集》，海南国际新闻出版中心1996年版。

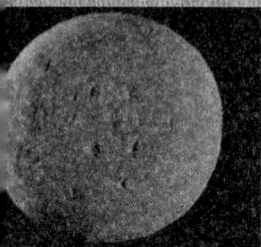

中原文明发展了太极象数，并使之定型。而崧泽文化则早就出现方圆结蒂绞形纹，良渚文化之源极图为其发展，可证良渚文化的独特体系，也可证中原、东南地区两大文明系统的差异。良渚文化在金属器、文字的发明等方面均落后于中原文明，但以源极图为代表的逻辑思维似有较大优势。非常遗憾，中国后来的文明没有沿着源极图之复杂思维路径走下去。如果良渚文化之源极图式思维能发展出来，中国之宗教，中国之科学、艺术，可能会是另一种面目。

第四节　良渚文化对中国5000年文明史的实证

一、龙山时代的纲领

中国大体可以分为3个自然地理区域，即青藏高寒区、西北干旱区和东方季风区。其中后二者的交界线由东北绵延斜下而至西南，划分出面向内陆和面向海洋的两大地理板块。苏秉琦指出：东亚大陆面向内陆的部分，多出彩陶和细石器；面向海洋的部分则主要是黑陶、几何印纹陶、有段和有肩石器分布区域。大卫·N. 吉德炜（David N. Keightley）也把中国新石器时代文化划分为两个大的文化共同体：西北部和中原地区的西部为一个共同体，东部沿海和中原地区的东部为另一个共同体。他把这两个文化共同体称为西北部文化圈和东部沿海（或东部）文化圈，认为两大文化圈之间在技术和审美的若干方面表现出极大的差异，并指出两个大文化共同体的相互影响具有重要意义。[1]在新石器时代，东亚大陆的广大地域曾普遍使用过两种三足炊具，即实足的鼎和空足的鬲，有学者据此将中国远古文化称为"鼎鬲文化"。海岱地区（以山东地区为中心的泰山南北、东及海滨区域）、长江中下游以及中原地区的东部和南部为用鼎区，华北西北部、中原地区的北部和西部为用鬲区。两者的交错区域位于洛阳至郑州一带，这里构成东亚大陆面向内陆和面向海洋两大文化系统的交汇地。代表夏王朝的二里头文化先盛行用鼎，后亦用鬲。鼎鬲共存，暗寓鬲文化和鼎文化的碰撞和融合。高度兴盛的王朝文明正是这种碰撞和融合的产物。苏秉琦把黄河中游以汾、渭、伊、洛流域为中心的中原地区，称作"在中华民族形成过程中起到最重要的凝聚作用的一个熔炉"。作为王朝文化之先导的二里头文化，形成于新石器时代的两大文化板块的交汇地带。其后的商、周王朝时期，伴随着中原王朝势力圈的扩大，属于华北系统的鬲扩散到了长江流域和海岱地区。同时，东南系统的鼎在早期王朝时代的中原作为陶器器类之一种走向衰退，但却作为中原王朝青铜礼器的代表性器物而得到重用，成为商、周王朝礼仪用器的核心。兴起于中原王朝的、作为青铜礼器之制造基础的陶范制作技术，实际上是新石器时代后期兴盛于华北文化系统的制模技术与东南文化系统中发达的快轮技术相互融合的产物。在新

[1] David N. Keightley, *The Origins of Chinese Civilization*, California: University of California Press, 1982.

隔档鼎（南湖）

商代小臣缶方鼎

商代堇鼎

周代刺鼎

[1]许宏：《最早的中国》，科学出版社2009年版。

石器时代文化系统间的相互关系中，可以窥见中国文明形成的源流。[1]

龙山文化因1928年发现、1930年开始发掘的山东省章丘市龙山镇城子崖遗址而得名，现在一般泛指中国黄河中、下游地区新石器时代晚期的考古学文化遗存。1931年，梁思永在河南省安阳市后冈遗址第一次发现了小屯（商代）、龙山、仰韶3种文化遗存上下依次堆积的三叠层，明确了三者的相对年代关系。20世纪30年代，归属于龙山文化的遗址不仅有黄河中、下游的考古学文化类型，还包括杭州湾地区的考古学文化即良渚文化。1939年，梁思永提出龙山文化是中国文明的史前期的观点，并将龙山文化分为山东沿海、豫北和杭州湾3个区。1949年以后，大量的考古发掘和研究表明，原先的所谓龙山文化，其文化系统和来源并不单一，不能视为只是一个考古学文化。1959年，安志敏将龙山文化分为沿海、中原（包括河南、陕西、山西）、江浙和甘青4个区，并认为中原龙山文化是由仰韶文化经庙底沟二期文化发展而来的，而山东龙山文化另有来源，江浙地区近似龙山文化的遗存有待进一步研究，甘青地区的齐家文化和陕西龙山文化是否属于一个类型也有待于进一步研究。1977年，张光直提出龙山文化至少在河南、山东和长江中下游3个地区经济社会发展水平已相当高，社会分化程度也相当高，为过渡到一个进步文明时期做好了准备。河南龙山文化在这一过程中居于领先地位，由它发展来的商文明是当时中国最强盛的国家。后来学术界以地域对龙山文化进行了细分：山东龙山文化，或称典型

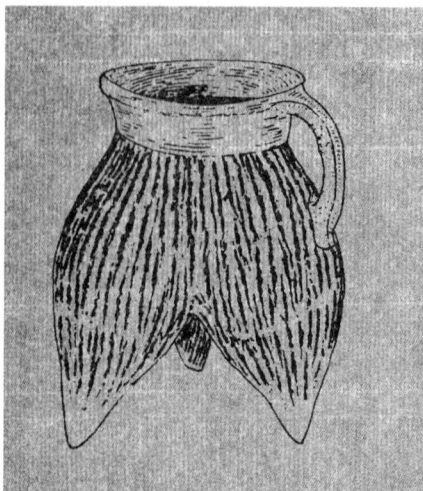

河南龙山文化绳纹陶鬲（河南陕县三里桥）

商代绳纹灰陶鬲（河南郑州二里岗）

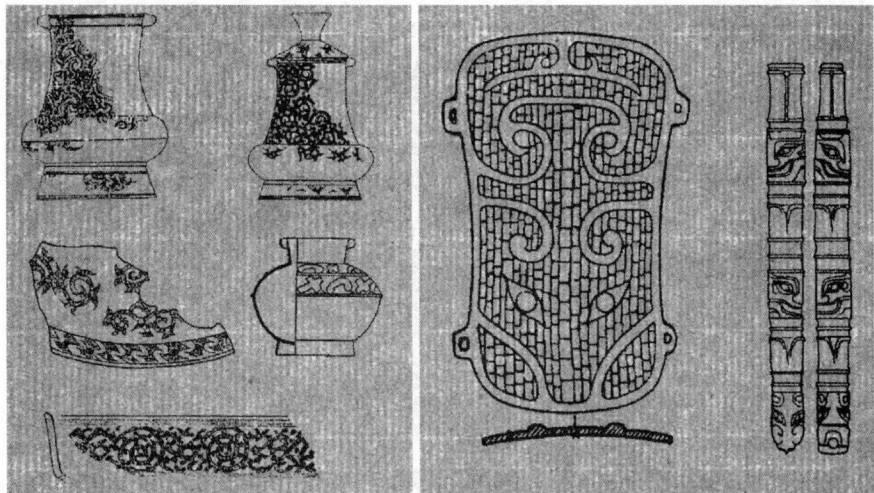

良渚文化陶器上的蟠螭纹和鸟纹　　二里头文化铜牌和玉柄形器饕餮纹

龙山文化，其分布以山东地区为主，上承大汶口文化，下续岳石文化，年代为4.5—4.0kaBP；庙底沟二期文化，主要分布在豫西地区，豫东地区也有分布，由仰韶文化发展而来，属于中原地区早期阶段的龙山文化，年代为4.9—4.8kaBP；河南龙山文化，主要分布在豫西、豫北和豫东一带，上承庙底沟二期文化或相当于这个时期的遗存，发展为中原地区的青铜文化，年代为4.6—4.0kaBP，一般还分为王湾三期、后岗二期和王油坊3个类型；陕西龙山文化，或称客省庄二期文化，主要分布在陕西泾河及渭河流域，年代为4.3—4.0kaBP；龙山文化陶寺类型，以山西襄汾陶寺遗址为代表，主要分布在晋西南地区，年代为4.5—3.9kaBP。龙山文化总分布面积达到300万km²以上，约占中国国土面积的1/3。1979年，安志敏将"龙山文化"的称谓限定于黄河流域，如庙底沟二期文化、河南龙山文化、陕西龙山文化、山东龙山文化，而齐家文化是龙山文化的变体。他还指出，这时期在全国范围内，从文化面貌上有渐趋一致的倾向，反映了中国新石器时代晚期诸文化交流影响及其融合统一的趋势。与此同时，高广仁等提出山东龙山文化已进入文明时代的观点。1972年安志敏在《略论我国新石器时代文化的年代问题》一文中即指出："以地域命名的龙山文化，可能分别属于不同的文化系统，甚至具有不同的来源……应根据具体的文化特征分别命名，以便区别和研究。"[1]但从各种考古学研究来看，上述各类龙山文化，包括20世纪30年代归属于其内的杭州湾区，均有许多共同特征，总体都已出现中国早期文明的性征。因此，考古界又将5.0—4.0kaBP这一时期称为龙山化时期或龙山时代。

　　1959年，张光直在《中央研究院历史语言研究所集刊》发表长文《中国新石器时代文化断代》，提出龙山文化是从仰韶文化发展而来的观点。从仰韶文化到商文化，"是一个黄河流域土生土长的文化的传统的演变与进步。把仰韶与龙山当作两个文化，再在两个文化之外去找殷商文化的来源，似乎是不必要了"。他同时认为，中原地区的文化向四方发展，形成

[1]安志敏：《略论我国新石器时代文化的年代问题》，载《考古》1972年第6期。

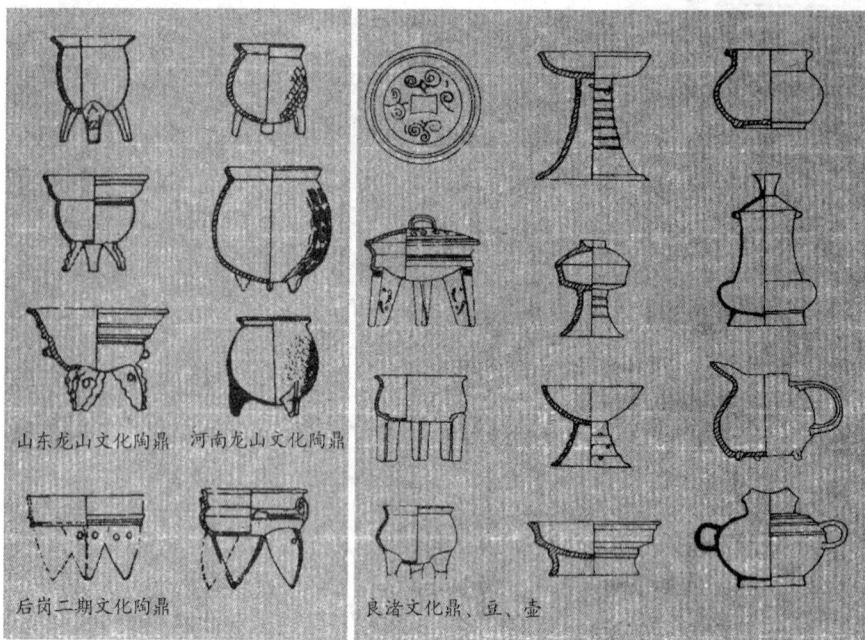

山东龙山文化陶鼎　河南龙山文化陶鼎

后岗二期文化陶鼎　　　良渚文化鼎、豆、壶

龙山文化蛋壳黑陶高脚杯（山东日照）

[1]张光直：《中国新石器时代文化断代》，载张光直《中国考古学论文集》，台北联经出版事业公司1995年版。

[2]安志敏：《试论黄河流域新石器时代文化》，载《文物参考资料》1959年第10期；石兴邦：《黄河流域原始社会考古研究上的若干问题》，载《文物参考资料》1959年第10期。

所谓"龙山形成期"或者"龙山化时期"，最终奠定了历史时期中国文明的基础。[1]而安志敏和石兴邦也在这一年发表了同一观点的论文。[2]这一观点曾一直贯穿于张光直《古代中国考古学》一书的前3版，对整个西方的考古界都有很大影响。虽然1977年出版的第三版对周围地区的文化有较高的估计，但是基本的观点没有改变。一直到20世纪70年代末期，这一观点才由于中原地区之外的考古发现日益增多，不得不让位于多元论。1981年，严文明发表《龙山文化和龙山时代》一文，提出"龙山时代"一名。严文明分析了黄河流域、长江流域以及辽东半岛、河北北部等广大范围内的龙山文化时期各种文化遗存的特征、年代、渊源等，认为这些文化彼此连成一片，又基本上属于同一时代，而且除齐家文化外，都曾被称为龙山文化，按照实际情况把它们区分为许多考古学文化是完全必要的，但绝不能因此而对它们的共同特征和相互联系有任何忽视，而应用一个共同的名称，即龙山时代。他认为龙山时代诸文化都在夏朝以前，相当于古史传说中唐尧虞舜的时代，属于铜石并用时代。这时期有许多重大发明，如制造铜器、以陶轮制陶、纺织业极大进步、学会打井、房屋建筑水平较高、已有城防设施、普遍出现卜骨，还有成体系的文字资料等，生产力因此获得前所未有的提高，社会面貌亦随着有很大改变。[1]1987年，严文明进一步指出，中国史前文化所具有的统一性和多样性特点以及以中原为核心的重瓣花朵式格局，对中国早期文明的发生产生重要影响。

20世纪70年代末期苏秉琦率先提出"区系类型理论"，对多元论的形成起到关键作用。1981年他和殷玮璋发表《关于考古学的区系类型问题》一文，把中国远古文化划分为六大区系，并指出："在历史上，黄河流域确曾起过重要的作用，特别是在文明时期，它常常居于主导的地位。但是，在同一时期内，其他地区的古代文化也以各自的特点和途径在发展着。各地考古发现的考古材料越来越多地证明了这一点。同时，影响总是相互的，中原给各地以影响，各地也给中原以影响。"[2]张光直则在1986年出版的《古代中国考古学》第四版中提出相互作用圈理论，能动地看待中国古代各文化区的相互作用和关系，否定了中原一枝独秀的学说。他在《中国相互作用圈与文明的形成》一文中指出："华北的大汶口文化与长江流域和东海岸文化连锁关系的连锁证据就是所谓'龙山形成期'的成形；龙山形成期在公元前第四个千纪的中叶在华北和长江流域出现，然后沿着东海岸直到台湾和珠江三角洲一直到公元前第三个千纪的中叶。龙山形成期这个概念是最初在1959年作为贯穿若干区域文化序列的空间性的整合工具而提出来的，用来说明整个中国东海岸在一段连续的时期之中的许多石器和陶器特征与类型上的相似之处。为了解释龙山形成期的迅速而且广泛的扩张，在提出这个概念的当时觉得把它当作从一个核心区域，即华北的中原地区，汾、渭、黄三河的交汇地带放射出来的文化扩展是合理的解释。作这种解释的基础是新石器时代文化发展在中原有一串完整的系列，而在东部和东南海岸当时没有这样的一个完整的发展系列，因此在东部与东南海岸地区的与中原类似的文化想必是自中原较早的文化传布而来的。可是到今天这个基础已经不复存在了。因为在好几个区域中今天也已经有了完整的或近乎完整的发展系列了。因此'龙山形成期的大扩张'这个观念不能再来作为解释龙山形成期的理论基础。"他把6.0kaBP还没有迈过国家门槛的中国相互作用圈，分为内蒙古长城地带文化（以兴隆洼文化为最早）、仰韶文化、大汶口文化、大溪文化、太湖长江三角洲文化、大坌坑文化等。认为这些区域文化在一个相当长的时间内相互作用，终于构建了中国文明的形成基础。前后30年，张光直在对中国古代文明形成的解释上经历了从"龙山形成期"到"相互作用圈"的变化。前者强调6.0kaBP以鼎、豆、壶为代表的中原文化对周围文化的辐射和扩张，后者则从各地区的本位出发，强调了它们与中原地区及其他临近地区的相互作用。

[1]严文明：《龙山文化和龙山时代》，载《文物》1981年第6期。

[2]苏秉琦、殷玮璋：《关于考古学的区系类型问题》，载苏秉琦《苏秉琦考古学论述选集》，文物出版社1984年版。

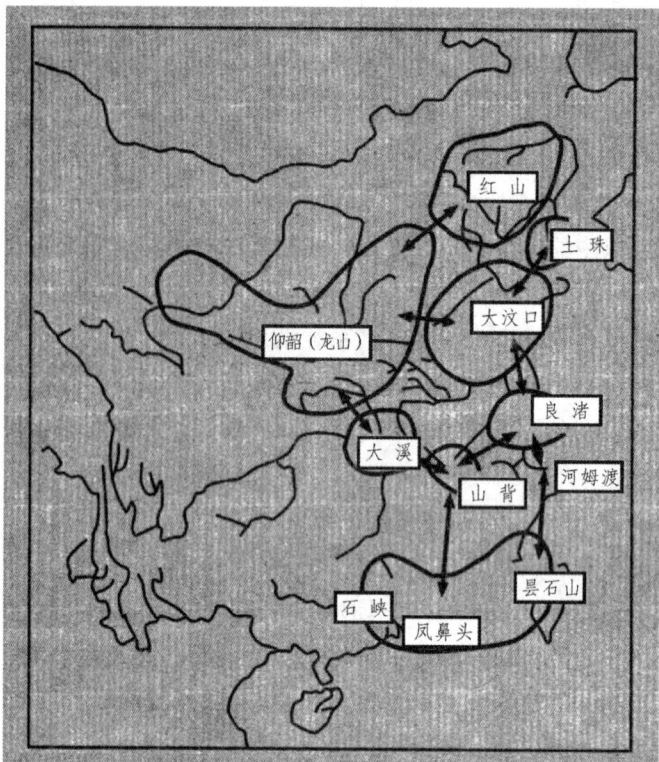

中国主要新石器区域文化（据张光直《古代中国考古学》附图修订）

因为各主要地区的考古学文化在20世纪80年代初期已经理出一个完整的发展序列，所以他认为，各地区文化是在中原文化的辐射下产生的所谓"龙山形成期的扩张"的解释基础已经不复存在。但是，他又认为"龙山形成期"是一个存在的事实，"我们却不可把婴儿与洗婴儿的水一起倒掉，因为婴儿——即龙山形成期——是真有的"。[1]把这两个概念结合起来解释中国古代文明的形成，比单纯强调各地区文化的相互作用更辩证。张光直提出相互作用圈的理论虽晚至1986年，但是各地区文化交互作用最终形成中国古代国家的思想，体现在他20世纪七八十年代的许多著作中。他把夏、商、周看成并行发展而不是前后相继的3个相互关联、相互促进的文明，就是这个思想的雏形。

张光直晚年每每检讨自己早年的解释理论，即中原中心论。他在《二十世纪后半的中国考古学》一文中说："这本书（指《古代中国考古学》）在1963年出了第一版，1968年、1977年、1986年出了第二、第三、第四版，在东亚、欧洲、北美洲流传很广，被很多大学与研究所采作教科书，在西方的影响不能说不大。主要的原因是，当时中国的书不出口，《古代中国考古学》消化了很多的遗址、遗物，可以作为参考资料。同时，中国出版的考古学书刊都是用马克思主义观点，而《古代中国考古学》则是用英美熟悉的语言写的。但是它却被我狠狠地改了两次，就是第二版到第三版及第三版到第四版之间。第一版有什么错呢？没有错，只是材料都是在一种眼光下收集的，本质上是民族主义的，在中原做的工作极多，文化层序较长。在写第三版的时候'文化大革命'已近尾声，地方出版物如雨后春笋，报告了无数的新资料。我不能不向新出土的史实弯腰。一、中原的文明偶然被四夷超过；二、四夷的文化在碳十四测定中有时被放在比中原更早的地位。我就不得不在这第三版里给四夷较高的地位。可

[1]张光直：《中国相互作用圈与文明的形成》，载张光直《中国考古学论文集》，台北联经事业出版公司1995年版。

是八十年代的中国考古学证明在中国境内有好几个文化中心，而不是只有一个我所说的核心区。""我这核心区的概念是从哪里来的？我不得不把矛头指向中国传统的历史学。"[1]从上述的讨论可以看到，关于中国文明起源解释的变化，除了受中原中心的传统中国史观和民族主义的影响之外，更直接的原因是考古材料的变化，一切解释都要随材料的变化而变化。正如张光直《中国相互作用圈与文明的形成》一文所说：过去考古学的经验告诉我们，"新材料在不久的将来一定会出现，而建立在老材料上的假说一定会坍毁"。[2]

张光直《中国相互作用圈与文明的形成》一文还指出："在一个相互作用圈里面的区域文化或地方文化之间显示着由它们彼此之间相互作用而来的类似性。考古学者制定各种'文化水平'（Cultural Horizon）或'水平形态'（Horizon-style）来把这种类似性加以特征化。另一方面，一个大的相互作用圈也可以在个别的区域之内起一定的作用。一个区域文化与其他区域长期的相互作用是会与它内部的发展连锁起来的。因此，在公元前第四千纪中国相互作用圈的形成，与其内各组成文化区域内部向文明时期的转变，乃是同一发展的两面。在描述中国新石器时代史前史时，我将资料组织成'文化'（Cultures）与'类型'（Phases），这些范畴是世界上任何区域文化史的建筑单位，让我们能用经济的语言来将考古遗物群提出来……一个相互作用圈并不是作为行为单位的文化的相互作用。它实际上是社群与社群之间在一个很大的相互作用层次分级结构体之内的相互作用（接触、讯息、货物的交换以及冲突）……我们使用类型与类型或文化与文化之间风格类似的程度为接触关系的彻底性或频繁性的指数……在这里我们简略地看一下考古资料可供使用的若干区域中文化变迁的程序：1. 山东，大汶口文化演变为山东龙山文化；2. 长江下游，自马家浜文化产生而将之取代的良渚文化区；3. 黄河中游河谷，仰韶文化地区，在这里各区域类型经过一过渡期类型——庙底沟二期，而发展成为好几个区域性的龙山文化（河南、陕西、山西）；4. 甘肃有齐家文化在此时兴起；5. 长江中游青龙泉三期文化的区域。如严文明所指出的，这些龙山和有关文化在许多方面彼此相似而且它们约略同时在舞台上出现。这两件事实便可指明各地龙山文化的发展乃是彼此有关的。"[3]张光直认为，文化相互作用圈的完整性到了龙山时代显然进一步加强了。而且到了这个阶段，在整个的相互作用圈内不但看到物质文化形式上的类似性，还可以看到彼此相似的社会组织和意识形态的演进趋势。这表示彼此间信息交往一定是持续的而且是频繁的，而且这种交往促进了文化和社会的穿过区域界限的彼此相关的变化。

张光直进一步指出，上述现象并不指向一个单一的龙山文化，它们所指向的乃是在中国相互作用圈每一个区域文化之内的在文化和社会上所发生的一连串的彼此有关的变化。就每一个个别区域文化来说，外部作用网和内部所发生的变化，在这个区域文化于4.0kaBP准备向国家、城市和文明

[1] 张光直：《二十世纪后半的中国考古学》，载《古今论衡》（创刊号）1998年。

[2] 陈星灿：《从一元到多元：中国文明起源研究的心路历程》，载《中原文物》2002年第4期。

[3] 张光直：《中国相互作用圈与文明的形成》，载张光直《中国考古学论文集》，台北联经事业出版公司1995年版。

跨进上都是同等重要的。

张光直又在《论"中国文明的起源"》一文中指出:"文明是一个社会在具有这些成分时在物质上或精神上的一种质量的表现,而它的关键是在于财富的积累、集中与炫示。谈文明的动力便是谈一个社会积累、集中与炫示它的财富的方式与特征,也便是谈它的各种成分(如文字、青铜器、城市等)在财富积累、集中与炫示上所扮演的角色及所起的作用……综上所述,古代财富项目主要的可以列举如下:1. 土地;2. 食物(农作物、兽肉);3. 劳动力(农业与手工业);4. 贝;5. 作为象征物及法器的艺术品。"文明的进化,并不伴随着生产工具、生产技术的质的进步。考古遗物中的生产工具,如锄、铲、镰刀、掘棍、石环等,都是石、骨制作的。不论在形式上还是在原料上,从仰韶文化到龙山文化,再到夏、商、周三代,都没有根本性的变化。考古学上在东周以前也没有大规模水利建设或农业灌溉的证据。"从仰韶到龙山到三代,一个阶段一个阶段地跃进,在考古学上的表现是阶级分化、战争、防御工事、宫殿建筑、殉人与人牲等政治权力集中的表现。换言之,中国考古学上所表现的文明动力是政治与财富的结合。"[1]

自20世纪80年代以来,良渚文化的考古发掘量不断增多,是全国发现高规格不可移动文物和可移动文物最多的考古学文化,在历年十大考古新发现中也是项目最多的。因此张光直当年的评估还得进一步修正和调整。比如中国最早的文明是否一定发源于中原,以中原为核心?严文明等人近年来对良渚文化和良渚遗址的价值评估不断升级,中国考古界也有了良渚遗址是实证中国5000年文明史规模最大、水平最高的大遗址之一的认定。不少学者认为良渚文化是夏、商文明的源头。如前述陈剩勇从鼎、豆、壶和礼仪等方面的考订外,吕琪昌《青铜爵、斝的秘密:从史前陶鬶到夏商文化起源并断代问题研究》一书以夏文化的重要礼器封顶盉、爵、觚的传播途径为研究线索,揭示夏文化与东南史前文化尤其是良渚文化的关系,进而探讨夏文化的起源及入主中原的路线和时间。邹衡在《试论夏文化》一文中指出:"夏文化的青铜礼器,目前只见到爵一种酒器。在陶器中却还发现了觚、爵、盉、鬶、斝等酒器,这几种陶器往往也是作为礼器随葬的。斝、鬶很少见到,觚、爵、盉则比较常见,而且经常成套出现。早商文化中,很少见到盉,而斝则是常见的,一般随葬铜器或陶器的墓,经常用成套的觚、爵、斝作为随葬品,而且以此表明死者的社会身份。看来,觚、爵、盉与觚、爵、斝这两种不同的组合,应该是代表了夏、商两种文化不同的礼俗。"[2]邹衡引《礼记·明堂位》云:"灌尊,夏后氏以鸡夷,殷以斝。""殷以斝"已为商文化中常出斝所证实,而鸡夷又称鸡彝,他认为就是二里头文化中常见的礼器封口盉。吕琪昌在书中提出,封顶盉是太湖系统的"细长颈卷叶流细袋足鬶"传至中原地区后的变体,爵是太湖系统陶鬶随良渚文化先民西迁进入安徽及江汉地区再转进中原衍生出的

[1]张光直:《论"中国文明的起源"》,载《文物》2004年第1期。

[2]邹衡:《试论夏文化》,载邹衡《夏商周考古学论文集》,文物出版社1980年版。

新品种，觚则源于海岱文化蛋壳黑陶高柄杯并在皖西南及鄂东地区转型而成。因此，三大礼器的源头包含了太湖文化及海岱文化两大成分，当时存在的可能情况是：来自太湖文化区的夏族，西入安徽地区后与从皖北海岱文化圈南下的势力交会，甚至可能与其中某部落结成部落联盟，形成了兼具太湖与海岱文化性格的融合文化。这样的观点可以获得古史传说的支持：（1）禹娶涂山、禹合诸侯于涂山。涂山地望只有"濠州说"（今安徽省怀远县与蚌埠市之间）具有可靠的文献依据。怀远、蚌埠在淮北，与著名的尉迟寺遗址在同一区域，主要属于海岱东夷文化圈。（2）益佐禹治水。地点在淮北地区，而一般也认为益是东夷人士。综合这些结论可以推测：良渚文化中晚期之交，由于内部的分裂，或由于其他原因，如洪灾等外在因素，使得创造良渚文化最高文明的一个部族——"原始夏族"向西北迁移进入安徽中北部的江淮地区。这些"原始夏族"与当地部落有了交流，并进一步结成所谓"部落联盟"。此即"禹娶涂山"传说的由来。此时的安徽北部地区，正处于黄泛区上游的淮北平原；"原始夏族"累积与洪水奋斗的经验，与当地的"夷"族相结合，在此地展开漫长的治水工程，这就是"益佐禹治水"传说的根本。水患平后，"原始夏族"除以其功绩受到其他部族的拥戴外，在与"夷"人长期融合后更为强大，是以"禹合诸侯于涂山，执玉帛者万国"。壮大后的"原始夏族"进入豫东南地区并向西挺进，直抵伊、洛，征服了中原地区。这时的"原始夏族"也吸收了中原的文化，实力更为强大，形成了会聚多重文化的"夏族"。进入伊、洛地区后，"夏族"的势力迫使原来中原地区包括"陶寺文化"在内的部族完全臣服，其首领"启"终于成了天下的共主，建立了中国历史上第一个王朝。[1]吕琪昌2008年写的一篇未刊文《卞家山出土漆觚的启示》进一步修订说，从与良渚遗址内的卞家山出土的漆觚来判断，王湾三期文化及二里头文化的觚也如封顶盉、爵一般，来自良渚文化的传播。这些论述虽较牵强，但多少有一些道理。

[1]吕琪昌：《青铜爵、斝的秘密：从史前陶鬶到夏商文化起源并断代问题研究》，浙江大学出版社2007年版，第317、242、260页。

良渚文化在龙山时代总体上发展水平处于领先地位，尤其是在龙山时代早期可能发挥主导作用。而在龙山时代以前，良渚文化则先期开

漆觚（卞家山）

创了向文明转进的新时代，某种程度上决定了龙山时代的到来，或极大程度上推动了龙山时代的形成。良渚文化的农业发展水平在龙山时代处于领先水平，当时的山东龙山文化、中原龙山文化相比之下有所不及。龙山文化农具中未见先进的翻土工具犁形器等新式农具，种植的作物种类较少，仅粟、黍等几种。个别地区兼种水稻，可能是从良渚文化引进的。龙山文化遗址中发现水井较少，说明用井水灌溉作物的技术未普及。在手工业方面，良渚文化在许多方面也超过龙山文化。良渚文化和山东龙山文化以黑陶为代表的制陶工艺均达到相当高的水平，但良渚文化黑陶无论是造型设计还是烧造工艺都略胜一筹，而且还深度影响了龙山文化。钱山漾等良渚文化遗址出土的纺织品织造工艺远胜于龙山文化，其中丝织品还是龙山文化所未见的。良渚文化玉器更是在数量和艺术上大大胜于龙山文化。有玉器出土的龙山文化遗址极少数，唯山东省胶州市三里河遗址鸟形器、日照市两城镇遗址玉铲等稍精良。良渚文化使用工艺十分精湛的榫卯木制件建造房屋和其他木构件，龙山文化则主要以土坯建屋，木作工艺发展较慢，相比之下良渚文化进化水平更高。不过，龙山文化的铜器制造业在当时领先，已能铸造红铜器和黄铜器，这是良渚文化的一个巨大缺失。所以，总体上可以确认，良渚文化在龙山时代早中期具有纲领性的作用。这个判断是根据近20多年来的考古新发现对张光直"龙山形成期"或者"龙山化时期"的进一步修正，又是对他后来提出的"中国相互作用圈"论点的一种充实。

二、玛雅—中国连续体的典型形态

韦斯登·拉巴（Weston La Barre）在一篇研究美洲印第安人巫教与幻觉剂的论文中提出文化底层概念，意指美洲印第安人的宗教一般都保存着他们的祖先在进入新大陆时从其亚洲老家所带来的旧石器时代和中石器文化底层的特征。后来，彼得·T. 佛斯特（Peter T. Furst）进一步发展了这一理念，用以论证"亚美巫教底层"。张光直运用这一理念提出环太平洋文化底层、玛雅—中国连续体的著名论点：世界文明主要有两种形成方式，即西方式文明和非西方式文明的形成方式。西方式文明从两河流域苏美尔人的乌鲁克（Uruk）文明到地中海的爱琴文明相沿发展而来，通过罗马文明而普遍化，特点是突破性或断裂性的。技术或商业程序是其财富集聚和生产方式的决定性因素；产生文字的主要动机是技术和商业的需要；城市成为交换和手工业的中心，城乡分离；在社会组织结构中，地缘关系代替了血缘关系。以古代希腊、罗马和日耳曼为代表的欧洲早期国家的特点是，在氏族制度之后按地域划分为国民。非西方式或中国式文明，包括美洲的玛雅文明等在内，特点是连续性的。其社会财富的集聚主要靠政治程序完成，贸易主要限于聚宝；文字的出现与政治、亲族的辨认和宗教仪式密切相关；文明时代的城市与以前的氏族聚落具有一致性和连续性；从氏族发展到国家的过程中血缘关系一直延续着，并起主要作用。张光直由这种宏阔的考古学文化空间研究得出一种有启发性的结论：中国式文明发生形态很可能是全世界向文明转进的主要方式，而西方式文明倒是个例外。自西方经验而来的科学法则没有普遍的应用性，具有一般适应性的社会发展原理应当经过广大的非西方世界历史的考验，或在这个历史基础之上制订出来。或者还可以说，任何历史科学原理一定要通过中国史实的考验才有普遍性。从这种意义上来说，史料极其丰富的中国历史的潜在研究价值是难以估计的。[1]张光直的上述理论具有开创性意义，对西方学术具有很大的挑战性，引发了许多学者的关注。

张光直根据《国语·楚语下》"绝地天通"的故事，认为萨满教在中国文明起源中占有基础性地位。他说："它为我们认识巫觋文化在古代中国政治中的核心地位提供了关键的启示……古代，任何人都可借助巫的帮助与天相通，自天地交通断绝之后，只有控制着沟通手段的人，才握有统治的知识，即权力。于是，巫便成了每个宫廷中必不可少的成员。事实上，研究古代中国的学者都认为：帝王自己就是众巫的首领。三代王朝创立者的所有行为都带有巫术和超自然的色彩。"他还为萨满巫教理论提供了另外两个论据："如夏禹有所谓'禹步'，是后代巫师特有的步态……甲骨卜辞表明：商王的确是巫的首领。"[2]张光直注意到在中国文明起源过程中"巫"的特殊作用，他认为在政治权力的获取和增加上，"巫"这类人物和他们的作业与所代表的宇宙观，要发挥巨大的作用。所以，中国的青铜器主要是为统治者争取与维护政治权力而发明制造的。它的一个重要功能就是沟通天地的法器，而青铜器上饰以动物纹饰也主要是为了协助巫觋沟通天地。《吕氏春秋·慎势》云："周鼎著象，为其理之通也。理通，君道也。"意思是周鼎上刻铸物象，是为了让事理通达，而事理通达则是人君的行政处事之道。

张光直又进一步认为艺术和文字具有类似的宗教功能，都是攫取政治权力的手段。首先，艺术是攫取权力的手段。商、周艺术中的动物纹样具有宗教功能，"带有动物纹样的商周青铜礼器具有象征政治家族财富的价值。很明显，既然商周艺术中的动物是巫觋沟通天地的主要媒介，那么，对带有动物纹样的青铜礼器的占有，就意味着对天地沟通手段的占有，也就意味着对知识和权力的控制。占有的动物越多越好；因此正如《左传》所说'远方图物'，所有的物都铸入了王室的青铜器之中。很可能王室的巫师和地方巫师所拥有的动物助手也是分层分级的。"其次，文字也是攫取权力的手段。无论商代还是史前的陶器符号，绝大多数都是家族、宗族、氏族或其分支的标记和祖徽。"古代中国的文字，至少其中的一部分，可能从祖徽（赋予亲族政治和宗教权力的符号）演变而来。我们由此可以推想：古代中国文字的形式本身便具有内在的力量……文字的力量来源于它同知识的联系；而知识却来自于祖先，生者须借助于文字与祖先沟通。这就是说，知

[1]张光直：《中国古代文明的环太平洋的底层》，载张光直《中国考古学论文集》，台北联经出版事业公司1995年版；张光直：《连续与破裂：一个文明起源新说的草稿》，载张光直《中国青铜时代》（二集），生活·读书·新知三联书店1990年版。

[2]张光直：《美术、神话与祭祀》，辽宁教育出版社2002年版，第29页。

[1]张光直:《美术、神话与祭祀》,辽宁教育出版社2002年版,第58、66页。

[2]张光直:《中国古代王的兴起与城邦的形成》,载张光直《中国考古学论文集》,台北联经出版事业公司1995年版。

[3]张光直:《连续与破裂:一个文明起源新说的草稿》,载张光直《中国青铜时代》(二集),生活·读书·新知三联书店1990年版。

识由死者所掌握,死者的智慧则通过文字的媒介而显示于后人。"[1]

张光直在《中国古代王的兴起与城邦的形成》一文中指出,中国古代早期国家起源的一项重要的特征,是政治权力导向财富,即由"贵"而"富",而非由"富"而"贵"。一般而言,提高增加财富的生产力,"不外两条途径:增加劳动力,或改进生产工具与技术"[2]。张光直认为,中国文明起源中的财富集中,并不是依靠生产技术革新和生产力的发展这一方式而达成的,而几乎全部是依靠操纵劳动力而达成的。在古代宗法制度下,政治权力由个人在亲族群中的地位而决定,而政治权力越大,统治者便可获得更多的劳动力,生产更多的财富。由考古资料看,从仰韶文化到龙山文化,再到夏、商、周三代,在生产工具方面没有出现突破性的变化。中国古代国家财富的增加和集中,几乎全然是靠劳动力的增加、靠将更多的劳动力指派于生产活动和靠更为有效率的经营技术而产生的。换言之,财富之相对性与绝对性的积累主要是靠政治程序而达成的。[3]张光直的这一观点,揭示了政治手段在财富积聚中的特殊作用,对于研究中国文明起源有启发意义。

将上述青铜器置换为玉器,张光直的研究结论几乎完全与良渚文化相符。良渚文化是玛雅—中国连续体的典型案例。所以,当把良渚文化与其他史前文化和整个中国文明史结合起来,弄清史前各段历史与中国文明的关系,构筑各段之考古学文化区系框架,并在每一区系的研究上深入下去,从史前文化和古代、中古、近现代文明发生发展的背景、契机、途径、过程及其特点中清理出历史线索。

中南美洲的印第安人则创造了三大文明中心,即位于今天墨西哥中部的阿兹特克文明、位于中美洲的玛雅文明、位于南美洲安第斯山区今秘鲁一带的印加文明。玛雅文明约发源于4.5kaBP前,如同中国文明一样。玛雅文明一般可分为3个阶段:前古典期(4.5—1.7kaBP)、古典期(1.7—1.1kaBP)和后古典期(1.1—0.4kaBP)。虽然玛雅人活动地域广阔,聚居点分散,"城邦"此兴彼衰,从未形成过统一国家,但在长达4000年的发展进程中,其发展前后相继,表现出很强的连续性,各阶段也自成特色。例如,玛雅人有自己的文字,发明了历法,建构了宏伟的金字塔坛庙,发明包括"0"在内的数字系统,有立碑记事的习俗,有自己信奉的神祇和礼仪。值得注意的是,不仅美洲文明与外界没有联系,就是这三大文明中心之间也很少有交往。由于缺乏横向发展,故而使这些文明后来大大落后于亚欧大陆的文明。

玛雅人与中国人一样属蒙古人种,因此有许多人提出玛雅人由中国迁徙到美洲的观点。学术界认为中国人迁徙到美洲主要有两次。第一次是3.5MaBP左右,水深3615m的白令海峡水位大降,露出了海底,成为一片片陆地,一批蒙古人从中国到亚洲的东北,经过白令海峡到达阿拉斯加,再向南迁徙进入北、南美洲各地。其后,又有陆续徙入者,直至1.0MaBP前,亚洲、美洲被白令海峡隔开。大约与此同时，另有一批人从东南亚跨印度尼西亚群岛迁徙到了大洋洲。自此，世界三大人种的地理分布渐趋明朗：黄色人种主要分布在亚洲东部、北部、中部，以及美洲、大洋洲；白色人种主要分布在欧洲、亚洲西部、非洲北部；黑色人种主要分布在非洲的大部分地区。这个观点在一定程度上有考古学证据，美洲已发现许多2.6—1.0MaBP的人骨化石。第二次是5.0—4.0kaBP的龙山时代或良渚文化时期。有人将玛雅文明说成是三皇五帝创造的，或是羲和、少昊创造的，缺乏考古学证据，也犯了前述将神话传说等同于历史的毛病。

所谓文化底层，是指存在于不同区域中一种或数种来源相同、年代古远，并在各自文化序列中处于底层、带有底层特征的共同文化因素。从这个意义上说，文化底层应当具有3层含义：第一，来源于一个共同的文化祖源；第二，积淀为各地区文化序列的底层，相对于文化序列的发展演变而言；第三，在各地区文化的发展演变中，底层特征恒久不变地保留并贯穿于各个发展序列，长期而持续地发生着特殊的重要作用。文化底层还可以

墨西哥玛雅文明古城特奥蒂瓦坎

秘鲁印加文明古城马丘比丘

墨西哥玛雅文明古城奇琴伊察

危地马拉玛雅文明古城蒂卡尔

进一步区分出原生文化底层和次生文化底层。原生文化底层是指同一文化祖源在不同地区的原生分布，次生文化底层是指具有同一祖源的文化在不同地区长期发展后形成的文化传统或文化特质，是原生文化底层与不同地缘或其他文化作用的结果。原生文化底层对文明的形成和长期发展有决定性作用。根据已有的考古学资料，玛雅文明与中国文明有一个共同的旧石器文化底层，应当有较大的说服力。这种意义上的"玛雅—中国连续体"在学术上可以成立。但尽管新石器时代共同的文化底层难以做完全意义上的实证，两者的相似性还是值得重视的。这种相似性既可能是原生文化底层或人种思维方式作用的结果，也可能是次生文化底层作用的结果。在近代发现美洲新大陆之前是否存在太平洋两岸的文化交流目前不可证明，但也不能完全否定。2001—2002年由中华人民共和国国家文物局、北京市人民政府和墨西哥合众国国家文化艺术委员会共同主办，北京歌华文化发展集团有限公司和墨西哥国立人类学博物馆承办的《神秘的玛雅：墨西哥古代文明》展在北京展出。展览用比较人类学的方法，加入玛雅文明与中国文明的同一性线索，并提出必须对中国早期文明重新检索的观点，让人自然想到这是两种同根同源的文明。玛雅文明用800个符号和图形组成的象形和表音文字，很像中国或古埃及文字。其精美绝伦的雕刻、绘画和青铜艺术，与中国文明有绝大的相似性。所展览的太阳神基尼·阿奥像，夸张的脸上有螺旋形的眼睛，头顶有翅膀形的羽毛披饰，双手僵直地拄在腿上，看上去表情很是威严，姿势和羽毛饰物令人联想到良渚文化神徽。

在《历史研究》一书的开头，汤因比就尖锐指出，以往历史研究的一大缺陷，就是把民族国家作为历史研究的一般范围，这大大限制了历史学家的眼界。事实上，欧洲没有一个民族国家能够独立地说明自身的历史问题。因此，应该把历史现象放到更大的范围内加以比较和考察。这一更大的范围就是文明。文明是具有一定时间和空间联系的某一群人的特征，可以同时包括几个同样类型的国家。文明自身又包含政治、经济、文化3个方面，其中文化构成一个文明社会的精髓。文明具有两个特点：第一，都经历起源、生长、衰落、解体和死亡5个发展阶段。第二，文明自身和文明之间具有一定的历史继承性，或称"亲属关系"，就像几代人生命的延续。每一个文明或者是"母体"，或者是"子体"，或者既是母体又是子体。但这种文明之间的历史继承性并不排斥它们之间的可比性。首先，从时间上看，文明社会最多只不过延续了3代，历史进入文明阶段也不过刚刚超过6000年，而人类历史至少已有30万年。两者相比，文明的历史长度只占整个人类历史长度的2%。因此，在哲学意义上，所有文明社会都是同时代的。其次，从价值上看，如果与原始社会相比，所有文明社会都取得了巨大成就；但如果与理想的标准相比，这些成就又都是微不足道的。因此，所有文明社会在哲学上又是等价的。从这些界定出发，汤因比把6000年人类历史划分为21个成熟的文明：埃及、苏美尔、米诺斯、古代中国、安第斯、玛雅、赫梯、巴比伦、古代印度、希腊、伊朗、叙利亚、阿拉伯、中国、印度、朝鲜、西方、拜占庭、俄罗斯、墨西哥、育加丹。其中前6个是直接从原始社会产生的第一代文明，后15个是从第一代文明派生出来的亲属文明。另外还有5个中途夭折停滞的文明：波利尼西亚、爱斯基摩、游牧、斯巴达和奥斯曼。

汤因比认为，要揭示文明的起源，首先要了解原始社会与文明社会的本质区别，这一本质区别就是模仿方向的不同。在原始社会，人们模仿的对象是已故的祖先，传统习惯占据统治地位，所以社会停滞不前。在文明社会，人们模仿的对象则是富有创造性的人物，传统习惯被打破，社会便处于不断的变化与生长之中。由此看来，文明起源的性质就是从静止状态到活动状态的过渡。这种过渡之所以能够实现，既不是由于种族，也不是由于地理，而是由于人类面对某种困难的挑战进行了成功的应战。对第一代文明来说，挑战主要来自自然环境；对第二、三代的亲属文明来说，挑战主要来自人为环境，也就是垂死文明的挣扎，只有克服了这种挣扎，新的文明才能诞生起来。但是，这种挑战必须适度，挑战太大，应战就不能成功；挑战太小，又不足以刺激人们起来应战。另外，文明的起源还必须具备有创造能力的少数人，他们是应战的先行者和领导者，然后才是大多数人加以模仿。缺少这个条件，文明也是不会出现的。文明出现后并不一定都能发展起来，有些也可能陷入停滞状态，因此，文明生长还必须具备4个条件：第一，挑战和应战的不断循环往复；第二，挑战和应战的场所逐渐从外部转向内部；第三，社会内部自决能力（对内部挑战进行应战的能力）的增强；第四，少数杰出人物的退隐和复出。总之，少数人创造，对一系列挑战进行应战；多数人模仿，使整个社会保持一致——这就是文明起源和生长的一般规律。

但是，文明的生长并不是无止境的，只要应战敌不过挑战，文明就可能在其生长的任何一点上衰落下来。文明衰落的实质主要在于少数创造者丧失了创造能力，多数模仿者撤销了模仿行为，以及作为一个整体的社会失去了统一。总之，是社会自决能力的丧失。文明衰落的结果，就是社会有机体的分裂，社会分成少数统治者、内部无产者和外部无产者3部分。他们分别是原来的少数创造者，多数模仿者和文明社会周围对于文明社会充满敌意的蛮族军事集团。随着社会的解体，旧的母体文明便开始向新的子体文明过渡，这一过渡经历了4个阶段：首先，列强纷争，战乱不已；其次，统一国家时期，特点是一个强大的势力削平群雄，建立大一统帝国，带来暂时的和平和繁荣；再次，间歇时期，特点是宗教思想产生并在社会上迅速蔓延；最后，统一教会时期，特点是一个强大的宗教组织出现，但国家却摇摇欲坠，然后蛮族军事集团冲破了原有的军事分界线，摧毁了统一国家，新的文明由此开始，以统一教会为代表的新社会又具备了对挑战进行成功应战的能力。

但是，文明衰落之后，并不一定马上导致旧文明的死亡和新文明的诞生，中间很可能出现千年甚至数千年的僵化状态。比如埃及文明衰落于公元前16世纪，而其解体和死亡要到公元5世纪，中间经过了2000年。苏美尔文明和印度文明也分别有1000年和800年的僵化期。中国古代文明在公元13世纪宋朝灭亡后就开始了衰落和解体，社会处于僵化状态。这种僵化状态一直持续到今天仍然没有结束。在这里，汤因比显然是想用这种文明僵化理论补充他的四阶段理论，使其能够自圆其说。

汤因比的历史理论在一定程度上反映了当代西方史学的两个趋势：一是19世纪传统的叙述型历史已转向整体型、分析型历史；二是非西方历史得到了更多的重视。在对文明起源的解释上，汤因比提出了挑战与应战的理论，这是他比斯宾格勒高明之处，也比传统的种族论和环境论大大前进了一步，因为他注意到了人与环境的相互关系，注意到了社会发展过程中主体的能动作用。但这一理论也有两个致命缺陷：一是过分强调了历史上杰出人物的作用；二是忽视了挑战应战过程中物质因素的存在。汤因比看到科学发展给人类带来的问题，注重道德的进步和人类自身的完善，有其一定的合理性，但他又走向了另一个极端：夸大了宗教在历史上的重要性。汤因比用他的文明衰落理论硬套其他文明的历史，难以符合事实。但他在晚年承认了自己的错误，指出仅用一个西欧模式并不能说明一切问题，还应再加一个中国模式或犹太模式，并对中国的未来寄予很大的希望。从汤因比的理论体系中，也可以看到当代西方非理性主义思潮的影响：强调潜意识和直觉的作用。不过汤因比仍然认为人的理智和良心是高于一切的。在对西方前途的解释上，汤因比也与斯宾格勒不同，他认为西方文明虽然发展到了顶点，但还没有理由说它已走向死亡。西方将来的命运如何，取决于西方人能否面对挑战进行成功的应战，能否解决那些西方文明生存的各种问题。[1]

[1]阿诺德·汤因比：《历史研究》，上海人民出版社2005年版。

三、传说稽证

由于缺乏文献记载，不少研究者将良渚文化与中国传说时期相对照，有的直接将其代入某个时期加以论证。古代传说中大致与良渚文化时期在时间和空间上吻合的部族有虞人、夏人、共工、蚩尤、防风氏、羽民等，它们都分别被引作证据。其论点在没有考古发掘资料论证的条件下未可确信，但可以作为一种研究思路。

陈民镇在《良渚文化：虞代的考古学文化——兼论良渚文化的去向》中提出良渚文化是虞文化的观点。该文认为，虞为中国先夏时的中国第一王朝。许多古代文献虞、夏、商、周并提。《国语·郑语》："夫成天地之大功者，其子孙未尝不章，虞、夏、商、周是也。"《左传·成公十三年》："征东之诸侯，虞、夏、商、周之胤而朝诸秦。"《墨子·非命下》："子胡不尚考之乎商、周、虞、夏之记?"《礼记·明堂位》:"有虞氏官五十,夏后氏官百,殷二百,周三百。"《吕氏春秋·审应览》:"今虞、夏、殷、周无存者。"事实上,将虞与夏、商并举已为先秦典籍所习见,可见这已是当时人们的指称习惯。在《礼记》、《周礼》等书中,更常以虞、夏、商、周四代并举来排比四代的礼制。过去学者忽视虞代的一个重要原因是认为它只是指称虞舜一代,事实上,虞代有1000多年的历史,包括"五帝"在内的上古诸帝皆是虞代的世系构成。另外过去承认虞代为独立朝代的学者也往往将虞代世系与虞舜的世系等同起来,而与华夏族世系的上端割裂开来。事实上虞舜的祖先颛顼为黄帝之孙,虞代世系与五帝世系是相印合的。徐鸿修根据《韩非子·显学》中"殷、周七百余岁,虞、夏二千余岁""今乃欲审尧、舜之道于三千岁之前"的记述,推断出"虞代积年约在公元前3300—公元前2100年间"。[1]据"夏商周断代工程"研究成果,中国夏代起讫年代为公元前2070年和公元前1600年,如果这个结论确凿,虞代下限应与之相接。根据上述推断,虞代的时限恰与良渚文化时限密合。按照《说文解字》的解释,"虞"字乃由"吴"字所衍生。"虞"与"吴"通,古音同在鱼部,同声相假。吴越的地名、人名基本上以鱼韵字及其紧邻的侯韵字"发声","句吴"系吴越当地的发音。无论是夏还是商,其国号都与所在地望有关,如夏朝得名自大夏,商朝源自商丘,虞代得名亦宜因其地望。"虞(吴)"这一名称系吴地的固有称谓,殷墟卜辞所见"吴"即指"虞"。可见"虞"与地望也是密合的。董楚平《伏羲:良渚文化的祖宗神》一文指伏羲为太湖流域的祖神,也即良渚文化的祖神。伏羲风姓,与良渚文化神徽的"羽冠"、鸟爪可对应。伏羲出生于太湖,本是太湖雷神。古代文献中人名写法最多歧者,莫过于伏羲,多达数十种。其中第一字有宓、包、庖、炮、泡、邹、句、伏、虙、必、密等,第二字有牺、羲、虚、戏、虑亏等。还有舍弃第一字,只取第二字,再加一个形容词"皇",如伏生《尚书大传略说》称"戏皇",《路史》注引《孝经·句命决》称"皇羲",司马彪《续汉书·律历志下》称"皇牺",《文选》扬雄《剧秦美新》称"羲皇"。它们的取舍标准完全一致,皆舍第一字,取第二字,可知伏羲这一人名主词是第二字,第一字可以省略,仅"发声"而已。这是古越语人名特点之一。伏羲的主要功绩是造八卦,良渚文化玉琮可能是阴阳思想之萌芽、八卦之滥觞。伏羲、女娲交尾图盛传古今,他们是中国生殖文化的代表。良渚文化唯琮独具的器形特征,是生殖文化的"无字碘辞"。[2]《礼记·王制》云:"有虞氏皇而祭。"郑玄注云:"皇,冕属也。画羽饰焉。""皇"指羽冠,"有虞氏皇而祭"所指的是有虞氏的先民头戴羽冠祭祀祖先及天地。而"皇"又可以与良渚文化玉璧上的刻画符号相参照。据郭沫若研究,金文、甲骨文中"皇"字的本义为"插有五彩羽的王冠"。[3]在《礼记》、《周礼》、《孟子》等典籍中,每每排比虞、夏、商、周四代的礼制,而良渚文化礼制为夏、商、周三代礼制的源头。[4]

陈民镇推论华夏文明是由虞文化或良渚文化北传而形成的,这与前述

[1]徐鸿修:《先秦史研究》,山东大学出版社2002年版,第2页。

[2]董楚平:《伏羲:良渚文化的祖宗神》,载《杭州师范学院学报》(社会科学版)1999年第4期。

[3]郭沫若:《长安县张家坡铜器群铭文汇释》,载《考古学报》1962年第1期。

[4]陈民镇:《良渚文化:虞代的考古学文化——兼论良渚文化的去向》,载《绍兴文理学院学报》(哲学社会科学版)2009年第4期。

基因结论不相符合，而其立论也没有建立在严密的逻辑基础上；但其提出的虞文化和虞代的论点值得关注。

《史记·越王勾践世家》云："越王勾践，其先禹之苗裔，而夏后帝少康之庶子也。封于会稽，以奉守禹之祀……后二十余世，至于允常……允常卒，子勾践立，是为越王……后七世，至闽君摇，佐诸侯平秦，汉高帝复以摇为越王，以奉越后。东越，闽君，皆其后也。"[1]司马迁立论的理由是夏禹东巡至浙江会稽，后死于会稽。少康时，为了"以奉守禹之祀"，便封他的庶子到会稽来，其后子孙一直沿袭下来。春秋时在会稽建立的越国，其王勾践就是禹的苗裔。越被楚并，勾践的第七世孙无诸和摇又建立东越，承越国之后。这样一来，于越、东越、闽越的首领都是夏禹的后代。司马迁的这一观点广为流传。《吴越春秋》一书也采用这一观点，而且有的方面说得更具体，如提出少康的庶子名叫无余。于是无余便成为越国先君、勾践先祖。书中还有《越王无余外传》。王夫之也持这一观点，其《读通鉴论》卷三云："越者，大禹之苗裔。"[2]一些当代学者有不少人同意这种"越为禹后说"。根据这一观点，有人又推理出禹为良渚文化先君。

而关于这种说法历来也有不少异议。《汉书·地理志》注引臣瓒曰："自交阯至会稽七八千里，百越杂处，各有种姓，不得尽云少康之后。按：《世本》：'越为芈姓，与楚同祖。故《国语·郑语》曰芈姓夔越。'然则越非禹后明矣。又芈姓之越，亦勾践之后，不谓南越也。"颜师古亦认为："越之为号，其来尚矣，少康封庶子以主禹祠，君于越地耳。故此志云其君禹后，岂谓百越之人皆禹苗裔。"[3]宋罗泌《路史》把百越来源分出一种"姒姓之越"，夏为姒姓，其意思是百越内有禹裔一支，而另一些不是夏族后裔。[4]王充《论衡·书虚》则认为禹巡狩会稽和死后葬于会稽的传说都不可信："儒书言舜葬于苍梧，禹葬于会稽者，巡狩年老，道死边土。圣人以天下为家，不别远近，不殊内外，故遂止葬。夫言舜、禹，实也。言其巡狩，虚也……舜至苍梧，禹到会稽，非其实也……禹东治水，死于会稽。贤圣家天下，故因葬焉。吴君高说：'会稽本山名，夏禹巡狩，会计于此山，因以名郡，故曰会稽。'夫言因山名郡可也，言禹巡狩会计于此山，虚也。巡狩本不至会稽，安得会计于此山。宜听君高之说，诚会稽为会计，禹到南方，何所会计？……百王治定则出巡，巡则辄会计，是则四方之山皆会计也……君高能说会稽，不能辨定方名。会计之说，未可从也。巡狩考正法度，禹时，吴为裸国，断发文身，考之无用，会计如何。"[5]清梁玉绳支持这一观点，他在《史记志疑》卷二中指出："禹巡狩葬会计之事，起自春秋后诸子杂说，不足依据……禹会万国诸侯，定择四方道里之中。其时，建国多在西北，不宜独偏江南，若果巡狩所至，总会东南诸侯，亦不应远来于越。盖虞夏之世，会稽不在中国。故会稽之山，不书于禹贡，而扬域止于震泽也。"[6]梁玉绳认为禹葬会

[1]司马迁：《史记》，中华书局1996年版。

[2]王夫之：《读通鉴论》，中华书局1975年版。

[3]班固：《汉书》，中华书局2007年版。

[4]罗泌：《路史》，台北中华书局民国72年（1983年版）。

[5]王充撰、黄晖校释：《论衡校释》，中华书局1979年版。

[6]梁玉绳：《史记志疑》，中华书局1985年版。

稽及勾践、闽越为禹后都不合历史事实，是"伪撰"。

根据史书的记载，在夏代及其以前，南方还有三苗，其历史比越族还早。《淮南子·修务训》高诱注："三苗，盖谓帝鸿氏之裔，子浑敦，少昊氏之裔；子穷奇，缙云氏之裔；子饕餮，三苗之苗裔，故谓之三苗。"《礼记注疏·缁衣》云："按：郑注吕刑云：苗民谓九黎之君于少昊氏之衰，而弃善道。上效蚩尤，重刑，必变九黎，言苗民者。有苗，九黎之后。颛顼代少昊诛九黎，分流其子孙居于西裔者为三苗。至高辛之衰，又复九黎之君恶，尧兴，又诛之。尧末，又在朝，舜时又窜之。后王深恶此族三生凶恶，故著其氏而谓之民，民者冥也，言未见仁道，以此言之。"[1]徐松石《东南亚民族的中国血缘》一书云："古代三苗领域的土著，在最东的称为'于''阳''凤''吷'等夷，后来形成吴越民族，其余则称为荆蛮、扬蛮。"[2]越族同三苗的关系，虽然史书上没有明确的记载，但是从风俗习惯、分布地区来看，它们之间有密切的关系，比如文身、图腾十分相近。《史记·夏本纪》记载禹葬会稽一事，《集解》引《皇览》曰："'禹家在山阴县会稽山上。会稽山本名苗山，在县南，去县七里。'《越传》曰：'禹到大越，上苗山，大会计。爵有德，封有功，因而更名苗山曰会稽。'"《吴越春秋·无余外传》云："五年政定，禹周行天下，归还大越，登茅山，以朝四方群臣，观示中州诸侯。防风后至，斩以示众，示天下悉属禹也。乃大会计治国之道……遂更名茅山曰会稽之山。"苗山即茅山。从这些记载可以看出禹巡天下是在三苗既平之后。会稽本名苗山，苗山是大越的政治中心，后来一直是越国的国都。因此，苗山的由来可能同这一地区最早居住三苗人有关。禹灭三苗后，更苗山名。从上述情况考察，三苗被禹灭后，可能有的被夏人同化，有的被迫向外迁徙，有的发展成后来的越族。[3]

陈剩勇在《大禹出生地考实》一文中提出，原居于长江下游地区的良渚文化先民因遭受特大自然灾害而北迁，从而使"鲧娶于有莘氏"，与西北的羌人联姻，有莘之女生下大禹。《山海经·海内经》云："祝融降处于江水，生共工。共工生术器，术器首方颠，是复土穰，以处江水。共工生后土……"共工即鲧，"共工"二字为"鲧"字之缓声，"鲧"字为"共工"二字之急音；后土即句龙、即禹。顾颉刚、陈梦家、童书业等曾经对上古时代有关鲧、禹和共工、后土事迹的大量文献资料进行全面、完整的归纳、综合和研究，从文字训诂、版本对勘和史事分析等方面，通盘考察了鲧与共工、禹与后土（句龙）的关系，提出鲧与共工、禹与后土（句龙）为同一人物同一传说之分化的结论。《山海经》上记载的"江"，即长江；土穰指自为生存领地，乃长江流域桑麻稻田能以风调雨顺为常的自然富庶之地，兼及能以人工水利为自流灌溉而旱涝保收的人工富庶之地。祝融降处于江水而生共工（即鲧）、鲧处江水以生后土（即禹）。因此，良渚文化先民亦即共工氏后人。[4]

[1]阮元校刻：《十三经注疏》，中华书局2003年版。

[2]徐松石：《东南亚民族的中国血缘》，广西师范大学出版社2005年版，第72页。

[3]蒋炳钊：《"越为禹后说"质疑：兼论越族的来源》，载《民族研究》1981年第3期。

[4]陈剩勇：《大禹出生地考实》，载《浙江学刊》1995年第4期。

扎拉嘎在《展开4000年前折叠的历史：共工传说与良渚文化平行关系研究》一书中指出，中国有一支来自良渚文化和原始稻作农业文化的共工神话传说谱系。《左传》申明共工之历史久远，《山海经》记载共工之台的威严，《淮南子》讲述共工事业的伟大。共工之子句龙"能平九土"以灌溉，成为中国稻作农业开辟大神。共工之子求器能"复土穰"，发明堆筑人工土台，奠定良渚文化之根基。共工之子修生活在母系社会走婚时代，"好远游"，"故祀以为祖神"，祭于道路。共工后代夸父"与日逐走……道渴而死。弃其杖，化为邓林"。共工之臣相繇，战死在稻作农业文明和旱作农业文明之间的战争中，是良渚文化的末代大神。中国有两个农业起源神：社是稻作农业起源神，稷是旱地农业起源神。由于解释学缺失，"社稷"只能默默象征中国古代旱地农业文明与稻作农业文明的平行统一。扎拉嘎声称，其论述目的是要展开4000年前折叠的历史，亦即重新解读禹治水传说和共工兴衰传说，并且希望通过例证性研究，阐述生态—文化板块平行互动对中国文明起源和发展的推动，以及生态—文化板块平行互动理论的基本内涵和在历史研究中的意义。所用论述方法为平行论哲学观点。[1]

[1]扎拉嘎：《展开4000年前折叠的历史：共工传说与良渚文化平行关系研究》，中央民族大学出版社2009年版。

纪仲庆以徐旭生《中国古史的传说时代》所论太皞、少皞、蚩尤均属东夷集团为据，认为良渚文化先民很可能就是传说中的蚩尤集团部落。太皞、少皞部落主要位于山东境内，而高诱、马融注《尚书·正义·吕刑》"蚩尤唯始作乱，延及平民"，称蚩尤是九黎之君，九黎可能在良渚文化分布地区之内。史书所记蚩尤有兄弟81人，在东夷集团中，蚩尤可能是包括九黎在内的众多部落联盟的首领。作为九黎部族一支的良渚文化先民即《山海经》、《吕氏春秋》等书所说的"羽人"或"羽民"。[2]王文清、金永平认为在唐、虞和夏代之际中国南方有个"羽人"之处或"羽民"之国。《淮南子·原道训》载，尧舜时代，"夫能理三苗，朝羽民，纳肃慎，未发号施令，而移风易俗者，其唯心行者乎！"高诱注："羽民，南方羽国之民；使之朝者，德以怀远也。"《山海经·海外南经》也记南方有羽民国，而《吕氏春秋·求人篇》更把羽人和裸民相提并论，表明两地相近。金永平据《战国策》卷一九一记"禹祖入裸国"、《论衡·书虚篇》载"禹时，吴为裸国，断发文身"等记述，认为羽人国地望大体就在吴越这一方土地上。王文清还以屈原《远游》中有"乃羽人之丹丘兮，留不死之旧乡"句和东晋时孙绰《游天台山赋》中称"访羽人于丹丘，寻不死之福庭"之句推断，丹丘即羽人故地之一。这些说明文献记载中的羽民年代和生活区域与良渚文化分布区基本相符。王文清又认为羽民就是夏代以前古扬州区域内"鸟夷"的一种，信奉某种鸟兽为始祖，并以之为图腾。他们在巫祝活动中不仅把自己装饰成鸟兽形状，如《山海经·海外南经》所说"其人为长头，身生羽"，还赋予图腾以人鸟兽形象，如反山、瑶山遗址出土的玉琮、玉钺、玉冠状形器、玉三叉形器和玉牌饰上所刻头

[2]纪仲庆：《良渚文化的影响与古史传说》，载《东南文化》1990年第5期。

戴羽冠的神徽。王文清还对首都博物馆和佛利尔美术馆所藏良渚文化玉琮和玉璧进行研究，认定玉琮、玉璧上所刻侧立于山形平顶上的鸟是古鸟夷羽民的图腾记号，也即《说文解字》所记最早的"岛"字。[1]

　　近年来学术界不少人又将良渚文化与防风氏传说相联系，认为良渚古国即防风氏国。《国语·鲁语下》记载："吴伐越，堕会稽，获骨焉，节专车。吴子使来好聘，且问仲尼……'敢问骨何为大？'仲尼曰：'丘闻之：昔禹致群神于会稽之山，防风氏后至，禹杀而戮之，其骨节专车，此为大矣。'客曰：'敢问谁守为神？'仲尼曰：'山川之灵，足以纪纲天下者，其守为神，社稷之守者，为公侯。皆属于王者。'客曰：'防风何守也？'仲尼曰：'汪芒氏之君也，守封、禺之山者也，为漆姓。在虞、夏、商为汪芒氏，于周为长狄，今为大人。'"[2]上述记载说明两层意思：一是大禹诛防风，二是防风氏后人北迁。又浙江德清、绍兴、东阳等县市以及余杭都有不少防风氏口承资料。

　　德清的民间传说都称防风氏的居地为"汪周"或"汪芒"，在武康的封、禺二山一带，他的治水地点也在钱塘江以北。而绍兴的民间传说则说防风"在四明山筑坝"，后来因坝决而淹了余姚。东阳的民间传说说防风用天上的"息土"做了两个盒子，放在天台山半山腰接洪水，结果盆翻水溢，淹了东阳。《国语·鲁语下》说防风氏"守封禺之山"，韦昭注曰："封，封山；禺，禺山。今在吴郡永安县也。"裴骃《史记集解》云："晋太康元年改永安为武康县，今属吴兴郡。"[3]南宋洪兴祖《楚辞补注》释《天问》"长人"为"防风氏"，并说："今湖州武康县东有防风山，山东二百步有禺山，防风庙在封禺二山之间。"[4]然其山名多歧，先称"防风山""禺山"，后称"封禺二山"。前后不一。再则说"禺山"在防风山以东二百步，与现在的封、禺二山方位、距离皆不合。南宋嘉泰元年谈钥所修《吴兴志》说："吴兴西有风渚山，一曰风山，有风公庙，古防风国也。下有风渚。今在武康东八十里，天宝改曰防风山。禺山在其东二百步。"[5]名称又有出入。可能古代这一带各山头的名称并不稳定，更与后代不一。1958年，武康县并入德清县，原武康县治今称武康镇。武康镇东南10多km有封、禺二山。封山在北，属二都乡；禺山在南，属三合乡。1992年两乡合并，称三合乡。今封、禺二山相距5km左右。禺山在封山之南，不在其东。湖州、杭州府志及一些县志多有德清"古防风氏之国"、湖州"古防风氏之国"、安吉"古防风氏国西陲"、长兴"防风氏国在焉"这样的记载。所以姚虞琴总纂之《杭县志稿·通纪》中有"大抵防风氏国土，延袤杭、湖二郡之间"这样的判断。此说实际指防风氏国延袤于浙江德清、余杭、安吉、长兴等地。防风氏国中心在今德清为一说，另有在余杭区瓶窑镇的说法。《神州古史考》引《郡国志》："余杭金鹅山，防风氏都此。"已并入瓶窑镇之原"彭公"乡之名与"防风"一音之转，余杭土语中"彭""防"同音。据说当时环太湖地区与防风氏国同时存在的还

[1]王文清：《"羽人"与良渚文化》，载《江苏史学》1988年第1期；王文清：《"羽人""裸民"与良渚文化》，载《学海》1990年第5、6期；金永平：《吴越的羽人神话》，载《思源》（第21期），1992年。

[2]《国语》，上海古籍出版社1998年版。

[3]裴骃：《史记集解》，台北成文出版社1971年版。

[4]洪兴祖：《楚辞补注》，中华书局1957年版。

[5]谈钥：《吴兴志》，中华书局1990年版。

有两个小国，一为苏南地区的裸国，一为浙东的董子国。以防风氏国居大。有关防风氏更为详细的资料见于各种笔记、方志和传说之中。

张天方《浙西最古的史事》一文甚至认为："越国受封的初祖，为无余，为夏少康之遮子，其初封之地，不在今山阴之会稽，而在太湖流域之会稽郡，其地名为封禺，即今武康县也。"[1]

董楚平《防风氏神话的新发现》一文指出，"禹杀防风"的会稽山原在山东泰山附近。"防风氏"是重二氏以为氏。防是地名，原在山东。春秋时期，山东还有4个风姓国。风字古从鸟，风姓表示崇拜鸟图腾。"防风氏"是以居地与图腾为氏。《国语·鲁语下》说防风氏漆姓，《史记》说厘姓。漆系"淶"字之误。淶、莱、厘古通。厘姓本于莱夷。防风氏本在山东莱夷。"封嵎之山"原是一山之名，在今山东蓬莱附近。"封嵎"犹"蓬莱"，封与蓬皆有大义，形容其人高大。嵎即《尚书》所谓"嵎夷"，莱指莱夷，嵎夷属莱夷一支。商周时期，山东夷人与夏裔大量经海路南迁吴越，防风氏是其中一支。《越绝书·吴地传》云："娄东十里坑者，古名长人坑，从海上来。去县十里。"此"长人"可能即指防风氏族人。防彭古通，彭姓属东夷。彭姓中有诸稽氏。诸稽，金文作者旨。勾践儿子叫"者旨放赐"，可能与防风氏有关。山东夏裔与夷人南迁吴越后，会稽、封禺（封嵎）的地名也随之南迁。至少到春秋时期，会稽、封禺已牢固地系于江南。"封禺之山"变为封、禺二山，并落实于浙江武康。《国语》韦昭注绝非杜撰，而是以当时传闻甚盛的说法为依据。封禺落实于武康，武康防风祠历史最久，名重于世，说明南迁的防风氏族人比较集中地居住在武康一带。[2]

孔子将长狄与防风氏相联系，可能基于族性的相似。张华《博物志》卷二对防风氏的族性特征有更详细的描述："东方有螳螂、沃焦、防风氏，长三丈，短人处九寸；远夷之民，雕题黑齿，穿胸儋耳，大足歧首。"[3] "长三丈"与孔子所述对得起来，是夸张的说法。"雕题黑齿"倒是越人的最大特征。"雕题"即在额上雕刻花纹，"黑齿"是将牙齿染黑，均为古文献中所描述之越人特征。"穿胸"似与良渚文化神徽兽肚纹之形有关。

《吴越春秋》、《史记》等书称，夏禹率领天下各路诸侯经过13年艰苦搏斗，疏通江河，兴修沟渠，平息了洪水；尔后便铸九鼎、定九州、制禹贡，以图实现"溥天之下，莫非王土，率土之滨，莫非王臣"的霸业。为实现这一目标，夏禹向东巡视，到达会稽时举行了一次大规模的会盟，名目是"封有功，爵有德"。防风氏国离会稽并不远，但其君恃国力强大而不愿臣服，姗姗来迟。大禹则仰仗赫赫威势毅然杀了这个不忠之属，并暴陈其尸以警示天下同归属。可能夏禹或其后人为了彻底摧毁防风氏国，杀了防风氏后还到其国土继续掠杀。他们不仅夺得象征权力的祭祀重器精美绝伦的玉制礼器，毁损这片土地，而且强迫防风氏人迁徙他乡。有人认为良渚文化之突然覆亡即因大禹诛防风。有关防风氏迟到的原因，文献都未说明。除学术界分析的上述原因外，还有其他说法。刘晔原《巨人神话

[1]张天方：《浙西最古的史事》，载《民族日报》（副刊第7期），民国30年（1941年）。

[2]董楚平：《防风氏神话的新发现》，载《浙江社会科学》1993年第1期。

[3]张华撰、范宁校证：《博物志校证》，中华书局1980年版。

与防风神话》一文指出："神话中的从禹在防风辖地治水过程的无能为力到禹独揽大权及防风的抵制，均有鲜明的表现……它们形象地描画了人类进程中各地方部落对于外来部落的抗争。"[1]德清的民间传说大都说防风氏为民治水而迟到，如《防风之死》说："防风氏赴会途中，由于天目山出蛟、苕溪泛洪，防风氏指挥部下打捞落水的百姓，忙得几天饭也没顾得上吃，所以才耽误了会期。"绍兴的《大禹斩防风氏》与东阳的《大禹杀防风》，都说因防风贪睡懒觉，致使山洪暴发、百姓死伤惨重，大禹为息民愤，才杀死防风。[2]

防风氏后裔徙于辽远的北方，直至大草原。有人考证，狄亦作翟，春秋前长期活动于齐、鲁、晋、卫、宋、邢等国之间，分为赤狄、白狄、长狄三部，各有支系。因为他们主要居住于北方，故又称北狄。防风氏后人极不甘心祖先被杀、国家覆灭、自己逃亡的厄运，通过近千年生聚和积蓄力量，东山再起，与中原各诸侯国长期不懈地争战，但最后被齐国、晋国、赵国等所灭。其中白狄的一支鲜虞在春秋末建立中山国，已为河北地区的考古发掘所证实。中山国国王特有的仪仗礼器铜山字形器，即与反山、瑶山遗址出土的玉三叉形器形制、功能相似。其墓葬、磨光黑陶等也一样相似。

中华民族没有像西方人那样编造一个上帝创世的故事充作历史的开端，而是把自己劳绩卓著的先祖奉为记史的起始。中国很早便产生先祖神话传说，而且说法甚多。从周代到秦汉，这类传说逐渐被历史学家整齐化和史学化，而且关于民族先祖的追述越来越古老。如周代人心目中最古的帝王是禹；到春秋时追溯到尧、舜，孔子便盛赞尧、舜的盛德；战国时子书中又屡屡提及黄帝、神农（炎帝）；到秦代则有"三皇"说；到汉代更有"盘古"说。这种现象，便是古史辨派的主将顾颉刚所概括的"累层地造成的中国古史"。这种"累层古史"的第一个特点是"时代愈后，传说的古史期愈长"；第二个特点是"时代愈后，传说中的中心人物愈放愈大"。[3]炎、黄二帝作为中国古史的传说人物，正是在这种"累层古史"的编撰过程中，约定俗成地被确立为中华民族的先祖的。在这方面，司马迁起了重要作用。他继承战国诸子创造"五帝""三王"的做法，在《史记》中首列《五帝本纪》，依据周秦之际的典籍《世本》和《大戴礼》，以黄帝、颛顼、帝喾、唐尧、虞舜为五帝（孔安国的《尚书序》、皇甫谧的《帝王世纪》则以伏羲、神农、黄帝为三皇，少昊、颛顼、高辛、唐尧、虞舜为五帝）。自《史记》流传天下以后，"五帝"或"三皇五帝"成为中国人共认的先祖的名号。但历史上各种典籍关于先祖的种种记载都是间接取之于上古传说，而并非有直接文字可考的信史。即使是首列《五帝本纪》入史书的司马迁，虽然用为真实历史人物作传的笔调写炎、黄等生平、世系，但他在《史记·五帝本纪》中特别声明："学者多称五帝，《尚》矣。然《尚书》独载尧以来，而百家言黄帝，其文不雅训，荐绅先

[1] 刘晔原：《巨人神话与防风神话》，载钟伟今主编《防风神话研究》，安徽文艺出版社1996年版。

[2] 董楚平：《防风氏神话的新发现》，载《浙江社会科学》1993年第1期。

[3] 顾颉刚：《与钱玄同先生论古史书》，载顾颉刚《古史辨》第1册中编，上海古籍出版社1982年版。

生难言之。"司马迁在这里表示了对上古传说可信程度的保留，尤其值得注意的是，他还发现，记载商周文献的最古典籍《尚书》只有尧以降的文字，提及黄帝是战国诸子百家以来的事。所以，传说中的先祖非凿凿有据、能够具体确指的如同秦皇汉武那样的历史人物，其间既包含着真实的历史内蕴，又是虚拟化、神异化了的文化符号。先祖的种种发明，实际上是上古先民在长达数千年间的集体创造，炎帝、黄帝或大禹、共工不过是开辟农耕道路的无数"无名氏"的代号。

将上古神话传说史学化是一种偏颇，尤其是将神话人物实体化。考于不可考之处，势必荒诞无稽。有人将其与确凿可考的文明时代的历史相等同，以至评考传说人物的寿命、世系、诞生日，并且企图排列出其下属臣僚的姓名、官职、业绩，这种考订做得愈详尽细致，就愈牵强附会。但简单地视其为无意义的妄言，忽视其间透露的"史影"的价值，也是一种偏颇。王充在《论衡》中批判当时盛行的谶纬学时，顺带将上古神话传说也一并加以否定，认为"日中有神鸦""羿弃射九日"等故事不合常理，全系胡言乱语。这是机械和简单化的认识。这种偏颇虽与前一偏颇相背反，走向另一个极端，然而究其根源，它和前者一样都是把传说与信史相混淆。前者将传说等同于信史而加以确认，后者则因传说不是信史而加以抛弃。

四、良渚遗址作为中国5000年文明史的杰出案例

文明的起源和形成是历史学研究的重要课题，但目前对它的认识分歧较多。文明的起源和文明的形成是两个不同的概念，文明从起源到形成有一个漫长的过程，文明的形成是文明因素积累后的质变，人类社会由野蛮时代进入文明时代。文明发展既有连续性，也有阶段性，每个阶段都有重要的标志和特点。国内外学术界对文明形成有过许多探讨，先后提出三要素说、四要素说、五要素说、单一要素说等。近年许多学者都以文字、城市、复杂礼仪中心、金属器、国家作为文明形成的标志，但每个文明体这些因素出现的时间并不一致。诸要素同时存在标志着文明社会的形成，几个要素的发源说明文明还在起源阶段。[1]

克莱德·克拉克洪（Clyde Kluckhohn）和格林·丹尼尔（Glyn Daniel）最早提出三要素说。克拉克洪认为："任何文化只要具备了下列三项因素中的两项，就是一个古代文明。这3项标准是：1. 有城墙围绕的城市，城市居民不少于5000人；2. 文字；3. 复杂礼仪中心。"[2]丹尼尔认为："从考古学来看，古代文明有3个标志。1. 要有文字；2. 要有城市（人口要有5000人以上）；3. 要有复杂的礼仪中心，就是一种为礼仪而造的建筑物。这3点如果具备两点，就可以认为是古代文明社会遗址。"[3]克拉克洪、丹尼尔的这一学说经验归纳的成分居多，学理上尚存在许多问题。

国内有些学者在上述3要素上加上一条金属器的使用，形成四要素说；

[1]孙进己、干志耿：《文明起源和形成的理论研究》，载《学习与探索》，2005年第5、6期。

[2]Clyde Kluckhohn, The Moral Order in the Expanding society City Inwincible An Oriental Institute Sympasium, Chicago: University of Chicago Press, 1960, p.400.

[3]格林·丹尼尔：《考古学简史》，文物出版社1981年版。

有的再加上国家的形成，构成五要素说。夏鼐提出："现今史学术界一般把'文明'一词用来指一个社会已由氏族制度解体而进入有了国家组织的阶级社会的阶段。这种社会中，除了政治组织上的国家以外，已有城市作为政治（宫殿和官署）、经济（手工业以外，又有商业）、文化（包括宗教）各方面活动的中心。它们一般都已经发明文字和能够利用文字作记载（秘鲁似为例外，仅有结绳记事），并且都已知道冶炼金属。文明的这些标志中，以文字最为主要。"[1]安志敏提出："目前在考古学、历史学、人类学和民族学等一系列著作中，大抵以城市、文字、金属器和礼仪建筑等要素的出现作为文明的具体标志……但是文明的诞生，就是国家和阶级社会的出现，象征着社会进化史上的一个突破性的质变，这在学术界几乎是没有任何异议的。"[2]

上述标准中的复杂礼仪中心和早期城市出现较早，一般都在文明起源以前。金属器包括黄铜、青铜、铁器，实际上分别代表了文明形成过程中的3个不同阶段。黄铜器是摩尔根所说的野蛮时代中级阶段的产物，青铜器是野蛮时代高级阶段的产物，铁器一般是文明时代的产物。虽然中国不少学者都认为中国在青铜时代已进入文明时期，也有其他国家在青铜时代进入文明时期的，但对青铜时代与文明划等号的说法也有异议。夏鼐曾说："有人认为青铜器是文明的各种重要因素中最重要的一项。这种说法似乎并不正确。古今中外许多已掌握冶炼青铜甚至于炼铁技术的民族，仍是野蛮民族，不算是文明民族。"[3]国家和文明形成的关系无疑是非常密切的，恩格斯甚至说"国家是文明的概括"。但文明时期的国家和文明尚在形成过程中的国家雏形是不同的，这种雏形有人称之为城邦或酋邦。张学海提出两项界定国家的新标准：一是典型史前聚落群"都邑聚"金字塔形等级结构，二是原始城市的产生和城乡分离的形成。两者居其一就是国家。[4]这两条标准实际上是国家雏形的标准。由国家的萌芽到早期国家的出现，由早期国家发展至完善的国家，都经历了较长的历史过程。酋邦或称城邦，无疑是国家形成过程中的早期形态，但不能把它和文明时期的国家相混淆，因为它还保持了血缘关系的氏族、部落结构。塞维斯指出："如果社会性的社会和政治性的社会是两个主要的社会类型，那么我们在这里称之为酋邦的社会属于哪一种呢？酋邦是家庭式的，但却不平等；它们具有中央管理和权威，但却没有政府；它们对物质和生产进行控制，但却没有私有财产、企业家或市场；它们标志社会分层和分级，却没有真正的社会经济集团。它们是不是部分地属于原始社会和部分地不属于原始社会呢？它们是否在一定意义上是介于社会性的社会与政治性的社会之间的过渡呢？"[5]谢维扬指出："按塞维斯的看法，早期国家与酋邦的主要不同，是在于：一、早期国家'是依靠包括武力垄断在内的一种特别的机制来整合的'；二、在早期国家中'社会分割为一些政治—经济阶级'。这实际上是说，早期国家比起酋邦来，一方面政治统治更正规化、形式化、专业

[1]夏鼐：《中国文明的起源》，载《文物》1985年第8期。

[2]安志敏：《试论文明的起源》，载《考古》1987年第5期。

[3]夏鼐：《中国文明的起源》，载《文物》1985年第8期。

[4]张学海：《对推进文明起源研究的几点意见》，载《中国文物报》1999年9月1日。

[5]Elman R.Service, *Profles in Ethnology*, New York: Harper & Row Publishers, 1971, p.498.

化，并更多地以武力的垄断为基础，另一方面社会分层现象已发展成为明确的阶级划分。在这里似乎还应补充一点，那就是生产力的提高。伦斯基说：'当酋邦向国家转化时，经济上的剩余产品的数量已足够大，以至于可以支持必要的军事机构和政治机构。'"[1]

尽管对国家的界定还十分困难，却也有人提出国家单一标准说。张学海认为："文字、城市、礼仪性建筑和青铜冶铸等文明诸要素的产生，并不整齐划一。况且已知的世界古文明，并不都具备三要素，更不用说四要素了。因而文明三要素或四要素都很难成为确认世界各地区各民族进入文明的普遍标准……既然文明起源是指文明社会即阶级社会的产生和文明时代的开端，而'国家是文明社会的概括'，因而应把国家的诞生作为文明起源的根本标志。"[2]王震中也认为："目前，国内外较为流行的观点是把铜器、文字、城市等作为文明的标志或要素来探讨文明的起源。这种文明观明显地存在两个方面的缺陷。其一，是这类标志物具有很大的局限性，很难适应世界各地文明起源的多样性和区域性；其二，是它将文明看成是单项因素的凑合，形成所谓'博物馆清单'式的文明观，这既难以对文明社会的出现作出结构特征性的说明，更难以对文明社会的形成过程作出应有的解释。""古代不同类型的文明在其演进过程中所呈现的物化形式是有差别的。我们可以分别归纳总结出各地各民族各自的一系列物化的标志物，但很难将它作为统一性的共同标志来放之四海而皆准。""既然用具体的文化形式难以对各地文明社会作出共同标志的概括，那么能否在这些具体文化形式之外的抽象层次上确立一个既能反映文明社会结构的共同标志，而又允许这种统一的共同标志在不同的生态地理和社会环境中有着不尽相同的文化表现或物化形式？笔者的回答是肯定的。全面考察史前与文明社会的形态区别，笔者以为能担当此任者只能是国家。"[3]

对照城市、复杂礼仪中心、文字、金属器、国家这些要素，良渚文化仅含有前两项或至多前3项。但文明的转进，无论从社会组织、经济结构还是从科学文化等方面看，都是巨大的、具有整体性、革命性的突破变化，随意抽取某一项因素，或把诸如城市、复杂礼仪中心、文字、金属器、国家等凑合在一起作为标尺来评估衡量某个社会进入文明时代的做法，都难免以偏概全，失之偏颇。[4]良渚文化的综合发展水平显示出其已达到或超出中国新石器时代最高的社会发展水平。良渚文化是人类的伟大功业，它的突出成就表现在：全世界至今最精湛的玉器、石器和黑陶工艺及其所表征的社会礼仪制度，早期城市规划与大型工程营建及其社会组织系统，世界上最早的大规模犁耕稻作农业，早期科学技术思想以及丝绸、玉器、髹漆等生产为主的手工业的专门化抑或商业的萌生。良渚文化中心遗址良渚遗址是一个具有早期城市形态的大型聚落遗址，规模和品质全世界罕见，在人类文明史上具有唯一性和特别的重要性，中国考古界称其为实证中国5000年文明史规模最大、水平最高的大遗址。良渚文化又是中国人创造

[1]谢维扬：《中国早期国家》，浙江人民出版社1995年版，第226页。

[2]张学海：《对推进文明起源研究的几点意见》，载《中国文物报》1999年9月1日。

[3]王震中：《中国文明起源的比较研究》，陕西人民出版社1994年版。

[4]陈剩勇：《中华文明起源研究随想》，载《浙江社会科学》1993年第6期。

的最早的形态完整的、与物质文化相分立的独立的精神文化，其核心是以原创、首创、独创和外拓为特征的"良渚精神"。黄河流域的仰韶文化、长江流域的跨湖桥文化、河姆渡文化、马家浜文化、崧泽文化等发源均比良渚文化早，它们虽有更早的农业经济，以及描绘于石器、陶器、木器上的"鱼人""双鸟朝阳"这样的零散的精神文化图符和非常广泛的巫祝活动，但总体说文化形态凝结于生产工具之中，表现为物质形态的文化，未形成较为完整的体系性精神文化。良渚文化之精神文化发育显示人类有了比较完整的自我意识、自我认识。苏秉琦《太湖流域考古问题》一文称，根据良渚文化等，"我们这个号称5000年历史的文明古国的黎明期历史虽然还是'若明若暗'，但已绝不是'虚无缥缈'的传说神话了。"[1]严文明在《良渚随笔》、《良渚遗址的历史地位》等文中多次指出，良渚文化是中国文明的曙光，良渚遗址是探索中国文明起源的圣地。[2]张忠培《中国古代文明形成的考古学研究》、《中国古代的文化与文明》等文认为良渚文化已跨入文明门槛。[3]这些观点虽然还缺乏系统的论证，但表达了当前学术界对良渚文化的特别见解。

许多人由良渚文化玉器所见证的特别强烈的精神文化性征和信息而对这个时期的玉器文化十分重视，并且提出"玉器时代"说。"玉器时代"是20世纪80年代中国考古界提出的一个历史分期概念。1983年，孙守道注意到红山文化遗址出土了成组玉器，其中有大量的斧、铲、刀、凿等"玉兵"器物，依据《越绝书·记宝剑》所说"轩辕、神农、赫胥之时，以石为兵，断树木为宫室，死而龙臧。夫神圣主使然。至黄帝之时，以玉为兵，以伐树木为宫室，凿地。夫玉，亦神物也，又遇圣主使然，死而龙臧。禹穴之时，以铜为兵，以凿伊阙，通龙门，决江导河，东注于东海。天下通平，治为宫室，岂非圣主之力哉？当此之时，作铁兵，威服三军。天下闻之，莫敢不服。此亦铁兵之神，大王有圣德"，率先提出在石器时代和青铜器时代之间应该还有一个"以玉为兵"的时代。风胡子的叙述与克里斯蒂安·约金森·汤姆森（Christian Jurgensen Thomson）提出的石器、青铜器、铁器三期说有一定的对应关系。邓淑苹在研究了良渚文化玉器之后，提出在石器时代和青铜时代之间，"中国曾经历了一个以玉作为生产工具和兵器的主要材料的阶段，或可称为'玉兵时代'"，这一阶段代表了"新石器时代晚期，朝向国家过渡的阶段"。[4]1986年，张光直在《谈"琮"及其在中国古代史上的意义》一文中提出上古至三代的中国历史应该划分为四个时期：石器时代、玉琮时代、青铜时代、铁器时代。他认为玉琮时代在中国正好代表从石器时代到铜器时代的转变，亦即从原始社会到国家城市社会中间的转变阶段。[5]1988年，苏秉琦首次使用"玉器时代"概念来表达上述观点。几乎同时，美国学者江伊莉也提出并使用"玉器时代"这一名称。牟永抗、吴汝祚先后发表多篇文章，提出"玉器时代"是中华文明起源时代的观点，并阐释"玉器时代"的五大特征及其上、下限

[1]苏秉琦：《太湖流域考古问题》，载《东南文化》1987年第1期。

[2]严文明：《良渚随笔》，载《文物》1996年第3期；《良渚遗址的历史地位》，载《浙江学刊》1996年第5期。

[3]张忠培：《中国古代文明形成的考古学研究》，载《故宫博物院院刊》2000年第2期；《中国古代的文化与文明》，载《考古与文物》2001年第1期。

[4]邓淑苹：《由"绝地通天"到"沟通天地"》，载《故宫文物月刊》1987年第7期。

[5]张光直：《谈"琮"及其在中国古代史上的意义》，载张光直《中国青铜时代》（二集），生活·读书·新知三联书店1990年版。

年代和发展轨迹，构筑了一个理论框架。"玉器时代"的五大特征：一是成组玉礼器的出现，二是玉、神、巫三位一体，三是文字的出现，四是冶铜业的产生，五是以棺椁为特征的双重葬具和人祭或人殉的出现。由于牛河梁红山文化遗址发现了冶铜遗迹，所以又认为可以将"玉器时代"定义为"玉器—青铜时代"，或可将中国的青铜时代称作"青铜玉器时代"。[1]

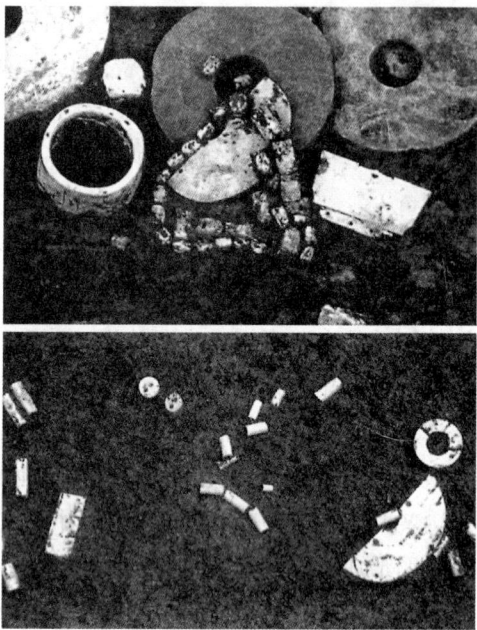

良渚遗址玉器出土（反山）

汤姆森提出的三期说解决了史前考古学的分期难题，它与摩尔根、恩格斯使用的蒙昧时代、野蛮时代、文明时代的提法正相契合。但张光直认为文明一词的内涵是指人类在物质、精神和社会结构方面所达到的进步状态，所以研究社会进步应该包括原始氏族制度衰落解体、进入对抗性阶级社会、建立起国家组织等的每一个进程。文明研究的重点是人与人之间的等级分化，其根本性的问题是公共权力。除了青铜器之外，还有很多证据可以用来推测古代的公共权力。石器时代代表原始社会、阶级未萌的阶段，玉琮时代代表巫政结合、产生特权阶级的阶段，青铜时代代表巫政结合和国家、城市、文明起源的阶段，铁器时代代表文明阶段。[2]陆建芳《有关"玉器时代"的再思考》一文以良渚文化为依据，提出新石器晚期有两条有关"礼"的发展轨迹：一是以农业为基础的家庭—家族—宗族以及与此相适应的礼仪制度；二是农业经济基础上形成的对天、地、祖先的崇拜，从而形成系统的玉礼。他认为："国内目前所见新石器时代晚期诸文化，大多遵循了这一走向文明的规律。而且其中渤海湾地区、山东龙山文化、甘肃齐家文化、两湖石家河文化、广东石峡文化选择了玉器作为本文化走向文明的礼标。""用'玉器时代'把这段历史与其他文明相区别，这是中国古史研究的一大突破"，其"创造性思维必须肯定"。[3]许多研究者是从对良渚文化玉器极度的特殊性考虑，来论证良渚文化乃至中国文明的异质性的。如牟永抗、吴汝祚所说："虽然'玉器时代'没有普遍意义，但人们已普遍接受的'青铜时代'一样没有普遍意义，在美洲文明的发展过程中，就没有这个时代。美洲的青铜绝没有像在旧大陆那样重要，因而在美洲完全不可能在普遍意义上使用'青铜时代'的术语。由此可知青铜时代可以承认，为什么'玉器时代'又要另眼相看呢？"[4]

汤姆森以三期说划分了史前考古学的年代序列，并以生产工具为标尺

[1] 牟永抗、吴汝祚：《试谈玉器时代：中华文明起源的探索》，载《中国文物报》1990年11月1日；牟永抗、吴汝祚：《水稻、蚕丝和玉：关于中国文明起源的若干问题》，载《考古》1993年第6期。

[2] 张光直：《谈"琮"及其在中国古代史上的意义》，载张光直《中国青铜时代》（二集），生活·读书·新知三联书店1990年版。

[3] 陆建芳：《有关"玉器时代"的再思考》，浙江省第二届玉器与中国传统文化研讨会论文，2003年。

[4] 牟永抗、吴汝祚：《试谈玉器时代：中华文明起源的探索》，载《中国文物报》1990年11月1日。

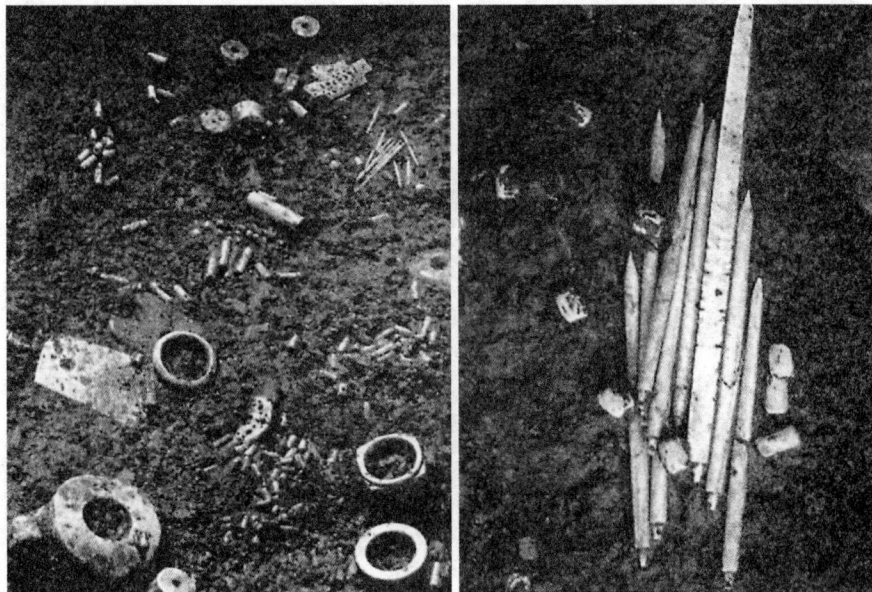

良渚遗址玉器出土（反山）

衡量文化进化的水平，但并非对社会形态的划分。"玉器时代"说着眼于社会形态划分，不仅有违风胡子原意，更与汤姆森的三期说相悖。况且，所谓"玉器时代"五大特点并没有超越石器时代末期已包含的社会性质或发展水平，同时也不为"玉器时代"所独具。从地域上讲，即使如有人所说，北起燕山，西及陕西和长江中游地区，东到泰山周围大汶口文化，南到广东，有一个新月形玉器文化圈，但除良渚文化、红山文化外玉器所占比重并不大。作为中国文明中心之一的中原地区，以及西北、两湖和西南等大片内陆地区，发现的玉器寥若晨星，更未出现什么作为"玉器时代"标志的成组玉礼器可言，足证"玉器时代"无法涵盖全中国新石器时代晚期或文明起源阶段的特征。牟永抗、吴汝祚所说的特殊性也恰恰不能作为一种普遍的理论模型。如果都以特殊性来论证文明起源或形成，势必各有结论，其理论意义和实际意义也就不能成立。假如玉器能够作为良渚文化的代表，那也只能说明良渚文化本身，即反映了中国局部地区的部分事实，而不能用以概括整个中国特定时代的文化特征。事实上，玉器不过是一种美石，是石之一种，是一种石器精华。如果硬要以玉器来表征社会形态，那么它只能表征石器时代或原始社会。

玉器所表征的玉礼制度倒是要特别关注的。如前文所说，礼仪制度是中国文明的鲜明特征。从这种意义上说，将玉礼制度归纳为中国文明起源的一种特殊要素还是有一定合理性的。玉礼制度是中国文明起源阶段的重要特征之一。玉的神化和灵化是这个时期意识形态的强烈表征，中华民族形成爱玉的民族心理亦根植于此。玉作为非实用性的生产工具和专用玉质礼仪制品，标志着以等级为核心的礼制的开始，象征着持有者的特殊权力和身份。它脱胎于不成文的习惯法。玉器最早出现于8.0—7.0kaBP，而盛行于5.0—3.5kaBP这个时期。对玉礼制度的研究显然具有特殊价值，但仍要继续

英国大英博物馆藏良渚文化玉器

深入全面地探讨。

基于文明起源和形成诸多难题难以解决的现实，将龙山时代或良渚文化纳入"原史"的范畴来考量也是一种思路。"原史"或"原史时代"（Protohistorie 或Protohistory）概念是法国考古学中所经常使用的。法国《史前大辞典》（*Dictionnaire de la Prehistoire*）的解释是："首先具有一种方法论之意义，应用于一些为历史文献所不能确定的文化群体。为了研究它们，人们因而使用了此概念：它可以指那些自身尚未拥有文字、然而却为同时代的其他人群所记述和提及的人群（例如征服前之高卢人，他们为希腊和拉丁作家所记述），也可以指那些通过后世的口头传说、记忆或者记载而保存了历史的人群。在此两种状况下，其研究可以包括考古学资料及间接的文字记载资料两方面。此时期在年代学体系中只具有一个很短暂的时间范围，而且也不精确。"[1]《美国传统词典·英语语言卷》（*The American Heritage® Dictionary of the English Language*）的解释是："仅早于有最初文字记载的历史。"（The Study of a Culture Just Before the Time of its Earliest Recorded History.）《哈金森历史辞典》（*The Hutchinson Dictionary of World History*）的定义是："紧接着史前，但是又早于能以书写文件证明的历史。"（Protohistory Period Following Prehistory but Prior to the Appearance of History as Documented in Written Records.）[2]在对历史时期和史前时期人类文化的研究中，历史学家和考古学家都注意到，这两个阶段的划分并不是截然分明的，而且仅仅依靠这两个概念已不足以界定人类文明在不同地域以及在自身内部的发展状况。在史前时期与历史时期之间，还存在着一个不易把握的阶段。"史前"是指"文字记载以前的时代"，但这中间有一个问题：文字究竟是什么时候开始有的？它的划分的依据或标准是什

[1]Dictionnaire de la Prehistoire, *Directeur de la Publication Andre Leroi-Gourham*, Paris: Press Universitaire de France, 1988.

[2]Jennifer Speake, et al, ed., *The Hutchinson Dictionary of World History*, Oxford: Helicon Publishing, 1998.

么？所谓"文字记载"是否可以直接理解为文字的出现？就中国来说，在从文字学上来说已经足够成熟的甲骨文之前，显然存在着一个前甲骨文时代。从逻辑上来讲，文字的发明和出现并不可能是突发性的和截然分明的事件；发明文字的动机和目的是记录广义上的信息——这些记录是最直接地表现历史文化内容的。此外，中国在文字出现并记载历史信息以前，还存在着一个很典型的传说时代——这个时期曾经在司马迁的著作中被记述过（通过后世的口头传说、记忆或者记载而保存了历史的人群）。如果详尽地研究历史资料和民俗资料，也许这个传说时代还可以往前推。这个只有传说没有同时代文字记载而被后世记录下来的时代，是归属于史前时期呢，还是另行规定一个概念以概括之？这正是原史研究所要解决的问题。[1]

[1]刘文锁：《论史前、原史及历史时期的概念》，载《华夏考古》1998年第3期。

由字面上来看，"proto-"指的是一件事物的较原始的状态，指"祖""祖型"。例如英语里的"Proto Austronesian"（原南岛语）指的是南岛语的一种祖型，Proto Austronesian表示了其与Austronesian的差别，也表示了Austronesian存在的最初始状态。同样地，将先商称为"Proto Shang"、将先周称为"Proto Zhou"，所表示的都是商、周王朝的先族，他们在商人或是周人建立王朝之前已经存在，所以不称先商为"Pre-Shang"、不称先周为"Pre-Zhou"。在"Protohistory"这个阶段里，史学开始萌芽，一些记录开始以各种形式出现。虽有某种文书记录，但是仍不足以据之复原历史，因此这一阶段有别于史前，也有别于历史时期，是史前向历史时期发展的一个过渡阶段。在对这一阶段进行研究时，需要不同于史前及历史时期的研究方法。丹尼尔指出，所谓原史即文字刚刚产生时期的历史，但是研究这个时代的历史实物资料与文字同等重要，或者比文字还重要。克里斯托弗·霍克斯（Christopher Hawkes）认为，那些产生了文字但把文字用作非常领域（如宗教）的社会，或者把文字写在某种材料上而这种材料又没有保存下来的社会，或者一些没有文字但是历史却被周围有文字的民族记录并保存下来的社会的历史应该称为"原史"或"类史"。[2]日本考古学家水野清一、小林行雄更简捷地指出原史系"可利用文献的不完备时代"。[3]几种说法尽管不同，但都表达了同样的意思，即史前史应该是没有文字时代的历史，而原史则是文字最初产生时期或文字不起关键作用时期的历史。但这并不能截然划分出一条界线来，因为文字的产生和利用有一个渐变的过程，文字的遗留保存也跟埋藏的环境相关，所以，直到今天，世界史学术界关于史前史的具体范围并无统一的标尺。根据西方学者对"原史时代"的定义可以总结出几条基本原则：（1）原史时代是介于史前时代和历史时代之间的；（2）原史时代研究的对象是一些为历史文献所不能确定或认识不够充分的文化群体；（3）由于原史时代在当代的文献稀少，考古材料的重要性超过或等于文献材料；（4）原史时代的研究工作需要综合考古学、人类学、历史学、文字学、器物学等多种学科方法。

[2]Christopher Hawkes, *Archaeological Theory and Method: Some Suggestions from the Old Word*, AMERICAN ANTHROPOLOGIST, 56(2), 1954.

[3]水野清一、小林行雄：《图解考古学辞典》，东京创元社1959年版，第1040页。

过去将古史分为史前、历史两大阶段或是史前、传说、信史三大阶段，都是从当时所能见到的文献材料出发的。在考古学引入中国之后，史料的范围已经由文字材料扩大到包括文献（当时的、追述的）、文物、古文字等，其中文物、古文字的主要获取方法是考古学。张光直指出："自从20世纪初期以来，考古学的发现越积越多，越多便出现好些以前从来没有看过、听过、想过的新文化、新民族和新问题。用考古学建立的历史因此更得随时改变。考古学还发掘出新的文字材料来，加强了古文字学这一门学问。研究夏、商、周三代历史又可以使用古文字学；近百年来使用古文字学的结果，是知道了传统的三代古史有许多处被古文字学证实了，但还有更多处被古文字全部改观了。"[1]中国战国以前的传世文献材料非常少，流传下来的如《尚书》、《周易》、《诗经》等，有许多后人补作或是经传抄而改变的内容。后世对这一时代追述的著作多作于东周及汉代，这其中除了保留部分夏至西周的真实情况外，大多是为了时代需要加以改编、附会而成的。所以，在面对传世文献以及通过这些文献而分析出来的古史时，总是要持保留态度。即使是现在基本被考古学资料印证的《史记·周本纪》，其所能提供的也只是当时历史发展的一个框架，还需要通过其他手段进行具体复原。另一方面，中国的史学传统肇始于西周王室覆灭，此时"王官之学降于民"，知识分子才脱离王室的束缚，逐渐由过去的"巫"史中走出来。晋《乘》、楚《梼杌》、鲁《春秋》，都成于这个时期。今日能读到的《左氏春秋》，开创了编年记事的体例，是中国历史学发展成熟的标志。至此，可供后世学者研究的确实的文献史料开始丰富，再加考古学资料作为历史文献的参照或是补充，如此才算是进入真正的"历史"时期。

传统史学由文献出发，以政治时间作为历史分期的标准，所以一般将秦以前划为上古史范围。在过去所认为无文字的史前时代以及文字发明之后的历史时代之间加入一个"原史时代"，所表现的是历史时代和历史学的一种初兴状态，以及对这一阶段的历史进行研究时所面对的史料的多样性（与史前及文献发达时期相较）。

[1]张光直：《对中国先秦史新结构的一个建议》，载张光直《中国考古学论文集》，台北联经出版事业公司1995年版。

主要参考文献

一、外文文献

一、第一古都与良渚古国的社会分层

Agnes Heller, *A Philosophy of History in Fragments*, Oxford: Blackwell Publishers, 1988.

Arnold Joseph Toynbee & Daisaku Ikeda, *The Toynbee-Ikeda Dialogue: Man Himself Must Choose*, Oxford: Oxford University Press, 1976.

Bennett Bronson, *The earliest farming: Demography as cause and consequence*, in Charles A. Reed, ed., *Origins of Agriculture*, Hague: Mouton Press, 1977.

Brian Hayden, *Conclusions: Ecology and Complex Hunter / Gatherers*, in Brian Hayden, ed., *A Complex Culture of the British Columbia Plateau*, Vancouver: UBC Press, 1992.

Bruce G. Trigger, *Settlement Archaeology: Its Goals and Promise*, *AMERICAN ANTIQUITY*, 32(2), 1976.

Brian M. Fagan, *Archaeology in the Beginning*, New York: Harper Collins Publishers, 1991.

Carlo Ginzburg, *Roots of a Scientific Paradigm*, *THEORY AND SOCIETY*, 7(3), 1979.

Christopher Hawkes, *Archaeological Theory and Method: Some Suggestions from the Old Word*, *AMERRICAN ANTHROPOLOGIST*, 56(2), 1954.

Chu Jia You, ed., *Genetic Relationship of Populations in China*, *PROC. NATL ACAD. SCI. USA*, 95, 1998.

Clyde Kluckhohn, *The Moral Order in the Expanding society*, City

Inwincible, An Oriental Institute Sympasium, Chicago: University of Chicago Press, 1960.

Carl O. Sauer, *Agricultural Origins and Dispersal,* Cambridge: MIT Press, 1952.

Dictionnaire de la Prehistoire, *Directeur de la Publication Andre Leroi-Gourham,* Paris: Press Universitaire de France, 1988.

Don E. Dumond, *Population growth and Political Centralization,* in B. Spooner, ed., *Population Growth: Anthropological Implications*, Cambridge: Massachusetts Institute of Technology Press, 1972.

David N. Keightley, *The Origins of Chinese Civilization,* California: University of California Press, 1982.

Donald O. Henry, *From Foraging to Agriculture: The Levant at the End of the Ice Age,* Philsdeophy: Universit of Pennsylvam Press, 1989.

David Rindos, *Symbiosis, Instability, and the Oringins and Spread of Agriculture: A New Model, CURRENT ANTHROPOLOGY*, 21(6), 1980.

Elman R. Service, *Profles in Ethnology,* New York: Harper & Row Publishers, 1971.

Elman R. Service, *Primitive Social Organization*, New York: Random House, 1962.

Giovanni Levi, *On Microhistory*, in Peter Burke, ed., *New Perspectives On Historical Writing,* Cambridge: Polity Press, 2001.

Gordon R. Willey, *Prehistoric Settlement Patterns in the Viru Valley, Peru, Bureau of American Ethnology, BULLETIN,* 155, Washington: Smithsonian Institution, 1953.

Harold Bloom, ed., *Modern Critical Interpretation: Sophocles'Oedipus Rex,* Philadelphia: Chelsea House Publishers, 1988.

Hilton Kramer, *Postmodern: Art and Culture in the 1980's, THE NEW CRITERION,* 1(September), 1982.

Herbert Spencer, *First Principles*, London: Williams and Norgate, 1863.

Herbert Spencer, *Progress: Its Law and Cause, THE WESTMINSTER REVIEW*, 67(April), 1857.

Hayden White, *Metahistory: The Historical Imagination in Nineteenth-century Europe,* Baltimore: Johns Hopkins University Press, 1973.

Jacques Derrida, *Glas*, Lincoln: University of Nebraska Press, 1986.

Jeanne E. Arnold, *Labor and the Rise of Complex Hunter-gatherers, JOURNAL OF ANTHROPOLOGICAL ARCHAEOLOGY,* 12, 1993.

Julian H. Steward, *Cultural Ecology,* in David L. Sills, ed., *International Encyclopedia of the Social Sciences,* New Yor: Macmillan and Free Press,

1968.

Julian H. Steward, *Theory of Cultare Change: The Methodology of Multilinear Evolution,* Urbana: University of Illinois Press, 1963.

Joy McCorriston & Flank Hole, *The Ecology of Seasonal Stress and the Origins of Agriculture in the Near East, AMERICAN ANTHROPOLOGIST,* 93(1), 1991.

Ji Li, *The Beginnings of Chinese Civilization,* Seattle: University of Washington Press, 1957.

James M. Skibo, Michael B. Schiffer, Kenneth C. Reid & J. M. Skibo, *Organic-tempered Pottery: An Experimental Study, AMERICAN ANTIQUITY,* 54(1), 1989.

Jennifer Speake, et al., eds., *The Hutchinson Dictionary of World History,* Oxford: Helicon Publishing, 1998.

Karl A. Witffogel, *Oriental Despotism,* New Haven: Yale University Press, 1957.

Karen Halttunen, *Cultural History and the Challenge of Narrativity,* Berkeley: University of California Press, 1999.

Katherine I. Wright, *Ground-stone Tools and Hunter-gatherer Subsistence in Southwest Asia: Implications for the Transition to Farming, AMERICAN ANTIQUITY,* 59(2), 1994.

Ke Yuehai, eds., *African Origin of Modern Humans in East Asia: A Tale of 12 000 Y Chromosomes, SCIENCE,* 292(5519), 2001.

Li Hui & Huang Ying, eds., *Y Chromosomes of Prehistoric People Along the Yangtze River, HUMAN GENETICS,* 122(3-4), 2007.

Lynn Hunt, *Introduction: History, Culture and Text,* in Lynn Hunt, ed., *New Cultural History,* Berkeley: University of California Press, 1989.

Lewis Roberts Binford, *Willow Smoke And Dogs' Tails: Hunter-gatherer Settlement Systems and Archaeological Site Formation, AMERICAN ANTIQUITY,* 45(1), 1980.

Lawrence Stone, *The Revival of Narrative: Reflections on a New Old History, PAST AND PRESENT,* 85(1), 1979.

Mark Bevir, *Objectivity in History, HISTORY AND THEORY,* 33(3), Connecticut: Wesleyan University Press, 1994.

Mark H. Cohen, *The Ecological Basis of New World State Formation: General and Local Model Building,* in Grant D. Jones & Robert R. Kautz, ed., *The Transition to Statehood in the New World,* Cambridge: Cambridge University Press, 1981.

Mark Poster, *Cultural History and Postmodernity: Disciplinary Readings and Challenges,* New York: Columbia University Press, 1997.

Martin Heidegger, *An Introduction to Metaphysics,* New York: Dobleday, 1961.

Michel Foucault, *Power/Knowledge: Selected Interviews and Other Writings,* New York: Pantheon Books, 1980.

Michel Foucault, *The Order of Things: An Archaeology of the Human Sciences*, New York: Vintage Books, 1973.

Mitchell Greenberg, *Canonical States, Canonical Stages,* Nebraska: The University of Nebraska Press, 1994.

Michael J. Harner, *Population Pressure and the Social Evolution of agriculturalists, SOUTHWESTERN JOURNAL OF ANTHROPOLOGY,* 26(1), 1970.

Peter B. de Menocal, *Cultural Responses to Climate Change During The Late Holocene, SCIENCE,* 292(5517), 2001.

Paul Kirchhoff, *The Principles of Clanship in Human Society*, in Morton H. Fried, ed., *Readings in Anthropology*, Vol. 2, New York: Thomas Y. Crowell Company, 1959.

Patrida O'Brien, *Michel Foucault's History of Culture: New Cultural History,* Berkeley: University of California Press, 1989.

Pietro Pucci, *Oedipus and the Fabrication of the Father: Oedipus Tyrannus in M odern Criticism and Philosophy*, Baltimore: The John Hopkins University Press, 1992.

Robert Fleming Heizer, *Man'Discovery of His Past: Literary Landmarks in Archaeology,* Englewood Cliffs, New Jersey: Prentice-Hall, Inc., 1972.

Robert Leonard Carneiro, *A Theory of the Origin of the State, SCIENCE,* 169(3947), 1970.

Thomas R. Flynn, The *Philosopher-historian as Cartographer: Mapping History with Michel Foucault, RESEARCH IN PHENOMENOLOGY,* 29(1), 1999.

Victoria E. Bonnell & Lynn Hunt, *New Directions in the Study of Society and Culture,* Berkeley: University of California Press, 1999.

Vere Gordon Childe, *The Urban Revolution, TOWN PANNING REVIEW,* 21(1), 1950.

Vladimir R. Kabo, *The Origins of Food-peoducing Economy, CURRENT ANTHROPOLOGY,* 26(5), 1985.

William Allen, *Ecology, Technique and Settlement Pattern,* in Peter J. Ucko, ed., *Man, Settlement and Urbanism,* London: Duckworth, 1972.

Wen Bo, Li Hui, eds., *Genetic Evidence Supports Demic Diffusion of Han*

Culture, NATURE, 431(7006), 2004.

Y. Zong, Z. Chen, J. B. Innes, C. Chen, Z. Wang & H. Wang, *Fire and Flood Management of Coastal Swamp Enabled First Rice Paddy Cultivation in East China, NATURE,* 449(7161), 2007.

林巳奈夫：《中国古玉的研究》，东京吉川弘文馆1991年版。

水野清一、小林行雄：《图解考古学辞典》，东京创元社1959年版。

日本静冈登吕博物馆：《特别展：静冈·清水平野の弥生时代——新出土品にみる农耕生活》，1988年。

李国栋：《"こし（越）"の来歴：日本"越"的来历》，《広島大学大学院文学研究科論集》（第68号），2008年。

郭沫若：《殷契粹编》，东京文求堂1937年版。

王明达、中村慎一：《良渚文化：中国文明的曙光》，东京勉诚社1996年版。

二、中文专著、论文集

阿诺德·汤因比：《历史研究》，上海人民出版社2005年版。

奥斯瓦尔德·斯宾格勒：《西方的没落》，上海三联书店2006年版。

爱德华·伯内特·泰勒：《原始文化》，上海文艺出版社1992年版。

埃尔曼·R. 塞维斯：《文化进化论》，华夏出版社1991年版。

埃德蒙德·古斯塔夫·阿尔布雷希特·胡塞尔：《欧洲科学危机和超验现象学》，上海译文出版社1988年版。

贝奈戴托·克罗齐：《历史学的理论和实践》，商务印书馆1982年版。

布鲁斯·特里格：《时间与传统》，生活·读书·新知三联书店1991年版。

布鲁斯·G. 崔格尔：《考古学思想史》，岳麓书社2008年版。

保罗·G. 巴恩：《考古学的过去与未来》，译林出版社2008年版。

保罗·G. 巴恩：《当代学术入门·考古学》，辽宁教育出版社、牛津大学出版社1998年版。

保罗·G. 巴恩：《剑桥插图考古学史》，山东画报出版社2000年版。

彼得·科斯洛夫斯基：《后现代文化：技术发展的社会文化后果》，中央编译出版社1999年版。

波林·马里·罗斯诺：《后现代主义与社会科学》，上海译文出版社1998年版。

查尔斯·罗伯特·达尔文：《物种起源》，商务印书馆1995年版。

戴维·罗尔：《传说：文明的起源》，作家出版社2000年版。

迪迪埃·埃里蓬：《权力与反抗：米歇尔·福柯传》，北京大学出版社1997年版。

E. N. 洛伦兹：《混沌的本质》，气象出版社1997年版。

弗朗兹·博厄斯：《人类学与现代生活》，商务印书馆1985年版。

恩格斯：《反杜林论》，载马克思、恩格斯《马克思恩格斯选集》第二版，人民出版社1995年版。

费尔南·布罗代尔：《菲利普二世时代的地中海和地中海世界》，商务印书馆1996年版。

杰弗里·巴勒克拉夫：《当代史学主要趋势》，上海译文出版社1987年版。

菲利普·费尔南德斯—阿莫斯图：《食物的历史：透析食物进化的历史》，中信出版社2005年版。

菲利普·李·拉尔夫等：《世界文明史》，商务印书馆1998年版。

格林·丹尼尔：《考古学一百五十年》，文物出版社1987年版。

格林·丹尼尔：《考古学简史》，文物出版社1981年版。

哈瑞·卡纳：《性崇拜》，湖南文艺出版社1988年版。

哈里特·克劳福德：《神秘的苏美尔人》，浙江人民出版社2000年版。

科林·伦福儒：《考古学：理论、方法与实践》，文物出版社2004年版。

肯·R. 达柯：《理论考古学》，岳麓书社2005年版。

卡查恩·卢布坦：《新石器时代：世界最早的农民》，上海书店出版社2001年版。

路易斯·亨利·摩尔根：《古代社会》，商务印书馆1977年版。

路易斯·罗伯特·宾福德：《追寻人类的过去：解释考古材料》，上海三联书店2009年版。

刘易斯·芒福德：《城市发展史：起源、演变和前景》，中国建筑工业出版社1989年版。

马克·布查纳：《临界：为什么世界比我们想象的要简单》，吉林人民出版社2001年版。

罗伯特·沙雷尔：《考古学：发现我们的过去》，上海人民出版社2009年版。

列昂纳德·柯特勒尔：《爱琴文明探源》，四川人民出版社1985年版。

马文·哈里斯：《文化人类学》，东方出版社1988年版。

马文·哈里斯：《文化唯物主义》，华夏出版社1988年版。

马克·布洛赫：《历史学家的技艺》，上海社会科学院出版社1992年版。

马修·约翰逊：《考古学理论导论》，岳麓书社2005年版。

梅芙·肯尼迪：《考古的历史》，希望出版社2003年版。

诺贝特·埃利亚斯：《文明的进程：文明的社会起源和心理起源的研究》，生活·读书·新知三联书店1999年版。

诺曼·哈蒙德：《寻找玛雅文明》，浙江人民出版社2000年版。

乔纳森·哈斯：《史前国家的演进》，求实出版社1988年版。

乔纳森·马克·基诺耶：《走近古印度城》，浙江人民出版社2000年版。

乔治·弗兰克尔：《心灵考古》，国际文化出版公司2006年版。

乔伊斯·阿普尔比、林·亨特、玛格丽特·雅各布：《历史的真相》，中央编译出版社1999年版。

塞缪尔·P.亨廷顿：《文明的冲突与世界秩序的重建》，新华出版社2002年版。

梅尔福德·E.斯皮罗：《文化与人性》，社会科学文献出版社1999年版。

米歇尔·福柯：《知识考古学》，生活·读书·新知三联书店1998年版。

米歇尔·福柯：《必须保卫社会》，上海人民出版社1999年版。

米歇尔·福柯：《福柯集》，上海远东出版社1998年版。

米歇尔·福柯：《权力的眼睛：福柯访谈录》，上海人民出版社1997年版。

托马斯·哈定等：《文化与进化》，浙江人民出版社1987年版。

弗农·吉尔·卡特、汤姆·戴尔：《表土与人类文明》，中国环境科学出版社1987年版。

维尔·戈登·柴尔德：《人类创造了自身》，上海三联书店2008年版。

维尔·戈登·柴尔德：《考古学导论》，上海三联书店2008年版。

维尔·戈登·柴尔德：《历史的重建：考古材料的阐释》，上海三联书店2008年版。

维尔·戈登·柴尔德：《远古文化史》，上海文艺出版社1990年版。

维尔·戈登·柴尔德：《欧洲文明的曙光》，上海三联书店2008年版。

维尔·戈登·柴尔德：《历史发生了什么》，上海三联书店2008年版。

威廉·狄尔泰：《历史中的意义》，中国城市出版社2002年版。

威廉·麦克高希：《世界文明史》，新华出版社2003年版。

詹姆斯·哈威·鲁滨孙：《新史学》，商务印书馆1964年版。

詹姆斯·格莱克：《混沌：开创新科学》，上海译文出版社1990年版。

杨建华：《外国考古学史》，吉林大学出版社1999年版。

刘文鹏：《埃及考古学》，生活·读书·新知三联书店2008年版。

陈建新：《打开历史之门：西亚北非考古大发现》，中国纺织出版社2001年版。

郭文：《欧洲文明之源：古希腊罗马考古大发现》，中国纺织出版社2001年版。

拱玉书：《西亚考古史》，文物出版社2002年版。

杨豫：《西方史学史》，江西人民出版社1993年版。

秦嘉谟等辑：《世本八种》，商务印书馆1957年版。

《国语》，上海古籍出版社1998年版。

司马迁：《史记》，中华书局1996年版。

班固：《汉书》，中华书局2007年版。

王充撰，黄晖校释：《论衡校释》，中华书局1979年版。

《山海经》，中华书局2009年版。

袁康，吴平辑录：《越绝书》，上海古籍出版社1985年版。

许慎撰，段玉裁注：《说文解字》，上海古籍出版社1988年版。

张华：《博物志》，上海古籍出版社1988年版。

郦道元撰，王先谦校：《合校水经注》，中华书局2009年版。

张华撰，范宁校证：《博物志校证》，中华书局1980年版。

裴骃：《史记集解》，台北成文出版社1971年版。

杜光庭：《萧山白鹤观石像老君验》，载杜光庭《道教灵验记》卷七，《道藏》，文物出版社、上海书店、天津古籍出版社1988年版。

乐史：《太平寰宇记》，中华书局1999年版。

罗泌：《路史》，台北中华书局1983年版。

李昉：《太平御览》，中华书局2006年版。

刘敞：《公是集》，文渊阁《四库全书》本，台北商务印书馆、上海古籍出版社1987年版。

沈作宾等修，施宿纂：《嘉泰会稽志》，中华书局1990年版。

聂心汤：《万历钱塘县志》，武林丁氏刊本，清光绪十九年（1893年）。

钱宰：《临安集》，文渊阁《四库全书》本，台北商务印书馆、上海古籍出版社1987年版。

梁玉绳：《史记志疑》，中华书局1985年版。

王夫之：《读通鉴论》，中华书局1975年版。

宋应星：《天工开物》，中华书局上海编辑所1959年版。

洪兴祖：《楚辞补注》，中华书局1957年版。

顾祖禹：《读史方舆纪要》，中华书局2005年版。

阮元：《研经室续集》，商务印书馆民国二十五年（1936年）版。

樊绰撰，向达校注：《蛮书校注》，中华书局1962年版。

谈钥：《吴兴志》，中华书局1990年版。

阮元校刻：《十三经注疏》，中华书局2003年版。

吴任臣：《十国春秋》，中华书局1983年版。

田汝成：《西湖游览志余》，上海古籍出版社1998年版。

林惠祥：《文化人类学》，商务印书馆1996年版。

谢维扬：《中国早期国家》，浙江人民出版社1995年版。

许宏：《最早的中国》，科学出版社2009年版。

王震中：《中国文明起源的比较研究》，陕西人民出版社1994年版。

金力、褚嘉佑主编：《中华民族遗传多样性研究》，上海科学技术出版社2006年版。

中国人类学会编：《中国八个民族体质调查报告》，云南人民出版社1982年版。

徐松石：《东南亚民族的中国血缘》，广西师范大学出版社2005年版。

周廷儒：《古地理学》，北京师范大学出版社1982年版。

严钦尚等：《长江三角洲现代沉积研究》，华东师范大学出版社1987年版。

陈忠华、韩晓玲：《语言学与文化人类学的边缘化及其交迭领域》，外语教学与研究出版社2007年版。

高蒙河：《长江下游考古地理》，复旦大学出版社2005年版。

胡焕庸、张善余等编：《中国人口地理》，华东师范大学出版社1984年版。

蒙文通：《越史丛考》，人民出版社1983年版。

黄惠焜：《从越人到泰人》，云南民族出版社1992年版。

王幼平：《旧石器时代考古》，文史出版社2000年版。

梁启超：《中国历史研究法》，上海古籍出版社1998年版。

顾颉刚：《古史辨》，上海古籍出版社1982年版。

郭沫若：《郭沫若全集》，科学出版社1982年版。

郭沫若、胡厚宣：《甲骨文合集》，中华书局1978—1983年版。

郭若愚：《殷契拾掇》，上海出版公司1951年版。

郭若愚等：《殷墟文字缀合》，科学出版社1955年版。

张光直：《古代中国考古学》，辽宁教育出版社2002年版。

张光直：《中国考古学论文集》，台北联经出版事业公司1995年版。

张光直：《考古学专题六讲》，文物出版社1986年版。

张光直：《美术、神话与祭祀》，辽宁教育出版社2002年版。

张光直：《考古学》，辽宁教育出版社2002年版。

张光直：《中国青铜时代》，生活·读书·新知三联书店1999年版。

张光直：《中国青铜时代》（二集），生活·读书·新知三联书店1990年版。

凌纯声：《中国远古与太平印度两洋的帆筏戈船方舟和楼船的研究》，中央研究院民族学研究所专刊之十六，1970年。

李济：《李济考古学论文选集》，文物出版社1990年版。

李济：《考古琐谈》，湖北教育出版社1998年版。

裴文中：《中国石器时代》，中国青年出版社1954年版。

裴文中：《考古学基础》，台北弘文馆出版社1986年版。

苏秉琦：《中国文明起源新探》，香港商务印书馆1997年版。

苏秉琦：《考古学文化论集》，文物出版社1993年版。

苏秉琦：《苏秉琦考古学论述选集》，文物出版社1984年版。

夏鼐：《中国文明的起源》，中华书局2009年版。

严文明：《中国考古学研究的世纪回顾》，科学出版社2008年版。

严文明：《走向21世纪的考古学》，三秦出版社1997年版。

严文明：《长江文明的曙光》，湖北教育出版社2004年版。

严文明：《农业发生与文明起源》，科学出版社2000年版。

张忠培：《中国考古学：实践·理论·方法》，中州古籍出版社1994年版。

俞伟超：《考古学是什么》，中国社会科学出版社1996年版。

俞伟超：《考古类型学的理论与实践》，文物出版社1989年版。

李学勤：《比较考古学随笔》，广西师范大学出版社1997年版。

李学勤：《文物中的古文明》，商务印书馆2008年版。

李学勤主编：《中国古代文明与国家形成研究》，云南人民出版社1997年版。

徐苹芳：《中国历史考古学论丛》，台北允晨文化实业股份有限公司1995年版。

中国社会科学院考古研究所编：《新中国的考古发现与研究》，文物出版社1984年版。

中国社会科学院考古研究所编：《考古学的历史·理论·实践》，中州古籍出版社1996年版。

中国社会科学院考古研究所编：《中国文明起源研究要览》，文物出版社2003年版。

中国社会科学院考古研究所编：《中国考古学与瑞典考古学》，科学出版社2006年版。

中国社会科学院考古研究所编：《殷墟妇好墓》，文物出版社1980年版。

《文物》编辑委员会编：《文物考古工作十年》，文物出版社1991年版。

《文物》编辑委员会编：《文物考古工作三十年》（1949—1979年），文物出版社1981年版。

《文物》编辑委员会编：《文物考古工作十年》（1979—1989年），文物出版社1991年版。

文物出版社编：《新中国考古五十年》，文物出版社1999年版。

东北师范大学世界古典文明史研究所：《世界诸古代文明年代学研究的历史与现状》，世界图书出版公司1999年版。

中国古文字研究会、浙江省文物考古研究所编：《古文字研究》（第25辑），中华书局2004年版。

国家文物局编：《中国重要考古发现》，文物出版社2007年版。

上海博物馆、中国社会科学院考古研究所编：《长江下游地区文明化进程学术研讨会论文集》，上海书画出版社2004年版。

夏商周断代工程专家组：《夏商周断代工程1996—2000年阶段成果报告》，世界图书出版公司2000年版。

林华东、任关甫：《跨湖桥文化论集》，人民出版社2009年版。

林华东：《良渚文化研究》，浙江教育出版社1998年版。

浙江省文物局编：《良渚古玉》，浙江人民美术出版社1996年版。

浙江省文物考古研究所、长兴县文物保护管理所：《七里亭与银锭冈》，科学出版社2009年版。

浙江省文物考古研究所、萧山博物馆：《跨湖桥》，文物出版社2004年版。

浙江省文物考古研究所：《良渚遗址群》，文物出版社2005年版。

浙江省文物考古研究所：《瑶山》，文物出版社2003年版。

浙江省文物考古研究所：《反山》，文物出版社2005年版。

浙江省文物考古研究所：《庙前》，文物出版社2005年版。

浙江省文物考古研究所编：《良渚文化玉器》，文物出版社、两木出版社（日本）1989年版。

浙江省文物考古研究所编：《良渚文化研究：纪念良渚文化发现60周年国际学术讨论会文集》，科学出版社1999年版。

浙江省文物考古研究所编：《浙江省文物考古研究所学刊》（1981年），文物出版社1981年版。

浙江省文物考古研究所编：《浙江省文物考古研究所学刊》（1993年），科学出版社1993年版。

浙江省文物考古研究所编：《浙江省文物考古研究所学刊》（1997年），长征出版社1997年版。

浙江省文物考古研究所编：《浙江省文物考古研究所学刊》（2006年），科学出版社2006年版。

浙江省文物考古研究所编：《浙江考古精华》，文物出版社1999年版。

浙江省文物考古研究所等编：《吴越文化论丛》，文物出版社1990年版。

浙江省社会科学院编：《浙江学刊》（良渚文化专辑），2003年。

良渚文化博物馆、香港中文大学文物馆编：《良渚文化玉器》，1998年。

良渚文化博物馆编：《良渚文化：东方文明之光》，1999年。

良渚文化博物馆编：《良渚文化论坛》，1999年。

良渚文化博物馆编：《良渚文化论坛》，浙江古籍出版社2002年版。

良渚文化博物馆编：《良渚文化论坛》（良渚文化学术讨论会专辑），香港中国文化艺术出版社2003年版。

王心喜：《杭州史前文化研究》，人民出版社2007年版。

张明华：《中国文物鉴赏全集·良渚古玉》，台北度假出版社1995年版。

邹厚本：《江苏考古50年》，南京出版社2000年版。

余杭市政协文史资料委员会编：《文明的曙光：良渚文化》，浙江人民出版社1996年版。

国际良渚学中心编：《良渚学文集》，2001年。

徐湖平主编：《东方文明之光：良渚文化发现60周年纪念文集》，海南国际新闻出版中心1996年版。

俞为洁：《饭稻衣麻：良渚人的衣食文化》，浙江摄影出版社2007年版。

赵晔：《湮灭的古国故都：良渚遗址概论》，浙江摄影出版社2007年版。

王宁远：《遥远的村居：良渚文化的聚落和居住形态》，浙江摄影出版社2007年版。

刘斌：《神巫的世界：良渚文化综论》，浙江摄影出版社2007年版。

蒋卫东：《神圣与精致：良渚文化玉器研究》，浙江摄影出版社2007年版。

扎拉嘎：《展开4000年前折叠的历史：共工传说与良渚文化平行关系研究》，中央民族大学出版社2009年版。

周膺：《美丽洲：良渚文化与良渚学引论》，中华书局2000年版。

周膺：《美丽旧世界：良渚文化与杭州的缘起》，当代中国出版社2002年版。

周膺、吴晶：《中国5000年文明第一证：良渚文化与良渚古国》，浙江大学出版社2004年版。

周膺：《东方文明的曙光：良渚遗址与良渚文化》，五洲传播出版社2007年版。

周膺：《良渚文化与中国文明的起源》，浙江大学出版社2010年版。

周膺、曹云、吴晶：《西溪湿地》，当代中国出版社2005年版。

周膺、吴晶：《西溪湿地保护利用模式研究》，当代中国出版社2008年版。

周膺：《第一种美》，当代中国出版社2001年版。

游修龄主编：《中国农业通史·原始社会卷》，中国农业出版社2008年版。

游修龄：《中国稻作史》，中国农业出版社1995年版。

游修龄：《农史研究文集》，中国农业出版社1999年版。

吕琪昌：《青铜爵、斝的秘密：从史前陶鬶到夏商文化起源并断代问题研究》，浙江大学出版社2007年版。

张之恒：《中国考古学通论》，南京大学出版社1991年版。

张之恒：《中国新石器时代考古》，南京大学出版社2004年版。

佟柱臣：《中国新石器研究》，巴蜀书社1998年版。

陈淳：《文明与早期国家探源：中外理论、方法与研究之比较》，上海书店出版社2007年版。

陈星灿：《中国史前考古学史研究》（1895—1949年），社会科学文献出版社1997年版。

陈星灿：《考古发掘与历史复原》，中华书局2006年版。

陈星灿：《考古随笔》，文物出版社2002年版。

许宏：《最早的中国》，科学出版社2009年版。

许倬云：《新世纪的考古学》，紫禁城出版社2006年版。

王震中：《中国文明起源的比较研究》，陕西人民出版社1994年版。

朱乃诚：《中国文明起源研究》，福建人民出版社2006年版。

李坤：《中国大考古》，陕西师范大学出版社2007年版。

方辉：《聚落与环境考古学理论与实践》，山东大学出版社2007年版。

王善才：《考古知识纵横谈》，科学出版社2008年版。

孙英民：《中国考古学通论》，河南大学出版社2008年版。

谢万幸：《中国考古未解之谜》，中国书籍出版社2004年版。

曹兵武：《大考古》，济南出版社2004年版。

曹兵武：《考古与文化》，文物出版社1999年版。

臧振华：《中国考古学与历史学之整合研究》，中央研究院历史语言研究所，2004年。

沈颂金：《考古学与二十世纪中国学术》，学苑出版社2003年版。

栾丰实、方辉、靳桂云：《考古学理论·方法·技术》，文物出版社2002年版。

王冀青：《斯坦因第四次中国考古日记考释》，甘肃教育出版社2004年版。

杨建华：《公元前2千纪的晋陕高原与燕山南北》，科学出版社2008年版。

林沄：《林沄学术文集》，科学出版社2008年版。

郑杰祥：《新石器文化与夏代文明》，江苏教育出版社2005年版。

曲英杰：《古代城市》，文物出版社2003年版。

徐鸿修：《先秦史研究》，山东大学出版社2002年版。

陈剩勇：《中国第一王朝的崛起》，湖南出版社2002年版。

张树栋：《古代文明的起源与演进》，南京大学出版社1991年版。

卜工：《文明起源的中国模式》，科学出版社2007年版。

段渝：《酋邦与国家起源》，中华书局2007年版。

杨泓：《中国文明起源研究》，福建人民出版社2006年版。

段渝：《酋邦与国家起源：长江流域文明起源比较研究》，中华书局2007年版。

王东平：《中华文明起源和民族问题的论辩》，百花文艺出版社2004年版。

丁季华、龚若栋、章义和、黄爱梅：《中国古代文明起源》，上海科学技术文献出版社2007年版。

詹子庆：《夏史与夏代文明》，上海科学技术文献出版社2007年版。

孟世凯：《商史与商代文明》，上海科学技术文献出版社2007年版。

邹衡：《夏商周考古学论文集》，文物出版社1980年版。

钱耀鹏：《中国史前城址与文明起源研究》，西北大学出版社2001年版。

刘莉：《中国新石器时代》，文物出版社2007年版。

李慈铭：《越缦堂文集》，台北华文书局1971年版。

冯时：《中国天文考古学》，社会科学文献出版社2001年版。

臧振华、李匡悌、朱正宜：《先民履迹》，台南县政府，2006年。

李根蟠、卢勋：《中国南方少数民族原始农业形态》，中国农业出版社1987年版。

浙江省文物局、浙江省博物馆编：《浙江文博七十年文萃》，浙江大学出版社1999年版。

浙江省文物局等编：《河姆渡文化研究》，杭州大学出版社1998年版。

孙国平：《远古江南：河姆渡遗址》，天津古籍出版社2008年版。

铷襄、聂世棠等：《萧山县志》，清康熙十一年（1672年）刊本，台北成文出版有限公司1984年版。

杭州市地方志编纂委员会：《杭州市志》，中华书局1995年版。

萧山县志编纂委员会：《萧山县志》，浙江人民出版社1987年版。

萧山市志编纂委员会：《萧山市志》，方志出版社2001年版。

周易藻：《萧山湘湖志》，周氏铅印本，民国16年（1927年）。

余杭县志编纂委员会：《余杭县志》，浙江人民出版社1990年版。

三、中文论文、研究报告

罗伯特·约翰·布雷德伍德：《农业革命》，载中国社会科学院考古研究所编《考古学的历史·理论·实践》，中州古籍出版社1996年版。

路易斯·罗伯特·宾福德：《后更新世的适应》，载中国社会科学院考古研究所编《考古学的历史·理论·实践》，中州古籍出版社1996年版。

布赖恩·海登：《驯化的模式》，《农业考古》1994年第1期。

小林达雄：《从传统的考古学中走出来》，《东南文化》1990年第4期。

量博满：《关于新石器时代的钺：论圆孔的象征意义》，载浙江省文物考古研究所编《良渚文化研究：纪念良渚文化发现60周年国际学术讨论会文集》，科学出版社1999年版。

林巳奈夫：《有孔玉、石斧的孔之象征》，载浙江省文物考古研究所编《良渚文化研究：纪念良渚文化发现60周年国际学术讨论会文集》，科学出版社1999年版。

林巳奈夫：《良渚文化玉器纹饰雕刻技术》，载徐湖平主编《东方文明之光：良渚文化发现60周年纪念文集》，海南国际新闻出版中心1996年版。

竺可桢：《杭州西湖生成的原因》，载杭州市地名委员会办公室《杭州市地名志》第八篇《文选》，浙江人民出版社1990年版。

竺可桢：《中国近五千年来气候变迁的初步研究》，《考古学报》1972年第1期。

章鸿钊：《杭州西湖成因一解》，《中国地质学会志》第3卷第1期，1924年。

郭沫若：《长安县张家坡铜器群铭文汇释》，《考古学报》1962年第1期。

裴文中、邱中郎：《浙江杭州留下洞穴哺乳动物化石》，《古脊椎动物学报》1957年第1期。

韩德芬、张森水：《建德发现的一枚人的犬齿化石及浙江第四纪哺乳动物新资料》，《古脊椎动物与人类》1978年第4期。

张森水：《近20年来中国旧石器考古学的进展与思考》，《第四纪研究》2002年第1期。

张森水等：《改写浙江无旧石器时代文化遗物地点的历史》，《中国文物报》2002年12月11日。

张森水、徐新民、邱宏亮、王恩霖、罗志刚：《浙江安吉上马坎遗址石制品研究》，《人类学学报》2004年第1期。

张森水、高星、徐新民：《浙江旧石器调查报告》，《人类学学报》2003年第2期。

张森水：《遗憾与快慰：忆建德人牙发现始末》，载杭州市政协文史委员会编《文物之邦显辉煌》，浙江人民出版社2000年版。

张森水：《索史有缘品白茶：浙江旧石器考古散记（上）》，《化石》2006年第2期。

张森水：《求真无垠识紫笋：浙江旧石器考古散记（中）》，《化石》2006年第3期。

张森水：《茗香回味论假真：浙江旧石器考古散记（下）》，《化石》2006年第4期。

吴新智、黄慰文、祁国琴：《中国古人类遗址》，上海科技教育出版社1999年版。

Chinkyfeng：《中科院吴新智院士漫谈现代人起源》，http: // tech. qq. Com / a / 20070516 / 000133. htm。

石丽、金幸生、程海、沈冠军：《浙江桐庐人类头骨的铀系年代》，《人类学学报》2002年第4期。

寿芳：《1.2万年前临安就有人：临安首次发现旧石器时期古人类活动遗存》，《钱江晚报》2004年6月4日。

寿芳：《临安发现1.2万年前旧石器时期古人类活动遗存》，《浙江日报》2004年6月4日。

黄正维、孟子江：《浙江哺乳动物化石新产地》，《古脊椎动物与古人类》1964年第1期。

王海明：《浙江洞穴遗址的考古学观察与思考》，载邓涛、王原主编《第八届中国古脊椎动物学学术年会论文集》，海洋出版社2001年版。

徐新民、梁奕建：《浙江长兴合溪洞旧石器时代遗址：浙江首次发现有人类文化遗物的洞穴堆积 发现浙江首颗出自明确地层的晚期智人牙齿化石》，中国文物信息网，2010年3月26日。

陈铁梅：《我国旧石器考古年代学的进展与评述》，《考古年报》1988年第3期。

金力、李辉：《重建东亚人类的族谱》，《科学美国人》2008年第8期。

何天行：《杭县良渚镇之石器与黑陶》，载周膺、何宝康编校《良渚文化与中国早期文化研究：何天行学术文集》，天津社会科学院出版社2008年版。

何天行：《萧山湖岸发现新石器时代陶片》，载周膺、何宝康编校《良渚文化与中国早期文化研究：何天行学术文集》，天津社会科学院出版社2008年版。

施昕更：《良渚：杭县第二区黑陶文化遗址初步报告》，载浙江省文物局、浙江省博物馆编《浙江文博七十年文萃》，浙江大学出版社1999年版。

卫聚贤：《中国最古的文字已发现》，载余杭市政协文史资料委员会编《文明的曙光：良渚文化》，浙江人民出版社1996年版。

费孝通：《从史禄国老师学体质人类学》，《北京大学学报》（哲学社会科学版）1994年第5期。

张光直：《二十世纪后半的中国考古学》，《古今论衡》（创刊号），1998年。

张光直：《论"中国文明的起源"》，《文物》2004年第1期。

苏秉琦：《太湖流域考古问题》，《东南文化》1987年第1期。

苏秉琦：《论太湖流域古文化古城古国》，载徐湖平主编《东方文明之光：良渚文化发现60周年纪念文集》，海南国际新闻出版中心1996年版。

苏秉琦：《良渚文化的历史地位：纪念良渚遗址发现60周年》，载余杭市政协文史资料委员会编《文明的曙光：良渚文化》，浙江人民出版社1996年版。

苏秉琦、殷玮璋：《关于考古学的区系类型问题》，载苏秉琦《苏秉琦考古学论述选集》，文物出版社1984年版。

夏鼐：《中国文明的起源》，《文物》1985年第8期。

夏鼐：《关于考古学上文化的定名问题》，《考古》1959年第4期。

安志敏：《试论文明的起源》，《考古》1987年第5期。

安志敏：《略论我国新石器时代文化的年代问题》，《考古》1972年第6期。

安志敏：《试论黄河流域新石器时代文化》，《文物参考资料》1959年第10期。

安志敏：《长江下游史前文化对海东的影响》，《考古》1984年第5期。

严文明：《良渚随笔》，《文物》1996年第3期。

严文明：《良渚遗址的历史地位》，《浙江学刊》1996年第5期。

严文明：《碰撞与征服：花厅墓地埋葬情况的思考》，《文物天地》1991年第6期。

严文明：《龙山文化和龙山时代》，《文物》1981年第6期。

严文明：《中国稻作农业的起源》，《农业考古》1982年第11期。

张忠培：《中国古代文明形成的考古学研究》，《故宫博物院院刊》2000年第2期。

张忠培：《中国古代的文化与文明》，《考古与文物》2001年第1期。

张忠培：《当代考古学问题答问》，《文物天地》1989年第3期。

石兴邦：《黄河流域原始社会考古研究上的若干问题》，《文物参考资料》1959年第10期。

李学勤：《试论余杭南湖良渚文化黑陶罐的刻画符号》，《浙江学刊》1992年第4期。

李学勤：《良渚文化的多字陶文》，《苏州大学学报》（吴学研究专辑），1992年。

饶宗颐：《哈佛大学所藏良渚黑陶上的符号试释》，《浙江学刊》1990年第4期。

凌纯声：《中国古代海洋文化与亚洲地中海》，载凌纯声《中国边疆民族与环太平洋文化》，台北经联出版事业公司1979年版。

凌纯声：《中国古代神主与阴阳性器崇拜》，《中央研究院民族学研究所集刊》（第8期），1959年。

林惠祥：《中国东南区新石器文化特征之一：有段石锛》，《考古学报》1958年第3期。

李伯谦：《我国南方几何印纹陶遗存的分区分期及有关问题》，《北京大学学报》（哲学社会科学版）1981年第1期。

邓淑苹：《由良渚刻符玉璧论璧之原始意义》，载浙江省文物考古研究所编《良渚文化研究：纪念良渚文化发现60周年国际学术讨论会文集》，科学出版社1999年版。

邓淑苹：《由"绝地通天"到"沟通天地"》，《故宫文物月刊》1987年第7期。

裘锡圭：《究竟是不是文字：谈我国新石器时代使用的符号》，《文物天地》1993年第2期。

黄艾禾、孙展、邱笑飞：《中国人从哪里来》，载先锋国家历史杂志社主编《国家历史：真相与往事》，九州出版社2009年版。

许宏：《连续中的断裂：关于中国早期文明与早期国家》，《文物》2001年第2期。

蒙文通：《外越与澎湖、台湾》，载蒙文通《越史丛考》，人民出版社1983年版。

蒋炳钊：《关于百越民族来源问题的思考》，《浙江学刊》1990年第1期。

浙江省地质调查院：《杭州城市地质调查报告》，2009年。

浙江省地质调查院：《区域地质调查报告：杭州市幅》，2003年。

洪雪晴：《太湖的形成和演变过程》，《海洋地质与第四纪地质》1991年第4期。

陶强、严钦尚：《长江三角洲南部洮滆湖地区全新世海侵和沉积环境》，载严钦尚等《长江三角洲现代沉积研究》，华东师范大学出版社1987年版。

严钦尚、黄山：《杭嘉湖平原全新世沉积环境的演变》，《地理学报》1987年第1期。

张修桂：《太湖演变的历史过程》，《中国历史地理论丛》2009年第1辑。

蔡永立等：《孢粉—气候对应分析重建上海西部地区8.5kaBP以来的气候》，《湖泊科学》2001年第2期。

蔡永立等：《上海青浦8.5kaBP以来植被演变与气候波动》，《生态学报》2001年第1期。

王开发等：《根据孢粉分析推断上海地区近六千年以来的气候变迁》，《大气科学》1978年第2期。

乐祖谋：《历史时期宁绍平原城市的起源》，《中国历史地理论丛》（第3辑），1988年。

陈国庆：《略论江浙地区史前文化的埋葬习俗》，《东南文化》1990年第5期。

麦戈文等：《山东日照市两城镇龙山文化酒遗存的化学分析：兼谈酒在史前时期的文化意义》，《考古》2005年第3期。

张明华：《中国新石器时代水井的考古发现》，《上海博物馆集刊》（5），上海古籍出版社1990年版。

王青：《从海陆变迁看浙东沿海新石器早期遗址的形成背景》，《中国文物报》2006年3月28日。

张玉兰：《上海东部地区全新世孢粉组合及古植被和古气候》，《古地理学报》2006年第1期。

刘静伟、赵淑君、程捷、鲍继飞、尹功明：《杭州湾钱塘江两岸全新世以来的古植被及古气候研究》，《地学前缘》2007年第5期。

吴文祥、葛全胜：《全新世气候事件及其对古文化发展的影响》，《华夏考古》2005年第3期。

吴文祥、刘东生：《5500aBP气候事件在三大文明古国古文明和古文化演化中的作用》，《地学前缘》2002第1期。

吴文、刘东生：《4000aBP前后降温事件与中华文明的诞生》，《第四纪研究》2001年第5期。

吴文祥、刘东生：《气候转型与早期人类迁徙》，《海洋地质与第四纪地质》2001年第4期。

吴文祥、刘东生：《4000aBP前后东亚季风变迁与中原周围地区新石器文化的衰落》，《第四纪研究》2004年第3期。

高蒙河：《良渚文化区的人文景观》，载浙江省社会科学院国际良渚文化研究中心编《良渚文化探秘》，人民出版社2006年版。

高蒙河：《试论长江下游的史前文化区域》，《学术月刊》1990年第10期。

高蒙河：《长江下游文明化初期的人地关系：多学科交叉的实践与探索》，《复旦学报》2005年第2期。

高蒙河：《良渚文化的家庭形态及其相关问题》，载吉林大学考古系编《青果集：吉林大学考古系建系十周年纪念文集》，知识出版社1998年版。

朱玉荣：《潮流在长江三角洲形成发育过程中所起作用的探讨》，《海洋通报》1999年第2期。

顾明光：《钱塘江北岸晚第四纪沉积与古环境演变》，《中国地质》2009年第2期。

史威、马春梅、朱诚、王富葆、李世杰：《太湖地区多剖面地层学分析与良渚期环境事件》，《地理研究》2008年第5期。

王富葆、李昌民等：《太湖流域良渚文化时期的自然环境》，载徐湖平主编《东方文明之光：良渚文化发现60周年纪念文集》，海南国际新闻出版中心1996年版。

陈杰、吴建民：《太湖地区良渚文化时期的古环境》，载徐湖平主编《东方文明之光：良渚文化发现60周年纪念文集》，海南国际新闻出版中心1996年版。

原华荣：《环境寿命与文明兴衰》，《西北人口》1997年第3期。

原华荣、周仲高、黄洪琳：《土地承载力的规定和人口与环境的间断平衡》，《浙江大学学报》（人文社会科学版）2007年第5期。

陈淳：《文明与国家起源研究的理论问题》，《东南文化》2002年第3期。

陈淳：《从东亚最早陶器谈跨湖桥和小黄山遗址年代》，《中国文物报》2006年3月7日。

陈淳、潘艳、魏敏：《再读跨湖桥》，载浙江省博物馆编《东方博物》（第27辑），浙江大学出版社2008年版。

徐良高：《他山之石，可以攻玉：英美学术界"文明起源"研究及其启示》，载中国社会科学院考古研究所、中国社会科学院古代文明研究中心《古代文明研究》（第1辑），文物出版社2005年版。

陈星灿：《从一元到多元：中国文明起源研究的心路历程》，《中原文物》2002年第4期。

邹衡：《试论夏文化》，载邹衡《夏商周考古学论文集》，文物出版社1980年版。

陈晶：《马家浜文化两个类型的分析》，载中国考古学会编《中国考古学会第三次年会论文集》，文物出版社1984年版。

张照根：《关于马家浜文化的类型问题》，《农业考古》1999年第3期。

浙江省文物管理委员会、浙江省博物馆：《河姆渡遗址第一期发掘报告》，《考古学报》1978年第1期。

浙江省文物管理委员会：《吴兴钱山漾遗址第一、二次发掘报告》，《考古学报》1960年第2期。

浙江省文物考古研究所、余姚市文物保护管理所、河姆渡遗址博物馆：《浙江余姚田螺山新石器时代遗址2004年发掘简报》，《文物》2007年第11期。

浙江省文物考古研究所、浦江县博物馆：《浙江浦江县上山遗址发掘简报》，《考古》2007年第9期。

浙江省文物考古研究所：《桐乡县罗家角遗址发掘报告》，《浙江省文物考古研究所学刊》，文物出版社1981年版。

浙江省文物考古研究所：《余杭吴家埠新石器时代遗址》，载浙江省文物考古研究所编《浙江省文物考古研究所学刊》，科学出版社1993年版。

浙江省文物考古研究所：《余杭莫角山遗址1992—1993年的发掘》，《文物》2001年第12期。

浙江省文物考古研究所等：《宁波慈湖遗址发掘简报》，载浙江省文物考古研究所编《浙江省文物考古研究所学刊》（1993年），科学出版社1993年版。

浙江省文物考古研究所：《浙江良渚庙前遗址第五、六次发掘简报》，《文物》2001年第12期。

浙江省文物考古研究所：《良渚文化汇观山遗址第二次发掘简报》，《文物》2001年第12期。

浙江省文物考古研究所、平湖市博物馆：《浙江平湖市庄桥坟良渚文化遗址及墓地》，《考古》2005年第7期。

河姆渡遗址考古队：《浙江河姆渡遗址第二期发掘的主要收获》，《文物》1980年第5期。

南京博物院：《江苏吴县草鞋山遗址》，《文物资料丛刊》（第3辑），文物出版社1980年版。

南京博物院等：《江苏吴县张陵山东山遗址》，《文物》1986年第10期。

南京博物院等：《苏州草鞋山良渚文化墓葬》，载徐湖平主编《东方文明之光：良渚文化发现60周年纪念文集》，海南国际新闻出版中心1996年版。

南京博物院等：《江苏阜宁陆庄遗址》，载徐湖平主编《东方文明之光：良渚文化发现60周年纪念文集》，海南国际新闻出版中心1996年版。

南京博物院等：《江苏丹徒磨盘墩遗址发掘报告》，《史前研究》1985年第2期。

江苏省赵陵山考古队：《江苏昆山赵陵山遗址第一、二次发掘简报》，载徐湖平主编《东方文明之光：良渚文化发现60周年纪念文集》，海南国际新闻出版中心1996年版。

江苏省高城墩联合考古队：《江阴高城墩遗址发掘简报》，《文物》2001年第5期。

江苏省寺墩考古队：《江苏武进寺墩遗址第四、第五次发掘》，载徐湖平主编《东方文明之光：良渚文化发现60周年纪念文集》，海南国际新闻出版中心1996年版。

苏州博物馆、吴江县文物管理委员会：《吴江梅堰龙南新石器时代村落遗址第一、二次发掘简报》，《文物》1990年第7期。

苏州博物馆、吴江市文物管理委员会：《吴江梅堰龙南新石器时代村落遗址第三、第四次发掘简报》，《东南文化》1999年第3期。

苏州博物馆：《江苏昆山绰墩遗址第一至五次发掘简报》，《东南文化》（增刊1），2003年。

浙江省博物馆自然组：《河姆渡遗址动植物遗存的鉴定研究》，《考古学报》1978年第1期。

上海市文物管理委员会：《上海青浦福泉山良渚文化墓地》，《文物》1986年第10期。

中国科学院考古研究所二里头工作队：《河南偃师二里头遗址三、八区发掘简报》，《考古》1975年第5期。

广东省博物馆：《广东曲江石峡墓葬发掘简报》，《文物》1978年第7期。

黄琦、蒋乐平：《上山遗址与上山文化：中国第四届环境考古学大会暨上山遗址学术研讨会上专家谈"上山文化"》，《中国文物报》2006年12月29日。

蒋乐平：《浙江史前文化演进的形态与轨迹》，《南方文物》1996年第4期。

蒋乐平：《礼器"鼎"渊源探索》，《南方文物》1992年第3期。

蒋乐平：《跨湖桥遗址"解读"的若干问题》，《中国文物报》2008年1月18日。

蒋乐平、王屹峰、郑建明：《浙江发现早于河姆渡的新石器时代遗址：距今八千年的"中药罐"令人称奇》，《中国文物报》2002年2月1日。

吴汝祚：《跨湖桥遗址的人们在浙江史前史上的贡献》，《杭州师范学院学报》（社会科学版）2002年第5期。

刘晓庆：《跨湖桥文化的分期与相关问题研究》，吉林大学硕士学位论文，2008年。

王心喜：《跨湖桥文化的命名及年代学的讨论》，《杭州师范学院学报》（社会科学版）2006年第1期。

陈珲：《从杭州跨湖桥出土的八千年前茶、茶釜及相关考古发现论饮茶起源于中国吴越地区》，《农业考古》2003年第2期。

柳志青、柳翔：《发现距今八千年前的磨床：杭州萧山跨湖桥文化遗址出土文物考察报告之一》，《浙江国土资源》2006年第2期。

柳志青、沈忠悦、柳翔：《跨湖桥文化先民发明了陶轮和制盐》，《浙江国土资源》2006年第3期。

柳志青、沈忠悦、柳翔：《釉陶与制盐起源于跨湖桥文化》，《萧山日报》2009年8月11日。

刘恒武：《论宁绍与杭嘉湖地区新石器时代文化起源及其流变》，《宁波大学学报》（人文科学版）2007年第3期。

刘恒武：《良渚文化的聚落级差及城市萌芽》，《东南文化》2007年第3期。

刘军：《钱山漾遗址》，载日本佐贺大学农学部编《东西方稻作起源和古代稻作文化》，1995年。

王海明：《河姆渡文化与马家浜文化关系简论》，《东南文化》1991年第6期。

姚仲源：《二论马家浜文化》，载中国考古学会编《中国考古学会第二次年会论文集》，文物出版社1982年版。

奕丰实：《良渚文化的分期与年代》，《中原文物》1992年第3期。

栾丰实：《关于聚落考古学研究中的共时性问题》，《考古》2002年第5期。

高江涛：《聚落形态考古与中国文明起源》，山东大学全国博士生学术论坛论文，2005年。

石兴邦：《白家村聚落文化的彩陶：并探讨中国彩陶的起源问题》，《文博》1995年第4期。

张之恒：《浙江嵊州小黄山遗址文化时代的研讨》，《中国文物报》2006年2月17日。

张之恒：《浙江嵊州小黄山和浦江上山两遗址的文化时代和年代再研讨》，《中国文物报》2006年7月12日。

吴山：《江苏吴县张陵山遗址发掘简报》，《文物资料丛刊》（6），1982年版。

黄宣佩：《论良渚文化分期》，《上海博物馆集刊》（6），上海古籍出版社1992年版。

黄宣佩等：《上海青浦福泉山遗址》，《东南文化》1987年第1期。

孙维昌：《福泉山良渚文化墓地分析》，载徐湖平主编《东方文明之光：良渚文化发现60周年纪念文集》，海南国际新闻出版中心1996年版。

杨晶：《论良渚文化分期》，《东南文化》1991年第6期。

朔知：《良渚文化的初步分析》，《考古学报》2000年第4期。

陈桥驿：《论古代良渚人与良渚的自然环境》，《杭州师范学院学报》（社会科学版）1995年第2期。

汪遵国：《中国文明探源与良渚文化》，《良渚学通讯》2002年第1期。

汪遵国：《良渚文化"玉敛葬"述略》，《文物》1984年第2期。

张立、刘树人：《浙江余杭市瓶窑、良渚地区遗址的遥感地学分析》，《考古》2002年第2期。

赵晔、王宁远：《余杭文家山发现良渚文化显贵墓葬》，《中国文物报》2001年9月28日。

刘斌：《余杭卢村遗址的发掘及其聚落考察》，载浙江省文物考古研究所编《浙江省文物考古研究所学刊》（1997年），长征出版社1997年版。

纪仲庆、车广锦：《苏北淮海地区新石器时代文化的再认识》，载苏秉琦主编《考古学文化论集》（二），文物出版社1989年版。

车广锦：《中国传统文化论：关于生殖崇拜和祖先崇拜的考古学研究》，《东南文化》1992年第5期。

姚勤德：《徐海、太湖地区原始文化的交流》，《东南文化》1993年第5期。

谷建祥等：《对草鞋山遗址马家浜文化时期稻作农业的初步认识》，《东南文化》1998年第3期。

丁品、郑云飞、陈旭高、仲召兵、王宁远：《浙江余杭茅山良渚遗址》，http: // topic. ccrnews. com. cn / ArticleDetail. aspx?id=79。

牟永抗、吴汝祚：《试谈玉器时代：中华文明起源的探索》，《中国文物报》1990年11月1日。

牟永抗、吴汝祚：《水稻、蚕丝和玉：关于中国文明起源的若干问题》，《考古》1993年第6期。

牟永抗：《试论河姆渡文化》，载中国考古学会编《中国考古学会第一次年会论文集》，文物出版社1980年版。

吴汝祚：《马家浜文化的社会生产问题的探讨》，《农业考古》1999年第3期。

陆建芳：《有关"玉器时代"的再思考》，浙江省第二届玉器与中国传统文化研讨会论文，2003年。

徐辉等：《对钱山漾出土丝织品的验证》，《丝绸史研究资料》1982年第1期。

赵丰：《良渚织机的复原》，《东南文化》1992年第2期。

游修龄：《太湖地区稻作起源及其传播和发展问题》，《中国农史》1986年第1期。

游修龄：《百越农业对后世农业的影响》，载魏桥主编《国际百越文化研究》，中国社会科学出版社1994年版。

郑云飞、游修龄：《新石器时代遗址出土葡萄种子引起的思考》，《农业考古》2006年第1期。

郑云飞：《太湖地区部分新石器时代遗址水稻硅酸体形状特征初探》，《中国水稻科学》1999年第1期。

宋兆麟：《木牛挽犁考》，《农业考古》1984年第1期。

程世华：《良渚文化时期的"千篰"及其用途试析》，《农业考古》2001年第1期。

广富林考古队：《2008年度上海松江广富林遗址发掘取得重大成果》，《中国文物报》2009年1月2日。

朱启新：《玉敛葬式散论》，载徐湖平主编《东方文明之光：良渚文化发现60周年纪念文集》，海南国际新闻出版中心1996年版。

王政：《艺术拆半与巫术象征》，载徐湖平主编《东方文明之光：良渚文化发现60周年纪念文集》，海南国际新闻出版中心1996年版。

孙维昌：《良渚文化陶器细刻纹饰论析》，《中国民间文化、民间神秘文化研究》1993年第4期。

幸晓峰、黄建秋、沈博、王其书、杨永富、廖韧：《良渚文化反山遗址出土玉璧音乐声学特征的初步探讨》，《中华文化论坛》2008年第2期。

董欣宾、郑旗、陆建方：《赵陵山族徽在民族思维发展史上的重要意义》，载徐湖平主编《东方文明之光：良渚文化发现60周年纪念文集》，海南国际新闻出版中心1996年版。

罗琨：《陶寺陶文考》，载解希恭主编《襄汾陶寺遗址研究》，科学出版社2007年版。

何驽：《陶寺遗址扁壶朱书"文字"新探》，载解希恭主编《襄汾陶寺遗址研究》，科学出版社2007年版。

彭适凡：《试论山背文化》，《考古》1982年第1期。

何介钧：《湖南史前玉器工业》，载邓聪编《东亚玉器》（第1册），香港中文大学中国考古艺术研究中心1998年版。

何介均：《环珠江口的史前彩陶与大溪文化》，载香港中文大学中国考古艺术研究中心编《南中国及邻近地区古文化研究》，香港中文大学出版社1994年版。

朱章义、刘骏：《成都金沙遗址出土良渚式玉琮的初步研究》，中国玉文化、玉学术文化学术研讨会论文，2002年。

杨式挺：《广东新石器时代文化及相关问题的探讨》，《史前研究》1986年第1、2期。

杨式挺：《封开县鹿尾村新石器时代墓葬》，载中国考古学会编《中国考古年鉴》（1985年），文物出版社1985年版。

杨少祥、郑政魁：《广东海丰县发现玉琮和青铜兵器》，《考古》1990年第8期。

王巍：《论原始宗教与祭祀在王权与国家形成过程中的作用》，载中国社会科学院古代文明研究中心编《中国社会科学院古代文明研究中心通讯》2001年第2期。

葛英会：《破译帝尧名号，推进文明探源》，载北京大学震旦古代文明研究中心编《古代文明研究通讯》2007年第32期。

李文杰：《中国古代制陶工艺的分期和类型》，《自然科学史研究》1996年第1期。

谢仲礼：《江南地区史前木器初探》，《东南文化》1993年第6期。

江晓原：《中国天文学之起源：西来还是自生》，《自然辩证法通讯》1992年第2期。

李嘉球：《澄湖水下为何有街道》，《姑苏晚报》2006年1月21日。

耿幼壮：《永远的神话：索福克勒斯〈俄狄浦斯王〉的批评、阐释与接受》，《外国文学研究》2006年第5期。

龚维英：《由原始思维探索初民的口阴一致观》，载《文物研究》（第5辑），黄山书社1989年版。

龚维英：《〈山海经〉里的刑天和精卫解》，载娄熙元编《神话·仙话·佛话》，河北人民出版社1986年版。

董楚平：《伏羲：良渚文化的祖宗神》，《杭州师范学院学报》（社会科学版）1999年第4期。

董楚平：《防风氏神话的新发现》，《浙江社会科学》1993年第1期。

陈民镇：《良渚文化：虞代的考古学文化——兼论良渚文化的去向》，《绍兴文理学院学报》（哲学社会科学版）2009年第4期。

蒋炳钊：《"越为禹后说"质疑：兼论越族的来源》，《民族研究》1981年第3期。

陈剩勇：《大禹出生地考实》，《浙江学刊》1995年第4期。

陈剩勇：《中华文明起源研究随想》，《浙江社会科学》1993年第6期。

陈剩勇：《"礼"与中华文明的起源》，《文汇报》1998年12月11日。

纪仲庆：《良渚文化的影响与古史传说》，《东南文化》1990年第5期。

王文清：《"羽人"与良渚文化》，《江苏史学》1988年第1期。

王文清：《"羽人""裸民"与良渚文化》，《学海》1990年第5、6期。

金永平：《吴越的羽人神话》，《思源》（第21期），1992年。

张天方：《浙西最古的史事》，《民族日报》（副刊第7期），民国三十年（1941年）。

刘晔原：《巨人神话与防风神话》，载钟伟今主编《防风神话研究》，安徽文艺出版社1996年版。

孙进己、干志耿：《文明起源和形成的理论研究》，《学习与探索》2005年第5、6期。

张学海：《对推进文明起源研究的几点意见》，《中国文物报》1999年9月1日。

刘文锁：《论史前、原史及历史时期的概念》，《华夏考古》1998年第3期。

吴晓筠：《中国的"原史时代"》，《华夏考古》2005年第1期。

钱耀鹏：《中国原史时代论纲》，《文博》2002年第2期。